정서중심치료의 이해

• 변화를 위한 과정-경험적 접근 •

Robert Elliott · Jeanne C. Watson · Rhonda N. Goldman · Leslie S. Greenberg 공저

신성만 · 전명희 · 황혜리 · 김혜정 · 김현정 · 이은경 공역

학지사

Learning Emotion-Focused Therapy:
The Process-Experiential Approach to Change
by Robert Elliott, Jeanne C. Watson, Rhonda N. Goldman and
Leslie S. Greenberg

역자 서문

미디어 세대는 모니터 세대다. 이전 세대 사람들은 직접 만나 서로의 얼굴을 보면서 의사소통했던 세대라면, 지금의 모니터 세대는 기계적 화면이라는 중간 매체를 통해 의사소통하는 세대라 할 수 있다. 대게 사람들이 서로 바라보면서 의사를 전달하고 정서를 표현하는 경우에는, 비언어적 의사소통을 더 적극적으로 하게 되고 그 과정에서 얻은 상대방의 언어적 정보뿐 아니라 비언어적 정보까지도 의사소통에 적극적으로 활용한다. 즉, 언어적 · 비언어적 정보를 모두 사용해 자신의 인지적 · 정서적 상태를 조절하면서 의사소통이 원치 않는 방향으로 상황이 진행되지 않도록 서로 맞추어 가게 되는 것이다. 이 상황에서는 개인이 그러한 능력을 지니고 있는지의 여부도 중요해지며, 직접적 면대면 관계를 통해 그 능력이 자연스럽게 체득될 수도 있었다. 하지만 의사소통과 관계 형성을 위한 직접적 만남이 휴대전화, 컴퓨터 등의 모니터 상황으로 축소된 요즘 세대는 다채로운 정서를 경험할 기회와 관계 속에서 적절하게 그 정서를 표현하고 조절할 기회를 점차 박탈당하고 있다.

요즘 사람들이 많이 모인 장소에 가 보면 남녀노소 가릴 것 없이 각자의 자폐적 공간 속에서 스마트폰과 이어폰을 통해 단절되어 있고, 이러한 현상은 함께 살아가며 서로를 필요로 하는 인간성의 상실로 이어지고 있다. 날로 심각해져 가는 성폭력, 학교폭력, 사회적 범죄들은 이러한 우리 세대의 기저에 깔린 인간성의 상실, 정서적 경험의 상실에 그 뿌리를 두고 있음이 확실해 보인다. 요즘 우리 사회가 얼마나 서로를 향한 온정과 연민이 결핍되어 있는지 우리는 날이 갈수록 더욱 실감하고 있다. 마치 사용하지 않던 근육을 쓰면 쉽게 피로해지고 근육통이 생기듯이 우리는 점점 건강한 정서적 경험을 잊어 가고 있고, 또한 적절한 관계 속에서 그 정서적 경험을 조절하고 소통하는 능력을 상실해 가고 있다.

오늘날의 심리치료가 더 어려운 것은 상담자가 내담자의 정서적 고통을 어떤 식으로든지 간접 경험해야 하기 때문일지도 모른다. 심리치료자로서 이러한 경험을 두려워하거나 낯설어 피하려 한다면 실질적인 의미에서 공감과 진정한 관계 형성은 어려울 것이다. 정서적인 메마름이 심리치료자의 소진의 대표적 증상이라는 점과 반대로 정서적 풍부함과 따뜻함이 유능한 심리치료자의 특성이라는 사실은 정서가 심리치료과정에 얼마나 중요한 역할을 하는지 생각해 보게 하는 부분이다.

행동의 변화와 그것을 가능케 하는 동기(motivation)의 문제에 천착해 오면서 사람을 동기화하는 연료는 정서(emotion)임을 알았고, 그 연료에 문제가 생겼을 때 건강한 변화는 지속될 수 없음을 알았다. 또한 마치 피지컬 트레이너와 같이 고비 때마다 역기의 양 끄트머리를 살짝 들어 주는, 내담자의 중심적 정서 경험을 함께 해 주고 정서적 고통과 경험을 두려워하지 않는 상담자들이 이 시대에는 더 많이 필요하다는 것도 절감하게 되었다.

이러한 맥락 속에서 휴먼케어 전문가들을 교육하는 직업을 가진 이로서 사람들의 행동 변화를 돕기 위해 정서중심적 치료를 과정-경험적으로 할 수 있도록 잘 훈련시켜 주는 교재가 없을지 오랫동안 찾게 되었고, 그 가운데 만난 책이 바로 이 책이었다.

몇 해 전 참석했던 미국 심리학회 학술대회에서 정서중심치료의 권위자인 Dr.

Greenberg를 만나 함께 대화할 기회가 있었다. 당시 가장 인기 있는 워크숍과 세미나는 모두 그가 진행하는 세션들이었는데 모두가 정서중심치료에 관한 것들이었다. 그 만남에서 EFT를 배울 수 있는 가장 적절한 매뉴얼로 그가 소개해 준 책이 바로 이 책이었다. 사실과 지식 중심의 책들과는 달리, 이 책은 문화적 · 언어적 차이가 많은 정서와 관련된 언어들이 특히 많아서 마치 철학 서적을 번역하는 듯한 어려움이 있었다. 마땅한 개념과 용어를 찾지 못해 난감해한 시간이 적지 않았다. 정신없이 돌아가는 일과 가운데 시간적 희생이 필요한 번역 작업이 점점 불가능해 보였다.

이 책은 한동대학교 상담심리사회복지학부의 동료 교수님들의 노력 없이는 번역될 수 없었던 책이다. 또한 각자의 바쁜 업무 속에서 모두를 하나로 묶는 이유가 없었다면 끝내기가 불가능한 작업이었다.

한동대학교에 상담심리학과 사회복지학이 2003년 처음 개설되면서 People need God' s people이라는 슬로건을 걸고 두 학과가 모여 상담심리사회복지학부를 시작하였다. 우리 학부가 수많은 훌륭한 졸업생들을 우리 사회의 다양한 영역에 배출해 내기 시작한 지 올해로 10년을 맞게 되었다. 함께 일하는 교수님들이 학부 10주년을 하나님께 감사하고 기념하기 위해 마음을 모아 이 책의 번역 작업을 시작하게 되었다. 사실 번역의 전반적인 과정에 가장 많은 수고를 하신 분은 현재 학부장인 전명희 교수님이지만, 이 번역을 시작할 당시 학부장 직을 맡았던 이유로 상대적으로 한 일이 없는 사람이 역자 서문을 쓰게 되었다. 돌이켜 보면 모든 것이 감사할 제목들이고 배려와 사랑 가운데 이 모든 열매들이 가능했음을 고백할 수밖에 없다.

몇 년의 번역 작업 과정에서 도움을 준 많은 사람들에게 일일이 고마움을 전하지 못하지만 역자 대표로서 고마움을 전하고 싶다. 특히 Case Western Reserve 대학 사회복지 대학원 과정의 김재환 선생, Syracuse 대학 상담학 대학원의 이아람 선생에게 고마움을 전한다. 또한 학지사 편집부와 김진환 사장님께 특별히 감사를 드린다. 번역에 부족한 부분이 있어도 이 책의 주제처럼 건강하고 밝은 정서로 눈감아 주시기를 독자 분들께 청해 본다. 끝으로 이 책을 통해 이 시대에 마음이 아픈 수많은 사람을 가슴으로 위로해 주고 같이 아파할 수 있는 전문가들이 많이 훈련되어 배출되기를 기도한다.

애통하는 자는 복이 있나니 저희가 위로를 받을 것임이요.

–마태복음 5장 4절

2013년 포항에서

역자 대표 신성만

저자 서문

이 책을 출간하게 된 주된 목적은 보다 많은 치료 전문가들에게 과정-경험적(PE) 접근을 보다 수월하게 만들어 주는 데 있다. 지난 15년이 넘게 우리는 이 치료법이 처음으로 치료를 시작하는 대학원생들뿐 아니라, 인지-행동이나 정신역동 치료와 같은 다른 전통적인 방법들을 실행해 온 경험 많은 전문가가 배우기에 흥미롭고 도전적인 치료법임을 발견했다.

우리의 *Facilitating Emotional Change*(Greenberg, Rice, & Elliott, 1993)가 출간된 이래, 우리는 학생들과 동료들과 함께 그것에 관해 토론할 많은 기회를 가져 왔다. 비록 우리는 그 이론과 과제들에 대한 상세한 제시를 위해 그 책을 여전히 추천하지만, 그 치료법에 대한 보다 사용자 친화적인 소개가 필요하다고 믿는다. 나아가 그 책에서 우리의 접근법에 관하여 가장 기발한 것을 전달하기 위한 노력의 일환으로, 우리는 상담자-의뢰인의 관계를 넘어서는 치료적 과제를 강조했다. 우리는 이 책에서 치료적 관계의 범위를 더 많이 제공함으로써 균형을 이루도록 재조정하고자 한다.

이 외에도, 과정-경험적 치료는 지난 10년이 넘게 빠르게 개발되어 왔다. 그 치료 이론은 계속해서 진화해 왔다(Greenberg, 2002a; Greenberg & Paivio, 1997). 그것은 새로운 임상집단들에 적용되어 왔다(Elliott, Greenberg, & Lietaer, 2003; Greenberg, Watson, & Lietaer, 1998을 보라). 과정-경험적 치료에 관한, 특히 우울증과 정신적 외상(depression and trauma) 영역에서 훨씬 많은 연구가 보고되었다(Elliott et al., 출판 중). 새로운 치료적 과업들이 원래 서술된 여섯 개에 추가되었다(Elliott, Davis, & Slatick, 1998; Elliott & Greenberg, 2002). 그리고 우리는 원래의 과제에 관하여 훨씬 많은 것을 배웠다. 한편으로, 우리 네 사람은 대학원 과정과 실습과정, 그리고 전문가들을 위한 연구회를 통해 여러 기수의 대학원생들과 정신건강 전문가들에게 과정-경험적 치료를 가르치느라 바쁘게 지내 왔다. 이러한 활동을 통해서 우리는 치료법을 가르치는 최상의 방법들을 활발하게 반영해 왔고, 또 과정-경험적 치료를 가르치고 배우기 위한 최상의 훈련모델을 개발하기 시작했다. 이 책은 이처럼 새롭게 나타난 이해를 서술하기 위한 시도다. 이 책 안에서 우리는 과정-경험적 치료의 정수와 기본적 실행들로 여기는 것을 가능한 한 명확하게 전달하고자 한다.

차 례

Part 02 과정-경험적 치료의 구체적 과정과 작업

01 서 문

과정-경험적 치료(Process-experiential therapy: PE 치료) (Greenberg, Rice, & Elliott, 1993)는 정서중심치료(Emotion-focused therapy)의 한 형태로(Greenberg, 2002a) 내담자로 하여금 그들의 정서 지능을 발전시켜 그들 자신의 문제를 해결하고 자기 자신뿐 아니라, 다른 사람과도 조화롭게 살아갈 수 있도록 돕는 것을 목적으로 하는 치료다(Feldman Barrett & Salovey, 2002; Greenberg, 20002a; Salovey & Mayer, 1990). 과정-경험적 치료의 바탕에 내재되어 있는 개념을 살펴보면 정서는 기본적으로 적응적 특성이 있기는 하지만, 과거의 트라우마나 정서를 무시하고 소홀히 여기도록 양육받게 되면 문제가 될 수 있는 부분이기도 하다. 정서는 우리가 처한 상황 속에서 무엇이 중요한지 우리에게 알게 해 주고, 이를 통해 우리가 필요로 하거나 원하는 것이 무엇인지 알려 주는 안내자 역할을 한다. 궁극적으로 정서는 우리로 하여금 주어진 상황 속에서 어떤 행동이 가장 적절한지를 찾아내도록 돕는다고 할 수 있다. 시간이 흐르면서 사람은 정서에 대해 자각하고, 정서를 다루고 사용하는 것을 배움으로 말미암아 일관성과 일체성을 느끼게 된다. 그러나 정서에 대해 배우는 것만으로는 부족하다. 무엇보다 중요한 것은 내담자들이 정서 인식의 중요성과 정서를 더 융통성 있게 다루는 방법을 안정된 상담 회기를 통해 경험하는 것이 필요하다. 이와 같은 것이 과정-경험적 치료의 역할이다. 체계적이지만 유연하게 도와주는 정서중심치료를 통해 내담자들은 그들의 정서에 대해 깨닫고, 정서를 생산적으로 사용할 수 있게 되는 것이다.

과정-경험적 치료의 본질과 실제

과정-경험적 치료(Greenberg et al., 1993)는 경험적 연구들을 통해 근거성이 있는 것으로 인정받고 있는 정서-중심적이고 인본주의적인 치료접근이다. 과정-경험적 치료는 인간 중심 치료(person-centered), 게슈탈트 치료, 그리고 실존주의 치료를 통합하면서 모든 치료법을 최신의 현대 심리학적 관점에서 재해석하고 있다. 이 치료법은 25년간에 걸친 심리치료적 연구들에 기반을 두고 있다(Elliott & Greenberg, 2002; Elliott, Greenberg & Lietaer, 2003; Greenberg, Elliott, & Lietaer, 1994; Rice & Greenberg, 1984). 과정-경험적 치료는 정서 자체를 의미와 목적, 성장의 근원으로 보는 독특한 관점을 가지고 있다. 과정-경험적 치료에서 가장 독특한 특징은 그 치료법의 신인본주의적 관점, 경험적 연구결과들에 기초를 둔 점, 인간중심적 접근이지만 상담자를 안내하는 안내자적 관계로 본다는 점, 상담자의 탐구적 반응 스타일, 그리고 지표에 의한 과제 수행 전략 등을 들 수 있겠다.

신인본주의적 관점

과정-경험적 치료는 인간 존재, 기능 장애, 성장에 대한 인본주의적 관점과 현대 정서 이론(Frijda, 1986; Greenberg & Johnson, 1988; S. M. Johnson, 1996; Lazarus, 1991), 그리고 우리가 변증법적 구성주의(Piaget의 인간 발달 연구에서 비롯됨; Greenberg & Pascual-Leone, 1995, 2001; Greenberg & Van Balen, 1998; Pascual-Leone, 1991을 보라)라고 부르는 철학적 입장을 독특하게 통합하였다. 과정-경험적 상담자들이 생각하

는 것들 중에 특히 '신인본주의적' 치료의 특징과 맥을 함께 한다고 할 수 있는 것들은 경험이 중심이 된다는 것, 인간 존재는 그 부분의 합보다 크다는 것, 인간에겐 자기결정 능력이 있다는 것, 모든 내담자가 가진 성장 경향성, 그리고 상담자가 내담자에게 진실해야 하며, 내담자와 함께 존재해야 한다는 것 등을 들 수 있겠다. 과정–경험적 접근이 '신인본주의적' 접근과 다른 점은 이 모든 개념을 주로 정서 이론이나 변증법적 구조주의를 이용하여 현대적 언어로 재구성하고 있다는 점을 들 수 있다. 간단히 말해서 과정–경험적 상담자들은 인간 존재를 다양한 부분이나 울림들의 연속성으로 구성된다고 보았고, 치료를 일반적으로 변화와 안정 간의 변증적 과정이라고 보았다. 그러므로 과정–경험적 치료는 보통 익숙하지만 좋지 않은 상태에 남아 있으려는 매우 지배적이고 부정적인 목소리와 성장을 원하는 내적 목소리가 갈등을 경험할 때 성장 지향의 목소리를 지지하는 방향으로 구현된다(이 이론의 개관을 보기 원한다면 2장 참고).

연구의 기반

과정–경험적 치료는 치료 과정과 결과에 대한 연구에서부터 발전되었고, 최근의 대표적 저자들(예, Elliott, Davis & Slatick, 1998; Goldman, 1991; Greenberg, 1984a; Watson & Rennie, 1994)과 Paivio(예, Paivio & Nieuwenhuis, 2001), S. M. Johnson(예, S. M. Johnson & Greenberg, 1985), Clarke(예, 1996), Toukmanian(예, 1992)을 포함한 다양한 연구자들의 연구 프로그램을 통해 계속적으로 발전되고 있다. 이러한 연구들은 우리로 하여금 계속적으로 주어진 치료적 과제를 더 명확하게 하고, 새로운 과제들을 추가하며, 과정–경험적 치료를 아동기 학대의 피해자들 혹은 경계선적 성격장애를 가진 사람들과 같은 보다 새로운 치료 대상자들에게 적용해 볼 수 있도록 돕는다. 과정–경험적 치료는 '자료에 근거한(data-based)' 상태를 유지하려 하는데, 자료는 내담자의 즉각적인 경험뿐 아니라 치료 과정과 성과에 대한 연구의 결과물 모두를 포함한다.

인간 중심이면서도 과정의 안내자적 관계로서의 입장

과정-경험적 치료는 실제 상담에서 필수적으로 사용될 수 있는 내담자와의 특정한 소통 방법을 기초로 한다. 다양한 설명이 가능한데, 그중 한 가지는 상담자가 내담자와 함께 '존재함(being)'과 '행동함(doing)'을 통합시켜 나가는 것이라고 할 수 있다. 이것은 내담자를 '따라가는 것'과 '이끄는 것'의 차이와 유사하다고 볼 수 있다. 상담자는 한 시점에서 다른 시점으로 전개되는 내담자의 내적인 경험의 발자취를 따라간다. 그러나 따라가는 것이 내담자의 말을 자동적으로 요약해서 이야기해 주는 것을 의미하지는 않는다. 대신에 이것은 상담자로서 내담자가 그때 그때 경험하는 내적 경험에 계속해서 공감적으로 적절히 맞닿아 있기를 힘쓰고, 내담자가 자신의 그러한 내적 경험을 이해했는가를 지속적으로 확인하는 것과 관련되어 있다. 기본적으로 상담자는 내담자의 경험을 좇으려 하는데, 이는 상담자가 내담자를 상담자와 같은 방식으로 존재하는 인간이라고 인식하기 때문이다. 즉, 현존하는 다른 인간이면서, 경험의 진정한 근원이며, 의미를 추구하는 역동적인 행위자고, 목적을 성취하며, 타인과 접촉하는 한 인간으로 바라보기 때문이다. 상담자는 내담자 스스로의 자발성을 귀하게 여기며, 내담자가 자신의 상황을 이해하고 문제를 해결하도록 돕는 위치에 있도록 해야 한다.

그러나 동시에 상담자는 상담과정에 있어서 적극적인 안내자이기도 하다. 내담자를 이끈다는 것은 내담자에게 강의나 충고를 하거나, 내담자를 통제하고 조종하는 것이 아니다. 그렇다고 내담자의 일을 대신해 주거나 내담자의 문제를 고치려 하고 내담자를 깨우치려 하는 것 또한 아니다. 상담자는 내담자의 경험에 있어서 감정의 진행 과정과 마음속의 지형을 알고 있는 안내자가 되어야 한다는 의미다. '과정 안내(process guiding)'는 사실상 상담자가 어떻게 행동하느냐를 묘사함으로 더 잘 표현될 수 있을 것이다. 상담자는 내담자와 관련된 것들에 대해 언제나 적극적이고 지속적으로 노력해야 한다. Mahrer(1983)가 언급한 바와 같이, 상담자가 말하는 모든 것은 다음에 제시한 것들을 함께 성취하려는 데 그 목적이 있다.

- 즉각적인 반응의 의도
  (예: 이해를 전달하고 내담자가 자신의 감정을 탐구하도록 격려하는 것)
- 상담 회기 안의 과제들
  (예: 내담자가 특정한 상황에서 나타내게 되는 자신의 이상한 과잉반응을 이해하도록 돕는 것)
- 전반적인 치료의 목표
  (예: 이혼으로 인한 우울증을 해결해 가도록 내담자를 돕는 것)

상담자의 반응은 내담자에게 경험을 다룰 수 있는 다양한 기회를 지속적으로 제공한다. 독일의 인간 중심 상담자 Rainer Sachse(1992)는 의미의 이해도를 높이기 위해 이것을 '과정 제안(processing proposal)'이라고 명명했다.

따라가는 것과 이끄는 것은 상호 모순된 것처럼 보이지만, 과정-경험적 상담자들은 이것을 치료의 지극히 필수적인 두 가지 측면의 변증(즉, 창조적 긴장상태)으로 보았다. 이끄는 것이 없이 따르기만 하는 것은 결국 효과적으로 진행되지 않거나 끝없는 순환 속에 빠져 아무데도 가지 못하는 치료를 낳는다. 또한 이끌기만 하고 따르지 않는 것은 비효율적이며 역효과를 낳을 수 있다. 다시 말해 내담자가 자율적이면서 스스로 체계를 세우는 사람으로 발전하도록 돕는 시도를 약화시킬 수 있는 것이다. 그러므로 과정-경험적 치료는 따르는 것과 이끄는 것의 차이를 없애고 서로 이끌고 따라가는 것을 리듬에 맞춰 추는 춤과 같이 하기 위해서 두 가지를 통합하려고 노력한다. 과정-경험적 접근법의 가장 바람직한 양상은 각 정서들이 그저 단순히 상대방에 의해서 이끌리거나 따라가는 것이 아닌, 내담자와 상담자의 적극적인 공동작업으로 나타나는 것이다. 즉, 공동 탐색(co-exploration)의 감을 익히는 것이 가장 이상적인 것이다. 상담자는 적극적으로 고무하는 것과 반응적으로 조율을 하는 것 사이의 최적의 균형을 맞추기 위해 계속적으로 치료적 유대 관계와 현재의 치료 과제들을 관찰해야 한다.

그럼에도 의견의 차이가 일어나게 되면, 상담자는 내담자를 그의 경험에 있어서 전문가로 보고 언제나 내담자의 경험을 따르도록 해야 한다. 더 나아가 상담자의 개입은 전문가적 발언이나 진리에 관한 진술처럼 강요적이고 확언적이지 않도록 추측, 관점, '실험' 또는 기회의 느낌으로 표현되어야 한다(이러한 상관적 입장은 이 책의 7장과 8장에서 더 구체적으로 다뤄질 것이다).

상담자의 탐색적인 반응 형식

과정-경험적 치료와 비경험적 접근들을 확실히 구분지어 주는 가장 큰 차이 중 하나는 상담자의 반응 양식이다. 과정-경험적 치료의 반응 형식은 매우 일관성이 있고 고유의 특징이 있기 때문에 상담 회기를 몇 분 동안만 들어보면 그것이 과정-경험적 치료라는 것을 금방 알 수 있다. 이렇게 특징적인 반응 기법은 몇 가지 형태가 있는데, 우리는 이것들을 공감적 탐색(empathic exploration)이라고 부른다. 다음의 예시에서 볼 수 있는 것처럼 공감적 탐색은 탐색적인 반영기법을 사용하는 것이다.

내담자: 제가 옛날의 저로 돌아갈 수 있으면 좋겠어요. 그럼 사람답게 살 수 있을 것 같아요.
상담자: (내담자와 비슷하게) 마치 "지금은 내가 사람답게 살지 못하는 것 같고, 나는 사람이 아닌 다른 무언가가 되어 있는 것 같다."라고 느끼는 건가요?
내담자: 매우 강박적인 어린 소녀 같지요.

"당신의 내면은 지금 어떠합니까?" 나 "당신은 지금 현재 무엇을 경험하고 있습니까?" 심지어 "당신의 신체에서 감정을 느끼는 부분은 어디입니까?" 와 같은 탐색적 질문을 하는 것은 매우 중요하다. 상담자가 이렇게 특징적인 질문을 하는 것은 그가 상담에 매우 적극적이고 몰두해 있다는 것을 보여 주며, 때로는 유발적이거나 강한 표현이라는 느낌을 내담자에게 줄 수 있다. 하지만 동시에 한시적으로, 심지어는 의도적으로 부정확한 표현을 쓰기도 하는데 이것은 내담자로 하여금 지금 경험의 느낌을 충분히 자기탐색하도록 돕기 위해서다(상담자의 반응양식에 대한 전반적인 내용은 5장에 소개되어 있다. 공감적 탐색에 대한 내용은 7장에서도 찾아볼 수 있다).

표식을 따르는 과제 전략

회기 중에 나타나는 치료적 표식(marker)과 과제(tasks), 그리고 따르기와 이끌기를 구현하는 원리를 조화시키는 방법 등은 과정-경험적 치료의 특징적인 요소다. '표식'은 내담자가 회기 중에 하는 행동으로 그가 특정한 문제에 대해서 다룰 준비가 되어 있다는 것을 보여 준다. 자기비판 분열(self-critical split) 표식을 예로 들 수 있는데, 이것은 개인의 한 부분(비판자)이 다른 부분(경험자)을 비판하는 행동이다. 여기서 '과제'는 자기비판 분열에서 나타나는 갈등을 해결하는 것 같이 회기 중에 당면하게 되는 목표다. 과정-경험적 치료에는 내담자가 과제를 해결할 수 있도록 도와주는 특정한 치료 방법들이 있다. 예를 들면, 상담자는 내담자에게 두 개의 의자를 왔다 갔다 하면서 비판자와 경험자의 역할을 바꿔 가며 이야기해 보기를 제안할 수 있다[이것을 '두 의자 대화 기법(two-chair dialogue)'이라고 한다]. 상담자는 내담자가 과제 표식을 들어낼 때까지 주의 깊게 듣고 있다가 나타난 과제에 맞게 개입을 하게 된다. 상담자는 먼저 내담자에 의해서 나타난 과제들을 지표로 삼아 따라가다가 내담자가 이런 과제들을 더 생산적으로 대처할 수 있도록 인도하는 것이 결국 내담자를 따라가는 언어와 인도하는 언어를 사용하는 것이다(치료적 과제에 대한 전반적인 내용을 알고 싶다면 이 책의 6장 참고).

과정-경험적 치료의 원리

과정-경험적 치료의 본질적인 특징을 이해하도록 하는 데 좋은 또 다른 방법은 상담자의 관계적인 태도와 행동의 기준이 되는 치료 원리에 대해 설명을 하는 것이다(Greenberg et al., 1993). 과정-경험적 치료에서 행해지는 모든 것은 〈표 1-1〉에 요약되어 있는 치료 원리에서 비롯된다. 그리고 치료 원리를 세 가지씩 두 개의 묶음으로 나눈 것은 치료의 관계적 요소와 과제적 요소의 균형을 나타낸다. 표의 순서를 보면 관계 원리가 과제실행 원리보다 앞에 제시되어 있는데, 이것은 관계적 요소가 더 중요함을 보여 주는 것이다.

관계 원리

과정-경험적 치료는 공감적 관계를 중심으로, 상담자가 내담자와 충분히 함께하여 내담자의 경험을 존중하고, 그것에 민감하게 반응해야 한다는 입장 위에 만들어졌다. 이러한 관계 원리는 관계가 내담자 자신의 주요한 어려움과 감정적 고통을 탐색하고 표현할 수 있을 만큼 안전하다고 느끼도록 해 주어서 이후의 집중된 과제 중심적 치료 관계에 대한 상담자와 내담자 사이의 공동의 노력을 촉진시켜 준다.

〈표 1-1〉 과정-경험적 치료의 치료 원리

치료 원리의 종류	원 리	원리의 정의	활 동
관계 원리(relationship principles): 안전하고 생산적인 치료 관계를 조성한다.	공감적 조율 (empathic attunement)	내담자의 현재의 변화하는 경험을 따라가기 위해 반드시 필요하다.	• 상담자의 경험: 선입견을 버리고 내담자의 경험에 참여하고 공명하며 집중함을 통해 중요하고 핵심이 되는 경험을 선택하고 파악한다.

관계 원리(relationship principles): 안전하고 생산적인 치료 관계를 조성한다.	치료적 유대 (therapeutic bond)	공감과 관심 그리고 내담자에게 집중하고 있음을 전달한다[치료동맹(alliance)의 유대적 부분이다].	• 반영을 포함한 공감적 반응을 통해서 공감적 태도를 내담자에게 전달하고, 잘 전달되었는지 확인한다. • 수용(무조건적 태도와 견딤), 인정(적극적인 관심), 그리고 신뢰를 통해서 내담자에 대한 관심을 표현하고 발전시킨다. • 진정한 관계에서 내담자와 정서적 접촉을 통해 상담자의 존재를 느낄 수 있도록 한다. 상담자의 자기 의식에 기반을 둔 진정성(일치성, 진실성), 투명성(상담자의 생산적인 자기 노출)을 표출한다.
	과제 협력 (task collaboration)	과제와 목표를 이루는 데 적극적 참여를 촉진시킨다[치료동맹의 과제와 목표 부분이다].	• 내담자의 목표를 지지하고 이해하고 명료화하면서 치료에서 다루어야 하는 목표에 대한 동의를 이루어 낸다. • 경험적 가르침과 타협을 통해 목표를 어떻게 이룰 것인지에 대한 과제적 동의를 이루어 낸다. • 전문성을 내세우지 않고 협력적인 태도를 취한다. • 언어를 체계화하고, 경험적인 교훈을 제공하고, 치료에서의 어려움을 탐색하면서 내담자가 특정 과제를 해결할 수 있도록 돕는다.
과제 원리(task principles): 구체적인 치료 과제를 다루는 치료 방법을 촉진시킨다.	경험적 과정 (experiential processing)	여러 가지 상황에 대처할 수 있는 다양한 방법을 터득할 수 있도록 한다.	• 경험적 탐색이나 적극적 표현과 같은 현재 과제에 적절한 세부 과제를 권장한다.

〈계 속〉

과제 원리(task principle): 구체적인 치료 과제를 다루는 치료 방법을 촉진시킨다.	과제 완성과 초점 (task completion and focus)	내담자가 핵심적인 치료 과제를 완성할 수 있도록 한다.	• 과제 오리엔테이션: 내담자가 이야기하는 과제들을 경청하고, 주요 과제를 명확히 할 수 있도록 돕는다. • 모델 제시: 과제를 완성하기 위한 단계적 방법과 직면하게 될 어려움을 파악한다. • 부드러운 지속성: 내담자가 과제에 계속 머무르고, 이탈이 일어나더라도 다시 돌아올 수 있도록 한다. • 유연성: 내담자와 조율하면서 과제를 진행하거나 더 중요한 과제로 넘어간다.
	자기-발전 (self-development)	내담자의 책임감과 역량을 강화한다.	• 공감적 선택: 내담자를 경청하면서, 그의 경험 중에 성장을 촉진할 수 있는 것을 찾아낸다(가능성, 강점, 새로움, 진전, 변화에 대한 열망, 자기 주장, 자기 돌봄, 자신의 능력 인지). • 선택권 주기: 내담자에게 상담에서 다루고자 하는 것과 어떻게 다루고 싶은지를 선택할 수 있게 한다. • 내담자 역량강화: 내담자가 자신에 대해 스스로가 전문가라고 느낄 수 있도록 한다.

공감적 태도: 즉각적으로 일어나는 내담자의 경험에 참여하여 좇아감

공감은 매우 복합적인 개념으로 다양한 이론적 배경을 가진 상담자들로부터 지대한 관심을 지속적으로 받고 있다(Bohart & Greenberg, 1997b). 개인의 경험과 공감적 조율과정(empathic attunement)에 묻어 있는 인간 중심적 전통과 인본주의적 가치는 과정-경험적 치료의 기초라고 할 수 있다. 상담자의 관점에서 공감적 태도는 상담자의 존재와 내담자의 경험에 대한 순수한 호기심에서 발생하는 것이다. 상담자는 내담자에 대해서 이전에 형성된 생각을 버리고 내담자의 세계에 적극적으로 참여하며, 내담자의 경험으로 가득하고, 특정 문제에 있어서 내담자가 가장 애통해 하고 중요하다고 느끼는 느낌과 의미가 무엇인지 식별하고 파악하는 내면의 활동을 계속적으로 진행해야 한다.

상담자는 순간순간에 내담자 내면에 생기는 경험들을 이해하고 집중하는 태도를 유지하기 위해서 노력해야 한다. 상담자는 내담자의 말을 진리나 적절성 또는 이상심리학적인 잣대로 평가해서는 안 된다. 더불어 내담자의 패턴을 해석하거나 불합리한 신념을 이끌어 내거나 방어하거나 바꾸려고 하는 시도는 하지 않아야 한다. 공감적 태도는 내용(내담자의 말의 중심 의미), 예리한 감정, 과정(내담자의 즉각적인 경험), 사람(대부분의 경우 내담자), 그리고 내재된 의미(새롭게 생겨나거나 불분명한 것, 7장 참고)들을 포함하는 다양한 발자취 중에 선택을 해야 하는 복잡한 작업이다.

치료적 유대: 공감, 관심, 내담자와 함께함을 전달하기

Rogers(1957)를 비롯한 다수의 심리학자들이 주장한 바와 같은 이유로 치료적 관계는 과정-경험적 접근에서 가장 중요한 치료적 요소라고 할 수 있다. 따라서 상담자들은 다음의 세 가지 요소가 함께 공존하는 탄탄한 치료적 유대를 만들기 위해 매우 노력해야 한다. 세 가지 요소는 이해와 공감, 수용과 가치인정(prizing), 그리고 함께하기(presence)와 진실성이다.

첫째, 상담자는 공감적 태도를 내담자에게 전달하면서 그 정확성을 점검하고 내담자가 다른 사람에게 인정을 받는다는 것을 경험할 수 있게 해야 한다. 공감은 반영과 탐색적 반응을 통해서 다양한 방법으로 표현될 수 있지만 자기 노출, 적절한 목소리 톤이나 얼굴 표정과 같이 섬세한 방법을 통해서 전달될 수도 있다.

둘째로, 상담자는 내담자에 대한 신뢰와 수용, 보상 등을 발전시키고 유지하고 표현하기 위해 노력해야 한다. '수용' 은 내담자의 모든 부문에 대한 일관성 있고 진실되고 무비판적인 받아들임과 인내를 나타내는 가장 기본적인 태도다. Rogers(1957)를 포함한 다른 인간 중심 심리학자들(예, Barrett-Lennard, 1962)은 이러한 태도를 '비소유성' 또는 '무조건성' 이라고 불렀다. 가치인정은 수용보다 더 즉각적이고 적극적인 내담자에 대한 관심과 지지, 그리고 내담자가 특별히 도움을 필요로 하는 상황에서 그를 자신과 동등한 사람으로 인정하는 태도를 말한다(Greenberg et al., 1993). 수용과 보상은 내담자가 자신을 이해하고 긍정적인 변화를 하는 데에 필요한 기본적인 완전성, 자유 그리고 성장을 하려는 경향성이 있다는 것에 대한 깊은 믿음을 포함한다.

셋째로, 상담자의 진실된 존재를 내담자에게 알리고 전달하는 것도 매우 중요하다(Geller, 2001; Greenberg & Geller, 2002). 이것은 내담자로 하여금 그가 상담자와 정서적 접촉을 하고 있다는 것을 인식하도록 하고 진실되고 적절하고 솔직하게 개방되어 있는 관계를 만들기 위해 노력하도록 돕는 것이다(Jourard, 1971; Lietaer, 1993; Rogers, 1961). 따라서 상담자는 치료적 관계를 상담자와 내담자가 대등한 인격체로서 만나서 서로의 삶을 더욱 풍요롭게 하는 진정한 관계로 여겨야 한다. 따라서 상담자는 자신의 진정한 모습과 다른 모습을 연기하거나 전문가의 역할에 숨지 않아야 한다. 상담자가 진실되고 때로는 매우 솔직하게 내담자 앞에 서는 것은 내담자가 위험을 무릅쓰고 마음을 열 수 있도록 해 주고, 고립되어 있다는 생각에서 벗어나는 데 도움이 된다(May & Yalom, 1989). 접촉, 진실성, 솔직함도 상담자의 공감적 태도와 가치인정을 내담자가 진심으로 믿을 수 있도록 도와준다(여기서 솔직함은 즉흥적 · 착취적인 상담자의 자기 노출이 아니라 상담자가 정확한 자기 인식에 바탕을 둔 치료에 촉진적인 역할을 하는 솔직함을 말한다).

과제 협력: 치료의 목표와 과제에 내담자의 참여를 촉진시킨다

효과적인 치료적 관계는 내담자와 상담자 모두가 치료의 전반적인 목표와 회기 내의 과제 그리고 치료에서 이루어지는 구체적인 치료적 활동에 참여하게 하는 역할을 해야 한다(Bordin, 1979). 과제 협력이라는 치료 원리는 자유, 자기결정, 다원성, 평등주의를 지지하는 인본주의적 가치에서 비롯되었다. 결국 상담자는 전문가보다는 협력자로 역할을 해야 하고, 내담자가 치료에 적극적으로 참여할 수 있도록 인도해야 한다.

따라서 과정-경험적 치료의 처음 몇 번의 회기 동안 상담자는 내담자가 호소하는 어려움에 중심이 되는 내담자의 관점을 이해하고, 내담자의 주요한 치료 목표를 파악해야 한다. 상담자는 대부분의 경우 내담자가 말하는 목표와 과제를 그대로 수용해야 하고, 과제를 해결하면서 유발되는 정서적 과정을 설명하기 위해서 내담자와 함께 노력해야 한다(Greenberg, 2002a; Greenberg & Paivio, 1997). 과정-경험적 치료에 관한 연구에 따르면 다섯 번째 회기 전까지 내담자와 상담자 사이에 합의된 명료한 치료의 초점 여부는 치료 후의 결과를 예측할 수 있게 해 준다(Watson & Greenberg, 1996b).

첫 번째 회기부터 상담자는 내담자의 어려움, 목표 그리고 과제와 관련된 감정을 탐색하고 경험하는 전반적인 활동을 할 수 있도록 한다. 이런 탐색 활동은 상담자가 비전문가적이고 협력적인 태도로 내담자에게 치료 과제에 관한 선택권을 줄 때 촉진된다. 상담자는 내담자가 감정을 다루는 것의 중요성을 알고 두 의자 기법과 같은 구체적인 치료 활동의 합리성을 이해할 수 있도록 내담자에게 정서와 치료 과정에 관한 정보를 제공해야 한다.

과제 원리

앞에서 설명한 세 가지의 관계 원리는 과정-경험적 치료에 필요한 이상적인 관계의 모델을 말해 준다. 관계 원리는 내담자가 제시하는 치료 과제를 수행하게 해 주는 원리와 짝을 이룬다. 이것은 인간은 본질적으로 능동적이고 자신에 대한 탐구와 환경에 대한 지배권을 원하는 목적 지향적인 유기체라는 가정을 기반으로 한다. 앞으로 설명하게 될 원리들은 내담자가 내면의 감정과 관련된 문제를 개인의 목표와 회기 내의 과제를 통해서 해결할 수 있도록 상담자가 취해야 하는 행동에 관한 것이다.

경험적 과정: 여러 다른 상황에서 다양한 방법으로 대처하도록 돕는다

과정-경험적 치료의 핵심은 내담자가 서로 다른 치료 과제를 통해 성장할 수 있는 각자 나름의 다양하며 효과적인 방법을 알고 있다는 통찰이다. 이것은 다원적 접근을 지지하는 인본주의적 관점에 의거해서 치료가 효과적일 수 있는 방법은 다양하다는 판단과 일치한다. 소개되고 있는 치료 원리는 과정-경험적 정서 이론에서 비롯된 것으로 정서에 대한 다양한 도식이나 반응의 종류, 그리고 감정 조절 방법들을 구별해 내는 역할을 한다. 따라서 상담자가 다양한 방법으로 여러 가지 상황에서 내담자를 돕기 위해서는 그의 즉각적인 상태를 파악하는 것이 매우 중요하다. 이렇게 다양한 치료 방법을 이 책에서는 경험의 미세처리과정(experiential microprocess)(Leijssen, 1990)이라고 부르는데, 사실 '계약의 형식'(modes or engagement)(Greenberg et al., 1993)이라고 하기도 한다.

경험의 미세처리과정은 내담자의 내면적 경험을 매 순간 다룰 수 있는 효과적인 방법이다. 다음 예시를 살펴보자.

- 내담자가 현재 인식하고 있는 것에 집중하기(주의 집중)
- 새로 일어나거나 아직 명확하지 않은 내적 경험을 찾아 그 실체를 파악하고 이름 붙이기(경험의 탐구)
- 내담자의 내면 경험을 활발하게 일으키기(적극적 표현)
- 내담자가 자신의 내면의 경험을 다른 사람에게 표현할 수 있도록 하기(대인관계 접촉)
- 경험을 이해할 수 있도록 그것에 대해 깊이 생각하고 새로운 의미를 부여하기(자기 반영)
- 내담자가 미래에 행동하고 생각하고 느끼는 것에 어떻게 변화를 줄 수 있는지 예측해 보도록 하기(행동 계획)

이상의 세부적 전개는 3장에서 더 자세히 알 수 있다. 모든 세부적 전개는 그것이 가장 효과를 발휘할 수 있는 특정한 회기 내의 상황이 있다. 따라서 상담자는 회기 전반에 걸쳐서 세미한 지표들(micromarkers)을 사용하여 치료의 순간순간에 가장 적합한 세부적 전개를 찾아내기 위해 과정을 평가해야 한다.

과제 완성과 초점: 내담자가 핵심적인 치료 과제를 완성할 수 있도록 한다

대부분의 사람이 예상하는 것과 달리 과정-경험적 치료의 가장 중요한 과제는 그 시도와 함께 즉시 완성되는 것이 아니다. 내담자는 치료 과제가 해결 방안이 될 수 있을 때까지 시간을 두고 완성시켜 나가야 하는 부담스러운 것으로 인식하게 될 것이다. 이것을 'Zeigarnik 효과'라고 한다(1927). 이것은 감정은 인간이 더 적절하게 행동할 수 있도록 도움을 준다는 정서이론과 부족한 부분을 메꾸어 완성시키고자 하는 일체성(wholeness)에 대한 욕구를 바탕으로 한 인본주의적 관점에서 비롯된 것이다.

따라서 상담자는 내담자가 주요한 치료 초점들을 확실하게 알고, 여러 번의 회기를 통해서 그것을 점차적으로 다룰 수 있도록 도와야 한다. 그러기 위해서 상담자는 치료를 시작하면서 내담자와 함께 분명한 치료 목표를 세우고, 각 회기에서 나타나는 내담자의 현재의 과제를 따라야 한다. 상담자는 치료 초점과 관련된 내담자의 경험에 우선적 무게를 두고 반영할 경험을 선택해야 한다. 주요한 치료 과제를 내담자가 선택해야 한다고 믿는 상담자들도 내담자가 방해를 받고 있거나 막혀 있거나 아니면 곁길로 갈 때는 이런 방법으로 치료가 계속 진행될 수 있도록 도울 수 있다. 이러한 선별적 반영을 통해 상담자들은 자신들의 지식과 경험을 통해 얻은 능력을 내담자를 돕는 데 자연스럽게 사용할 수 있고, 내담자가 치료의 다음 장으로 넘어갈 수 있는 기회를 제공할 수도 있는 것이다. 물론 내담자는 자신이 감정적으로 준비가 되었다고 느낄 때 비로소 다음 단계로 넘어가겠지만 상담자는 내담자에게 앞으로 나아갈 수 있는 기회를 제공할 수 있다.

하지만 특정한 과제에 너무 집중하도록 강요하게 되면 오히려 역효과를 가져올 수 있다. 때로 내담자가 그에게 더 생생하고 주요한 새로 일어나는 과제를 다루고 싶어 한다면 상담자는 융통성을 가지고 내담자를 따라야 한다. 일반적으로 초점과 과제, 그리고 치료적 관계 사이에 균형을 유지하는 것은 매우 중요하다. 하지만 때로 내담자는 상담자가 치료 과제를 완성시키려고 하는 노력을 자신이 준비되지 않은 때에 강제로 하게 하는 것으로 받아들일 수 있다. 이러한 가능성을 생각해 볼 때 상담자는 내담자를 경청해야 하고, 그가 다른 과제로 옮기거나 물러서는 것을 선택할 수 있도록 해야 한다. 내담자가 외상과 관련된 두려움에 대한 통제력을 발달시키거나, 자신에게 소홀했던 부모에 대한 분노나 반감을 해결하는 것 같은 주요한 과제나 목표를 완성하기 위해서는 보통 여러 번의 회기가 필요하다. 따라서 상담자는 몇 주에 걸쳐서 내담자가 주요 과제로 돌아올 수 있도록 해야 하지만, 더 긴급한 것이 나타나거나 내담자가 자신의 강한 감정을 표현하는 것을 난처해하며 과제를 더 이상 다룰 수 없다고 한다면 당분간 그것을 보류할 수 있다.

자아-발전: 내담자의 책임감과 역량을 강화한다

과정-경험적 치료는 실존주의에 뿌리를 내리고 있는 인본주의적 치료다. 과정-경험적 치료는 인간의 자유와 인생에 걸친 인간의 성장에 높은 가치를 두고 있다. 그러므로 과정-경험적 상담자는 내담자가 치료 안과 밖에서 자신의 행동을 선택할 수 있는 자유를 존중해야 한다. 더 나아가 우울이나 불안과 같은 자신들이 경험하는 정서에 대해서도 비난적이지 않은 방식으로 받아들일 수 있도록 해야 한다(Greenberg & Paivio, 1997). 따라서 상담자는 내담자가 자기결정, 성숙한 의존적 관계, 지배권, 자신의 능력을 발전시킬 수 있는 가능성과 동기를 지지해 주어야 한다(Timulak & Elliott 출판 중).

상담자는 무엇보다 내담자의 말을 주의 깊게 듣고, 내담자가 자신의 경험 안에서 성장 가능성을 찾을 수 있도록 도와 내담자의 성숙을 촉진해야 한다. 예를 들어서 내담자의 우울함에 내재되어 있는 분노를 알아채고 반영할 수 있다.

상담자는 내담자에게 치료 목적, 과제 그리고 활동에 관해서 다양하게 선택할 수 있는 기회를 제공할 수 있다. 따라서 상담자는 망설이는 내담자에게 고통스러운 문제를 탐색하지 않을 선택을 할 수 있게 하거나 계속해서 자기비판을 하거나 내면의 비판에 맞서기 중에 하나를 선택할 수 있도록 할 수 있다. 또한 과정-경험적 상담자들은 내담자가 경험하는 내용에 대해서는 전문가가 아니며 그래서 그들의 문제에 대해 대신 판단하거나 설명하거나 전문적 조언을 해 줄 수는 없다는 입장을 견지한다. 오히려 내담자 자신의 문제에 대해서는 내담자 스스로가 가장 전문가이며 앞으로의 방향에 대한 결정은 궁극적으로 그들 자신에게 달려 있다고 본다.

이 책의 개요

이 책은 세 파트로 구성되어 있다. 첫 번째 파트에서는 과정-경험적 치료에 대한 전반적인 소개와 초점, 그리고 이 치료의 관점과 이론적 배경, 경험적 근거 등을 다룬다. 1장에서는 구체적인 과정과 과제를 이해하기 위한 배경이 소개되어 있다. 2장에서는 과정-경험적 접근의 이론적 기초와 치료 개요를 자세하게 설명하고 있다. 3장에서는 최근 연구들을 종합해 보면서 전반적인 내용에 대해 더 깊은 이해를 할 수 있다. 4장에서는 과정-경험적 상담자들이 경청해야 하는 것이 무엇이고, 내담자 표식이 무엇인지 설명하고 있다. 5장은 구체적인 프로파일, 과정-경험적 상담자의 반응 순서와 같은 주요한 상담자 반응에 대한 개괄적인 설명이 있다. 첫 번째 파트는 6장에 실려 있는 과정-경험적 접근에서 중심이 되는 치료 과제에 대한 개괄적인 설명으로 마무리된다.

두 번째 파트는 과정-경험적 치료를 구성하는 과정과 과제를 자세하게 설명하고 있기 때문에 앞의 부분보다 더 구체적이고 교육적이다. 내담자와 매 순간 상호 작용하면서 사용할 수 있는 과정과 과제들이 설명되어 있다. 먼저 관계 과정과 과제가 앞부분에 강조되어 있다. 7장에는 과정-경험적 치료에 핵심이 되는 공감과 그 위에 놓여 있는 치료 과제에 대해서 이야기한다. 8장은 치료 관계의 발전과 회복에 대해 다루고 있다. 그리고 뒷부분은 네 가지의 과정-경험적 치료 과제에 대한 설명으로 넘어가는데, 내담자 경험을 파악하고 받아들이기(9장), 문제적 경험을 다시 밟아가기(10장), 내면적 갈등 다루기(11장), 그리고 미해결된 관계 다루기(12장) 등이다.

세 번째 파트에서는 과정-경험적 치료를 적용하는 데 나타나는 실제적인 문제들을 언급하고 있다. 실천에서 나타나는 다양한 문제, 딜레마와 위기에 관한 내용이 13장에 실려 있다. 14장에서는 세 가지 흔한 임상적 문제(우울증, 외상, 경계선 성격장애)에 과정-경험적 접근을 어떻게 적용해야 하는지 구체적인 방법을 제시해 주고 있다. 마지막으로 이 책은 함께 작업했던 초점 집단(focus groups) 인터뷰를 통해 나왔던 피드백을 바탕으로 훈련자들에게 몇 가지 제안을 전달하고 있다(15장).

이 책과 더불어 웹사이트(www.process-experiential.org)를 방문해 보면 다양한 자료들을 찾을 수 있다. 추가적인 임상적 실례들과 학습을 풍부하게 도울 수 있는 활동들이 소개되어 있고, 과정-경험적 접근 사용의 치료 과정과 결과를 평가해 볼 수 있는 설문과 연구 자료들을 찾을 수 있다.

과정-경험적 치료 접근을 위한 초기 제안

이 책의 마지막 장에 가서야 과정-경험적 치료에 대해서 전체적으로 이해할 수 있지만 서두에서 독자들의 학습을 촉진시킬 수 있는 몇 가지 제안을 하려고 한다. 첫 번째로, 이 책을 읽는 것은 단지 시작에 불과하다. 복잡한 기술을 완전히 익히고 숙달되기 위해서는 수년에 걸친 다양한 학습이 필요하기 때문에 인내심을 가져야 한다. 과정-경험적 치료 훈련을 가장 효과적으로 하려면 다양한 예시와 영상 자료, 수퍼비전하에 이루어지는 실전 연습, 개인 성장을 위한 훈련, 내담자 경험, 그리고 훈련 과정에 대한 고찰과 함께 강의와 같은 학습이 이루어져야 한다.

처음에는 단순하고 전체적인 과제와 치료 원리에 대한 이해부터 시작해서 점차적으로 더 복잡하고 섬세한 이해를 하려고 하는 것이 한 번에 모든 것을 완벽하게 이해하려는 것보다 스트레스를 덜 받는 방법이다. 정신역동 치료나 인지 행동치료와 같은 다른 종류의 치료 방법에 훈련을 받은 사람들은 그들이 배운 내용에 기반하여 새로운 것을 익히고, 이전에 배운 내용을 새롭게 적용해 보려고 한다면 과정-경험적 치료를 배우는 것이 더 수월할 것이다. 역으로 새롭게 배우게 될 과정-경험적 치료 기술들 또한 기존에 배웠던 접근을 더 훌륭하게 하는 데 도움이 될 것이다. 예를 들어, 인지치료나 정신역동 치료를 할 때 감정에 대한 접근을 필요에 따라 적절히 포함시킬 수도 있을 것이다.

상담자들은 자신에게 잘 맞지 않는 치료 모델에 자신을 억지로 끼워 맞추려고 해서는 안 된다. 과정-경험적 접근이 많은 내담자 마음에 들 수 있지만 모두에게 그런 것이 아닌 것처럼 어떤 상담자에게는 매우 흥미를 끄는 것이 될 수 있어도 모두에게 그렇지는 않을 것이다. 과정-경험적 치료가 내담자의 가치관 및 선호와 충돌될 때 그것을 강요해서는 안 된다. 마찬가지로 기술과 선호와 가치관이 과정-경험적 치료와 다른 방향으로 흐르는 상담자에게도 이 치료접근을 강요해서는 안 된다. 과정-경험적 치료가 강조하는 가치관과 선호가 있지만 우리는 이론적으로, 임상적으로 다원성을 지지하는 사람이기 때문에 '천 가지의 꽃이 모두 필 수 있도록' 해야 한다고 믿는다.

듣는 방법을 배우려고 하는 상담자에게 내담자는 가장 좋은 스승이다. 그런 의미에서도 과정-경험적 치료 원리에 첫째가 공감적 태도다. 만약 상담자가 내담자의 순간순간의 경험에 함께 참여하려고 한다면 내담자가 어떻게 말하고 무엇을 행동하는지를 가장 명확히 볼 수 있게 될 것이고, 그것으로부터 배우고 또 배우는 방법을 배우게 될 것이다. 이 책을 쓴 우리 네 명은 각각 15년에서 30년 가까이 심리치료를 하면서 매번 새로운 내담자에게 배우려고 했다. 그야말로 대단한 경험이었다.

1

과정-경험적 치료 입문

02

과정-경험적 치료 시작하기

이 장에서는 과정 기능, 기능 장애, 변화, 다른 말로 하면 정상적인 정서적 기능과 이것이 잘못될 수 있는 방향, 그리고 더 효과적인 정서적 기능을 개발할 수 있는 방법을 과정-경험적 관점에서 어떻게 조망하는지를 요약적으로 설명할 것이다. 1장에서 소개된 것처럼 일반적으로 정상적 기능이란 감정이 사람이 기본적으로 살아가는 데 뿐만 아니라, 삶을 더 효과적이고 만족스럽게 하는 데 꼭 필요한 적절한 자원으로 역할을 하는 것이다. 감정에 접근하고 그것을 활용하고 통제할 줄 아는 능력을 흔히 정서적 사고라고 한다(Feldman, Barrett, & Salovey, 2002; Greenberg, 2002a; Salvoey & Mayer, 1990). 정서는 인간의 삶의 풍부한 부분 중 하나로 인간은 다중적이면서도 때론 모순적인 부분들로 구성되어 있다. 따라서 사람들은 그들의 주변 상황과 자신 사이의 상호작용으로부터 촉발되는 다양하면서 때로는 모순적인 감정들을 갖게 된다. 변증법적 구성주의라는 말은 자아와 그것이 속해 있는 세상이 변화하는 역동적인 과정을 말하는데, 이러한 풍부한 과정을 통해서 사람들은 자신과 세상을 이해하게 된다.

사람의 정서 체계가 다양한 모습으로 정상 궤도를 벗어나거나 기능 장애를 보이는 이유 중에 하나는 이러한 감정의 복잡성에 있다. 자신의 감정 또는 감정적 경험의 측면에 접근하려는 의지나 능력이 없는 것은 적응에 필요한 매우 중요한 정보를 얻지 못하게 하는 흔한 어려움이다. 또 다른 형태의 어려움들로는 분노가 두려움을 가리는 것처럼 상황에 맞는 적절한 감정적 반응이 다른 반응으로 가려지는 것이다. 감정적 조절에 어려움을 겪는 사람들은 강력하고 고통스러운 감정에 압도되거나 반대로 감정으로부터 멀어지고 무뎌질 수 있다.

과정-경험적 치료는 사람이 어떻게 변화하는가를 설명한다. 사람이 어떻게 자신의 감정을 이해하고 그 감정을 통해 자신의 상황에 가장 적절한 반응을 하게 되는지, 그리고 그 과정에서 어떻게 감정을 조절하는지를 설명한다. 심리치료적 관계를 포함한 관계는 정서적 학습을 할 수 있는 안정적이고 지지적인 환경을 제공해 준다. 이러한 환경에서 내담자는 자신의 모순적인 감정적 경험들을 자유롭게 다룰 수 있게 되고, 궁극적으로 더 폭넓은 자기 수용과 새로운 경험들을 발전시킬 수 있게 된다.

이 장에서는 과정-경험적 치료를 상담 회기에 어떻게 적용시킬 것인지에 대해서 논의할 것이다. 과정-경험적 치료는 상담자가 현재 내담자와 함께하고 있는 것이 무엇인지 지속적으로 생각하게 한다. 또한 상담자는 내담자가 고통스러운 감정에 대해서 이야기할 필요성을 느끼지 못할 때와 같이 이론에 대한 설명이 필요한 상황에서는 내담자에게 왜 그것이 필요한지 설명해 줄 수 있어야 한다. 하지만 이론에 과하게 초점을 맞추면 내담자가 매 순간 적절한 정서 경험을 하는 데 방해가 될 수 있다는 것을 알아야 한다. 이론에 대한 설명은 공감적 태도를 통해서 내담자의 매 순간의 경험을 따라가는 작업을 결코 대신할 수 없음을 기억해야 한다. 과정-경험적 이론을 활용하는 가장 좋은 방법은 회기를 시작하기 전에 이론에 대해서 이야기하고 회기 중에는 잠시 이론에 대한 염려를 접고 필요시에만 다시 함께 상기해 보는 방법이 될 수 있다.

이러한 과정-경험적 이론의 실용적인 이해를 돕기 위해서는 이론을 많이 연습해 보는 것이 필요하다. 예를 들어, 이론에 대해서 철저하게 공부하고 이것을 자신의 언어로 바꾸어 말해 보도록 권유한다. 이러한 방법을 통해 학습자가 이론을 자신의 것으로 만들고 이해하도록 할 수 있다. 복잡한 기술의 학습에 대한 연구(Binder, 1999; Caspar, 1997)에 의하면 '비활성 지식(inert theory)'을 활용 가능하고 활성화된 지식으로 바꾸는 데 이러한 학습 전략이 유용하다고 한다. 이제 우리는 과정-경험적 치료의 전반적인 길잡이가 되는 관점인 신인본주의에 대한 언급부터 시작할 것이다.

과정-경험적 치료의 일반적 토대: 신인본주의

앞에서 우리는 과정-경험적 이론에 대한 소개와 함께 이것이 인본주의적 관점에 뿌리를 두고 있다는 것을 언급하였다. 과정-경험적 치료는 당시의 종교적·문화적·과학적 정설에서 자신을 분리시키고자 했던 초기 인본주의자들의 자유사상의 전통을 이어 받았다(Coates, White, & Schapiro, 1966). 서로 다른 시대에 속해 있었지만 인본주의자들은 공통적으로 당시 학문, 정치, 종교적 영역에서 보여졌던 편협성과 인간성을 말살하는 경향에 반대했었다. 현재의 인본주의 심리학자들의 사상은 William Blake, Jean-Jacques Rousseau, Søren Kierkegaard와 같은 19세기 낭만주의적 실존주의 작가들의 뒤를 따르는 것이다(A. Howard, 2000). 이들은 당시 인간 경험을 규정하고 지배했던 합리주의, 사회적 인습, 산업화에 반기를 들었다. 그리고 그들은 정서, 믿음, 개인의 선택을 인간의 경험과 행동의 원천이라고 생각했다.

그들의 노력은 현대 '임상적 인본주의자'에게 이어져서 내담자에게 활용할 수 있는 심리치료의 범위를 한정짓고 표준화하는 것과 모든 심리적 고통을 뇌의 화학적 불균형으로 축소시켜 심리-약리학적(psychopharmacological) 치료를 주로 하게 하는 것에 대해 반대하는 활동을 하도록 하는 철학적·사상적 배경을 제공하였다.

인본주의에 입각한 다른 분야의 상담자들과 마찬가지로 과정-경험적 접근은 여섯 가지의 인본주의의 주요 원리를 따른다(Greenberg & Rice, 1997; Tageson, 1982를 참고하라). 경험하기(experiencing), 자기결정과 기능, 일체성, 다원론과 평등, 존재와 신빙성, 성장(growth)이 그것이다.

1. 경험하기 직접적인 경험과정은 사람의 생각, 감정, 행동의 기초이기 때문에 심리학자들과 상담자들의 주요 관심사가 된다. 이 책에서 경험하기와 경험이라는 단어를 모두 사용하지만 경험하기라는 용어는 경험(experience)이라는 단어보다 경험의 활동적이고 변화하고 '비물질적인' 속성을 잘 반영하기 때문에 주요 전문용어로 선호된다(Gendlin, 1962). 경험하기는 인지, 기억, 감정, 주관적 의미, 행동의 경향성, 언어로 개념화된 생각을 포함하는 개념이다. 인본주의자들에게 경험하기란 결론으로 가는 하나의 수단이 아니라 결론 그 자체로서 풍부하고 소중한 것이다.
2. 자기결정과 기능 사람은 근본적으로 스스로 무엇을 할 것인지, 자신의 세상을 어떻게 이해할 것인지 선택할 수 있다. 유전적 · 생화학적 · 환경적 요소들이 인간의 자유를 구속할 수 있지만 완전히 제거하지는 못한다. 임상적으로 고통을 받고 있는 사람들은 자신이 중요한 결정을 할 수 있다고 생각하지 못할 수도 있지만 인본주의적 상담자들은 그럼에도 불구하고 그들이 자기결정과 자기 주도가 가능하다고 믿는다. 인본주의적 관점에서 자유는 인간의 상태에 대한 묘사이면서(Yalom, 1980) 계속 권장되어야 하는 가치다. 따라서 인본주의적 상담자들은 내담자를 활동적인 참여자이면서 자신을 변화시키는 과정의 기능하는 주체(agents)로 대하고(Bohart & Tallman, 1999), 지도적이며 권위적인 입장을 피하고, 가능한 때에 내담자에게 선택권을 준다. 회기 안에서의 내담자의 경험에 대한 연구는(Rennie, 1992; Watson & Rennie, 1994) 내담자의 힘을 내담자 경험의 핵심으로 제시한다.
3. 일체성 사람은 부분의 합보다 더 크기 때문에 인지, 정서와 같은 하나의 측면에 초점을 맞추어서 이해할 수 없다. 심지어 사람의 다양한 측면은 모두

상호 연관되어 있기 때문에 하나의 영역을 개별적으로 이해할 수 없다. 인지, 정서와 같은 경험의 다양한 형태를 구분하는 것은 편의를 위한 인위적인 작업이다. 우리는 사람을 행동, 증상과 같은 부분의 합이 아닌 총체적인 존재로 인식해야 한다. 개인의 각 부분이 서로 상충되거나 고통을 야기시키더라도 그것들을 인식하고 통합할 줄 아는 것이 가장 이상적인 기능이다. 불완전하고 부분적인 경험들이 완성 또는 해결이 될 수 있을 때 총체적인 하나를 이룰 수 있다.

4. **다원론과 평등** 문화적 · 개별적 · 방법론적 다원론은 인본주의 관점의 중요한 요소다. 세상을 바라보는 눈과 인간의 삶, 어려움을 이겨내는 방법, 진리를 추구하는 것에 대해서 다양한 관점이 존재하는데, 이들은 모두 타당하고 나름의 강점과 한계점을 지니고 있다. 사람, 가족, 지역사회의 중요성은 서로 순위를 가릴 수 없다. 사람들 사이의 차이점을 드러내야 될 때가 있고 참아야 할 때도 있으며 심지어 격려해야 할 때도 있다. 비록 사회와 조화되지 않고 해로워 보이는 개인이나 사회의 뒤처진 모습에도 주의를 기울이고 목소리를 낼 수 있도록 해야 한다.
5. **존재와 신빙성** 사람은 신뢰할 수 있는 대상과 함께하는 개인적인 관계에서 최고의 기능을 발휘하고 가장 많은 도움을 얻는다. 이러한 관계에서 각 개인은 심리적으로 상대방에게 존재하고, 상대방을 그 자체로 인정해 준다. 이러한 관계가 바로 경험하기와 행동의 원천이 된다. 치료에서 나타나는 변화를 포함한 인간의 성장과 발전의 기반이 되는 것은 진정성, 가치인정, 공감으로 이루어진 관계다.
6. **성장** 심리적 성장과 자아발전은 성인기가 되었다고 해서 멈추지 않는다. 가장 이상적인 발달은 인생의 전반에 걸쳐서 풍성해지고 다른 사람과 구별되는 것을 지속적으로 경험하는 것이다. 성장은 안녕(well-being)을 평가하는 중요한 요인인, 생물학적으로 적응성이 있는 내면의 과정을 기반으로 한다. 자신을 격려해 주는 환경에 있는 사람은 현재의 조화를 유지하려고 노력하고 유

연성을 갖게 된다. 이런 것들을 통해서 그들은 삶의 중요한 일들을 추진할 때 더 융통성 있게 대처할 수 있게 된다. 내담자와 상담자는 새로운 길을 도전하는 것과 그 즐거움에 가치를 두어야 한다. 또한 이 과정에 따르는 감정적 고통과 어려움이 주는 변화와 관련된 깨달음, 특히 성장 지향적 측면을 직시해야 한다.

신인본주의 관점 적용하기

과정-경험적 치료를 배우는 것은 단순히 이론이나 기술을 배우는 것이 아니다. 치료 방법이 인간 본성과 관계에 대한 가치관을 기본으로 하기 때문에 이 가치관에 어느 정도 동의를 하지 않으면 과정-경험적 상담자로서 성공할 수 없다. 과정-경험적 치료는 다른 인본주의적 치료처럼 현대 사회가 인간에 대한 진정한 의미를 제한하고 파괴하는 역할을 하고 있다는 비판에 부분적으로 동의한다. 다음은 인본주의 관점에 주를 이루는 비판적 생각들이다.

- 이성적 · 언어적 사고: 감정보다 이성을 더 강조하는 것은 사람들이 자신에 대한 중요한 부분을 보지 못하게 하고, 성장과 융통성을 제한한다.
- 정치적인 중앙 관리와 생물학적 결정론: 정치적 억압과 중앙 정부 통치, 감시와 같은 관행은 인간의 자유와 자기결정권에 반하는 것으로, 사람을 수동적으로 만들고 자신의 삶에 역할을 활동적으로 할 수 없도록 한다. 심리적인 문제를 단순한 생리적 문제로 취급하려고 하는 것도 사람을 수동적으로 만들고 그들의 감정과 삶의 실제 상황을 무시하게 만든다.
- 인간에 대한 편협적이고 단순화된 부분적 이해: 경험의 한 부분에만(예: 신체적 부분, 증상의 이름으로 단순화하는 것, 부정적인 자기 대화) 집중하는 것은 경험 자체의 복잡하고 상황연관적인 특성을 무시하는 것이다.
- 획일적인 대중문화와 '기분을 좋게 해 주는 것이 좋은 것이다' 원리: 이러한

풍토는 대중, 자조집단, 매스 미디어에 의해 조장되는 것으로, 사람과의 관계 또는 내면의 다양성과 창조적인 갈등을 잃어버리게 한다.

- 표면적이고 착취적 관계: 다른 사람을 목표(예: 경제적 가치)를 위한 도구로 취급하는 것은 신뢰할 수 있는 상호 의지적인 관계를 만들어 갈 수 있는 기회를 박탈한다.
- 안정성과 예측가능성 대 지속적인 자극: 유연성이 없는 질서와 무질서는 성장과 숙달(mastery)을 방해한다. 성장과 숙달은 오랜 시간에 걸쳐 지속적인 변화와 노력을 요구하는 것이다(Waldrop, 1992 참조).

앞의 내용을 보면 과정-경험적 치료가 현재 서양 문화 속에서 성장하고 생활하는 데서 나타날 수 있는 문제를 강조한다는 것을 알 수 있다. 특히 심리적인 불편함을 잘 참지 못하는 것과 정서에 주의를 기울이지 않는 것을 문제 삼는다.

따라서 상담자는 내담자의 말을 들으면서 그가 인간의 본성과 치료 과정에 대해 어떤 신념과 가치관을 견지하고 있는지 잘 들어 보아야 한다. 이러한 관점은 상담의 어느 순간에나 나타날 수 있지만 초기 몇 회기에 더 잘 나타난다. 내담자에게 이전의 치료 경험에 대해 묻는 것도 필요하다. 이때 내담자에게 도움이 되었던 것과 그렇지 않았던 것에 주의를 기울여서 들어야 한다. 내담자가 가지고 있는 치료에 대한 가치관과 기대를 아는 것은 매우 중요하기 때문에 적절한 때에 내담자가 치료를 받아야 하는 이유에 대해서 이야기하는 것이 좋다(13장의 경험적 가르침에 대한 서술을 참고하라).

신인본주의의 재구조화

신인본주의적 가치관은 치료의 구조에 대한 구체적 지침과 설명보다는 상위적 관점으로, 과정-경험적 치료의 기본이 된다. 신인본주의적 가치관이 그 뒤에 나올 구체적 이론의 조직, 모델, 개입에 대한 전체적인 틀 또는 배경이 되기 때문에 과정-경험적 치료의 중요한 시작점이다. 이것들이 중요하긴 하지만 인간의 기능, 기능장애, 변화를 완전히 설명하기에는 사실 부족하다. 게다가 이 요소들은 실험적으로 증명할 수 없고 모호한 것이라는 비판을 받기도 한다.

이러한 이유 때문에 신인본주의적 원리는 정서 이론과 변증법적 재구조화(신-피아제 발달이론)의 도움을 받아 현대적 용어로 풀이하고 재구조화를 해야 한다. 보통 이러한 재구조화는 주관성을 강조하는 현상학적 입장에서 구조적인 자아와 경험을 강조하는 해석학적[interpretive(hermeneutic)] 입장으로 이동하는 것을 말한다. 이 책에서는 이를 신인본주의라고 부를 것이다. 그 이유는 1970년대와 1980년대에 북미에서, 특히 학문적 심리학자들 가운데서 인기를 얻지 못했던 이론적 전통을 재고하고 다시 생명을 불어넣는 것이기 때문이다. 이 장의 나머지 부분에서는 이 재구조화에 대해서 이야기할 것이다.

정서 이론

이제 현대적 정서 이론에 대해서 살펴보자. 정서 이론은 과정-경험적 이론의 신인본주의적 관점을 설명하고, 재구조화를 하기 위해 인용하는 심리학의 최근 두 가지 발전 중 하나다. 정서 이론가들(예: Frijda, 1986; Greenberg, 2002a; Greenberg & Paivio, 1997; Greenberg & Safran, 1987, 1989; Lazarus, 1991; Tomkins, 1963)은 감정은 근본적인 적응적 본성을 가지고 있어서 유기체로 하여금 복잡한 상황의 정보를 빠르고 자동적으로 처리하여 개인의 주요한 필요(예: 자기보호, 지지)를 채우기 위한 적절한 행동을 할 수 있도록 한다고 말한다. 정서는 인간의 복지에 중요한 것이 무엇인지 알 수 있도록 하고 적응적인 행동을 하게 한다. 또한 정서는 경험과 협력하여 방향을 제시하고 일체성을 갖도록 한다. 다른 말로 하면, 사람에게 무엇이 중요한 것인지 말해 주고, 사람은 그것을 앎으로 자신이 무엇을 해야 하는지, 자신이 누구인지를 알게 된다.

이는 치료 상황에서 상담자가 내담자의 감정을 치료적 나침반으로 활용하여 상담자와 내담자에게 중요한 것이 무엇이고, 내담자가 그것을 위해 무엇을 해야 하는지 안내를 받을 수 있다는 것을 의미한다. 상담자가 알아야 하는 중요한 원리는 감정은 내담자의 필요 또는 원함을 말해 주고, 그것은 행동의 원천이 된다는 것이다. 다른 말로 하면 모든 감정에는 어떤 필요가 숨어 있고, 모든 필요는 행동의 방향이 된다. 이러한 원리는 감정에 의거한 평가가 개인의 현재 상황에 온전히 나타나지 않는 것처럼 보일 때도 적용된다. 게다가 전체로서의 인간의 현재 상태에 대한 정보를 말해 주는 것은 감정이기보다 그의 경험이라고 할 수 있다. 예를 들어, 우울하고 절망적인 내담자를 만났을 때 과정-경험적 상담자는 내담자의 절망에 대해서 논박을 하지도 않을뿐 아니라 더 나아질 수 없을 것이라는 내담자 나름의 믿음에 동의해 주지도 않는다. 그 대신에 상담자는 내담자의 절망감을 부인하거나 축소하지 않고 그 자체로 인정하며 내담자가 그것을 탐색할 수 있도록 돕고 "당신에게 필요한 것이 무엇입니까?" 라고 묻는다.

따라서 과정-경험적 접근법은 정서중심치료로서, 정서가 주요 관심사가 되는 것이다. 심지어 정서중심치료(Greenberg, 2002a; Greenberg & Johnson, 1988; Greenberg & Paivio, 1997; S. M. Johnson, 1996)라는 용어는 이 책의 제목으로도 쓰였듯이 정서에 집중한 다양한 접근법을 통합적으로 사용하는 일반적 용어로 사용되고, 과정-경험적 치료는 근본적 인본주의적 형태의 정서중심치료를 말하는 용어로 사용된다. 이 둘 사이의 차이점은 과정-경험적 치료는 인지적 또는 역동적 정서 중심 접근에서는 중요하게 생각하지 않는 관계적 존재와 성장이라는 신인본주의적 원칙을 강조한다는 것이다.

정서에 치료의 초점을 맞추는 것 외에 과정-경험적 이론은 정서는 어떻게 '정서 도식'을 통해서 경험을 조직화하고 한 개인 안에서 정서적 작용이 일어나게 하는지를 설명한다. 이제 이론의 주요한 세 가지 개념을 설명할 것이다. 이는 정서 도식, 정서적 반응 형태, 정서 조절이다. 이 개념들은 기능, 기능장애, 변화에 대한 과정-경험적 이론을 이해하는 데 매우 중요하다.

정서 도식

정서 도식(emotion scheme)은 경험에 대한 내적 구성 개념을 위계적으로(higher-order organization) 보여 주는 것을 말한다. 따라서 정서 도식은 정상적인 인간 기능의 기초가 되면서 동시에 치료 상황에서 다루게 되는 기능 장애의 원천이 된다.

정상적 인간 기능에 대한 정서 도식

정서 도식은 무엇인가? 왜 우리는 사람들이 흔히 사용하는 '도식' 이라는 단어를 사용하는가? 정서 도식이 치료에서 얼마나 중요한가? 먼저 우리는 '스키마(schema)' 대신에 '도식(scheme)' 용어를 사용하겠다. 왜냐하면 '스키마'라는 단어는 정신적 상태를 정적이고 언어적으로 나타내 주는 것인 반면에 '도식'은 행동 계획을 말하는 것이다('to hatch a scheme' 에 사용되는 것처럼). 정서 도식은 어떤 상태라기보다 과정이다. 정서 도식은 언어적 요소를 포함하는 과정이지만 많은 부분은 전-언어적(preverbal) 요소(신체적 감각, 시각적 이미지 심지어 냄새까지)를 가지고 있다. 이것들은 활동적이고 행동 중심적이다. 이것을 알면 상담자는 모든 정서 도식에 숨어 있는 행동 경향에 주의를 기울일 수 있게 된다.

둘째로, 정서 도식은 단번에 알아차릴 수 있는 것이 아니다. 정서 도식에 의해서 경험되는 경험을 통해 간접적으로 도달할 수 있다. 정서 도식을 알아차리기 위해서는 먼저 구체적인 경험(예: 기억)을 불러일으켜야 한다. 그리고 그것을 반영하기 전에 충분히 탐색하고 표현해야 한다(Greenberg & Safran, 1987). 이렇게 활성화, 탐색과 표현, 그리고 반영(activation, exploration and expression, and reflection)으로 이루어진 일련의 순서가 과정-경험적 치료의 중심이 된다(Greenberg, 2002a).

셋째, 정서 도식 과정은 구조적 언어로 이루어진 대화를 통해 이해할 수 있다. 정서 도식은 복잡한 자기조직화 과정(self-organizing process)에 관여하고(Prigogine & Stengers, 1984) 정서를 바탕으로 한 자기조직을 만들어 낸다. 또한 다양한 정서 도식의 역동적 종합으로부터 만들어진 자기조직화는 정적인 것이 아니며 다양한 사건에 따라 지속적으로 변화한다. 즉, 이 도식을 시시때때로 계속해서 구조화되고 재구조화되는 것이다(Greenberg & Pascual-Leone, 1995, 1997, 2001; Whelton & Greenberg, 2001b). 하지만 이것이 안정적인 자기구조(self-structure)로 보이는 것은 사람들이 자신의 주변 상황과 상호작용하면서 주기적으로 동일한 기본 요소를 사용해 자신을 재창조하기 때문이다. 이러한 지속적인 재창조는 장기적으로 사람들과의 관계와 내면에서 자기조직화를 독특하고 다양하며 매우 변하기 쉽게 만든다. 이러한 복잡성 때문에 정서 도식은 상담자의 공감, 내담자의 활성화, 자기 탐색, 표현을 통해서 개별적이고 유연하게 평가되어야 한다.

넷째, 모든 개인은 다양한 정서 도식을 가지고 있고, 그것은 개별적으로 혹은 동시에 활성화된다. 정서 도식에 의거한 자기조직화는 각 사람의 '목소리'와 같아서(Elliott & Greenberg, 1997; Stiles, 1999) 때로는 혼자서 소리를 내지만 대개 다른 목소리와 조화를 이루거나 모순을 이룬다. 이것은 성장과 창조적 적응에 중요한 원천이 되기 때문에 상담자가 이러한 자기조직화 또는 목소리의 다면성을 인지

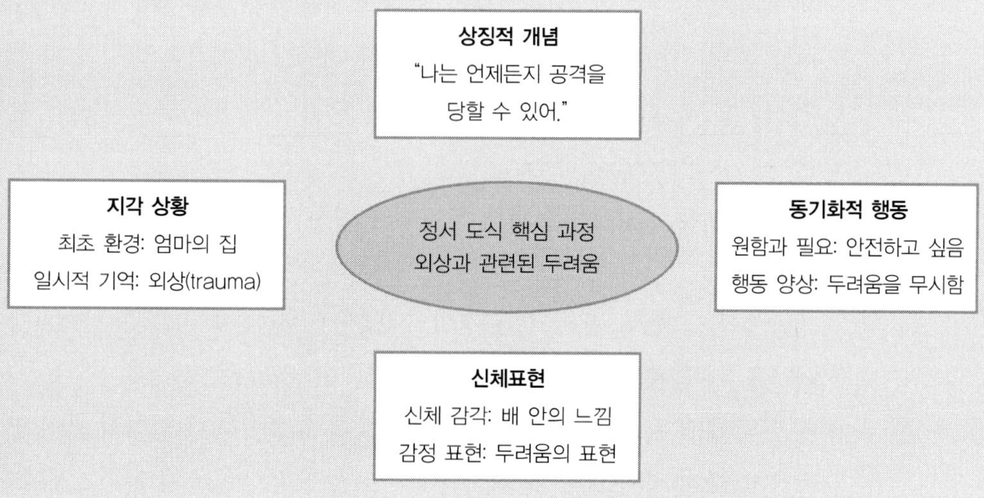

[그림 2-1] 외상과 관련된 두려움의 정서 도식 요소

하고 존중하는 것은 필수적이다.

다섯째, 간단하게 말하면 정서 도식 과정과 그 결과인 자기조직화는 각 요소의 활성화가 다른 요소에 영향을 주면서 한 네트워크 안에서 함께 연결된 복합 요소를 구성하게 되는 것이라고 볼 수 있다. 임상적으로 다섯 가지 종류의 요소를 구별해 내는 것이 도움이 된다(Leijssen, 1996과 Cornell, 1994를 참고). 지각 상황 요소, 신체표현 요소, 상징적 개념 요소, 동기화적 행동 요소, 정서 도식 핵심과정 등이 그 요소들이다. 범죄와 관련된 외상후 스트레스 증후군(PTSD)을 앓고 있는 젊은 여성에게 과정-경험적 치료를 적용하는 것에 주요한 정서 도식을 단순화한 그림이 [그림 2-1]에 나와 있다(Elliott, Slatick, & Urman, 2001). 이 예시가 비록 실제 치료 상황에 관한 것이지만 일반적인 인간의 기능에 나타나고 평가될 수 있는 모든 정서 도식의 본질을 보여 준다. 각각의 정서 도식은 다음과 같이 정의될 수 있는데, 항목의 나열은 정서적 과정에서 도식이 일반적으로 활성화되는 순서로 되어 있다.

1. 지각 상황 요소는 개인의 과거 또는 현재 환경을 나타내는 것으로, 현재 상황과 에피소드 형식의 기억에 대한 즉각적 깨달음을 나타낸다. [그림 2-1]을 예로 들면, 어머니의 어두운 거실에 대한 내담자의 지각은 이전의 외상을 상기시키고, 또 다시 어머니로부터 폭행을 당할 수도 있다는 두려움을 활성화한다.
2. 신체표현 요소는 신체를 통해 처리되는 정서 도식을 나타내는 것으로, 신체에 즉각적인 감각(예: 배에 동그랗게 매듭이 지어진 것 같은 느낌과 팔과 다리에는 전기 충격을 받는 것 같은 느낌), 정서의 표현(예: 두려움을 나타내는 얼굴 표정과 긴장감을 보이는 웃음)을 말한다.
3. 상징적 개념 요소는 지각 상황 및 신체표현 요소에 대한 반영적 자기 인식으로 만들어진 정서 도식 과정을 언어적 또는 시각적으로 나타내는 것이다. 상징적 표현은 보통 언어적으로(예: "나는 언제든지 폭행을 당할 수 있어.") 표현되

지만 때로는 정서 도식과 관련된 은유적 표현(예: 검은 색)으로 나타난다.

4. 동기화적 행동 요소는 정서 도식 과정에 의해서 활성화되고 정서 도식 과정을 열망, 필요, 원함, 의도(예: 공격으로부터 안전하고 싶음) 또는 행동 양상(가능한 행동 예, 두려움을 무시해서 없애려고 하는 것)을 나타낸다.
5. 정서 도식 핵심과정은 특정한 감정(이 예에서는 외상과 관련된 두려움)을 둘러싸고 있는 다양한 요소들을 조직화하는 것으로, 대개 앞의 네 가지 요소들에 대한 자기 반영을 한 후에 알아차릴 수 있다.

기능 장애와 치료에 대한 정서 도식 이론

Leijssen(1996)이 말한 것처럼 본 구조에서 분명하게 찾을 수 있는 치료적 함의는 모든 도식 요소들과 관련하여 최상의 정서적 과정(작용, emotional processing)을 실현하도록 도와야 한다는 것이다. 한 가지 또는 몇 가지 요소를 무시하게 되는 경우에 내담자는 정서 도식의 경험을 온전하게 완성할 수 없게 된다. 예를 들어, 상징개념적 과정화(symbolic-conceptual processing) ('인지')는 자기반영과 감정적 조절에 매우 중요하기 때문에 만약 내담자가 상징개념적 요소 없이 급성 불안 상태를 경험하는 것은 (이전 예시에서 내담자 엄마의 어두운 집과 같이) 문제가 된다. 또 다른 경우 외상 경험이 있는 내담자는 자신의 경험을 지각상황, 신체표현 또는 동기화적 행동 요소의 고려 없이 지적이고 상징개념적인 언어적 표현만을 통해 정서 과정을 진행하려고 하기도 한다. 한 가지 또는 여러 가지의 요소가 없는 경우에 고통스러운 경험을 과정화하는 것은 더 어렵다[다음으로 두 번째 종류의 도식의 어려움은 주요한 비적응적 감정 과정(primary maladaptive emotion process)에 대해서 이야기할 것이다].

따라서 과정-경험적 접근에서 치료는 근본적으로 내담자가 안전하고 허용적인 치료적 환경에서 자신의 정서 도식에 접근하도록 돕는 것이다. 안전하고 허용적인 치료적 환경은 더 완전한 과정화를 촉진하고, 이것은 내담자에게 더 많은 정보를 제공해 주며, 적응적이지 않은 정서 도식을 재구조화하도록 돕는다(Greenberg,

2002a; Greenberg & Paivio, 1997).

정서적 반응 형태

과정-경험적 정서 이론의 주요한 요소 중 두 번째는 네 가지 서로 다른 정서적 반응 형태들의 특징이다. 이 네 가지는 최초적응, 부적응, 이차적 반응, 수단적 반응(primary adaptive, maladaptive, secondary reaction, and instrumental) 정서다. 감정의 형태들은 적응적인 감정의 형태와 부적응적인 형태를 분명하게 구별할 수 있도록 해 주고, 감정을 평가할 수 있는 전략을 제공하며, 내담자의 변화를 돕는다.

정상적인 인간 기능의 초기 적응적 정서

감정의 정상적인 기능은 복잡한 상황적 정보를 빠르게 처리할 수 있게 하여 효과적인 행동을 준비시키는 것이다. Greenberg와 Safran(1987, 1989; Greenberg, 2002a)에 의하면, 감정은 목전의 상황과 일치하는 직접적인 반응이고 개인이 적절한 행동을 할 수 있도록 돕는 것이기 때문에 우리는 이렇게 단순하게 바로 나타나는 반응을 초기 적응적 정서 반응으로 간주한다. 예를 들어, 어떤 사람이 다른 사람의 아이를 공격하려고 협박을 하는 것을 본다면 분노가 적절한 감정적 반응이 된다. 왜냐하면 이 감정은 그가 단호한(필요한 경우에는 공격적인) 행동을 하여 협박을 멈추게 하도록 개입하게 하기 때문이다. 이렇게 매우 즉각적이고 자동적인 반응은 우리의 조상들(또한 그의 자손들)이 생존할 수 있도록 해 주었다. 이런 반응은 주어진 상황에 맞는 '합당한 감정'이라고 할 수 있다. 두려움은 위험에 대한 적응적인 감정적 반응으로 가만히 있거나 상황을 살피거나 필요한 경우 도망가는 것과 같이 그가 위험을 피하거나 피해를 줄일 수 있는 행동을 하도록 준비하게 한다. 반대로 수치감은 개인의 부적절한 행동이 들켰거나 다른 사람들로부터 판단을 받거나 거절을 받을 위험에 있다는 것을 알려 주는 것이다. 따라서 이 감정은 그로 하여금 행동을 수정하거나 잘못을 숨기도록 해서 그의 사회적 지위와 관계를 보호하게 한다.

세 가지 형태의 정서적 반응 기능 장애

과정-경험적 접근에서는 정서 반응을 네 가지의 형태로 구별했다(Greenberg, 2002a; Greenberg & Paivio, 1997; Greenberg & Safran, 1989; [그림 2-2] 참고). 상담자가 이 네 가지 정서 반응의 형태를 모두 이해하고 있어야 하지만 처음으로 언급된 최초적응 정서만 온전히 기능적이고, 나머지 세 가지—부적응 정서, 이차적 반응 정서, 수단적 반응 정서는 각각의 방식대로 역기능적이다.

부적응 정서는 상황에 대한 직접적 반응으로 기존의 외상적 경험에 의해 과잉학습된 반응이다. 이러한 정서적 반응은 그것을 불러일으킨 상황에 구조적으로 적절히 대처하도록 돕지 못하고 효과적인 기능을 방해한다. 예를 들어, 경계선적 과정들(borderline processes)을 가지고 있는 내담자는(14장 참고) 성장하면서 자신에게 주어지는 돌봄은 보통 신체적 또는 성적 폭력을 동반하는 것이라고 학습했을 수 있다. 그렇기 때문에 치료의 공감과 돌봄에 폭력이 잠재되어 있다고 생각하고 분노와 거부의 반응을 할 수 있다. 그 결과로 이러한 내담자는 치료에 동참하기를 어려워하고 대개 중간에 그만두게 된다.

이차적 반응 정서(secondary reactive emotions)는 초기 적응적 감정으로부터 나오지만 겉으로 표현되지 않는다. 이차적 반응 감정의 경우 개인은 그의 초기의 최초적응 감정에 반하는 반응을 하여 그것을 이차적 감정으로 대체시키게 된다. 이러한 '반응에 대한 반응'은 모호하고, 원래의 감정을 변형시키고, 현재 상황에 적절하지 않은 행동을 하게 한다. 예를 들어, 한 남자가 어떤 위험을 마주쳤을 때에 두려움을 느끼지만 동시에 두려움은 '남자답지' 못한 것이라고 느낄 수 있다. 그는 아마도 위험 상황에 화가 나거나(외부에 집중된 반응) 또는 두려움을 느끼는 자신에게 더 화가 날 수 있다(자신에 집중된 반응). 심지어 분노적 행동이 위험을 증가시킬 때도 그럴 수 있다. 상담자가 이차적 반응 감정에 귀를 기울이게 되면 '뭔가 다른 것이 있는 것 같은데…….' 또는 '분노 외에 분명 다른 것이 있는 것 같다.'는 것을 인지하게 된다. 이것은 마치 동시에 두 가지 음악을 같이 듣는 데 중심이 되는 멜로디가 있고, 또 다른 배경 또는 다른 음이 들리는 것과 같은 경험이다.

마지막으로 수단적 정서(instrumental emotions)는 개인이 한 상황에 반응할 때에 다른 사람에게 영향을 주거나 그들을 통제하려는 의도를 가지고 감정을 활성화시키는 것이다. 이러한 반응은 그가 인식을 한 상태에서 의도적으로 만들어지거나 그가 완전히 인지하지 못하거나 습관에 따라 자동적으로 나타날 수 있다. 어떤 경우에서든 표현되는 감정은 그 상황에 대해 그가 원래 가지고 있는 감정적 반응과는 다른 것이다. 비록 이러한 정서를 활성화하는 과정이 내면의 정서적 경험을

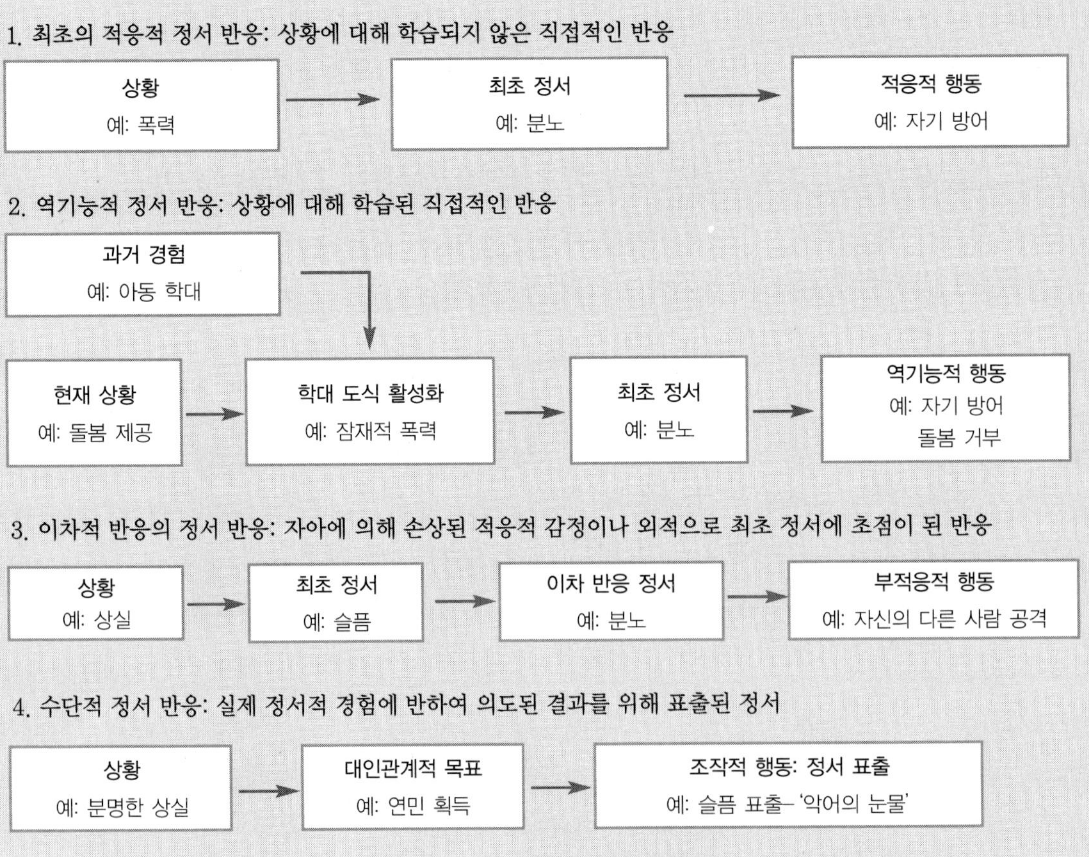

[그림 2-2] 정서 반응의 네 가지 형태

만들어 낸다 하더라도 이것은 원래의 정서와는 다른 것이다. 예를 들어, 다른 사람을 괴롭히기 좋아하는 사람은 실제로 자신에게 해가 되는 위험을 감지하지 못했어도 다른 사람에게 겁을 주고 그를 위압하기 위해서 '분노' 라는 정서를 표현한다. 더 능숙한 사람은 내면적으로 진솔해 보이는 분노와 같은 정서를 불러일으킬 수도 있는데, 이 분노의 정서는 그 사건이 자신이나 그의 가족을 위협하는 점이 없기 때문에 상황에 맞지 않는 것이다. 수단적 정서 반응은 흔히 저의가 있는 것처럼 보이면서 과도해 보이거나 꾸며내는 것처럼 보인다.

정서적 반응 형태 평가하기

내담자의 네 가지 정서 반응의 종류를 평가하기 위해서 과정-경험적 상담자는 몇 가지 정보를 사용한다(Greenberg, 2002a; Greenberg & Paivio, 1997). 그 정보는 긴밀한 공감적 조율(empathic attunement), 비언어적 암시(예: 슬픔 vs. 우는 소리 vs. '악어의 눈물'), 인간의 일반적인 정서 반응 순서에 대한 이해, 상대방의 전형적인 정서 반응에 대한 인식, 내담자에 대한 이해, 특정한 내담자(예: 우울감, 자기애적 성향 또는 경계선적 과정을 가진 내담자. 14장 참고)가 자주 하는 감정적 반응에 대한 이해가 될 수 있다.

또한 회기의 상황이나 그 결말도 적응적 감정을 평가하는 데 매우 유용하다(Greenberg, 2002a). 만약 새로운 감정이 나타나 그것이 더 깊은 탐색, 구체화, 구성적 반응(constructive response)을 할 수 있게 한다면 그것은 적응적인 것이라 할 수 있다. 아니면 여전히 막혀 있다는 느낌이 들거나 방향을 잡지 못한다면 그것은 최초적응 정서라고 할 수 없다. 내담자와 함께 협력적인 탐색을 통해서 정서 반응의 종류를 평가해야 한다. 다음은 현재 나타나는 정서 반응의 종류를 가려내는 데 도움이 되는 것으로, 상담자가 내담자에게 할 수 있는 말이다.

- 초기 적응적 정서 반응을 알아내기 위해서: "자신에게 '이것이 정말 내가 가장 깊은 곳에서 느끼는 감정인가?' 라고 물어보세요." "잠시 시간을 갖고 자신

의 내면을 살펴보세요. 그리고 이것이 그 상황에 대한 가장 근본적인 느낌인지 확인해 보세요."

- 부적응 정서 반응을 알아내기 위해서: "잠시 시간을 갖고 자신에게 '이 감정이 과거 나에게 일어났던 일에 반응하는 것과 같은지, 아니면 지금 일어난 일에 대한 감정인가?' 물어보세요." "현재 이 느낌이 당신에게 익숙한 막다른 곳에 다다른 감정과 비슷한가요?" "당신 자신에게 '이 감정을 표현하는 것이 지금 여기서 달성하고자 하는 목적에 도움이 되는 것인가?' 물어보세요."
- 이차적 반응 정서를 알아내기 위해서: "당신이 가장 잘 인지하고 있는 느낌 이외의 것을 느끼십니까? 언제 그런 것을 느끼십니까?" "잠시 시간을 갖고 현재 느끼고 있는 것 밑에 다른 것을 느끼는지 살펴보세요."
- 수단적 정서 반응을 알아내기 위해서: "자신에게 '내가 지금 다른 사람에게 내가 느끼는 느낌을 가지고 어떤 의미를 전달하거나 무엇을 말하려고 하는가?'를 물어보세요."

정서적 반응의 평가는 상담자의 공감적 조율(empathic attunement)의 과정에서 직접적으로 묻지 않아도 자연스럽게 이루어지기도 한다.

변화 과정에서의 정서 반응 종류

각 종류의 정서 반응은 각각에 맞는 다른 방법으로 다루어져야 하기 때문에 정서 반응을 정확하게 평가하는 것은 중요하다(Greenberg, 2002a; Greenberg & Paivio, 1997).

- 초기 적응적 정서는 평가를 해야 하고, 완전히 표현할 수 있게 해야 한다.
- 부적응적 정서는 내담자가 이것에 접근하고, 이것을 탐색하고, 다양한 적응적 정서(예: 부적응적인 수치심을 자기 직면이나 자부심으로 대체한다)를 표현할 수 있도록 도우면서 다루는 것이 가장 적절하다.

- 이차적 반응 정서의 경우 공감적 탐색을 통해서 이것들의 원천이 되는 최초 정서(예: 반응적 분노 아래 있는 최초 공포)를 찾는 작업을 해야 한다.
- 수단적 정서의 경우는 이 정서가 가지고 있는 관계적 기능 또는 다른 사람에게 미치고자 하는 영향을 찾기 위한 탐색을 하는 것이 가장 적절하다.

부적응 정서를 다루는 것은 가장 어렵기 때문에 많은 정성을 필요로 하는데, 특히 '정서와 함께 변하는 정서(changing emotion with emotion)'를 다룰 때 더욱 그러하다(Greenberg, 2002a). 우리의 관점에서 볼 때, 이성을 통해 강력하고 완고한 정서적 반응을 완전히 고칠 수 있는 경우는 매우 드물다. 따라서 사람들의 정서는 다른 정서로 대체되어야 한다. 이러한 과정을 완성하기 위해서는 다양한 방법을 통해서 내담자가 새로운 지배적인 정서에 세부적으로 접근할 수 있도록 해야 한다. 시도해 볼 수 있는 방법에는 현재 상황에 대한 새로운 관점에 주의를 기울이도록 하는 것, 재현하기, 표현하기, 다른 감정적 상태를 상상해 보기 또는 현재 필요로 하는 것에 집중해서 그것을 통해 새로운 정서를 동기화하기가 있다(Greenberg, 2002a). 새롭게 접근하게 된 대안적 정서는 비적응적 상태를 변화시킬 수 있도록 도와주는 성격의 원천이 된다. 예를 들어서, 내재해 있는 적응적 분노를 꺼내는 것은 외상을 가지고 있는 피해자의 부적응적 공포를 변화시키는 데 도움이 된다. 이러한 현상은 내담자가 공포심 때문에 도망가려고 하는 것과 분노로 인해서 앞으로 공격을 하려고 하는 것이 섞여서 자신이 보호를 받아야 한다는 것을 알면서도 자신에게 고통을 주는 대상에 머무는 경우에 적용될 수 있다.

정서 조절

과정-경험적 정서 이론의 세 번째 주요 개념은 정서 조절이다. 우리는 앞으로 정서 조절의 적합한 형태와 기능 장애적 형태를 살펴보고 내담자가 더 효과적인 정서 조절을 하도록 도울 수 있는 방법을 이야기할 것이다.

적합한 정서 조절

세 번째로 이야기할 정서 이론의 유용한 개념은 정서 조절에 관한 것으로, 다른 말로는 개인이 감정을 적합하게 참고, 인지하고, 그것을 말로 표현하여 이것을 통해서 자신의 필요나 목표를 증진하는 능력이다(Greenberg, 2002a; Kennedy-Moore & Watson, 1999). 정서 조절은 적절한 기능을 하기 위해서 반드시 필요하기 때문에 사회심리학자, 발달심리학자, 신경심리학자의 연구에 아주 중요한 주제가 된다(Gross, 1999; Gross & Muñoz, 1995; Van der Kolk, 1995; Van der Kolk, McFarlane, & Weisath, 1996). 이 연구자들은 사람의 초기 애착 경험이 그가 정서를 조절하는 능력과 신경심리학적(neuropsychological) 기능에 얼마나 중요한 영향을 미치는지를 인지하였다. 정서 조절의 또 다른 부분은 자신의 불안함을 달래고 일반적으로 적응적인 기능을 할 수 있는 정도의 각성 상태로 조절해 가는 것이다(Greenberg, 2002a; Kennedy-Moore & Watson, 1999).

특정한 상황이나 과제에 가장 적절한 정도의 정서적 각성 상태가 있다(Greenberg, 2002a). 대중 앞에서 발표를 하는 상황이나 자신에게 매우 중요한 사람에게 자신의 분노 감정을 표현할 때는 높은 상태의 각성(그렇다고 과도하게 높은 것이 아닌)이 필요하다. 적절한 정도의 각성 상태는 발표를 하는 데 힘을 주고, 그것에 집중을 할 수 있도록 해 준다. 이와 비슷하게 중요한 타인에 대해 강하고 분명한 분노 감정을 경험하는 것은 그의 분노 도식의 다른 요소들(예를 들어, 주요한 기억, 신념 또는 채워지지 않은 필요)을 평가하는 데 도움을 준다. 하지만 수면을 하는 경우에 그의 각성 상태는 적당히 낮게 유지되어야 한다. 그렇지 않은 경우, 그는 따뜻한 우유를 마시거나 명상을 하거나 지루한 책을 읽어서 낮은 상태로 각성을 조절해야 한다. 따라서 효과적인 정서 조절은 정서에 접근하여 그것을 강화시키거나 참거나 유지하거나 떨쳐버리는 것이다.

자신의 정서를 조절하는 능력은 부분적으로 책임감이 있는 부모나 자신을 돌봐준 사람과의 초기 애착 경험에 영향을 받는다(Schore, 1994; Sroufe, 1996). 그들은 어린 아이의 마음이 심란할 때 다양한 시도를 해서 그가 진정할 수 있도록 한다. 부모는 아이가 부모에게 가까이 오도록 하거나, 그를 달래거나 다시 잠에 들게 하거나, '다시 바르게 일으켜 세워 주거나', 아이의 주의를 짜증나게 하는 것에서 흥미로운 것으로 돌리거나 그가 마음에 들지 않아 하는 것이 무엇인지 말로 하게끔 한다. 아이의 부모나 그를 돌보는 사람은 아이와 신체적 활동(예를 들어, 간지럼을 태우거나 'boo'라고 말하는 것)을 하거나 즐거웠던 시간(예를 들면, 생일날)이나 힘들었던 시간(예를 들어, 치과에 갔던 기억)을 생각하게 하거나 아이들에게 감정이 많이 담겨 있는 이야기를 말해 줄 수도 있고, 정서를 표현하는 말이나 감정이 담겨 있는 행동을 알려 줘서 아이에게 감정에 접근하는 방법을 가르쳐 줄 수 있다. 하지만 무엇보다 중요한 것은 부모가 아이의 감정을 친근감을 갖는 기회로 삼고, 그것을 가치 있게 여기고 공감하고 그들이 사회적으로 효과적인 표현을 하고 목적을 달성하도록 도와 훌륭한 '정서 코치(emotion coaches)' 역할을 하는 것이다(Gottman, 1997; Greenberg, 2002a).

정서 조절의 기능 장애

치료를 받으러 오는 내담자들은 많은 경우, 자신의 정서 시스템의 조절불능(dis-regulation)과 관련된 급박하나 만성적 정서 상태를 경험하고 있다. 예를 들어, 우울증과 불안, 그리고 약물 중독이나 거식증과 같은 정신 질병은 대개 내담자가 자신의 부정적인 정서 상태를 조절하려는 시도의 결과로 나타난다. 과정-경험적 이론에서 자신의 정서를 조절하지 못하는 것은 일반적인 기능 장애의 형태다. 정서 조절의 어려움은 모두 낮은 각성상태나 높은 각성상태와 관련되어 있다(Kennedy-Moore & Watson, 1999; Paivio & Greenberg, 2001).

한 사람이 자신이 하고자 하는 어떤 일에 대해서 과도하게 각성이 되어 있는 경우, 그는 혼란스러워지거나 아무 행동을 하지 못하게 되어 자신이 하려고 했던 것을 못하게 될 것이다. 이러한 상태에 있는 내담자들은 곧잘 당황하고, 자신이 말하려고 했던 것을 잘 잊어버리고, 상담자가 빈 의자의 할아버지에게 이야기를 해 보라고 하면 그들은 겁에 질리거나 불안해하고 식은 땀을 흘릴 수도 있다. 이런 내담자는 수면을 잘 못할 가능성이 높다.

이와 반대로 각성 상태가 너무 낮은 사람은 행동이 효율적이지 못하고, 느리고 자신의 최선을 해내지 못한다. 내담자는 극도로 마음에 불편함을 느낄 때 생기는 이상으로 자신의 할아버지와 연락을 지속하지 못하기 때문에 빈 의자 기법을 시도해도 실패하게 될 것이다. 이들이 자신의 자녀에게 잠들기 전에 책을 읽어 주다가 먼저 잠에 들어 버리지 않는 이상 이들에게 수면은 별 문제가 되지 않을 것이다. 다시 말해 각성 상태가 낮은 사람들은 자신의 행동을 인도해 주는 정서 도식에 접근하는 데 많은 어려움이 있고, 행동을 하는 데 방향성이나 집중력이 부족하다.

정서의 부적응적 접근은 개인에게 좌절적인 정서가 가득하거나 그것에 완전히 압도되었을 때 또는 한 번 빠졌던 정서에서 나오지 못할 때 나타난다. 앞에서 언급한 것과 같이, 정서적으로 과도한 각성(overarousal)은 좌절, 해체적 행동(disorganization), 마비와 같은 상태를 가져온다. 게다가 사람들은 때때로 강한 정서적 경험을 위험하고 트라우마적인 것으로 인식하여 모든 정서 반응을 무시해 버리려고 하기도 한다. 장기적으로는 정서의 회피나 멍한 상태 등은 트라우마 후 나타나는 어려움의 주요한 형태가 된다. 또한 사람들은 때때로 힘든 정서(초기에는 부적응적 정서였던 것)을 견디는 데에 갇혀 버린다. 이러한 정서는 사람들이 효과적인 대처 방법을 구상하는 데 방해가 되기 때문에 사람들은 통제할 수 없게 되고, 그들의 경험을 지배하고 있는 처리되거나 상징화되지 않은 정서 도식에서 벗어나지 못하게 된다.

실제로 정서적으로 과도한 각성상태는 비적응적(maladaptive) 정서를 담아 두려고 하는 역효과적인 문제를 초래하기도 한다. 정서를 완전히 억제하거나 회피하려고 하는 것 또는 자신의 정서적 각성상태를 매우 낮은 단계로 내리려고 하는 것은 정서적 조절 불능으로 정서 폭발을 경험하는 등 정서적 역반응 효과(rebound effect)로 이어질 수 있다. 그리고 과도하게 감정을 통제하는 사람은 지나치게 엄격한 자기-통제에서 벗어났을 때 충동적인 행동으로 자신이 원하는 것보다 많이 먹거나 마시거나 돈을 쓰거나 부적절한 성관계를 갖기도 한다.

정서 조절 양상 중에 학습이 된 형태는 개인의 애착 형태와 매우 긴밀하게 연관되어 있다. 개인이 타고난 기질(temperament)과 함께 정서적 어려움을 겪을 때 부모나 다른 양육자와 연관된 초기 경험은 그의 어린 시절과 성인기의 애착 형태를 형성하는 데 매우 중요하다. 기질적으로 예민하고(temperament sensitive), 쉽게 화를 내는 성격의 아이를 돌보는 사람이 아이에게 과도한 자극을 주고 아이의 감정을 과도하게 억제했다면 그 아이는 불안한 애착의 형태와 정서적으로 과도하게 각성된 모습으로 성장할 가능성이 있다. 만약 아이가 특별히 예민하지 않고 그를 돌보는 사람이 아이에게 적절한 자극을 주지도 않고 감정에 관심을 주지도 않았다면 그는 회피적(dismissive) 애착 형태를 갖게 되고 정서와는 거리가 멀고 각성이 잘 안 될 가능성이 높아질 수 있다. 또한 폭력이나 방임으로 구분되는 초기 애착 경험은 자기-폭력, 자기-방치와 같이 내재적으로 변하여 결국 정서 조절 능력을 손상시킬 수 있다(애착 이론과 그와 관련된 연구에 대해 전반적으로 알고 싶다면 Cassidy & Shaver, 1999를 참고하라).

내담자의 정서 조절 능력 향상을 돕기

만약 정서 기능 장애의 주요한 형태로 정서 조절에 대한 어려움을 겪고 있다면 상담자가 내담자의 이 부분에 대해 도움을 주는 것이 중요하다. 먼저 7장에서 볼 수 있는 것과 같이 내담자가 정서를 조절하도록 돕는 데 상담자의 공감은 회기 중에도 그렇고 장기적으로도 필수적인 요소다. 하지만 과정-경험적 상담자는 이것을 뛰어 넘어 내담자가 정서에 접근하거나 더 깊이 이해하는 것을 도와야 할 때는 특정 전략을 사용해야 하고, 또 정서를 억누르고 그것과 거리를 두는 것을 도울 때는 다른 전략을 사용해야 한다.

과정-경험적 상담자는 내담자가 특정한 정서에 접근하거나 그것을 더 깊이 이해할 수 있는 적응적 전략을 개발하도록 도와서 그가 그의 정서에 집중하고 그것을 탐색하고 이용해서 적절한 행동을 할 수 있도록 도울 수 있다. 이러한 전략은 특히나 내담자가 자신의 정서와 멀리 떨어져 있을 때 유용하게 사용할 수 있다.

다음은 내담자가 자신의 느낌에 대해서 접근하는 것을 돕는 방법이다.

- 감정을 불러일으키는 신체적 감각에 집중을 하도록 한다.
- 내담자에게 이전에 있었던 정서적 에피소드나(Rice, 1974, 1984) 특정한 느낌을 가지게 하였던 상황을 기억해 내도록 한다.
- 내담자와 대화를 할 때는 매우 호소적인 단어나 이미지와 같이 감정을 불러일으키는 강렬한 자극을 사용한다.
- 어떤 감정을 표현하거나(예: 큰소리로 말하거나 화가 난 목소리로 말을 하는 것) 그 감정과 일반적으로 연관된 행동(예: 주먹을 부들부들 떤다)을 해서 내담자가 어떤 느낌을 받는 것처럼 행동하게 한다.
- 내담자가 자신의 각성 수준을 잘 살펴서 안정감을 유지할 수 있도록 돕는다.

대부분의 사람이 자신에 대한 통제력을 잃는다고 느끼면 자기 정서에 접근하는 것을 중단하기 때문에 마지막 전략은 특히 중요하다.

과정-경험적 상담자는 내담자가 정서를 수용하도록 하는 적응적 전략을 개발하도록 도울 수도 있다. 이러한 전략은 내담자가 자주 정서적 상태에 억눌려 압도될 때에 특히 도움이 많이 되는 것으로 다음과 같은 것들이 있다.

- 내담자가 자신을 압도하는 느낌을 관찰하고, 그것을 상징적으로 표현할 수 있도록 한다(예: 명상을 통해서 내담자가 느끼는 두려움을 그의 위 속에 있는 검은색 공으로 묘사하여 안정적인 거리를 갖도록 한다).
- 내담자를 지지해 주고 이해해 주며, 그가 다른 사람의 지지와 이해도 찾도록 격려한다.
- 내담자가 자신을 낙담시키는 감정을 정리하도록 격려한다(예: 문제를 모두 나열하여 적는다).
- 내담자가 이완과 자기-위안, 자기-지지 또는 자기-돌봄을 통해서 자기-진

정을 피할 수 있게 돕는다(예: "분노를 느끼는 것은 괜찮은 것이다."라고 상대방에게 말해 보자).

- 감정을 억제하거나 그것과 거리가 멀어지게 하는 언어나 이미지를 사용한다(내담자의 분노를 '그것'이라고 칭하거나 그에게 이것을 박스에 집어넣는 것을 상상하게 한다).
- 기분을 좀 나아지게 해 주는 활동으로 무엇이 있는지 탐색해 본다(예: 자신이 좋아하는 음악을 듣는 것).

마지막으로, 내담자가 정서를 수용하도록 돕는 가장 효과적인 방법은 모순적이게도 정서를 인식하고 표현하고 이러한 정서가 나타날 때 어떻게 할 것인가를 결정하는 것이다. 정서를 억제하고 그것에 대해서 아무것도 하지 않는 것은 원하지 않는 정서적 침입을 더 많이 일으켜 역설적 혹은 역반응 효과를 초래한다(Kennedy-Moore & Watson, 1999). 결국에는 정서 반응을 더욱 압도적이고 위협적인 것으로 만든다. 예를 들어, 어떤 회사원이 직장에서 아주 사소한 짜증을 하루 종일 쌓아 두고는 그것을 어떤 방법에서든지 해결하지 않았다면 그는 집에 돌아가서 자신의 아이에게 크게 화를 낼 가능성이 크다.

13장(〈표 13-1〉)에는 내담자들에게 제공하기에 알맞게 과정-경험적 정서 이론에 대해서 간단하게 요약하여 소개되어 있다.

변증법적 구성주의

신인본주의 원리를 재구성화하는 데 기초가 되는 또 다른 현대적 관점은 변증법적 구성주의(dialectic constructivism)다. 변증법적 구성주의는 자아(self), 심리적 기능 장애, 치료적 변화의 과정에 대한 관점을 설명한다.

변증법적 구성주의는 무엇인가

모든 치료 방법은 철학적 가정, 특히 인간이 대상을 어떻게 인식하는가에 대한 가정에('인식론') 근거한다. 과정-경험적 치료가 근거하는 인식론을 전문용어로 변증법적 구성주의라고 말한다. 이러한 관점에서 과정-경험적 치료는 Jean Piaget(예, 1969)에게 가장 큰 영향을 받았는데, 특히나 그의 제자인 Juan Pascual-Leone(1980, 1991)의 저서들에 의해 더욱 명확하게 해석되고 발전되었다. 개인의 발달에 대해서 설명하면서 Pascual-Leone(1991; Greenberg & Pascual-Leone, 1995, 1997, 2001을 참고하라)은 자아-발달의 변증법적 특성에 대해 설명하였다.

기본적으로 변증법적 구성주의는 사람이 무엇을 안다는 것은 개인의 앎과 그가 아는 대상 모두가 지속적으로 변화한다는 전제를 깔고 있다. 한 사람이 '사실' 이라고 하는 것은 '사물 그 자체' 와 개인의 이해 과정(knowing process)이 합쳐진 구성인 것이다. '변증법적' 이라는 단어는 논의 또는 논쟁의 기술을 칭하는 그리스 단어로부터 유래되었다(Oxford English Dictionary, 1971). 논의 또는 논쟁의 관계는 서로 반대되는 입장을 분리하는 과정과 두 입장의 의미 있는 접촉 또는 대화의 과정을 필요로 한다. 변증법적 입장에서 인간의 기능을 설명하는 것은 서로 다른 수준의 과정화와 다양한 정서 도식들의 상호작용과 통합의 과정을 설명하는 것이다. 예를 들어, 우리가 대략 '막연한 실망' 그리고 '따뜻한 친밀함' 이라는 서로 다른 정서 도식이 '위로를 얻는 것' 과 같은 즉각적 경험을 조직하기 위한 목적으로 통합이 되는 것과 같은 것이다. 이러한 모호한 감정의 종합을 반영하면 상징적인 경험을 추구하도록 하고, 결국 "나는 지금 포옹이 필요하다."라고 표현이 된다. 이러한 언어적 상징화는 경험을 표현해 내기도 하고 동시에 그 경험이 더욱 풍부해지게 해 주기도 한다. 경험을 반영함을 통해 우리가 느끼는 것이 무엇인지를 더욱 잘 이해하게 된다. 이것이 우리가 의미를 부여하는 우리의 경험을 설명하는 변증법적 과정이다. 마치 컴퓨터와 같이 단순하게 정보를 과정화(processing)하는 것이 아니라 우리는 경험의 요소들에 따라 행동하고 그것을 통합하는 변증법적 과정을 통해서 의미를 만들어 낸다.

이러한 입장은 포스트모더니즘주의자나 상대주의자들이 현실과는 관련하지 않고 단지 세상에 대한 '버전(versions)' 또는 해석에만 관심을 갖는 '순진한(naive)' 또는 '급진적' 구성주의라고 말하는 접근과는 다르다. 반대로, 변증법적 구성주의자들은 우리의 구성(constructions)을 제한하는 현실적 제약으로서의 정서 과정이 존재한다고 주장한다. 따라서 인간을 이해하려는 여러 가지 해석과 관점이 완벽히 맞아 들어가지는 않더라도 각각은 그 나름의 설명과 가치를 지니고 있다고 인정할 수도 있게 된다. 변증법적 구성주의는 과학에 대한 현대 철학들 중 하나로 상대주의('모든 것이 가능함')와 현실주의('오직 사실만' Rennie, 2000)의 중간으로 나아가는 입장을 취한다.

정상적인 자아-기능의 변증법적 구성주의적 성격

변증법적 관점으로 보면 자아는 지속적으로 변화하지만 다면적으로 구성되어 있다.

자아의 다면성

변증법적 구성주의의 입장에 따르면 과정-경험적 치료는 개인을 복잡하고 지속적으로 변화하면서 조직화되어 있는 자아의 다양한 양상(aspect)의 종합으로 본다. 예를 들면 비판과 비판의 대상, 생각과 느낌 또는 자아와 내재화된 타인 등으로 다양하게 표현될 수 있다. 각각의 자아 양상은 특정한 정서 도식을 표현해 내고, 지속적으로 상호작용하여 경험과 행동을 만들어 낸다(Greenberg & Pascual-Leone 1995, 1997, 2001; Whelton & Greenberg, 2001b).

이러한 자아의 양상(self aspect)은 여러 가지 방법으로 설명될 수 있다. 예를 들어, 비유적으로 '목소리들' (Elliott & Greenberg, 1997; Stiles, 1999) 또는 '가능성의 경험' (Mahrer, 1983, 1989) 또는 '마음의 상태' (Horowitz, 1987)라고 말할 수 있다.

이러한 용어들은 자아의 서로 다른 양상이 특정한 심리적 상태나 정서를 만들어 내는 설계도적 특징을 나타내 주는 말이다. 하지만 이와 동시에 특정한 자아의 측면만을 구체화하려 해서는 안 된다는 점도 중요하다. 영원히 변하지 않는 정서 도식이 없는 것과 마찬가지로 자아 양상도 마찬가지이며, '드러나지 않은' 또는 가라앉은 부분을 포함한 각 부분은 입력된 많은 정보를 꾸준히 통합하여 그 자체를 구성해 간다. 게다가 각각의 자아의 양상은 간단히 말로 설명해 낼 수 있는 것보다 훨씬 더 많은 요인을 포함하고 있다(Gendlin, 1996 참조).

자아의 구조

위의 내용이 사실이긴 하지만 우리는 자기조직화에 대한 일반화된 내용을 몇 가지 제시할 것이다. 첫째로, 실행적 자기(executive self) 또는 '나' 보다 위에 있는 불변하는 위계적 조직은 없는 것으로 판단된다. 대신에 때때로 서로 다른 목소리 또는 자아의 측면이 단일성이나 일치성을 구성해 내기 위해서 주어진 상황에 정서적 경험의 여러 측면을 시간을 뛰어 넘어서(기억을 통해서) 통합되기도 한다. 둘째로, 우리는 자아를 복잡한 현대 음악의 한 곡을 노래하는 코러스와 같다고 생각한다. 코러스에는 다양한 목소리가 때로는 동일하게 노래하고, 때로는 하모니를 이루고, 때로는 서로 보완적으로, 때로는 불협화음을 이루기도 한다(Stiles, 1999 참조). 흥미롭게도 이러한 목소리로 만들어 내는 음악은 재즈에 가까운데, 이런 측면은 연주되는 곡이 기존에 작곡이 되어 있었다기보다는 즉흥적으로 만들어지기 때문이다. 또한 음악에는 전통적인 목소리의 유형(소프라노, 알토, 테너, 베이스)이 있는 것처럼 과정-경험적 이론도 내면의 목소리의 일반적 유형의 목록을 보여주고 있다. 예를 들면, 비판적 경험자, 감추어진-불가피한 자기, 반영적 관찰자, 내면화된 중요한 타자 등이 있다. 셋째로, Mahrer(1983)가 지적한 것과 같이 자아의 양상이나 목소리는 비판자와 경험 당사자처럼 서로의 입장을 명확히 하면서 각각을 견제하는 관계를 형성한다.

기능 장애에 대한 변증법적 구성주의의 관점

19세기 미국 시인 Walt Whitman(1961)이 적은 것처럼 우리가 볼 때 다면적이고 모순적인 자아 양상을 지닌다는 것이 역기능의 징후는 아니다.

> 나는 나 자신과 모순되어 있는가?
> 그렇다면 나와 모순되는 나는 모순적이다.
> (나는 너그러워서 다양한 태도를 지닐 수 있지)

이것과 반대로 서로 다른 자아 양상이 대립을 이루거나 억압적일 때 문제가 나타나기도 한다. 따라서 하나의 주요한 역기능은 상반되거나 대립하는 관계에 있는 두 가지의 자아 양상(예: 비판자와 경험자)과 관련이 되어 있다. 때로는 둘 사이에 또는 한 부분이 다른 부분을 향해서 매우 강한 대립성을 보일 때가 있다. 보통 이러한 대립성은 정서적 고통을 초래하고, 최초 정서 반응과 적절한 행동을 가로막거나 중요한 문제에 대한 느낌을 막히게 한다. 내담자가 경계선적 과정들을 가지고 있는 것과 같은 극단적인 사례에서는 하나 또는 두 개의 측면이 서로 완전히 멀어지거나 서로를 파괴시킬 수도 있다.

자아 측면의 한 부분을 억압하거나 무시하는 것 또는 대립하는 두 부분을 구분하는 것도 문제가 될 수 있다. 그것은 이러한 행동이 무시되었거나 분리된 자아 측면과 관련된 정서 도식에 접근을 하지 못하게 하기 때문이다. 이것은 개인이 할 수 있는 적절한 행동의 범위를 제한하고 불완전하거나 분화된 것 같은 느낌을 가지게 한다. 외상의 경우 나타날 수 있는 하나의 측면은 잠잠하게 있거나 약한 부분을 방해해서 치료 상황에서 그 경험에 접근하기 너무 어렵거나 고통스럽게 만든다. 잠잠하게 있는 자아 양상은 보통 겉으로 잘 드러나지 않고, 분화되어 있지 않거나 상징적으로 나타나기에 적합하지 않으며, 간헐적으로 충동적인 행동이나 원하지 않는 습관을 통해서 드러나기도 한다.

변화 과정에 대한 변증법적 구성주의

변증법적 구성주의는 내담자가 치료를 통해서 어떻게 변하는가에 대해 중요한 시사점들를 제공한다. 그 시작으로, 내담자와 상담자 사이의 관계가 변증법적 구성주의적인 것이 되는 것이다. 이것은 내담자가 그 자신과 치료를 변화시킬 수 있다는 것을 상담자도 이해하고 인정하는 것이다. 그리고 내담자가 주의를 기울이는 것이 활성화된 정서 도식에 강력한 영향을 주게 되고 그 결과로 내담자의 경험과 행동에 통합할 수 있는 자아 양상을 만든다는 점에 주의할 필요가 있다. 따라서 상담자는 내담자가 이전과 다른 자아 측면이나 정서 도식과 연관된 것에 주의를 기울여서 그것이 새로운 방법으로 통합되도록 하여 내담자의 경험에 변화를 줄 수 있다.

하지만 이것보다 더 중요한 것은 대부분 내담자의 치료적 활동은 다양한 내면의 변증법적 과정들을 하도록 한다는 것이다(Elliott & Greenberg, 1997). 변증법적 과정은 부분을 나누는 것과 그것을 연결하는 것을 모두 필요로 하는데, 지금과 같은 경우는 서로 다른 두 개의 자아 양상이 그것에 해당된다. 따라서 임상적 상황에서 상담자가 먼저 내담자가 자신의 자아 양상을 명확하게 분리할 수 있도록 돕고 난 후에 그것들을 서로 연결할 수 있도록 해야 한다. 그렇기 때문에 치료에서는 우선 내재되어 있는 자아 양상을 불러일으키고 해석해야 할 뿐만 아니라 심리적 접촉을 활성화해야 한다. 특히 자아 양상들 간의 친밀하고 관대한 접촉을 할 수 있도록 해야 한다. 과정-경험적 치료에서는 내재되어 있거나 간과되었거나 잠잠했던 자아 양상이 다시 나타나도록 하여 현재 지배적인 목소리를 내는 자아 양상이 이전에 무시했던 양상을 들을 수 있도록 한다(Greenberg, 2002a; Greenberg & Paivio, 1997). 이렇듯 내재되어 있는 자아 양상에 접근하고 이것과 지배적인 자아 양상과의 변증법적 관계를 촉진하면 내면의 자기 도전이 일어난다.

이 과정의 결과로 새롭게 통합된 경험이 생기고, 그것은 또 새로운 자아 통합으로 이어진다. 모든 변증법적 구성주의적 과정이 그러한 것처럼 새로운 경험의 구체적인 특징을 미리 아는 것은 불가능하지만 회상을 통해서도 이해할 수는 있다(Gendlin, 1996 참조). 가장 중요한 요점은 이것이 양상 또는 목소리의 변화를 가져올 것이고 동화와 조절이 모두 일어날 것이라는 것이다. 결국 두 개의 자아 측면이 모두 '승리' 할 것이다. 변증법적 과정은 갈등적 관계의 분파가 두 개의 의자에 앉아 대화를 하는 것으로 이해되기 쉽다(11장 참고). 하지만 내담자의 다양한 양상 간의 상호작용은 가장 과정-경험적으로 작용한다(이 책의 6장과 Elliott & Greenberg, 1997을 보라). 일반적인 변증법적 과정 중에서는 다음의 두 가지 조합이 가장 흔하게 나타난다. 하나는 ① 과정 개념화 대 과정 경험이고, 다른 하나는 ② 부정적이면서 익숙한 자아의 관점("나는 가치가 없는 사람이다." 또는 "나는 지금 위험에 처해 있어.")을 계속 반복하는 지배적인 목소리 대 덜 지배적이면서 변화를 추구하는 생명과 성장의 목소리("나는 가치 있는 사람이다." 또는 "나는 살아남을 거야.")다.

사례 예시

지금까지 했던 이야기가 너무 추상적으로 들렸다면 다음의 사례 예시는 앞의 개념을 이해하는 데 도움이 될 것이다. 프랜시스는 68세의 백인 여성으로 비동기화된 우울로 치료를 받게 되었고, 이제 여섯 번의 회기를 했다. 치료를 받기 전에 그녀는 치료를 받으면서 다루고 싶은 문제를 몇 가지 정하였고 그것은 다음과 같다. 자신에게 동기를 강화하는 것에 대한 어려움, 자기 절제가 잘 안 되는 것, 독서에 집중하는 것에 대한 어려움, 삶의 목적 또는 초점이 없는 것, 결정을 하는 것에 대한 어려움, 비구조화된 기분, 자신이 원하는 것만큼 사교적 환경에 속할 수 없는 것, 자신에 대한 부정적인 생각이었다. 여섯 번의 회기를 통해서 이러한 문제를 살펴본 결과 네 가지의 자아 양상이 발견되었다.

- 우울하고 지쳐 있는 자아는 짓눌려 있고 막혀 있고 무기력하고 사회적으로 고립되어 있는 것 같고 무언가를 잃어버린 것 같고 검은 구름 밑에 있는 것

같이 느낀다.

- 통제가 안 되고 어지럽고 집중을 하지 못하는 자아는 자기 주변의 일을 돌보지 않고 우편물을 열어 보지 않고 삶에서 길을 잃어버린 것 같이 느낀다.
- 좌절하고 비판적이지만 어지럽고 지쳐 있는 자아에 다시 동기를 되살리려고 하는 부분을 도와줄 만큼 효과적이지 못하고 실패했을 때 자신을 벌한다.
- 이전에 에너지가 넘치고 동기화되어 있었고 단호하고 사교적이고 자신을 통제할 줄 알았고 긍정적이었던 과거의 자아를 잃어버렸다.

치료가 진전되면서 아주 짧은 순간이지만 새로운 자아 양상이 나타났다.

- 내재적으로 분노하고 반항적인 자아로 지금까지 충분히 잘해 왔다고 스스로 느끼고 이제는 헌신과 부담으로부터 자유롭고 싶어 한다.

변증법적 구성주의의 관점에서 우리는 비판적 측면과 지쳐 있고 혼란스러운 양상 사이에 서로를 가로막는 관계가 있다고 본다. 지쳐 있고 혼란스러운 자아는 비판적 자아의 목소리를 받아들이려 하지 않고 영향을 받지 않으려 하고 비판적 자아는 다른 쪽 자아를(지쳐 있는 자아) 쉬게 해 주거나 (혼란스러운 자아를) 자유롭게 해 주려 하지 않는다. 그 어느 쪽도 자신이 원하는 것을 가질 수 없고 양상들은 서로 바람직한 접촉을 하지 못하게 된다. 반항적인 자아는 거의 침묵하고 있기 때문에 그의 에너지를 사용할 수 없고, 심지어 지쳐 있고 혼란스러운 자아 뒤에 숨어 있다고 할 수 있다.

프랜시스를 돕기 위해서 상담자는 먼저 비판적 자아 양상과 혼란스러운 자아 양상 간에 대화를 할 수 있도록 그를 격려했다. 하지만 그 과정에서 프랜시스의 자의식이 너무 강해져서 상담자는 일단 그녀와 각 양상을 탐색하거나 명확히 하거나 타당화하기보다는 공감적 탐색을 제공하였다.

과정-경험적 치료에 관한 추가 정보

이 장에서 우리는 신인본주의 관점과 과정-경험적 치료의 주요 요소들 중 특히 정서 이론과 변증법적 구성주의에 대한 윤곽을 잡았다. 우리가 이야기한 이론들을 유용하게 만들기 위해서는 이 이론들을 적극적으로 활용해야 한다. 결국 개념들이 상담자가 사용할 수 있는 '정서 도식'이 되는 데 이르기 위해서는 더 많은 자료를 읽고 현장의 예시나 녹화한 예시, 워크숍 경험 그리고 실제 내담자를 경험하는 것이 필요하다. 다른 말로 하면 상담자는 반드시 과정-경험적 이론을 자신의 것으로 만들고, 그것을 자신만의 스타일과 세계관에 적용하여 그들이 내담자를 만날 때 유용하게 사용할 수 있도록 해야 한다. 상당히 개인적이고 상대적인 정서 도식들과 마찬가지로 치료에 대한 개인의 의견은 머릿속에 머무는 생각이나 말에서 더 나아가야 한다. 이것은 머릿속에 기억하고 있는 예시나 원형(prototype)과 연결되어 있어야 하고, 몸으로 느껴야 하며, 치료적 의도와 구체적인 행동과 함께 관여하고 있어야 하고, 이 모두가 전체로 연결되어 있다고 느껴져야 한다.

예를 들어, '이차적 반응 정서(secondary reactive emotional response)' 라는 개념은 ① 상담자가 그 개념을 이해하여 이것이 나타났을 때 알아차릴 수 있고 이것을 자기 자신 또는 내담자에게 설명할 수 있고, ② 그가 자신이 목격했던 이차 반응 정서의 구체적인 예를 기억하고 있고, ③ 이차 반응 정서가 어떤 느낌이라는 것을 알고, ④ 내담자의 이차 반응 정서를 도울 수 있는 몇 가지 방법을 알고 있지 않으면 쓸모없는 것이 되어 버린다. 이 장에서 우리는 네 가지 조건 중 첫 번째인 개념적 이해에 초점을 맞추었다. 우리는 독자들에게 이 개념들을 좀 더 발전시킬 것을 제안한다. 예를 들어, 슈퍼바이저나 동료들과 이것들에 대해 이야기를 해 보는 것이다. 새로운 내담자를 만나기 전에 독자들은 이 책에서 소개된 이론을 되짚어 봐야 머리에서 새롭게 할 수 있다. 또한 우리가 웹사이트(www.Process-Expereintial.org)

에 게시해 놓은 활동들을 시도해 볼 수 있다. 이 활동들은 이곳에 소개된 다양한 개념을 실전에 활용할 수 있도록 도와준다. 이 웹사이트에는 과정-경험적 이론에 대한 개략적인 요약도 게시되어 있다.

다음은 과정-경험적 이론에 대해서 더 알고자 하는 독자들이 참고할 수 있는 추가적인 추천 도서다. 인본주의와 신인본주의의 발달과 역사적 배경에 대한 논의는 Greenberg, Rice & Elliott(1993), Greenberg & Rice(1997), 및 Greenberg & Van Balen(1998)에 소개되어 있다. 과정-경험적 정서 이론에 대한 일반적인 연구는 다음의 연구들(시대 순으로 나열되어 있음)을 참고할 수 있다. Greenberg & Safran(1987, 1989), Greenberg & Paivio(1997), Kennedy-Moore & Watson(1999), 및 Greenberg(2002a). 정서 도식 개념은 Greenberg 등(1993)에 소개되어 있고 Greenberg & Paivio(1997)에도 자세히 설명되어 있다. 다양한 형태의 정서적 반응을 구분하는 것은 Greenberg & Safran(1987)에서 처음으로 제안되었고 Greenberg & Paivio(1997)와 Greenberg(2002a)에 의해서 더욱 발전되었다. 정서 조절에 관한 문제는 Greenberg(2002a)와 Scheff(1981)에 잘 나와 있다. 변증법적 구성주의에 대한 일반적인 내용은 Greenberg & Pascual-Leone(1995, 2002)와 Greenberg & Van Balen(1998)에서 찾아볼 수 있고, 자아에 대한 변증법적 구성주의의 관점은 Elliott & Greenberg(1997)와 Whelton & Greenberg(2001b)에 나와 있다.

03

과정-경험적 치료의 효과성 연구 개괄

과정-경험적 치료는 효과가 있는가? 과연 이 치료는 치료가 효과적이라는 경험적 근거를 가지고 있는가?(Task Force on Promotion and Dissemination of Psychological Procedures, 1995; Chambless & Hollon, 1998)

우리는 과정-경험적 치료에 관한 연구를 지속해서 하고 있음을 기쁘게 생각한다. 처음 과정-경험적 치료에 관한 책을 저술하였을 때(Greenberg, Rice, & Elliott, 1993), 이 치료에 관한 성과 연구는 단 6개에 불과하였다. 최근 조사한 바로는 18개의 연구로 늘어났으나(〈표 3-1〉을 보라), 동시에 아직은 성과에 관한 연구가 부족하다는 것도 깨닫고 있다. 예를 들어, 최근에서야 우울증, 심리적 외상, 학대와 같은 특정 내담자의 문제에 적용되었던 과정-경험적 치료에 관한 결과를 이끌어내기 위해 다량의 연구를 모으기 시작하였으며, 주 연구자들 외의 연구자들에 의해 실시된 실증적인 연구들이 발전하고 있다(예, Mestel & VotsmeierRöhr, 2000; Saschse, 1995; Souliere, 1995; Wolfus & Bierman, 1996). 즉, 일반적으로 인본주의적-경험적 치료 접근의 과정과 성과 연구를 지속하고 확장하는 것은 이 치료를 더욱 생명력 있게 만드는 것이다.

〈표 3-1〉 과정-경험적 심리치료 결과: 전-후, 통제, 비교 연구

연 구	치료 유형과 기간	모집단 (참여자 수)	효과크기(ES)의 변화	조건의 통제 혹은 비교	효과크기의 평균 차이[a]
우울[b]					
Gibson(1998)	여성주의(12회기)	6	0.50 (사후)	–	–
Greenberg & Watson(1998): "York Ⅰ"	의자 기법, 초점 맞추기 (16회기)	17	2.49 (사후) 1.88 (처치 후 6개월)	내담자 중심 치료	.33
Greenberg, Goldman, & Angus(2001): "York Ⅱ"	의자 기법, 초점 맞추기 (18회기)	19	1.79(사후)	내담자 중심 치료	.71
Jackson & Elliott (1990)	의자 기법, 초점 맞추기 (16회기)	15	1.36 (사후) 2.05 (처치 후 6개월) 1.80 (처치 후 18개월) 1.11 (사후)	–	–
Mestel & Votsmeier-Röhr (2000)	통합적인 경험적 내담자 치료 프로그램 (6주)	412	0.98 (처치 후 22개월)	–	–
Watson et al. (2003)	의자 기법, unfold-ing (15회기)	33	0.90 (사후)	인지-행동 치료	.11
학대, 트라우마, 미해결된 관계 문제[c]					
Clarke(1993)	빈 의자 기법과 의미 요법의 병행(8회기)	9 (성적 학대를 당한 아동)	–	인지 치료	.76
Elliott, Davis, & Slatick(1998)	일반적인 상담 (16회기)	6 (범죄 관련 PTSD)	0.82 (사후) 0.93 (처치 후 6개월)	–	–
Paivio & Greenberg(1995)	빈 의자 기법 (12회기)	15 (미해결된 관계 문제)	1.65 (사후) 1.57 (처치 후 4개월)	–	1.24
Paivio & Nieuwenhuis(2001)	개인의 정서중심치료 (20회기)	32 (어린시절 학대 경험이 있는 성인)	1.53(사후) 1.45 (처치 후 9개월)	대기자 통제집단	1.43
Souliere(1995)	빈 의자 기법 (2회기)	20 (미해결된 관계 문제)	1.52 (사후)	인지 재구조화	.11

그 외 문제들[d]					
Clarke & Greenberg (1986)	실존적 두 의자 기법 (2회기)	16 (의사결정 곤란자)	1.14 (사후)	대기자 통제집단 행동적인 문제해결	.96 .57
Goldman, Bierman, & Wolfus(1996)	폭력감소 프로그램 (36 회기)	48 (가정폭력가해자)	1.6 (사후)	–	–
Greenberg & Webster(1982)	경험적 두의자기법 (최대 6회기)	31 (의사결정 곤란자)	2.07 (사후) 2.16 (처치 후 한 달 뒤)	–	–
Lowenstein (1985)	인간중심치료와 기억회상 기법 (5회기)	12 (대인관계 문제 및 불안)	0.94 (사후)	–	–
Sachse(1995)	목표-중심, 인간 중심치료(33회기)	29 (심인증 문제)	1.52 (사후)	–	–
Toukmanian & Grech(1991)	인지적 과정-경험적 치료(10 회기)	18 (대인관계 문제)	0.70 (사후)	자조집단 혹은 심리교육 집단	.55
Wolfus & Bierman(1996)	폭력감소 프로그램 (36회기)	55 (가정폭력 가해자)	0.96 (사후)	치료처치 없는 통제집단	.33

Note: '–' 는 자료가 없음을 의미한다. 18개 연구의 ES 평균은 1.26이다. 여러 연구 결과들의 효과크기(effect size: ES)는 먼저 척도 내의 평균을 구하고, 그다음에 각 처치 그룹과 각각 평가 기간에 따른 척도들 간의 평균을 구하였다. 통제집단이 있는 세 연구의 효과크기 평균은 0.89이며, 비교 연구를 한 8개 집단의 평균 효과크기는 0.55다.

[a]: 효과 크기의 평균차이는 모든 척도들과 평가 기간에 따른 평균의 효과크기 차이다.

[b]: 사전-사후 효과크기 평균=1.36 표준편차(standard deviation), n=6; 비교집단 효과크기 평균= .38, n=3.

[c]: 사전-사후 효과크기 평균=1.33 표준편차, n=5; 비교/통제집단 효과크기 평균= .89, n=4.

[d]: 사전-사후 효과크기 평균=1.17 표준편차, n=7; 비교/통제집단 효과크기 평균= .60, n=4.

과정-경험적 치료의 경험적 연구결과

과정-경험적 치료의 효과를 연구한 18개의 연구들은 3개의 통제집단을 이용한 연구(대기자 통제 혹은 비처치 통제집단과 비교하여), 6개의 비교집단 연구(다른 치료 기법과의 비교), 그리고 9개의 자연적 혹은 한 번의 치료상황에서 자료를 얻은 열린 실험연구들을 포함하고 있다. 지금까지 주요 우울증을 가지고 있는 내담자가 가장 많은 연구 대상이 되었고(14장 참고), 6개의 별도 연구가 현재 완료되었으며, 이 중 3개의 연구는 무작위 임상 처리를 통해 이루어졌는데(Greenberg, Goldmam & Angus, 2001; Greenberg & Watson, 1998; Watson et al., 2003), 몇몇 연구는 아주 큰 효과성이 있었다. 또한 과정-경험적 치료 형태의 다섯 가지 연구는 심리적 외상, 미해결된 고통스러운 관계 치료에 적용되었으며(14장 참고), 4개의 통제 혹은 비교 연구 결과들을 포함한다(Clarke, 1993; Paivio & Greenberg, 1995; Paivio & Nieuwenhuis, 2001; Souliere, 1995). 또한 과정-경험적 치료는 다른 여러 종류의 어려움이 있는 대상에도 활용되었다.

- 의사결정 갈등(Clarke & Greenberg, 1986; Greenberg & Webster, 1982)
- 대인관계 곤란 문제(Lowenstein, 1985; Toukmanian & Grech, 1991)
- 가정폭력 가해자(Goldman, Bierman, & Wolfus, 1996; Wolfus & Bierman, 1996)
- 심인증 문제(Sachse, 1995)

이러한 연구들은 다양한 형태의 과정-경험적 치료를 포함하고 있으며 〈표 3-1〉에 요약되어 있다. 한두 가지의 기법을 부각시킨 몇몇 연구가 있는 반면, 여타의 연구들은 다양한 기법을 사용하였다(예, Greenberg & Watson, 1998; Jackson & Elliott, 1990).

의미 있는 연구결과들을 통해 과정-경험적 치료의 효과 입증에 충분한 근거가 제시되고 있다. Elliott, Greenberg와 Lietaer(2003)는 메타 분석적인 방법을 바탕으로 각 연구의 전체적인 효과크기를 측정하여, 1.26의 전-후 효과크기의 평균을 포함한, 과정-경험적 치료의 효과크기를 보고하였다[n=18 연구들; 표준차이(standardized differences)]. 이는 무엇을 의미하는가? 이러한 유형의 효과크기는 평균적으로 내담자가 치료 과정을 통해 변화될 수 있는 표준편차의 값으로 이해할 수 있다. 효과크기 1.26은 평균적으로 치료된 내담자가 치료기간 동안 1과 1/4 표준편차만큼 이동했음을 의미한다. 다시 말해서 내담자가 50번째 퍼센트에서 90번째 퍼센트로 이동하였음을, 즉 매우 큰 효과가 있는 치료였음을 의미한다.

대기자 통제 혹은 비처치 통제집단을 대상으로 이루어진 세 개의 연구에서도 0.89라는 매우 높은 통제된 효과크기의 평균이 나왔다. 이는 평균적으로 치료된 내담자가 치료되지 않은 내담자보다 80% 더 많이 변화하였음을 의미한다. 더욱이 비교치료 연구에서 과정-경험적 치료와 비경험적 치료(대개 인지-행동 치료)의 전반적인 값의 차이는 0.55(n = 6 연구)이며, 통계적 유의성, 효과크기의 중간값은 $t = 3.2$; $p < .05$로 과정-경험적 치료를 지지한다. 이는 평균적으로 과정-경험적 치료를 받은 내담자가 비경험적 치료를 받은 내담자보다 70% 더 많이 변화하였음을 의미한다. 그러나 이러한 연구의 대부분은 과정-경험적 치료를 강력히 지지하는 이들에 의해 실시되었으며, 결과 또한 연구자의 충성 효과를 반영한 것일 수도 있다(Elliott et al., 2003).

유사한 결과로 인간중심치료와 병행한 과정-경험적 치료와 인간-중심 치료(person-centered therapy)를 비교한 두 연구에서(Greenberg et al., 2001; Greenberg & Watson, 1998) 도출된 평균 차이는 0.52로, 다시금 과정-경험적 치료 결과를 지지한다(결과에 대한 메타 분석으로부터 도출된 구체적인 방법론과 결과를 알고 싶다면, Elliott 등의 2003년 연구결과를 참조하라). 이 장에서는 논의된 내용들을 상기해 보며, 효과성이 가장 높았던 두 내담자의 문제인 우울증과 미해결된 학대 혹은 심리적 외상 문제에 초점을 맞추었다.

우울증 치료에 있어서의 과정-경험적 치료

우울증에 걸린 내담자를 대상으로 한 과정-경험적 치료 연구(14장 참고)는 치료의 구체적인 변화 과정과 효과성에 관한 유용한 정보를 제공한다. 캐나다의 York 대학에서 실시된 York I의 우울증 연구에서는 Greenberg와 Watson(1998)이 주요 우울증을 겪고 있는 34명의 성인을 대상으로 과정-경험적 치료와 인간-중심 치료의 효과성을 비교하였다. 인간-중심 치료는 7장과 8장에서 주로 다루고 있는데 7, 8장의 내용처럼 인간 중심적인 관계 상태와 공감적 반응의 확립 및 유지의 중요성을 강조한다. 과정-경험적 치료는 특정한 초점 맞추기, 두 의자 기법, 빈 의자 기법과 같은 특별한 치료 기술(9장, 12장 참고)을 추가하였다. 치료 후 6개월이나 종결 당시, 치료법들 간의 우울증 증상 감소에는 차이가 없었다. 그러나 과정-경험적 치료의 경우, 우울증의 치료 중간과 종결 당시에도 증상, 자존감, 대인관계 문제의 감소 등 총괄적인 영역에서 더욱 우수한 효과가 나타났다. 즉, 우울증 치료 과정 중 적절한 시점에서 이러한 특정 기법들을 병행할 시, 치료 효과가 더욱 촉진되고 개선됨을 알 수 있다.

York II의 우울증 연구에서 Greenberg를 비롯한 연구자들(2001)은, 우울증상이 있는 38명의 내담자를 대상으로 한 인간-중심 치료와 과정-경험적 치료의 효과성을 비교함으로 York I의 연구를 재현하였다. 이 연구에서도 과정-경험적 치료를 지지하는 결과로 비교 효과크기 0.71을 도출할 수 있었다. 특히 처치 후에 치료집단 간의 차이를 측정하기 위한 통계적 정확성을 높이기 위해 그들은York I과 York II의 연구 표본을 조합하였다. 그 결과 치료 후 6~18개월 동안 변화가 유지됨과 동시에, 조합된 표본에서 모든 지표의 변화가 일어남으로써 치료집단들 중 통계적 유의성에 차이가 있음이 발견되었다. 이는 기본적인 인간-중심 치료 조건에 과정-경험적 개입을 추가함으로써 치료 결과를 향상시킬 수 있다는 추가적인 증거가 되었다.

최근 또 다른 연구로 토론토 대학의 Watson, Gordon, Stermac, Steckley 그리고 Kalogerakos(2003)는 우울증 내담자를 대상으로 한 과정-경험적 치료와 인지-행동 치료 간의 차이를 비교하는 무작위 임상실험 연구를 실시하였다. 총 66명의 내담자가 매주 열리는 16회기의 심리 치료에 참여하였다. 각 그룹 간 결과에 유의미한 차이는 없었다. 두 치료 모두 내담자의 우울증, 자존감, 스트레스 증상, 역기능적인 태도들을 향상하는 데는 효과가 있었다. 그러나 과정-경험적 치료를 받은 내담자의 경우 인지-행동 치료를 받은 내담자보다 자기 주장이 강했으며, 치료의 말미에 가서는 보다 독립적이 되었다. 치료의 말미에 두 집단 모두 부정적인 스트레스를 해결하기 위한 정서적 반영을 크게 발전시켰다.

Mestel과 Votsmeier-Röhr(2000)는 보통에서 중증 수준까지 우울증상이 있는 412명의 순수 독일계인 입원환자를 대상으로 하는 6주간의 통합적인 과정-경험적 치료 프로그램 결과를 발표하였다. 퇴원 시와 치료가 끝난 22개월 후에 측정된 증상과 대인관계 문제 그리고 치료 전 나타났던 자기 관계의 질을 바탕으로, 그들은 심각한 스트레스를 겪고 있는 내담자 표본에서 1.05라는 사전-사후 효과의 값을 얻었다.

전체적으로, 사전-사후 효과를 보고하고 있는 6개의 연구와 3개의 비교 연구들이 〈표 3-1〉에 제시되어 있다. 이러한 결과들은 전반적으로 매우 큰 사전-사후 효과를 보여 준다(효과크기 평균=1.36, 범위 0.50~2.9). 세 비교 연구의 평균값은 0. 38로(범위 0.11~0.71) 통제된 효과크기의 전반적인 값 또한 상당하며, 이는 과정-경험적 치료의 효과를 지지한다. 이러한 연구들은 미국 심리 협회(APA)의 12번째 부서인 임상심리학회에 의해 정의되었듯이, 실증적으로 입증된 우울증 치료 방법으로 과정-경험적 치료가 선정될 수 있는 증거들을 제시하고 있다(Task Force, 1995). 과정-경험적 치료는 치료 설명서에 따라 정신측정학적으로 실시된 검사와 측정된 결과를 사용하여 최소 다른 두 팀에 의해 실시된 비교 연구 결과를 포함하여(예로, Greenberg & colleagues at York University; Watson and colleagues at the University of Toronto), York I과 II와 같은 다른 연구들보다 우세하거나 토론토 대학의 확증된 치료 결과와 동등한 결과를 보여 주는 것을 바탕으로 하여 특정 내담자 문제에 적용되었다. 즉, 이러한 기준에 따라 과정-경험적 치료가 우울증 치료를 위한 효과적인 치료 방법임을 알 수 있다.

학대, 트라우마 및 미해결된 관계 문제에서의 과정-경험적 치료

과정-경험적 치료는 그 자체로도 심리적 외상, 학대, 미해결된 관계문제를 지닌 내담자에게 효과적인 도움을 줄 수 있음을 입증해 왔다(14장 참고). 아동 학대와 미해결된 관계 문제 연구에 있어, Paivio와 Greenberg(1995)는 게슈탈트 빈 의자 대화 기법을 사용한 12회기의 과정-경험적 치료 개입 혹은 심리교육 집단에 34명의 내담자를 무작위로 배치하였다. 이 연구에서는 결과를 알아보기 위해 각각의 조건에서 표준화된 측정도구를 이용하여 과정-경험적 치료의 사전-사후 치료 결과와 4개월 후, 1년 후의 결과를 평가해 보았다. 이 결과는 과정-경험적 치료가 임상적으로 유의미한 변화를 가져왔고, 대부분의 내담자가 안정적인 치료 효과를 누렸으며, 모든 치료 결과 측정에 있어 심리교육 집단보다 더 크게 개선되었음을 나타내었다(비교 효과크기 평균 = 1.24).

이어서 Paivio와 Nieuwenhuis(2001)는 미해결된 아동학대 문제를 지닌 성인들에게 실시되었던 20회기의 과정-경험적 치료(정서중심치료라고도 함)에 대해 조사하였다. 치료집단의 내담자들과 대기열 통제집단의 내담자들을 비교하였다. 과정-경험적 치료를 받은 내담자의 경우, 전반적인 스트레스나 외상후 스트레스 장애(PTSD) 증상, 전반적인 대인관계 문제, 자기-관계, 대상 불만 그리고 학대적인 타인과의 문제해결 등 다양한 심리적 장애 범위에 있는 내담자들에 비해 더 유의하게 개선되었음을 보여 준다. 전반적으로 통제된 효과크기는 1.43으로 상당히 높다고 할 수 있다. 대기열 통제집단의 36%만이 최소 한 차원에서 유의한 변화가 일어난 것에 비해, 치료집단의 경우 내담자의 100%가 최소 한 차원의 유의한 변화를 경험했다. 타인에게서 받은 정서적인 상처를 해결하는 과정에 관한 새로운 연구에서 도출된 최근 발견은 과정-경험적 치료가 심리교육 집단보다 부정적인 스트레스와 상처 입힌 타인들에 대한 용서를 더욱 촉진시킴을 나타내고 있다.

또한 세 개의 비교적 적은 표본수를 대상으로 한 과정-경험적 치료들이 심리적 외상 및 관계된 문제들의 효과성을 입증할 수 있는 추가 내용들을 제시한다. 첫 번째로, Souliere(1995)는 2회기의 빈 의자 기법을 바탕으로 한 미해결 관계 문제 치료에서 사전-사후의 큰 차이를 발견하였다. 빈 의자 기법 또는 인지 재구조화 치료에 무작위로 배정된 내담자들 간에 유의한 차이는 없었다. 두 번째로, Clarke(1993)는 성학대 생존자를 대상으로 한 인지치료와 경험적 치료를 비교하는 연구를 실시하였다. 내담자의 초기 각성의 수준에 따라[만약 각성 수준이 높으면 의미 만들기(meaning creation), 각성 수준이 낮으면 빈 의자 기법을 사용] 경험 치료는 8회기의 의미 만들기와 빈 의자 기법으로 구성되었다. 비록 표본이 처치 상태(treatment condition)의 9명의 내담자로만 구성되어 있지만, 과정-경험적 치료를 받은 내담자의 경우 인지-행동 치료를 받은 내담자들보다 더 높은 효과를 보였다(비교 효과크기 평균 = 0.76). 세 번째로 Elliott, Davis 그리고 Slatick(1998)은 16회기의 과정-경험적 치료를 받은 6명의 범죄 관련 외상후 스트레스 장애(PTSD) 내담자의 결과 자료를 제시하였다. 이 내담자들은 외상후 스트레스 장애(PTSD) 및 전반적인 증상에 상당한 사전-사후 개선이 있음을 보여 주었다.

전반적으로, 사전-사후 효과가 있는 다섯 개의 연구와 효과가 측정될 수 있는 네 개의 통제 혹은 비교 연구들이 〈표 3-1〉에 제시되었다. 이러한 연구들은 사전-사후 치료 효과를 매우 크게 보여 준다(효과크기 평균=1.33, 범위 0.82~1.65). 네 개의 통제 혹은 비교 연구에서, 전반적으로 통제된 효과크기 또한 매우 크며, 그 평균은 0.89(범위 0.11~1.43)다. 독립된 연구 팀(Clarke, 1993; Paivio & Greenberg, 1995)에 의해 실시된 비교 연구는 과정-경험적 치료의 경우 다른 치료 방법보다 우수하고, Paivio와 Nieuwenhuis(2001)의 경우 과정-경험적 치료가 대기열 통제 집단보다 더 우수함을 보여 주었다. 즉, 이러한 연구들은 과정-경험적 치료가 어린 시절 학대당했던 성인들을 위한 특별한 치료가 될 수 있으며, 효과가 크다는 결론을 충분히 입증하고 있다(Task Force, 1995 참조).

과정-경험적 치료에 대해 더 알고 싶다면

이 장에서 우리는 과정-경험적 치료효과에 대한 연구 결과를 간략하게 제시하였다. 개별적인 연구에 관해 더 알고 싶다면 제시된 참고문헌을 확인하기 바란다. 과정-경험적 치료와 여타의 경험적 인본주의 치료 결과에 관한 전반적인 개요를 알고 싶다면, Greenberg, Elliott, Lietaer(1994)와 Elliott 등(2003)이 쓴 연구개요 단원과 Cain과 Seeman(2002)이 편집한 자료들을 살펴보면 된다.

이번 단원에서 살펴보았던 연구 결과와 인용된 참고문헌과 더불어, 경험의 수준과 정서 체험, 두 의자 기법과 같은 특정 활동(11장 참고) 그리고 체계적인 회상(10장 참고)과 같은 변화 과정에 관한 연구들은 다른 장에서 다시 다루어질 것이다. Elliott 등(2003)은 최근 연구들에 대해 개관하고 있으니 참고하기 바란다(Elliott & Greenberg, 2002; Greenberg et al., 1994; Rice & Greenberg, 1984).

연구진에 의해 진행된 초점 집단(focus group) 참가자들은 과정-경험적 치료 연구에 참여하는 것이 깊이 있는 자기 이해를 돕는 좋은 방법이라고 보고하였다. 치료 과정과 결과 연구를 수행하는 데 있어 세부적인 제안과 추천을 받고 싶다면, 과정-경험적 치료 웹사이트(www.Process-Experiential.org.)를 참고하기 바란다. 인용된 리뷰들의 광범위한 참고목록은 독자들이 연구된 사례들의 예시에 관해 방향을 잡는 데 도움이 될 것이다. 연구방법을 선정하기가 종종 어려울 수 있는데 경험적 심리치료 연구 네트워크(Focusing 협회에서 후원을 받고 있음)는 연구 기준들을 모아서 계속적으로 유지하고 있는 웹사이트이며, 그 외의 연구 자료들은 http://experiential-researchers.org에 있다. 이 사이트는 연구자의 연구 경험 여부와 상관없이 연구 자료의 방향 설정을 돕는 데 목적을 두고 있다.

04

과정-경험적 상담자가 알아야 할 내담자의 미세처리과정

내담자를 이해한다는 것은 상담 회기 동안 그들이 무엇을 이야기하고, 어떻게 이야기하는가를 신중하고 공감적으로 경청함을 의미한다. 과정-경험적 상담자는 내담자가 그들이 경험한 복잡하고도 다면적인 본질을 잘 드러내고 표현할 수 있도록 적극적으로 도와야 한다. 어떤 치료 접근은 자유연상을 촉진하기 위하여 침묵을 사용하기도 하고, 또 다른 접근법에서는 내담자의 상호작용 패턴과 행동 방식을 관찰하고자 애를 쓴다. 과정-경험적 상담자는 두 가지에 주의를 기울여야 하는데, ① 일어난 일에 대한 내담자의 경험하기(experiencing)와 ② 이른바 미세처리과정(micro-process)을 통해 회기 안에서 그들의 경험이 어떻게 진행되는가에 대한 그들의 방식이다. 생기 있는 삶의 경험과 변화를 가져오기 위해서 과정-경험적 상담자는 내담자가 말하는 내용, 특히 그들의 삶의 이력 및 정서 도식과 관련이 있는 경우와 자신 및 다른 이들과의 현재 관계에 연관되어 있는 경우에 그 내용과 긴밀하게 작업을 해 나간다. 과정-경험적 상담자는 또한 우리가 미세처리과정 표식(microprocess markers)이라 부르는 것, 즉 얼굴 표정, 신체 자세 그리고 음색 등 내담자의 비언어적 행동과 사건을 경험하는 내담자의 독특한 양식 등에 주의를 기울인다. 예를 들어, 과정-경험적 상담자는 내담자가 말하는 것을 한 걸음 먼발치에서 다소 동떨어져 들을 수 있으나, 또 한편으로는 내담자에 대한 정보에 관심을 기울이기보다는 정서적 교감을 많이 하면서 의사소통할 수 있는 것이다.

상담자는 내담자의 매 순간순간의 과정을 경청해야 하며, 내담자가 자신이 경험한 바를 식별하고 상징화하는 과정을 도움으로써 그들 스스로가 그 경험을 더 잘 이해하고, 성찰하며, 새로운 행동방식과 인식 과정 및 감정을 잘 따라갈 수 있도록 돕는다. 과정-경험적 상담자는 내담자가 대화를 하면서 이성과 감정이나 과거와 현재 또는 욕구와 가치 등과 같은 각기 다른 관점들 사이에서 합일점을 찾아내도록 적극적으로 돕는다. 이는 매우 복잡한 과정으로, 상담자가 상담 회기 동안 내담자의 경험에 대해서 생생하고도 충분하게 함께 존재하고 있어야만 가능한 것이다. 그러므로 좋은 과정-경험적 상담자는 다양한 수준에서 내담자의 경험 과정을 조율할 수 있는 매우 높은 수준의 공감능력이 있어야 한다. 경험적 상담자는 어떤 경우에서든지 미묘한 차이들(뉘앙스)과 내담자의 대화 속에서 감추어진 의미들을 살피며 반응할 수 있어야 하고, 동시에 내담자와 상담자 사이에서도 어떤 일이 일어나고 있는지 알아채야 한다. 완성도 있는 반응을 위해서는 상담자는 주의 깊은 경청을 해야 하며, 분명하게 보아야 하며, 내담자의 삶의 여정에 맞도록 반향을 해 주어야 한다. 사람들의 경험의 복잡성을 감안할 때 두 가지 질문이 생길 수 있다. 첫째, 상담자는 내담자를 이해하기 위한 과업에 어떻게 다가가야 하는가이며, 둘째 상담자는 어디에 그(그녀)의 관심을 기울여야 하는가 하는 점이다. 이러한 두 가지 질문, 즉 과정-경험적 사례 개념화의 일반적 접근방법과 특정한 내담자의 미세처리과정 표식이 이 장의 주제다.

과정-경험적 사례 개념화의 일반적 접근

이 장은 상담 회기 내에 일어나는 행동들 중 과정-경험적 상담자가 내담자를 이해하기 위하여 유념해야 하는 몇 가지 행동을 구별하여 제시하고 있다. 그 전에 상담자들이 내담자를 더 깊이 이해하고 사례를 체계화하는 데 안내가 될 만한 과정-경험적 사례 개념화(PE case formulation)의 기본적 원리를 설명하고자 한다(Goldman & Greenberg, 1995, 1997을 참고하라).

대부분의 치료 학파들에서는 내담자와 작업하기 위한 작업 모델을 발전시키게 된다. 이러한 치료모델들은 그들이 얼마나 명시적으로 상징화를 하는지, 일반적 · 이론적인 가정에 의해 얼마나 지도를 받는지, 그리고 내담자와 의사소통하는 방식과 수준 등에 따라 달라질 수 있다. 사례 개념화는 내담자에 관한 복잡한 정보를 조직화하며, 치료로 인도하기 위한 청사진을 보여 주는 데 도움을 준다. 이러한 사례 개념화는 상담자가 내담자를 더 잘 이해할 수 있도록 하고, 문제를 유발하는 정서적 과정을 명확히 이해하도록 하며, 치료적 곤란을 예상할 수 있도록 하는 구조를 제공해 준다. 역사적으로, 경험적 관점을 가진 상담자들은 기본적인 인본주의적 원칙을 위반하게 될 수 있다는 이유로 사례를 개념화하는 데 저항을 보여 왔다. 실제적으로, Rogers(1951)는 이에 대한 우려를 다음과 같이 표명하였다.

> 상담자가 진단을 하려는 위치에 서게 될 때 힘의 불균형은 시작된다. 상담자가 전문가로서의 역할을 하고자 할 때 건강치 않은 의존성이 높아지며, 진단하는 과정에서 몇몇의 손에 의해 많은 이가 사회적으로 통제당하는 일이 일어날 가능성이 높아질 수 있다(p. 224).

이러한 위험을 피하고 내담자와 효과적으로 작업할 수 있는 두 가지 원리가 있다. 첫째, 과정-경험적 사례 개념화는 협력적이면서도 굳건한 치료적 동맹에 근거한 것이다. 과정-경험적 치료에서 사례 개념화는 평등주의적 관계 안에서 일어나는 것으로 재정의되며, 궁극적으로 내담자가 그들의 경험에 있어서는 전문가라는 점을 인정하며 의사소통하는 것을 말한다(Goldman & Greenberg, 1995, 1997). 과정-경험적 사례 개념화의 목적은 과정을 관찰하는 것과 탐색을 촉진하며, 내담자의 경험을 보다 깊이 있는 것으로 만들기 위한 제안을 하는 것이라 볼 수 있다. 상담자는 미리 치료 계획을 세우지 않는데 이는 안전한 환경을 조성하는 것과 완전하게 떠오르는 정서의 과정적 체험이나 필요한 과정적 정서 양식을 방해하는 것으로 간주되기 때문이다. 그러므로 보다 강한 유대감과 서로 합의된 목적 및 과업을 바탕으로 하는 안정적이며 치료적인 동맹은 상담자로 하여금 내담자의 세계로 들어가고, 그들이 자신의 이야기를 어떻게 조성하며, 그리고 궁극적으로 문제가 되었던 정서적 과정 영역을 어떻게 인식하는지를 이해하기 위한 꼭 필요한 배경이 되는 것이다.

두 번째로, 과정-경험적 사례 개념화는 독특하고, 잠정적이며, 현재의 경험과정에 기반을 둔다. 과정-경험적 사례 개념화는 현재 중심적이며, 상황적 독특성을 가지며, 내담자의 즉각적 경험과정에 접근한다. 이는 관찰을 기초로 하고 있다. 이 과정은 추론적 과정이나 주어진 관련 감정체계가 작동하고 있으며, 현재의 감정 상태에 접근할 수 있다는 가정하에 현재 내담자의 경험과정에 의해 점검된다. 우리가 믿기에는 그 순간의 인간의 감정에 우선권을 주는 것은 매우 중요하며, 이는 핵심적인 역기능적 과정과 이것이 어떤 의미를 만들어 내는 과정을 드러낼 수 있다고 보기 때문이다. 그러므로 과정-경험적 상담자는 미리 혹은 치료 시작 시에 사실적 차원의 과거사 탐색은 하지 않는다. 그 시점에서 내담자의 사실 혹은 과거사의 중요성은 더 명확해지지 않고 오히려 잘못된 방향으로 이끌어갈 수 있기 때문이다. 그러나 살아 있고, 생동감 넘치는 정서적 맥락을 일으키는 내용은 무엇이 중요한지와 정서적 중요성을 가지는 측면이 무엇인지를 둘 다 이해할 수 있기 때문이다.

그러므로 과정-경험적 사례 개념화는 지표들이 이끄는 대로 내담자의 즉시적 경험 과정을 지속적으로 용인하며, 어떻게 진행되는 것이 가장 최상인지에 대한 의사결정을 돕는 순간순간의 과정이다. 내담자가 그들의 정서를 경험하는 것을 돕기 위해서는, 과정-경험적 상담자는 내담자의 경험과정의 상이한 수준에서 일어나는 다양한 표식을 돌아볼 수 있도록 준비되어야 한다. 표식이란 관심을 기울여야 할 내담자의 다양한 측면으로 상담자를 일깨우는 내담자의 표현 혹은 행동을 말한다. 이 장에서는 5가지 종류의 미세처리과정 표식에 대하여 다루고자 한다.

- 미세한 표식
- 성격 스타일에 따른 표식
- 개입양식과 관련된 표식
- 과업 표식
- 치료 관련 표식

이러한 각기 다른 종류의 미세처리과정의 표식은 과정-경험적 상담자가 내담자에게서 들어야 하는 각기 다른 수준에 해당된다. 먼저 상담자는 회기 중에 내담자의 매 순간의 감정을 사려 깊게 돌보아야 한다. 둘째, 상담자는 내담자가 그들 자신이 되었던 성격적 방식을 규명하기 위하여 내담자의 삶의 이야기를 듣는다. 셋째, 상담자는 내담자가 그들의 정서적 경험 과정과 어떤 방식으로 연류되는지를 들어야 하며, 넷째 상담자는 특정한 인지-정서적 과업 혹은 문제 상황에 대한 표식을 들어야 한다. 다섯째, 내담자에게 떠오른 주요 문제를 들어야 한다. 그러므로 과정-경험적 상담자는 내담자와 함께 작업하기 위하여 다각적인 수준에서 정보를 통합하여야 한다.

과정-경험적 상담자는 정서 이론과 자아에 대한 변증법적 구성개념화(dialectical constructivist formulations of the self)(2장 참고)를 사용한다. 물론 성격기능이나 발달을 이해하기 위한 다른 이론도 사용되고 있으나, 이는 단지 활용 가능한 도구로 여겨질 뿐이다. 그러므로 내담자에 대한 각각의 이해는 잠정적이며, 재구성의 가능성이 늘 열려 있으며, 상담자가 내담자의 기능에 대해 더 많이 이해할수록 바뀔 수 있다. 각 치료는 내담자의 삶의 여정, 현재 문제, 현재 삶의 주제 그리고 회기 중에 보여 주는 매 순간의 과정에 따라 맞춤형으로 달라진다. 그다음 부분에서는 각 표식의 유형과 작업 방식 그리고 이에 따른 예들이 설명될 것이다.

매 순간 일어나는 미세과정 표식

Greenberg, Rice와 Elliott(1993)가 저술한 『정서적 변화의 촉진(Facilitating Emotional Change)』이란 책에서는 경험적 상담자들이 내담자와 함께 사용할 수 있는 매 순간 과정을 촉진하는 치료적 전문성에 대하여 더 구체적으로 설명하지 못한 채, 두어 가지의 과업 표식들에 대해서만 서술하고 있다. 이러한 전문성은 내담자에 대하여 공감을 하거나 상담자가 다음 반응을 할 수 있도록 이끄는 내담자의 즉각적 경험에 대한 반응-수준의 암시를 말한다. 예를 들어, 내담자가 왜 자신이 그런 일을 했을까 숙고하고 있는 경우라면 이는 점차적으로 순수하게 개념적인 차원에서 개입 모드로 들어가고 있음을 보여 주는 것이다. 이러한 상황에서, 이따금 내담자에게 잠시 멈추고 그 상황에 대한 숙고가 자신의 실제 감정에 반하는 것인지 확인해 보는 것이 도움이 된다.

마이크: 글쎄요, 밸런타인데이에 대하여 얘기해 보죠. 그건 정말 중요한 거잖아요(애처로운 미소를 보이며). [내담자는 분명한 공감적 탐색과업을 보였다.]

상담자: 네. 그렇죠! [상담자는 내담자와 이 과업에 대하여 일하기로 동의하였다.]

마이크: 제가 외국에 있었잖아요. 무려 약 965km 떨어진……. 그러나 저는 꽃을 R에게 배달했어요(여성 내담자가 관심 있어 할). 그리고 신문에 광고를 냈

죠. 그리고 저는 그날 밤에 그녀에게 일과 관련된 내용으로 전화를 걸어 말을 할 거예요. [내담자는 그가 하고 있는 이야기에서 불분명한 내용을 설명하고 있다.]

상담자: 당신은 그녀에게 말을 했다고 생각했다고요? [상담자는 명확히 하기를 시도하였다.]

마이크: 그녀는 정말로 너무나 귀엽고도 섹시한 목소리를 가지고 있었어요. 그리고 저는 전화로 그렇게 들렸다고 생각해요. 그렇다고 서로 말로 얘기한 것은 아니에요. 교회에서 만난 다른 소녀는, 저는 그녀를 본 적도 없지만, 그녀와 무슨 일이 있었는지는 이야기하기가 힘들어요. [상담자는 대화 속에서 정보를 놓치고 말았다.]

상담자: 당신은 그녀에게 꽃을 주었죠? [상담자는 탐색 가능한 질문들을 함으로써 놓친 정보들을 만회하려고 하였다.]

마이크: 예. 그리고 신문에 광고를 냈어요. 어떤 신호를 보낸 것은 아니고 그냥 'Happy Valentine's Day' 라고 했어요. 그리고 그 꽃은 R(첫 번째 여인)이 일하는 곳에 배달이 되었고요. 그리고 나는 D에게도 꽃을 보냈어요(교회에서 만난 여인). 그리고 지역 신문광고에 내 이름을 써서, 왜냐면 내 전 부인이 그것을 볼 것이기 때문예요. 광고를 냈죠. [상담자는 전 부인에 대한 감춰진 분노가 있을 거라고 메모를 했다.]

상담자: 으……. 일종의 비꼬는 것과 같은 것? [상담자는 감정적으로 엮이는 정보들을 대화 속에서 찾아냈고, 그중에서 전 부인에 대한 분노를 명확히 하였다.]

이렇게 짧은 회기에서도 상담자는 세 가지 종류의 표식을 이용하여 반응하고 있다.

- 명확히 하거나 확인하기 위하여 가능한 주요 과업들의 표식을 이용함
- 대화 속에서 갭이 생겨서 매꿔져야 하는 부분을 이용함

• 감정적 신호를 지속적으로 추적함

Kennedy-Moore와 Watson(1999)이 저술한 정서적 표현에 관한 책에서는 회기에서 내담자의 정서적 과정과 관련된 몇 가지의 미세 표식들을 규정하고 있다.

언어적 미세과정 표식

여기서는 언어적 혹은 비언어적 범주 속에서 일반적이면서도 중요하게 다루어져야 하는 미세과정의 표식을 소개하고자 한다.

내용에 대한 미묘한 뉘앙스

상담자의 주요한 목적 중 하나는 내담자가 지속적으로 계속 생각하게 되는 어떤 부분들을 찾아 돕는 것이다. 상담자는 내담자의 의식 표면에 묻어 있는 미묘한 뉘앙스를 매우 주의 깊게 살펴야 한다. 이러한 내담자의 인식이 충분히 닿아 있는 뉘앙스를 들고 나옴으로써, 상담자는 그들의 반응을 상세하게 논할 수 있으며, 그들의 행동반경을 증대시킬 수 있다. 예를 들어, 만약 상담자가 내담자가 어떤 행동에 있어서 매우 조심스럽고 우유부단한 태도를 보이는 것을 포착했다면, 상담자는 겁 먹고 있거나, 불확실하거나, 혹은 실험적 상황에 있음을 반영할 수 있다. 이러한 세 가지의 서술들은 내담자의 행동에 관해 다소 다른 방식으로 표현한 것으로, 내담자가 그들의 감정에 근거하여 일련의 다른 행동들을 하고 있다는 점을 알려주며, 그 사건에 대한 감정이 보다 분출되어 탐색하도록 도울 수 있다(Kennedy-Moore & Watson, 1999). 상담자는 매우 사려 깊게 듣고 관찰함으로써, 내담자가 방어적이고, 화가 난 태도를 보이게 되는 자신이 가진 취약성을 깨닫도록 도울 수 있다(예, 잠시 비춰지거나 암묵적으로 드러난 슬픔을 다루어 줌으로써 가능하다).

날카로움

과정-경험적 치료는 또한 내담자의 말에 담긴 날카로움에도 주의를 기울인다. 학생들에게 말하기를 무엇이 그들의 심금을 울리는지, 무엇이 그들의 창자를 뒤흔드는지, 그리고 내담자의 이야기 속에서 어떤 부분이 힘이 느껴지는지에 대한 단서로 무엇이 그들 머리를 쭈뼛이 서게 하는지를 들으라고 한다. 날카로움이란 감정과 증거의 힘 때문에 차후로 더 필요하게 될 경험의 현존함에 대한 좋은 지표다. 특히 날카로움 또는 범상치 않은 언어는 가끔 상담자에게 내담자의 정서적이고 주관적인 경험과 맞닿아서 그들을 돕기 위하여 어디에 초점을 두고 시작해야 하는지 단서가 되기도 한다.

자기와 상황에 대한 준비된 설명

때때로 내담자는 자신이 제삼자의 관찰자가 된 것처럼 묘사하는 경향이 있다(Kennedy-Moore & Watson, 1999). 그들은 매우 이성적이 되며, 그들의 이야기는 연습되어 있거나 계획된 것처럼 들리기도 한다. 말하려고 하는 내용이 매우 촘촘하고 원활하게 준비되어 있는 듯하다. 이러한 때에 상담자는 내담자의 즉각적인 경험세계로 들어갈 방법이 없음을 깨닫게 된다. 이러한 때에야 비로소 상담자는 내담자의 감정에 접촉하기 위해 노력할 수 있으며, 사건의 영향이나 중요성 등을 이해하게 된다.

내담자의 산만한 이야기 전개

연구 결과들이 일반적으로 말하기를 내담자의 말하기를 방해는 것은 공감적으로 인식되지 않는다고 해도, 과정-경험적 치료의 내담자들은 이따금 그들의 상담자가 자신이 방황하는 것을 너무 많이 허용하고 있다고 불평할 때가 있다(Elliott et al., 1990). 그러므로 상담자는 존중하면서도 끼어드는 예술을 실천함으로 내담자로 하여금 방향 없이 이야기하지 않도록 부드럽게 과정을 인도해 주는 것이 중요하다(Watson, 2002). 사실 내담자는 상담자가 이야기를 중단시키는 것으로부터 안도감을 경험할 수도 있다. 그들은 단지 공간을 메우기 위해 습관처럼 또는 불안 때문에 말을 하고 있을 수 있다. 또한 사실상 상담자가 어떤 방향을 제시해 주기를 기대하기도 한다.

직접적 언어

상담자는 또한 내담자가 현재 자신이 하고 있는 말과 연결되어 있다는 표시를 말하는 것을 듣는다. 즉각적 표식들은 다음의 내용을 포함한다.

- 구체성(Concreteness): 추상성과 반대되는 의미로서의 구체성(얼마나 실제와 같이 직접적인지, 현재 회기에서 진행되고 있는 내용이건 상담자에게 지난 일에 대한 보고를 하는 것이든 직접적 내용이 드러나고 있는가?)
- 특수성(Specificity): 일반성에 반대되는 개념으로서의 특수성(그 내용은 내담자와 얼마나 특별하게 연결되어 있는가?)
- 사용하고 있는 언어의 생동감(vividness): (내담자의 소재에 의해 표현된 이미지나 감정들이 얼마나 생동감이 있는가? Goldman & Greenberg, 1997; Rice, 1974)

비언어적 미세과정 표식

언어적 미세과정의 표식들 이외에 내담자가 보이는 몇 가지 종류의 비언어적 미세과정의 표식들(nonverbal micromarkers)도 있다. 여기에는 제스처나 얼굴 표정, 주저함의 표시, 일치되지 않거나 모호한 표현, 음색 정도 등이 포함될 수 있다.

비언어적 행동

내담자의 팔 · 다리 움직임이나 얼굴 표정(Kennedy-Moore & Watson, 1999) 등과 같은 비언어적 행동을 관찰하는 것은 중요하다. 내담자는 가끔 그들의 몸이 말하고 있는 의사소통의 내용에 대해서 잘 인식하지 못하고 있다. 예를 들어, 어떤 내담자는 자신이 어떤 결정을 잘 못하는 것에 대하여 안절부절 못하거나 참지 못함을 표현하기도 한다. 그러한 문제를 말로는 표현하였음에도, 내담자의 경험에는 아무런 변화가 없고 내담자의 탐색은 그저 반복적일 뿐이다. 이러한 갈등 문제를 다루고 난 뒤, 상담자는 내담자가 팔을 깔고 앉아 있으며 다리를 흔들고 있음을 알아챘다. 상담자는 이 부분을 지적한 후 내담자가 이를 깨닫게 한 다음에 무엇을 느꼈는지 질문하였다. 내담자는 그녀가 아이 같았으며, 상처받기 쉬운 것처럼 느꼈다고 하였다. 이를 통해 그녀는 자신에 대한 경험이 변화하였고, 그녀는 아버지가 자신을 대하는 듯한 방식으로 자신을 대하고 있었음을 깨닫게 되었다.

생리적 신호를 알아채는 것은 정서적인 자기인식을 높이는 것과 비슷한 방식으로 될 수 있다(Kennedy-Moore & Watson, 1999). 예를 들어, 매우 정서적인 내용을 이야기하고 있는 동안, 어떤 내담자는 자신이 괜찮다고 느껴야 한다고 강요하고 있다. 그러나 그의 얼굴은 이미 붉게 변해 있었다. 상담자는 그 점을 지적하고 언급하기를, "당신이 말하기를 당신은 괜찮다고 하였으나, 당신의 몸은 뭔가 다르게 이야기하고 있는 것 같습니다."라고 말할 수 있다. 그 후에 후속적 상황에서, 내담자는 그의 홍조를 정서적으로 무엇인가를 경험하는 신호로 받아들이게 되었고, 어떤 감정이 오가고 있는지를 인식하고자 노력하였다. 다른 이들은 그동안 인식하지 못했던 감정의 신호로서 손바닥에 땀이 나거나, 어깨가 경직되거나, 입이 마르거나, 가슴이 뛰는 등 다른 생리적 신호를 보이기도 한다.

다른 사례에서는 내담자의 비언어적 행동을 지적하면서 내적으로 일어나고 있는 경험을 살펴보도록 요청하였다. 27세 남성인 내담자 미카는 바로 자신이 정서적으로 무엇을 느끼게 될 때, 오히려 자신의 정서를 가로막는 데 초점을 두고 있음을 알게 되었다. 미카는 회기 중 자신의 주관적 경험에 머무르는 것을 어려워하였다. 정서적 내용이 등장하게 되자 그는 '백지 상태'가 된 것 같다고 표현하였다. 이러한 내담자의 경우, 주요한 치료적 목적은 내담자가 그러한 정서체험에서 돌아서게 하기보다는 자신의 감정을 느낄 수 있도록 돕는 것이었다. 한번은 그의 아버지를 죽음으로 몰아세운 사건에 대하여 상기시키는 동안, 미카는 자신이 백지 상태가 되었고 무슨 말을 해야 할지 모르겠다고 대답했다. 상담자는 그에게 실제로 무슨 일이 일어나고 있는지 거기에 머무르도록 요청하였다. 미카는 갑자기 신호를 인지하고 있었으며, 멀리서 열차 소리를 듣고 있었던 것을 기억하였다. 상담자가 방금 그러한 신호표지판과 소리에 대하여 인지하게 되기 직전에 어떤 감정 상태였는지 질문을 하자, 미카는 아버지의 질병에 관하여 이야기할 때에 매우 불안한 자신을 인지하게 되었다. 그는 또한 그러한 불안이 자신을 찾아올 때 자신의 감정을 분산시켜 버리고 만다는 것을 깨닫게 되었다. 이러한 정서 차단과정을 이해하고 나자 그는 과거에서 벗어날 수 있게 되었으며, 아버지의 오랜 투병생활과 죽음에 관한 감정들을 인지할 수 있게 되었다.

회기 안에서 보이는 주저함이나 억제

경험적 상담자로서 내담자의 경험에 초점을 맞춘다 하더라도, 그들은 또한 상담자 자신과 내담자 간의 상호작용에도 주의를 기울여야 한다. 상담자는 스스로의 반응과 내담자의 반응 사이에 잠재되어 있는 반응에 귀 기울이며, 참여자들 간의 동시성을 조율해야 한다(Kennedy-Moore & Watson, 1999). 그들은 내담자가 주춤하거나 반응하는 데 어려움을 느끼거나 치료 중 어떤 특별한 과업을 하는 데 어려움을 표현하는 그러한 순간에 깨어 있어야 한다. 이러한 관찰들은 상담자가 내담자의 이슈들을 적절하게 발전시키지 못하였음을 나타낼 수도 있다. 대안적으로, 이는 상담자가 과업 중심적이기보다는 관계를 발전시키는 초점으로 돌아갈 필요가 있음을 의미한다.

일치되지 않는 표현

내담자가 자신의 감정을 표현하는 데 어려움을 겪는다면 그들의 감정과 행동이 잘 연결이 되지 않을 수 있다(Kennedy-Moore & Watson, 1999). 모호하거나 혹은 일치되지 않는 표현은 여러 가지 형태로 나타나는데 냉소적이 되거나, 혼합된 신호를 보내거나, 스스로는 인식하지 못하는 감정을 표현하거나 혹은 예기치 않은 반응으로 나타날 수 있다. 이러한 모든 종류의 모호한 반응의 주요한 특징은 내담자는 다른 이들에게 바람직한 정서적인 메시지를 보낼 수 없다는 점이다. 때때로 내담자는 자신이 트라우마나 슬픈 사건을 이야기하면서도 웃을 수 있다. 혹은 정반대로, 그들은 회기 중에 불편하지 않다고 말하면서도 어떤 신호나 불안을 계속 내비칠 수 있다. 상담자가 이러한 비일치적 신호를 관찰하게 될 때, 회기 중이든 혹은 내담자가 자신에 관하여 이야기하고 있는 중이든 그들은 공감적으로 그들의 관찰을 내담자에게 알려야 하며, 무엇이 일어나고 있는지를 탐색해야 한다. 예를 들어 상담자는 "이런 슬픈 이야기를 하면서도 당신은 웃고 있네요."라고 얘기할 수 있다. 내담자는 갈등을 경험하고 있을 수도 있으며, 자신의 반응을 잘 몰랐을 수도 있고, 기술이 부족할 수도 있고, 혹은 다루어야 하는 미해결된 과제가 남아 있을 수도 있다. 그러므로 이러한 첫 번째 개입은 상담자가 내담자에게 어떤 일이 일어나고 있는지를 이해하기 위하여 탐색적으로 이루어져야 한다. 만약 내담자가 모호한 표현의 신호를 보여 주었을 때 그들의 감정을 더욱 상세하게 이해할 수 있는 좋은 기회로 사용할 수 있다.

음색

상담자는 내담자의 고유의 음색(vocal quality)에서 나타나는 의미들을 구분할 수 있으므로 내담자에 대한 반응성을 증진시킬 수 있다. Rice, Koke, Greenberg와 Wagstaff(1979; Rice & Kerr, 1986도 참고)는 상담자가 내담자의 내면적인 자원과 그들의 경험에 개입하기 위하여 주시해야 할 내담자의 각기 다른 양태의 음색을 구분하는 측정도구를 발전시켰다. 여기에는 4가지 항목이 있는데, 명확한(focused), 정서적인(emotional), 구체화하는(externalizing), 그리고 제한적인(limited) 항목이다. 내담자의 음색은 또한 인정되지 않은 어떤 감정의 신호가 되기도 한다. 예를 들어, 내담자의 음성이 흥미를 보이는 때에는 천천히 그러나 속도는 일정치 않으며, 그들의 자연스러운 음색의 톤은 남아 있다. 그때는 사려 깊은 수준으로 볼 수 있다('눈이 내면 깊이를 향하며'). 내담자는 공감할 때에 보통 때와 조금 다른 방식으로 말을 하기도 한다. 그들의 말은 예기치 못한 내용이며, 그들이 새로운 것을 발견하였다거나 뭔가 신선한 새로운 것을 보았을 때의 표현과 일치한다. 때로는 내담자가 매우 감정적 목소리를 나타낼 때에 감정 표현을 하고 있으며, 그들의 말 표현은 분노나 고통(혹은 울음) 등으로 인해 왜곡되거나 방해를 받는다. 음성이 구체화될 때는 매우 확고하나 미리 준비된 말을 하며 내담자가 미리 무슨 말을 해야 할지 반복해서 생각해 본 내용일 것이다. 그러므로 재미있는 이야기나 살아 있고 생동감이 있으며, 순간에 신선함을 더해 주는 것은 아닐 것이다. 마지막으로, 제한된 음색을 보일 때는 내담자가 그들의 경험세계로부터 멀리 떨어져 있음을 나타내며, 목소리가 얇고, 억누르는 듯하며, '달걀 껍데기 위를 걷는 것 같이' 위태로운 목소리를 보일 수 있다.

정서적인 음색을 거의 보이지 않거나 아주 조금만 보이는 내담자는 정서적 접근이 덜 용이하며, 내담자의 내면적 경험세계를 탐색하고 작업하기 위해 더 많은 노력이 필요함을 나타낸다. 매우 외향적이며 높은 수준의 감정적 반응을 하는 내담자의 경우에는 보통 내면세계에 초점을 맞추어 돕기에는 좋으나, 반면에 억제된 음색을 가진 내담자의 경우에는 그들이 긴장을 완화시키고 상담자를 신뢰하기까지 안전한 환경을 제공해 주어야 한다.

내담자의 각성이나 경험에 관한 통합적 지표

내담자의 미세 지표들의 두 가지 다른 세트는 매 순간 내담자의 중요한 반응 영역, 정서적 각성, 경험의 깊이 등에 대한 전반적인 사정을 하기 위해 앞서 설명된 미세 지표들을 통합한 것이다.

내담자의 정서적 각성의 정도는 치료적 과업을 진행할 때에 중요하고도 진행적인 단서인데(12장에 나오는 공감적 의자 기법 등과 같은 과업), 해결을 위해서는 높은 수준의 각성이 요구되기 때문이다. 정서적 각성 척도(The Emotional Arousal Scale)(Warwar & Greenberg, 2000)는 정서적 각성 정도의 측정을 위한 하나의 측정도구인데, 그들이 보이는 음색과 표현의 단서에 따라 총 7단계로 구분하고 있다.

다른 중요한 통합적 내담자의 과정 영역은 내담자의 경험의 깊이다. 예를 들어, 내담자 경험 척도(The Client Experiencing Scale: CEXP)(Klein, Mathieu, Gendlin, & Kiesler, 1969; Klein, Mathieu-Coughlan, & Kiesler, 1986)는 7단계로 그들의 경험에 대한 내담자의 개입을 정의하고 있으며, 각각의 단계는 치료 회기에서 내담자가 보이는 정서적이고도 인지적인 반응 정도를 다음과 같이 묘사하고 있다.

- 수준 1: 내담자가 말하는 내용과 표현방식이 비개인적(impersonal)이며, 추상적이고 일반적인 수준임. 감정은 회피하고 있으며, 개인적 관여 정도는 의사소통에서 보이지 않고 있음
- 수준 2: 내담자와 내담자가 말하는 내용 사이에는 분명히 관계가 있음. 그러나 내담자의 관여 정도는 특정한 상황이나 내용 이상을 보이지는 않음
- 수준 3: 내담자가 말하는 내용은 서술적이며, 내담자는 외적이고 행동적인 용어로 설명을 하고 있음. 때로는 감정적이며 개별적인 반응이 추가됨
- 수준 4: 내담자의 관여 수준은 사건이나 추상적 상황보다는 자신의 주관적인 정서적 기류에 관심을 기울이는 쪽으로 변함
- 수준 5: 내담자는 내면적으로 자신에 관한 문제나 질문을 표현하거나 정의할 수 있음
- 수준 6: 내담자는 현재의 문제에서 지속적인 탐색을 통해 발견한 새로운 감정이나 의미 등을 종합할 수 있음
- 수준 7: 거의 나타나기 어려운 수준으로, 내담자는 안정적이면서도 현재의 즉각적 감정이나 내면적 과정에 대한 인식을 확정할 수 있음

이 척도의 변화는 감정의 정교함이 커지고 통합된다는 점과 내담자가 문제해결로 한 걸음 나아갔다는 것을 반영한다. 상담자는 내담자 경험 척도(CEXP)에서 제시된 각기 다른 수준의 경험의 깊이를 알기 위하여 훈련이 필요하며, 개념적으로

치료 회기 동안 이 척도를 사용하지 않는다 하더라도, 경험에 대한 이러한 관점은 내재되어 있는 설명으로 안내할 수 있다. 어떤 주어진 시점에서도 상담자는 대략적으로 내담자가 기능하는 경험의 깊이가 어떤 수준인지를 알아챌 수 있다. 과정-경험적 상담자의 목적은 내담자가 수준 6이나 7 정도의 경험을 하도록 이끄는 것이라기보다는, 문제를 의미 있게 들여다 볼 수 있도록 적어도 수준 4 정도 이상을 경험할 수 있도록 촉진하는 것이다. 이는 임상적으로도 유용한 내용으로 만일 내담자가 ① 내면적으로 자신을 탐색할 수 있고 자신의 문제를 깊이 들여다보고 면밀하게 파악할 수 있으며, ② 문제를 해결하기 위하여 초기의 적응적 감정인 새롭게 깨닫는 부분들을 통합하고 종합해 낼 수 있다면 치료에서 긍정적인 결과를 보인다는 점이 증명되고 있다(Goldman, 1998).

자신과 타인을 다루는 내담자의 성격유형 표식

내담자의 현재 문제를 이해하고, 내담자가 자신과 다른 사람들을 성격적으로 어떻게 파악하고 다루는가를 알게 되는 것은 그들의 애착 이력과 중요한 외상적 생애 사건들을 이해하는 데 매우 도움이 된다. 종종 의미 있는 사람들과의 생애 초기의 상호작용에 있어서 내담자는 다른 사람들과 관계 맺는 어떤 전형적인 방식을 습득하게 되었을지 모른다. 내담자는 자신의 기질, 욕구와 목적의 기능체로서 어떻게 다른 사람들과 상호작용하는지를 배우며, 이를 정서 도식으로 조직화한다(2장 참고). 예를 들어, 사람들을 지켜봐야 하는 일과 관리해야 하는 일을 구분하며, 비판할지 아니면 비난할지를, 양육해야 하는지 혹은 주변의 사람들을 이해해야 하는지를 구분하는 법을 배우게 된다(Benjamin, 1993; Fuendeling, 1998; Perls, Hefferline, & Goodman, 1951; Rogers, 1959; Schore, 1994). 그들은 또한 타인들 안에 내재된 적개심, 자기-무시(self-neglect) 또는 자기-무효화(self-invalidation), 반대로 자기-위로(self-soothing) 혹은 자기-확대(self-aggrandizing) 등과 같이 정서 도식으로 특징지워질 수 있는 내용들과 관계된 성격 양식을 발전시킨다. 내담자의 초기 애착이력을 깊이 있게 살펴봄으로써, 상담자는 그들의 대인관계와 자기내적 과정의 면면을 인식할 수 있게 되는데, 특별히 그들이 자신의 정서적 반응을 어떻게 표현하고 조절하는지를 알게 된다. 더 나아가 내담자는 그들의 행동의 여러 면에서 선택과 매개하는 법을 배우고 연습하게 된다.

이러한 정보는 내담자가 치료 장면에 들고 오는 문제의 원천과 재료를 이해하기 위한 맥락을 제공한다. 내담자는 보통 최근의 문제들을 기술하는 과정에서 그들이 자기 자신과 다른 사람을 어떻게 다루는가를 밝힌다. 더욱이 성격 스타일을 확인하는 것은 치료에서 내담자와 상담자가 함께 작업해야 할 과업을 위한 지표들을 확인하도록 도우며, 이는 차례로 협력구축을 촉진하는 것이다. 예를 들어, 자녀로서 부모로서 책임감을 가정하는 내담자는 과도한 책임감과 같은 정서 도식의 한 부분으로서 자신의 감정을 무효화하는 것에 빠질 것이다. 만약 자녀들이 어느 누구도 그들에게 책임감을 느끼지 않는다면, 그들은 그 감정에 귀 기울이지 않을 것이다(Fuendeling, 1998; Rogers, 1959). 정서적 정보에 대한 관심의 부족은 현재 중요한 사람들과의 상호작용 가운데에서 더욱 명백히 드러날 수도 있다. 그리고 현재의 문제들에 기여하고 있을 것이다. 한번 상담자가 이러한 내담자의 습관적 스타일을 감지하였다면, 그들은 회기 동안 이러한 부분이 드러나도록 주의를 기울일 것이다. 예를 들어, 내담자가 감정을 경험하거나 표현하는 것도 스스로 방해하고 있음을, 혹은 그들의 삶에서 사람들과 사건들에 대한 그들의 감정과 반응을 무시하고 있다는 것을 상담자가 발견하게 될 수 있겠다.

정서의 무효화는 한나의 치료에서 매우 뚜렷이 나타났다. 한나는 35세의 싱글맘으로, 현재 심한 우울증 문제로 심리치료를 찾고 있다. 그녀는 다섯 남매 중 첫째였다. 그녀의 아버지는 알코올중독자였고, 어머니는 영어를 잘 못하는 이민자였다. 어머니는 교대근무를 하였으며, 매우 스트레스를 받았고, 때로는 우울해지셨다. 한나는 장녀로서 집안과 동생들을 돌보는 책임을 져야만 했다. 그녀는 아침에 동생들을 깨우고 아침을 먹이며 또 학교에 갈 수 있도록 돌봐야만 했다. 저녁에는 자연스럽게 저녁을 해 먹이고 아이들의 숙제도 봐 주어야 했다. 그녀는 매우 성실한 사람으로서 학교생활도 열심히 했다. 그러나 그녀의 사회생활이나 사생활은 심각하게 제한을 받게 된 것이다. 그녀는 자신의 바람이나 욕구를 가족들을 돕기 위해 희생하였으며, 사실상 그녀는 자신의 감정이나 욕구에 맞닿지를 못하고 살아왔다.

그녀가 20대가 되었을 때에 그녀는 자신을 별로 사랑하지도 보호해 주지도 않는 한 남자를 만나게 되었고, 뜻하지 않게 임신을 하였다. 그 남자는 그녀에게 낙태를 강요하였다. 결국 그 만남은 끝나 버렸다. 한나는 그 후로 다른 어떤 만남도 잘 이루지 못하였고, 그녀가 치료 회기에 왔을 때는 나이는 드는데 가족을 만들지 못한 것 때문에 매우 스트레스를 받고 있었다. 그녀의 감정 상태는 낙태로 인한 상실감과 실망감으로 가득 차 있었다. 그녀의 가족사에서 알 수 있듯이 그녀는 다른 사람들의 감정과 욕구에 맞추어 사는 데 익숙해져 있었고, 자신의 감정을 무효화하고 다른 이들에게도 표현하는 것을 허락치 않았다. 그러므로 치료 과정에서 중요한 과업은 그녀가 자기 자신을 얼마나 부인하고 있는지를 알게 하며, 점차적으로 자신의 감정과 맞닿을 수 있도록 돕는 것이다. 또한 자신이 자기를 대하는 태도, 즉 우울증의 주요 원천이 되고 있는 자기-무효화의 정서 도식을 변화시키는 것도 중요한 과업이 된다.

한나의 자기 자신에 대한 행동은 주로 통제적이고, 처벌적이며, 비판적이고 방임적이었다. 상담자는 회기에서 그녀의 자기-무효화의 정서 도식의 내적인, 그리고 관계적인 요소들을 변화시키는 일을 하기 위하여 이러한 과정의 지표들을 잘 들음으로써 정보를 얻으려 하였다.

부모님의 기대가 매우 높은 집안에서 자란 제이슨은 또 다른 예를 보여 준다. 제이슨의 부모님은 모든 면에서 그를 사랑하였으나, 학업과 성취에 관련된 분야에서는 매우 스트레스를 주었다. 이러한 환경에서 제이슨은 내면적인 비판을 강하게 함으로써 자신의 정서 도식을 내면화하였다. 그는 매우 요구적으로 변해 갔으며, 자신과 타인에 대하여 지나치게 비판적이 되었다. 이러한 그의 행동은 불안과 우울 문제뿐 아니라 후에 그의 부부관계 문제에 영향을 주었다. 상담자는 그가 자신을 어떻게 겁을 주고 있는지 그 방식을 스스로 인지할 수 있도록 맞춰 주면서 이러한 문제를 회기에 가져오도록 격려하였다. 원조의 목적은 그가 자신과 자기 주변의 사람들을 이해하고 받아들이도록 돕는 것이다.

요약하자면, 과정-경험적 상담자는 귀를 열어서 그들의 습관적 존재양식 및 행동양식을 확인하기 위하여 내담자의 이야기를 듣는다. 내담자가 어떤 종류의 사람인가를 알기 위해서 과정-경험적 상담자는 다음과 같은 질문을 해 볼 수 있다.

- 내담자는 어떻게 자기 자신을 다루고 있는가?
- 내담자는 어떻게 다른 사람들을 대하는가?
- 내담자는 어떻게 다른 사람들이 자신을 대하도록 허용하고 있는가?

특정한 상황에서 자신의 경험에 접근하는 내담자의 접촉 양식

과정-경험적 상담자에게는 내담자의 감정에 대한 인식을 언제 높여 주어야 하며, 각성이나 반영을 촉진시켜 주어야 하는지를 자각할 수 있는 것이 매우 중요하다. 내담자가 무엇을 말하는지와 어떤 매너로 이야기하는가를 주의 깊게 살피는 것은 그들의 경험에 대한 자세를 암시해 주는데, 이는 표현 자세(expressive stance)(예, Rice, Watson, & Greenberg, 1993)나 접촉양식(mode of engagement)(Greenberg et al., 1993)이라 언급되기도 한다. 이는 회기 중 관여되어 있는 관심영역과 활동에 대한 내담자의 주의 집중에 관한 관심이라 정의할 수도 있다. 예를 들어, 내담자는 자기의 경험에 대하여 적극적으로 관여하고 탐색할 수도 있으며, 또는 매우 거리를 두거나 분석적일 수도 있다. 내담자가 자신의 탐색과 정서 표현에 매우 생산적으로 관여할 경우, 그들은 자신의 내면세계의 생각이나 감정에 초점을 맞출 수 있게 되고, 회기 동안 그들의 감정을 매우 적극적으로 느낄 수 있게 될 것이다. 그리고 그들은 새로운 의미를 창출하기 위하여 자신들의 경험을 평가하고 조사해 보면서 매우 강력하게 접촉하게 될 것이다(Kennedy-Moore & Watson, 1999). 반면, 과정과 감정 표현에 덜 생산적일 경우에는 보다 거리를 두고 자신들의 감정이나 경험에 대한 묘사나 분석에 덜 관여하게 될 것이다. 이러한 경우 내담자는 종종 자기 자신 외부의 것, 즉 이미 준비되거나 평면적으로 조직되어 있는 그들의 삶에 관여하는 사건들이나 사람들을 묘사하는 일에 더 관심을 갖게 될 것이다(Kennedy-Moore & Watson, 1999; Rice et al., 1993; Watson & Greenberg, 1996a). 그러나 상담자는 내담자가 회기 중에 그들의 말하는 것이 보다 다채롭고 날카로울 때 그들이 뭔가를 느끼고 있음을 알 수 있다. 그들의 경험에 관한 이러한 접촉의 방식은 치료과정에서 내담자가 자진해서 들고 오는 치료 과업들을 다루는 데 매우 중요한 함의를 가져온다.

비경험적 접촉 양식

비경험적 접촉 양식(nonexperiential modes of engagement)은 '누가 행동을 하는가?' '누가 지속적 · 지적으로 합리화를 하는가?' 혹은 '누가 어려움 때문에 건강 염려증을 가지게 되는가?' 하는 질문들을 포함하고 있는데, 경험적 치료에서 내담자에게 최적으로 여기는 전형적인 방법은 아니다. 이러한 양식은 한 사람의 정서적 체험에 와 닿게 되는 방식은 아니다. 이는 다음과 같이 분류될 수 있다.

- 순전히 외적인(purely external) 양식: 내담자가 문제에 접근하는 최우선의 유일한 방법으로 다른 사람들, 외적 사건 그리고 문제해결 등에 주의를 기울인다. 순전히 외적인 양식은 어떤 문제에 대하여 다른 사람들을 비난하거나 다른 사람들이 어떻게 행동하는지를 앎으로 단서를 찾기 위해 가까이에서 이들을 모니터링 한다(Kennedy-Moore & Watson, 1999).

- 순전히 개념적인(purely conceptual) 양식: 내담자는 어떤 뚜렷한 경험에 대한 근거가 없음에도 언어적으로 혹은 추상적 개념으로서 문제들을 개념화한다. 내담자는 지금 이 상황에서 자신의 감정이나 의도에 대해, 혹은 무엇을 느끼거나 생각해야 '되는지(should)'에 대하여 심사숙고한다.
- 순전히 건강 염려적인(purely somatic) 양식: 내담자는 만성 두통이나 아픈 신호와 같은 몸의 감각이나 생리적 증상에 집중하며 관심을 가진다.

정서 도식에 관한 2장의 논의를 다시 숙고할 때, 비경험적인 접촉 양식들은 타인 제외적인 정서 도식 하나만을 이용하고 있는 것이 분명하며(즉, 상황적 · 인식적, 개념적 · 상징적, 혹은 건강 요소들), 이로써 보다 복잡한 정서적 과정을 밟아야 하는 것을 막을 수 있다.

경험적 접촉 양식

이와는 대조적으로, 경험적 접촉 양식(experiental modes of engagement)은 한 사람의 지금-여기의 순간의 경험에 관여하는 다른 방식을 포함시키는데, 내적 주의집중, 경험적 탐색, 적극적 표현, 대인관계 접촉 등이 여기에 포함된다(Greenberg et al., 1993).

내적 주의집중

내적 주의집중(Internal attending)은 사람들의 관심을 자신의 감정, 의미, 의도, 바람, 기억, 환상 등 그리고 특별히 정서와 같이 뚜렷하거나 특정한 경험들과 같은 내면으로 향하도록 하는 것을 말한다. 특정한 중요 사건(누군가의 죽음 등)이나 에피소드와 같은 형태의 기억(episodic memories)들이 떠오르는 부분들에 대한 자각을 직접적이면서도 주의 깊게 인식하는 것을 말한다. 이러한 양식으로 들을 뿐만 아니라, 상담자는 예를 들어, "당신은 주먹을 꽉 쥐고 계시는 것을 인지하고 계셨어요? 어떤 것을 느끼고 계신가요?" 등과 같이 말함으로써 내담자 경험의 어떤 가시적인 측면에 주의를 기울이도록 장려할 수 있다[경험적 초점화(experiential focusing)와 같은 내적 주의집중 과업에 관해 더 잘 이해하기 위해서는 9장 참고).

경험적 탐색

경험적 탐색(experiential search)은 말 안에서 복잡하고, 불명확하게 떠오르고 있으며, 또는 색다른 내적 경험들을 종합하여 내면적 관심으로 심사숙고하여 전환하는 것과 관련이 있다. 경험적 탐색의 과정은 내담자가 사전에는 인식하지 못하였던 정서 도식을 확인하고 탐색하도록 한다. 일례로, 내담자는 친구와 식사하는 동안 난처함을 보여 주었는데, 그녀는 갑자기 그리고 애매하게 자신이 매우 화가 나 있다는 점을 발견하게 되었다. 처음 자세하게 그때 사건의 기억에 주의를 기울인 후에 그녀는 탐색을 시작하게 되었고, 결국 그 친구로부터 모호하게 요구당했던 사건의 결과로 자신이 중요하지만 그동안 발견하지 못하였던 어떤 개인적 욕구와 가치를 언어로 표현할 수 있게 되었다[경험적 탐색을 광범위하게 사용하는 재경험 과업에 대하여 더 자세히 알려면 10장 참고].

적극적 표현

경험하기(experiencing)란 때로는 모호하여 그 부분이 언어적 혹은 비언어적으로 충분히 표현되기 전까지는 그 경험에 맞닿기가 어렵다. 적극적인 표현(active expression)과 함께 내담자는 명확하게, 때로는 분명하게, 그리고 자발적으로 자신의 정서적 반응에 대하여 말할 수 있는 것이다. 그렇게 함으로써 신체적 감각과 비언어적 표현이 발생되며, 이는 내담자가 자신이 무엇을 느끼고 발견하고 있는지에 대한 추가적 단서를 제공해 주게 된다. 적극적인 표현은 또한 감정이 완료되도록 기회를 주며, 그 감정이 적절한 대상과 연결될 수 있도록 돕는다(예를 들어, 폭력의 가해자에 대한 분노가 일어나게 되는 것). 내담자의 적극적인 표현은 의자 기법을 통해 촉진될 수 있으며, 내담자가 빈 의자에 앉아 중요한 타인으로부터 방임되었거나 학대받아 생긴 분노나 슬픔 등을 표현해 낼 수 있다.

대인관계 접촉

대인관계 접촉(interpersonal contact)은 치료적 관계의 맥락에서 일어나며, 자신을 신뢰하고 다른 이들에게 자신을 드러내는 접촉 양식이다. 상담자가 공감적 조율, 가치인정, 함께하기, 협력성에 주의를 기울임으로써 내담자는 그들이 다른 사람들과 관계를 맺을 수 있음을 배우게 된다. 그들은 다른 사람들과 있을 때 가치 있는 경험을 하게 된다. 어떤 특정한 상황에서 상담자와의 특정한 경험은 부적응적인 정서 도식을 뒷받침해 주지 않는 중요하고도 새로운 경험을 제공해 준다. 예를 들어, 어떤 내담자는 다른 이들이 자신을 조롱하려고 할 때에 일어나는 두려움을 억누르기 위해 '전사(warrior)적' 자아로 변하는 자신을 상담자가 인정해 주고 있다는 것을 깊이 느꼈다. 상담자의 이러한 인정은 그로 하여금 자기 자신의 가리워졌던 부분을 자기 것으로 받아들이고, 수치보다도 자존감을 지킬 수 있는 어떤 부분들을 받아들일 수 있게 되었다(8장을 보면 이러한 관계적 과정과 과업에 대하여 더 자세히 논의되어 있다).

자기성찰

경험적인 과업의 한 부분이 이미 일어나고 나면, 내담자에게는 이러한 부분을 굳게 하고, 통합하며, 실행할 수 있도록 Gendlin(1981)이 말하는 '추진(carrying formard)' 하는 과정을 거쳐 가는 것이 중요하다. 이는 그 경험들을 새겨 두고, 의미를 부여하기 위하여 자신들이 경험한 것으로부터 한 발 뒤에 서 있을 수 있는 과정을 말한다(Rice & Saperia, 1984; Watson & Rennie, 1994를 보시오). 어떤 경험이 이해가 간다는 것은 새로운 의미가 창출되고 떠오른 변화들이 굳건해지도록 이끄는 결정적 과정이다(Whelton & Greenberg, 2001b).

과업 계획(action planning)은 변화가 창출되는 또 다른 종류의 과정인데, 이는 내담자가 정서적 인식의 목적을 세우고, 적절한 행동을 정해서 계획하는 과정을 통해 생산적인 행동으로 바꾸는 과정을 의미한다. 이러한 접촉 양식은 주로 치료 과정의 마지막 단계에서 전형적으로 일어나는데, 그 예로 내담자가 갈등 상황을 해결하고 난 후에 그러한 해결방안에 대한 함의를 찾게 되는 것을 들 수 있다.

각기 다른 치료적 과업은 다른 방식의 접촉 양식과 관련된다. 치료 초기에 내담자의 전형적 접촉 양식에 주의를 기울이는 것은 내담자에게 어떤 과업은 매우 쉽게 해낼 수 있는 것이나 어떤 과업은 생소하면서 하기 어려운 것인지를 알게 됨으로써 상담자가 어떤 치료적 과업을 기대해야 하는지 깨닫도록 돕는다. 더욱 중요한 것은 상담자가 내담자가 어떻게 진보를 이루어 가는지와 어떤 경우에 내담자가 앞으로 나아가고, 어떤 경우에는 잠시 진퇴양란에 빠지는지를 알게 되는 지표로서, 각각의 치료 과업 안에서 내담자의 접촉 양식을 더듬어 깨달을 수 있다는 점이다.

내담자가 매우 적극적으로 그들의 경험과정에 관여되어 있을 때는 그들이 다른 방식으로 경험하도록 굳이 도울 필요는 없다. 오히려 그들이 현재 진행 중인 자신의 과업에 더 집중하도록 도우며, 이미 하고 있는 것들을 유지하고 해 나갈 수 있도록 돕는 것이 더욱 중요하다. 그러나 내담자가 자신의 정서적 경험과정과 분리되어 있거나 자기 외적인 부분이나 생명력이 없는 방식으로 다른 중요한 사람이나 상황들을 설명하기 시작할 때, 혹은 그들이 자신의 경험에 대하여 이야기하는데 마치 카탈로그를 읽는 것과 같이 설명하고 분류하기만 할 때 과정-경험적 상담자는 적극적으로 내담자가 자신의 경험과 맞닿을 수 있는 양식으로 전환할 수 있도록 도와야 한다.

주요 과업 표식: 내담자의 주요 회기 과업

내담자가 자기 자신과 다른 이들과 관계하는 전형적인 방식을 인식하거나 자신의 내면적 경험과정과 어떻게 맞닿는지를 과정-경험적 상담자가 알게 될 때, 상담자는 회기에서 내담자에게 특정한 어려움을 주는 심리적 상태에 대하여 분명한 표식들을 잘 살펴야 한다. 과업 표식들(task markers)은 회기에서 내담자가 다루기 바라는 문제를 과정-경험적 상담자가 규명하도록 도울 뿐만 아니라, 사려 깊은 상담자는 내담자가 자기 자신을 다루는 보다 만족스러운 방식을 찾도록 하고, 그러한 정서적 고통을 어떻게 다루어야 하는지에 대한 대안을 찾을 수 있도록 돕는 기회를 제공해 준다.

문제 표식들(problem markers)은 내담자가 어떤 특정한 스트레스를 주는 인지적·정서적 상태로 인해 내적 격투를 하고 있을 때, 예를 들어 반응 문제로 곤혹을 겪고, 삶의 순간에 중요했던 사람들에 대하여 나쁜 감정들로 질퍽이며, 자신에 대한 부정적 감정을 드러내고, 격한 감정들을 나타내고(Watson, 1999), 회기에서 그들의 감정을 표현하는 것에 어려움을 겪고 있다는 것을 상담자에게 알려 주는 내담자의 표현인 것이다(Greenberg & Safran, 1987; Kennedy-Moore & Watson, 1999). 과업 표식들은 회기 내 경험에서 잠재적으로 중요한 부분을 내담자에게 지적해 주기 때문에 실제로는 공감 지표다. 이러한 문제 표식들은 임상가들이 내담자와 어느 부분에 관해 작업을 해야 할지 적절한 문제 초점(problem foci)을 발전시키는 데 도움이 된다. 결과가 좋은 사례들을 보면, 내담자는 문제가 되는 인지적·정서적 상황을 성공적으로 해결할 수 있게 되며, 자신, 타인과 문제상황에 대한 대안적 관점을 형성하게 되고, 경험하고 자신을 표현하는 새로운 방식을 습득하게 된다. 모든 상담자는 상담자에게 특정한 반응을 요구하는 지표들을 가지고 있다. 예를 들어, 저항의 신호, 약속에 늦음 또는 과도한 열망 등은 정신분석가에 의하면 전이(transference) 표식으로 여겨질 수 있는 것들이다. 인지-행동 치료자는 부정적 자기 진술을 내담자가 자신의 인지를 점검해 볼 기회가 되는 표식들로 여긴다. 이 책의 1장에서 논의된 바와 같이 과정-경험적 상담자는 어떤 개입방법이 효과적이거나 적절할 때 회기 내에서 상담자가 깨어 있도록 하는 다양한 종류의 경험적 표식들을 가지고 있다.

내담자가 인지된 표식들을 중요한 것으로 다루는 것 또한 중요하다. 이러한 동의는 치료적 동맹을 향상시키는데, 특별히 다루는 주제에 대한 내담자와의 협력과 동의를 촉진시키는 데 도움이 된다. 상담자는 내담자와 그들이 현재 느끼는 어려움과 자신들의 삶의 이력과 행동하는 인성적 방식이 맞아떨어지는지를 탐색하고 이해할 시간을 가져야 한다. 그리고 이는 문제를 해결하기 위하여 어떤 과업이 왜 필요한지를 설명하는 근거를 제공해 줄 수 있다. 만약 상담자가 내담자가 그들이 초기 애착과정의 경험과 그들의 성격 양식, 그리고 그러한 것들이 현재의 어려움에 기여하고 있는 부분들을 볼 수 있도록 돕는다면, 내담자가 다르게 혹은 고통스러운 일을 상담자와 정면으로 다루는 것을 수월하게 만들 것이다.

내담자의 특정한 인지적 · 정서적 문제를 해결하는 것을 돕기 위해 과정-경험적 상담자들에 의해 고안된 몇 가지의 치료기법들이 묘사되었다. 내담자와 연결되며 내적 경험세계를 통합하는 것을 돕는 치료적 개입들로는 탐색(exploration), 초점화(focusing), 체계적 환기 계획(systematic evocative unfolding), 그리고 다양한 종류의 의자 기법 등이 포함된다. 이러한 과업들은 각각 한 회기에서 다루기에 상당한 시간이 소요된다(즉, 10~40분). 6장에서는 치료적 과업의 개략을 설명하게 된다. 이러한 과업과 다른 과업들을 진행하기 위한 일반적 구조와의 관계, 특정한 광범위한 혹은 주요 과정-경험적 과업들은 7장에서 12장까지 설명되어 있다.

치료 초점의 지표

과정-경험적 치료에서는 회기 내에서 집중해야 하는 특정한 내용이 정해져 있지 않다. 각 회기에서는 상담자가 내담자로부터 일어나는 것이 무엇인지 점검한다. 내담자는 이전 회기와 한 주를 지나면서 떠오르게 된 새로운 정보들을 재통합하여 각 회기에서 매번 다르게 자신을 구조화한다고 가정한다. 그러므로 상담자는 내담자의 인도를 뒤좇아 가는 것이다. 왜냐하면 모든 내담자는 완전을 향해 가는 경향이 있기 때문에, 과정-경험적 상담자는 가정하기를 내담자의 현재 경험과정에 머무르게 되는 것은 그들이 문제를 해결하기 위한 노력—떠오르는 것들을 차단하고 있다 하더라도—을 촉진시키는 것이 될 것이라 보고 있다.

그럼에도 이따금씩 상담자는 치료 과업 속에서 집중된 공감적 탐색과 접촉(engagement)으로 내담자를 중요한 주제 내용으로 반복적으로 이끄는 역할을 하게 된다. 특히 성공적인 사례의 경우, 핵심적 주제는 시간이 거듭될수록 모양이 생기고 발전되는 듯하다(Goldman, 1998). 따라서 상담자는 이미 다루어진 주제 내용에 대해서도 되물어야 하거나 공감해 주어야 할 것이다. 예를 들어, 한 사례에서 치료는 불안정함과 무가치함 같은 개인 내적인 감정의 주제에 초점이 맞추어져 있었다. 반면, 다른 사례에서는 생애 중요했던 사람에 관한 해결되지 않은 대인관계적 문제에 초점을 맞추어 진행이 되어 갔다.

예를 들어, 과정-경험적 상담자는 우울증이 있는 환자를 치료하면서 그가 최근에 이혼한 것으로 얼마나 영향을 받고 있는지를 들을 수 있을지 모르겠다. 시간이 지날수록 상담자는 내담자가 그 주제로 자꾸만 다시 회귀하는 것을 깨닫게 되고, 상실의 고통과 지속되는 상실의 두려움에 대하여 이야기하고 있음을 알게 되었다. 내담자를 깊이 경청하는 것과 탐색하는 과정을 통해 상담자는 이혼이 내담자가 현재 관계와 생활을 이끌어가는 방식에 영향을 주고 있으며, 이는 새로운 관계를 맺는 것과 같은 중요한 삶의 과제를 막아서고 있음을 알게 된다. 이 과정에서 드러나기 시작한 것은 내담자가 아직 떠나보내지 못했던 것들, 아직 미해결된 이슈들과 같은 이혼 주변의 상실에 초점을 두어야 한다는 점이었다. 그러므로 그 후 2~3회기 동안 상담자는 잠정적으로 내담자의 삶에 아직도 영향을 주고 있는 전 배우자와 미해결된 부분에 대한 대화를 제안했다. 그리고 상담자는 의자 기법을 통해 한쪽에는 내담자로, 다른 의자에는 전 배우자로 앉아서 작업을 하도록 권할 수 있다. 상담자가 이렇게 어떤 과업을 주도적으로 이끌기로 결정한 것은 내담자가 어떤 특정 문제를 경험하고 있으며, 이를 회기에서 다루고 싶어 하는 것 같은 확장된 과정을 통해서만 가능한 것이다. 내담자가 경험하는 최근의 상실의 의미는 내담자가 드러내기에 안전하다고 느낄 때만, 그리고 상담자가 그 상실의 무게를 충분히 감당할 수 있을 때만 더욱 분명해지게 된다. 다른 말로 하자면, 상담자가 정서적 중요성을 충분히 인지하고 있으며 내담자에게 이러한 부분이 해결되는 것이 정말 중요하다는 것을 알 수 있는(치료적 집중 혹은 목적에 맞게), 그리고 이 일을 다루기 위해 어떤 치료적 과업이 가장 적절한 것인지에 대한 가능성을 볼 수 있는 상담자와 내담자 간의 신뢰로운 치료적 유대가 있을 때만 이러한 내용을 다룰 수 있게 된다는 것이다.

내담자의 의미와 날카로움(poignancy)은 집중의 기회를 제공한다. 매 회기마다 내담자는 그의 세상에 영향을 주는 것을 묘사하는 이야기를 제공한다. 상담자는 경청을 통해 집중이 가능한 시점을 포착하고자 의미의 분류와 날카로움을 사용한다. 상담자는 모호함 속에서 지속적으로 다음과 같이 질문해 볼 수 있다.

- 내담자가 이야기한 것 중 무엇이 가장 날카로운가?
- 내담자가 의사소통하는 메시지나 핵심 의미는 무엇일까?
- 내담자는 지금 생동감이 있는가?
- 이에 대한 내담자의 감정은 무엇일까?

더 읽을거리

과정-경험적 사례 개념화는 Goldman과 Greenberg(1995, 1997)의 논문에 더 자세히 기술되어 있다. 자기-타인 혹은 자기-자신과의 관계의 핵심적 패턴에 관한 더 자세한 정보는 Benjamin의 사회적 행동의 구조적 분석(예를 들어, Benjamin, 1993, 1996)과 애착이론의 작업들(예를 들어, Cassidy & Shaver, 1999)을 참고하기를 권한다. 접촉양식(the mode of engagement)의 개념(Greenberg et al., 1993)은 표현적 태도(expressive stance)에 대한 Rice의 초기 작업으로부터 파생되어 이 장에서 확장되어 사용되었다. 미세과정 표식에 대한 기본적 아이디어는 Rice와 Greenberg(1984)의 '과업 표식(task marker)' 개념의 '하향적 연장(downward extension)' 인데, 6장에서 12장까지 주요 과업에 적용하여 기술하고 있다. 그러나 사회학적 언어와 의사소통 영역에서도 이러한 작업들이 발견되어 왔고, 연속적으로 대화하면서 연구 주제를 발전시켰다(Labov & Fanshel, 1977; Morris & Chenail, 1995). Kennedy-Moore와 Watson(1999)은 Greenberg와 Safran(1987)과 같이 최근에 정서적 표현과 치료적 변화에 대한 저서를 발간하였는데, 여기서는 더 자세한 정서적 단서에 대한 논의가 진행되고 있으며, 정서의 통제와 비통제에 관한 지표도 설명되어 있다. 마지막으로, 의사소통에 있어서 치료적으로 중요한 목소리 톤과 관련된 작업은 Rice의 내담자의 음색 및 음질에 관한 작업을 권한다. 반면, 비언어적 의사소통과 일반적 치료에 관한 내용은 Knapp과 Hall(1997)의 작업을 읽어 보길 권한다.

05

과정-경험적 치료에서 상담자의 경험 과정

이제까지 상담 회기 진행 과정 중 내담자에게 일어나는 지표나 표식들에 대해 알아보았다면, 이번에는 과정-경험적 치료에서 상담자에게 초점을 맞추고자 한다. 5장에서는 상담자가 과정-경험적 치료의 상담과정에서 경험하는 것들에 대해 다루고자 한다. 그다음은 이 책의 1장에서 제시했던 대로 상담자가 과정-경험적 치료의 치료 원칙을 실행하며, 내담자로 하여금 효과적으로 변화를 경험하도록 도우려 할 때 사용하는 경험적 반응 방법들에 대해 다루고자 한다. 이후에 제시하는 여러 장에서는 치료 원칙에 따라 내담자가 회기 중에 경험하는 미세표식들과 상담자의 경험적 반응들을 제시하고자 한다.

과정-경험적 치료에서 상담자의 내면적 변화 과정

효과적인 과정-경험적 치료는 무엇보다 정보 처리의 어려움 등과 같이 회기 중에 내담자가 경험하는 미묘한 경험을 보고, 듣고, 이해하며, 중요한 표식들을 명확히 밝혀내는 상담자의 능력에 의존한다(Greenberg & Goldman, 1988). 즉, 상담자의 내적 경험의 변화과정에 의존하는 것이다. 과정-경험적 치료를 배우고 실행하는 데 있어서 중심은 사실 상담자의 내면적 경험의 변화과정에 적절히 뿌리를 두고 있지 않으면 빈 의자 기법과 같은 치료기술 자체는 매우 공허하거나, 심지어 해로운 것이 될 수도 있다. 그래서 학생들은 관찰 가능한 반응이나 작업만을 배우는 것이 아니라 효과적인 반응의 근원이 되는 상담자의 내면적 변화과정에 대해 배우는 것 또한 필수적이다.

과정-경험적 치료는 상담자가 특별한 내면적 변화 진행과정을 경험하는 것이 요구된다. 그렇다면 어떠한 것들이 요구될까? 1장에 제시되었던 상담자의 과정적 경험을 파악하는 데 도움되는 기준들은 6가지 치료 원칙(공감적 조율, 치료적 유대, 과제협력, 경험적 과정, 과제완성과 초점, 집중과 내담자의 자기 발전)에서 찾아볼 수 있다. 과정-경험적 상담자는 내담자에게 공격을 당하는 바람직하지 않은 치료 환경에서조차 이러한 상담자로서의 자질들을 일반적인 태도에서나 구체적인 순간순간의 경험에서 드러낼 수 있도록 자신을 계발해야만 한다. 치료 원칙 위에 기초한 상담자의 6가지의 내면적 변화과정(internal processes)은 과정-경험적 치료에 참여하기 위해 상담자가 경험해야 하는 필요요소들이다. 과정-경험적 치료를 어떻게 하는 것인지 배울 때, 상담자는 이러한 내적 과정을 수행하는 방법들도 배울 필요가 있다.

- 함께하기와 진실하기(진실함과 전심으로 그 순간에 온전히 함께하는 것)
- 공감적 조율(다양한 주제 방향에)
- 수용, 가치인정, 신뢰
- 협력(흥미 있는 참여와 평등주의적 태도)
- 과정-경험적 치료 모델의 절차에 대한 지식(필요할 때 과정-경험적 이론을 사용할 수 있기 위해)
- 과정 인식과 안내(특정한 때에 내담자가 생산적인 방식으로 일할 수 있도록 기회를 제공하는 것)

함께하기와 진실성

함께하기는 순간을 충분히 자각하는 가운데 물리적 · 정서적 · 정신적인 차원을 포함한 내담자의 다양한 차원의 경험을 함께하는 것이다. 함께하는 것은 충분히 깨어 있는 가운데 자신을 수용하는 것인데, 예술을 감상한다든지, 지는 태양을 본다든지, 가르친다든지, 조용히 묵상한다든지 등과 같은 다양한 상황 속에서 경험된다. 즉, 자신을 자각하고 받아들이는 것에 기초하는 것이다. 과정-경험적 치료에서 상담자는 만남 속에서 치료를 하기 위한 상담자로서 내담자를 위해 내담자와 함께해 주어야 한다[상담자와 함께함에 관한 내용 제시는 2001년 Geller에 의해 실행된 현상학적 연구를 바탕으로 한 것이다(Greenberg & Geller, 2002 참조)].

그래서 함께한다는 경험은 완전한 몰입, 내면의 확장, 자신에게 충분히 뿌리 내리기, 내담자를 위해 내담자와 함께하는 것 등을 포함한다. 치료적으로 함께하는 것은 세밀한 것들에도 확장된 자각을 가지고 내담자와 밀착하여 각 순간에 그의 경험에 참여하는 것이다. 그리고 각 순간의 경험의 깊이와 요소들에 대한 자각을 키우는 것을 의미한다. 즉, 상담자는 내담자와 함께 녹아져 공유하는 공간 안에서 자기 주체성과 중심을 잃지 않은 채, 내담자와의 경계를 상실하고 내담자와 융합된 경험을 하는 것이다. 상담자가 내담자와 함께하는 가운데 그를 치유하는 만남을 하면서 상대를 사랑하고 존중하는 것이다. 함께하는 것은 또한 다음에 열거한 서로 다르지만 연관되어 있는 상태들을 번갈아 경험하는 과정의 순간들을 포함한다.

- 수용성(receptivity), 즉 내담자의 모든 경험을 받아들이는 것
- 내면적 관심 집중(inwardly attending), 즉 상담자가 상담 중 자신의 몸에 일어나는 경험에 집중하는 것
- 확장과 접촉(extending and contact), 즉 내적인 공명(resonance)을 표현하거나 내담자와 직접적으로 접촉하는 것

다른 말로 하자면, 상담자는 상대자인 내담자의 본질에 감화를 받고, 내담자에 의해 감화를 받은 자신의 경험과 접촉을 하며, 이러한 내적 경험이 다른 사람의 본질에 영향을 끼치도록 제공한다는 것이다. 상담자의 관심의 방향과 접촉은 그 순간에 고통이 느껴지는 것에 의해 인도된다. 사실 Greenberg와 Geller(2002) 및 다른 연구자(예컨대 Schmid, 2002)에 따르면, 함께함은 모든 관계조건의 가장 핵심적인 전제조건이다.

결국 상담자의 함께함은 두 가지 기본적인 측면이 있는 진실성을 바탕으로 한다(Greenberg, Rice, & Elliott, 1993; Lietaer, 1993). 첫째, 전체성(wholeness)으로서 '모든 부분이 하나로 모여' 통일성을 지니고 일관되게 존재하는 것이다. 이는 자기 자신과 가까운 관계를 맺고, 자신의 고통스러운 감정을 경험할 의지를 지니는 것이다. 전체성의 반대는 분리됨인데, 상담 중 갈등으로 나뉘며, 모순되고 '이중 메시지'를 주거나, '교활해지는 것' 등을 의미한다. 둘째, 진실성은 자연스럽고 한결같으며, 정직하고 실제 가식이 없이 있는 그대로를 나타내는 것인데, 고통스러운 감정을 포함하여 자신의 모든 경험을 자각하는 것을 의미한다. 진실성의 반대는 기만적이고 거짓되고 속이는 것을 의미한다.

단순히 자신에게 이런 진실한 모습이 있기를 바란다고 그렇게 되는 것은 아니다. 전체성과 진실성은 강제로 자신에게 있도록 할 수 없고, 자신의 내적 갈등과 모순을 무시하거나 부인하는 것도 아니다. 대신에 이것들은 상담자로 하여금 개인적인 성장, 특히 내적 갈등의 자각과 해결 등과 같은 내담자의 성장을 이루어가길 요구한다(또는 최소한으로 자신의 다양하고, 때로 상반되는 측면들을 수용하도록 한다).

진실성은 내담자에게 개방적이고 투명하며, 필요하면 자기개방까지 하며 함께함으로써 자신을 드러내는 방식으로 솔직하게 나타난다. 그러나 만약 자기개방이 자기자각이나 자기수용에 기초하지 않으면 치료를 촉진시키지 않는다(심지어 위험할 수도 있다). 예컨대, 상담자가 "뭔지 모르겠는데, 지금 내가 당신에 대해 불편한 감정을 느끼고 있어요."라는 식으로 말하는 것은 내담자에게 도움이 되지 않는다. 대신에 상담자가 내담자에게 짜증이 날 때, 상담자는 이러한 감정이 일어나는 자신의 내면으로 관심을 돌려(아마도 상담 회기 사이나 수퍼비전을 받을 때) 기저에 깔린 감정(때로는 무력감이나 내담자를 도울 수 없을 것이라는 두려움이 동반된 감정)이 무엇인지 발견해야 한다. 이러한 감정은 다음과 같은 방식으로 표현될 수 있다. "상담이 이루어지면서 당신의 문제가 해결되고 있지 않는 것 같아 걱정이 되네요. 아마 나의 문제겠지만 당신을 실망시키는 것은 아닌가 걱정이 돼요."

공감적 조율

공감적 조율(empathic attunement)은 7장에서 더 상세히 기술되어 있는 복잡한 내면적 과정이다. 공감적 태도를 통해 상담자는 다양한 방식으로 내담자를 알아가는데, 내담자가 무엇을 말하는지, 내담자의 즉각적인 경험은 무엇이고, 나타나고 있는 경험은 무엇이며, 내담자가 된다는 것은 어떤 것인가 등에 집중한다. 공감적 조율은 한 원 안에서 다양한 작은 부속적인 과정들이 작동함으로써 이루어지는 내면적인 과정이다(Greenberg & Elliott, 1997; Vanaerschot, 1990 참조).

공감에 관하여 가르칠 때, 우리는 개념이 아니라 연상할 수 있는 신체적인 경험에 대한 설명으로 시작한다. 때로, 상담자의 주의집중은 내담자의 경험을 따라 수평적으로 일어나는데, 마치 상담자가 내담자와 꼭 같은 것을 경험하는 것과 같다(예컨대, 복부 깊은 곳에서 탈이 나 고통스러운 감각을 함께 느끼는 것). 그런데 이것보다 더 복잡할 때도 있다. 상담자가 느끼는 것은 몸으로 경험하지만 같은 감정을 느끼는 것은 아니다. 내담자 감정에 대한 경험적 이해와 더불어, 상담자는 상호보완적인 감정을 느낄 수도 있다(Greenberg & Rushanski-Rosenberg, 2002). 상담자의 상호보완적인 감정에는 내담자의 고통을 체휼하는 것과 그의 분노에 흥분하는 것 등이 있다. 또한 상담자는 내담자가 표현하는 것과는 다른, 기저에 깔린 근본적인 감정(예컨대, 상담자는 내담자의 분노에 가리워진 두려움)도 이해할 수 있다.

만약에 상담자가 내담자의 경험을 생생하게 감정적으로 근접하여 포착할 수 있다면, 그가 내담자를 대하는 태도는 덜 비판적일 것이다. 그것은 언어적으로나 비언어적으로나 다양한 방식으로 이루어질 수 있다. 그래서 공감적 조율은 모든 효과적인 정서적 반응의 원천인 것이다(7장 참조).

예컨대, 닉은 실직으로 인한 우울증 때문에 상담실을 찾은 주방장이었다. 3회기에 그는 그의 일의 의미가 무엇이었는지, 무엇을 가장 그리워하는지 묘사하였다. 상담자는 들으면서 내담자의 경험으로 깊이 빠져들어 있다. 그는 그의 위장에 간지럽고, 뒤틀리는 것 같은 감각을 떠올렸고, 그가 성공했을 때 가졌던 감정들을 떠올려 보았다(땅에 굳게 발을 딛고는 매우 신나는 감정을 느끼면서); 그는 식당을 나오며, 고개를 높이 들고, 행복과 자랑스러운 감정을 느끼는 '영상을 머릿속으로 상상' 했다. 확실히 공감적 조율은 때로 격한 감정에까지 이르게 하며, 상담자가 말로 반응한 것은 실제 느끼는 공감적 이해의 아주 작은 부분일 뿐임을 보여 준다.

수용, 가치인정, 신뢰

수용, 가치인정과 신뢰 중, 첫째 수용은 상담자가 가능한 자신의 가치기준이나 자신의 가치나 판단기준을 사용하지 않는 것을 의미한다(1959년 Rogers에 의해 '조건적' 가치로 묘사됨). 상담자는 상담자 자신의 내적인 비판 기준 때문에 수용하는 태도를 갖는 것은 어려운 일인데, 특히 특정 분야의 주제에 있어서(예컨대, 범죄나 내담자의 욕구) 수용적인 태도를 유지하는 것이 어렵고, 개인적인 많은 노력과 수퍼비전이 요구될 수도 있다.

무조건적인 내담자 수용은 공감적 조율을 할 때와 비슷하게 자신의 가치와 기준을 내려놓는 내적인 작업을 필요로 하는데, 강조점이 약간 다르다. 상담자는 내담자에 대한 기대나 개인적인 생각, 중요한 개인적 가치, 기준 등을 포기해야 한다. 대개 상담자는 '성급한 판단' 을 하려는 경향이 있는데, 이제 호기심을 가지고 기다리며, 평가하고자 하는 충동을 포기해야 한다. 예를 들면, 상담자는 내담자가 특정한 영역의 경험에 대한 탐색을 저항하는 것이나, 이야기하기를 좋아하는 것,

상담자나 타인에게 실망하거나 분노한 감정을 갖는 것, 심지어 상담자가 개인적으로나 도덕적으로 용납하기 어려울 수 있는 행동을 하는 것까지 수용해야 한다.

더 나아가 치료적 수용이 인정하거나 지지하는 것과 같은 것은 아니며, 대신에 내담자의 다양한 경험이나 행동들을 실제적이며(환상이나 기만이 아니라), 흥미 있고(지루한 것이 아니라), 독특하며(전형적이거나 표준화된 내용이 아니라), 의미 있는(하찮거나 중요치 않은 것이 아니라), 이해할 수 있는(헛소리거나 비이성적이 아니라), 괜찮은(참혹하거나 또는 위험한 것이 아니라), 기능적이거나 유용하며(무가치하거나 부적절한 것이 아니라), 타당한(부당한 것이 아니라) 것으로 인정하는 것이다.

둘째, 가치인정은 특정한 치료 순간에 상담자가 경험하는 좀 더 깊이 있고, 일시적인 강렬한 수용을 의미한다. 그것은 상담자가 내담자를 그 순간에 적극적으로 인정하고, 수용하고, 보살피고, 같은 인간으로서 동반자적인 존재로 가치 있게 여기는 적극적인 반응을 의미한다. 상담자는 내담자가 강하든지, 깊은 상처를 지녔든지, 고유한 경험을 나누든지, 다른 사람들도 하는 경험을 나누든지, 강함을 드러내든지, 연약함을 드러내든지, 진보를 나타내든지 퇴보를 나타내든지와 상관 없이 내담자를 존중하며 내담자의 경험이 자신에게 정서적으로 영향을 미치는 것을 허락해야 한다. 가치인정은 내담자를 '고쳐 주고 바로잡으려는' 책임감을 버리고, 내담자를 인정하며, 가치 있게 여기며, 그가 잘 되기를 바라는 것이다. 그래서 비록 가치인정이 내담자에게 인정이나 지지를 제공하는 것과 비슷한 효과가 있기는 하지만 그것들과는 다른데, 특히 심각하게 상처받기 쉽거나 수치심을 느끼거나 감정적 스트레스를 받을 때 그러하다(Bolger, 1999; 7장 참고).

셋째, 수용과 가치인정은 내담자가 자기 이해의 능력이 있고, 긍정적인 변화를 할 수 있는 자원이 있음을 깊이 믿어 주고, 내담자의 기본적인 온전함과 자유와 성장하는 성향을 '무조건적으로 확신'함에 기초한다(Gelso & Carter, 1985; Harman, 1990; Peschken & Johnson, 1997). 만약 상담자가 내담자도 다른 사람들처럼 문제를 극복하고 통달하고자 하는 내면의 자발적인 동기를 지녔다는 생각을 한다면, 수용과 가치인정의 내적 작업은 더욱 쉬워질 것이다. 상담자의 수용, 가치인정, 신뢰의 경험적 과정은 이후에 서술될 두 가지 필수적인 치료작업의 본질적인 요소다. 이는 내담자의 연약함에 대한 공감적 확인(empathic affirmation, 7장 참고)과 내담자의 치료에 대한 비판이나 상담자를 향한 분노에 대해 반응하는 관계중심의 대화(8장 참고)다.

협 력

협력(collaboration) 작업은 흥미를 가지고 내담자와 동등하게 치료에 참여하는 상담자의 내면적인 태도를 의미한다. 상담자가 맡게 되는 전문가로서의 역할은 본인에게 강한 매력이 있지만, 상담자는 이러한 매력에 가능한 저항해야 한다. 즉, 과정-경험적 상담자는 타인의 삶에 대한 전문가로서 자신의 역할을 이해하는 문화적 신념과 반대로 자신 또한 내담자처럼 무수한 삶의 문제들과 씨름하는 존재로서 내담자와 동등한 존재로 생각해야 한다. 비록 과정-경험적 상담자가 내담자를 도와 내담자가 자신의 문제를 다룰 수 있도록 도울 수 있는 방법을 알고 있고, 특정한 치료 기술을 갖고 있더라도 자신의 가치와 해결책을 내담자에게 강요하는 것은 피하여야 하며, 각 내담자가 치료를 필요로 하는 것이 무엇이며, 도움이 되는 것과 방해가 되는 것들이 무엇인지에 대해 진정한 관심을 기울여야 한다. 이러한 태도는 설령 내담자가 상담자와는 다른 선택을 했을지라도, 내담자의 자유와 자기결정권을 존중해 주는 것을 의미한다. 또한 과정-경험적 상담자는 열린 마음으로 자신의 오해와 오류를 인정하며, 치료 과정에서 일어날 수 있는 어려움에 대해 자신의 책임으로 받아들이고자 하는 의지를 지니고 있어야 한다(Watson & Greenberg, 1995, 1998; 8장 참고). 요약하면, 경험적인 상담자는 치료 과정에서 내담자가 스스로를 도울 수 있는 방법들을 탐색할 수 있도록 협력하는 동반자로서 협력하는 상호협력 관계를 계발하고자 하는 강한 열망을 길러야 한다.

치료 모델의 절차에 대한 지식

2장의 끝 무렵에서 논의했듯이, 과정-경험적 치료에서 쓰이는 다양한 치료모델에 대해 안다고 하는 것은 그에 대한 단순한 정보를 저장하는 것보다는 더 큰 개념이며, 개념적으로만 치료 방법을 알고 사례에 대처하는 것과는 다르다. 단순한 정보 저장과 개념적으로 아는 것은 힘 없는 지식(inert knowledge)이며(Binder, 1993), 지적으로는 알지만 누군가 도움을 필요로 할 때 실제적으로는 사용할 수 없는 지식을 뜻한다. 예컨대, 론은 우울증과 충동적인 행동 등의 다양한 문제를 지닌 42세의 남성으로서, 자신의 상담자에게 "감정이 문제인데 감정이 하지 말아야 할 일을 하게 만들 때 어떻게 해야 하는지 말해 달라."고 문의했다. 담당 학생 상담자는 감정의 탐색이 얼마나 효과가 있는지 개인적으로 경험하지 않았기에(내담자로서든지 또는 상담자로서든지), 단순히 이론적인 용어를 읊조리는 것 이상으로는 아무 것도 할 수 없었다. 만약에 그가 도박과 성행위, 약물 남용과 같은 원치 않는 행동을 다룰 때, 감정을 탐색하는 것이 얼마나 중요한지 개인적인 삶을 통해 알았다면 좀 더 효과적으로 내담자를 도울 수 있었을 것이다. 예컨대, 새로운 은유를 사용하여 좀 더 경험에 기초한 확신을 가지고 창조적인 대화방법을 통해 내담자에게 아이디어를 전달했을 것이다. 결국, 내담자가 살아온 경험을 통해 볼 때 감정이 문제의 원인이었지 치료가 아니었다는 것을 말해 주고 있는 것이다.

그렇다면 이제 필요한 것은 상담자가 좀 더 신체적으로 직관적으로 알아가는 것인데, 상담자는 이론적인 모델의 구체적인 부분들을 실제적이며 잘 맞아떨어지는 적절한 경험으로 경험해야 한다. 그리하여 활발하고 생명력 있는 과정-경험적 치료의 요소가 상담자 자신의 일부가 되는 것이다. 달리 표현하면 다른 치료모델들도 그러하듯이 과정-경험적 모델의 효과적인 내적 표현은 높은 차원의 정서 도식으로서 아이디어, 기억, 인지, 몸의 감각, 정서, 소원함, 활동 경향 등이 풍부하게 서로 연결되어 조직화된 구조들이다.

예를 들면, 상담자가 이전에 내담자와 함께 작업한 충동 조절에 관한 문제를 다시 끌어올 수 있다면, 그는 내담자의 정서적인 자기탐색을 도와주었던 내담자가 원하지 않던 행동을 하게 된 실제 사례들을 서술하면서 실제적이고 구체적인 경우들을 기억해 낼 것이다. 정서의 탐색을 지켜보거나 참여하면서(정서 도식의 지각적 · 상황적 요소) 상담자는 그러한 작업을 하는 것이 어떠함을 경험하며, 그런 상황들에 대해 쉽게 확신을 가지고 내담자와 대화할 수 있다(신체-표현요소). 정서 탐색의 잠재적인 가치에 대한 설명을 내담자에게 할 뿐아니라 상담자는 또한 어떤 면이 어려울지 다양한 시점에서 치료작업을 활성화하기 위해 무엇을 할 수 있을지(동기-행동적 요소) 생각을 하게 될 것이다.

그렇게 할 수 있기 위해 상담자는 먼저 좋고 나쁜 다양한 경우를 통해 강렬하고 활발한 경험들을 경험하며 직접 배워야만 한다. 초점집단에 참여한 학생들을 면담했을 때, 그들은 실제 또는 녹음을 통한 예, 수퍼비전, 내담자-상담자 역할의 경험, 개인상담, 연구 등의 다양한 활동이 과정-경험적 치료 이론을 익히는 데 도움이 되었다고 하였다. 한 학생은 회기 전에 관련된 개념들을 검토하는 과정을 묘사한 후에 회기를 시작할 때 의식적으로 그것들을 문 앞에 놓고 와서 공감적 조율을 하는 데 방해가 되지 않도록 하였다고 했다. 이러한 전략은 그녀가 치료하는 동안 이러한 개념들이 방해가 되기보다는 활용되도록 도움이 되었다는 것을 의미한다.

과정 인식과 안내

상담자는 현재 내담자의 당면 치료과제와 내담자가 그것들을 다루는 것을 공감하며 관찰해야 한다. 이를 바탕으로 상담자는 내담자의 치료 작업을 촉진시키는 적절한 반응을 선택할 수 있다. 이런 반응들은 내담자가 자신의 경험을 구체적인 방법으로 다루도록 돕기 때문에 Sachse(1992)는 그것들을 과정적 제안들(processing proposals)이라고 표현하였다. 이의 가능한 역할로는 내담자로 하여금 특정한 종류의 경험에 집중할 수 있도록 방향을 제시하는 것인데, 다음과 같은 것들을 포함한다.

- 감정("그때 당신은 부당함에 관하여 그저 이상하다는 느낌만 지니고 있었습니까?")
- 지각("그래서 당신은 화가 났고, 그렇지만 그전에 뭘 느꼈다고요? 그녀가 웃는 방식이나 또는……?")
- 욕구 또는 바람("그 순간에 당신이 무엇을 필요로 했는지 그녀에게 말할 수 있나요?")

상담자는 또한 언제 내담자가 감정을 느끼도록 계속 압박할지, 또 뒤로 물러설지를 선택하며, 이러한 과정적 제안에 대하여 나타나는 내담자의 반응에 주의를 집중할 수 있다. 과정 인식과 안내(process awareness and guiding)는 10장에서 토의된 바와 같이 체계적으로 드러나도록 자극하는 과제다. 내담자는 반작용 지표를 표현한 후, 자신들의 반응에 대해 자기-비판적인 반응을 하기도 한다(내가 이런 어리석은 짓을 할 수 있으리라고는 생각치 못했어요!). 이러한 내담자 과정은 생산적 활동을 저해하는 것으로 알려져 있기 때문에, 상담자는 자신의 반응을 돌아보기 전에 단지 간단하게 자기비판에 대해 반응한다. 예를 들어, "당신이 이 일에 대해 자신에게 화가 난 것을 이해합니다. 그러나 정확히 무슨 일이 일어났는지를 살펴봅시다. 그때 당신이 그곳에서 아침을 먹었고, 그리고……."

상담자의 과정에 대한 인식과 안내는 이미 설정된 목표를 밀어붙이기 위해 내담자를 조종하려는 의도에서 나온 전략은 아니다. 대신에 내담자가 중요한 경험을 열어내어 보일 수 있는 용기와 유연성을 가지고 생산적인 방식으로 일할 수 있는 기회를 제시하는 것이다. 치료의 과정은 마치 바람의 방향, 속도 등에 민감한 관심을 기울이며, 때로 바람의 방향을 잘 잡아 배가 앞으로 나아가도록 안내하는 것과 같다.

상담자의 경험적인 반응 양식

치료 원리에 따라 내담자가 경험적으로 치료에 호응하도록 하기 위해(4장 참고), 과정-경험적 상담자는 몇 가지 구체적인 대화방식을 사용하게 되는데, 이러한 것들을 경험적 반응 양식이라 한다. 이러한 상담자 반응에 대한 공식은, 상담자 행동 연구에 관한 일련의 연구 결과물이다(Davis, 1995; Elliott et al., 1987; Goldman, 1991; Goodman & Dooley, 1976; Greenberg et al., 1993 포함). 여기서 기록한 내용은 Greenberg(1993)의 글에 입각한 것이며 다음에 제시한 상담자들의 반응들을 포함한다.

- 공감적 이해: 공감적 반영, 공감적 확인, 뒤따르는 반응들
- 공감적 탐색: 탐색적 반영, 연상시키는 반영, 탐색적 질문, 적합한 질문, 과정 관찰, 공감적 추측, 공감적 집중
- 과정 안내: 업무 구조화, 경험적 공식화, 과정 제안, 자각에 대한 과제, 경험적 가르침
- 경험적 함께함: 과정의 공개, 개인적 공개 또는 존중적인 침묵
- 비경험적 반응: 제안, 해석, 정보를 얻기 위한 질문들, 전문가로서의 확언, 다른 사람 분석하기

과정-경험적 치료에서 대부분의 상담자가 하는 것은 공감적 이해, 공감적 탐색과 과정 안내(경험적으로 함께함을 전달하는 일반적인 태도에서)로서, 이와 같은 세 가지 형식의 반응들이 상담자가 상담 중에 하는 모든 반응의 3/4을 넘게 차지하며 1장에서 탐색반응의 스타일들이라고 불렀던 것들을 구성하게 된다. 이러한 상담자들의 다양한 반응을 범죄로 인해 외상후 증후군을 경험하고 있는 19세 여성 내담자, 레베카를 치료하는 12회기 상담과정을 통해 제시하고자 한다.

단순한 공감적 이해 반응

단순한 공감적 이해 반응은 내담자의 탐색을 구체적으로 고무하는 일 없이 직

선적으로 상담자의 이해를 전달하는 것이다. 일반적으로 그것들은 상담자가 내담자와 함께하고 있음을 나타내기 위해 사용된다.

공감적 반영

내담자 중심의 전통에 따라, 과정-경험적 접근법에서 주요한 상담자 반응으로는 공감적 반영, 따라 하기, 긍정적 인정을 포함한다. 공감적 반영(empathic reflections)은 내담자의 주요 포인트를 이해한다는 가장 흔한 상담자의 반응을 포함한다. 내담자에 대한 공감적 조율에 덧붙여 이러한 반응들은 치료적인 관계를 만들고 유지하는 데 도움을 준다. 공감반영은 가장 자주 쓰이는 것인데, 내담자의 주요 포인트를 이해했음을 보여 준다. 이것들은 또한 이해함을 통해 내담자에게 칭찬이나 지지를 제공하게 되며, 드러난 주요 이슈들을 이해하는 데 도움이 된다. 예를 들면, 레베카가 묘사한 피해자로서의 자신의 경험에 대해 상담자가 어떻게 반응했는가는 다음과 같다.

> 레베카: 제 생각에는 내 마음의 커다란 부분이 죽어 버렸고, 마치 다른 죽음들을 슬퍼하듯이 그것도 슬퍼해야 할 것 같아요.
>
> 상담자: 그래요. 슬퍼해야죠.

따라서 나오는 반응

따라서 나오는 반응(following response)들은 상담자가 이해하고 있다는 것을 표시하는 작은 표현들이다. 이러한 반응들은 "아~." "이해해요." "네." 그리고 내담자가 한 말을 그대로 반복하여 말하는 것을 포함한다.

> 레베카: 단순하게 말해, 저는 사는 것이 두려워요. 모든 것이요.
>
> 상담자: (부드럽게) 모든 것이…….
>
> 레베카: 제 말은 죽을 것 같다는 생각이 들 정도로 공포가 생기는 그 시점까지

요…….

상담자: 아~

레베카: 대부분의 열아홉 살 아이들은 그런 것들을 생각하지 않잖아요.

상담자: 아~

레베카: 저에게는…….

상담자의 뒤따르는 반응들은 상담자가 내담자의 말을 경청하고 있다는 것을 전달하지만 깊이 이해하고 있다는 것을 나타내지는 않는다. 이러한 반응들은 내담자로 하여금 계속하여 더 이야기를 하도록 해 준다. 지속적이지는 않지만 이러한 것들이 없다면 대화는 곧 멈추게 될 것이다.

공감적 확인

공감적 확인(empathic affirmations)은 내담자가 감정적인 고통이나 불편함 가운데에 있을 때 인정하고 지지하며 동감하고 있음을 나타낸다. 이러한 반응들은 공감적 집중에 덧붙여 상담자가 중요하게 받아들이고 있음을 나타낸다. 종종 이러한 반응들은 내담자에게 "그래요, 화를 계속 내는 것은 어렵지만 지금 잘 하고 계시다고 생각합니다." 또는 "당신에게 그것이 고통스럽다는 것을 알겠습니다."라고 말함과 같이 내담자가 격렬한 탐색작업을 하는 상황에서 잘 견디도록 도우려 하는 것이다. 예를 들면, 레베카가 피해자가 된 이후에 자신에게 어떤 일들이 일어났는가 말했을 때 상담자의 반응은 다음과 같다.

레베카: 아주 오랫동안 멍하니 감각이 없었고, 그때 그것은 내가 아니라는 것을 알았죠. 그때 고통을 느끼지 않으려고 했었던 거예요. 바보가 되지 않고 감정을 느끼지 않고 그리고…… 제 말은…….

상담자: (부드럽게) 그래서 이제 그것을 다시 느끼려 하고(공감적 반영), 그래서 그것이 고통스럽고 어렵군요(공감적 확인).

이러한 반응들은 부드럽게 공감적으로 내담자와 상담자의 상호관계를 형성한다. 그렇지 않다면 상호관계는 피상적인 것들로 빗나가 버릴 것이다.

공감적 탐색 반응

과정-경험적 치료 접근법에서 가장 독특한 상담자의 개입은 공감적인 탐색이다. 이러한 탐색은 내담자를 이해하고 있음을 전달하며, 내담자로 하여금 자신의 불분명하고 점점 드러나는 강한 경험들을 더 경험하며 표현하도록 돕는다. 공감적인 탐색 반응들은 다양한 모습을 띠는데, 탐색적 반영, 감정을 일으키는 반영, 탐색적인 질문들, 적절한 질문들, 과정적인 관찰과 공감적 추측 등으로 나타난다. 이러한 반응들은 내담자로 하여금 그들의 경험들을 탐색하도록 자극시키는 데 사용된다.

탐색적인 반영

탐색적인 반영(exploratory reflections)은 임시적인 탐색적 성격의 반응으로서, 내담자의 명백하거나 막연한 경험 모두를 자극하는 데 사용된다. 개방적 질문이나 성장 중심의 반응은 두 가지 독특한 탐색적 반영의 방법들이다. 그럼에도 상담자의 가설적인 접근은 다음과 같은 반응으로 나타날 것이다. "잘 모르겠지만 거의 애도의 과정과 같은 것이로군요." 이렇게 확정적이지 않은 신중한 대답들은 아직 명확해지지 않은 내면의 것들에 집중하도록 하는 과정의 예다.

개방적인 질문(open-edge responses)들은 내담자의 복잡한 메시지 뒤에 주어질 때, 내담자로 하여금 그것을 기초로 해서 복잡한 내용의 한 특정한 측면을 계속 탐색할 수 있도록 도와준다. 다른 회기의 예를 든다면 다음과 같다.

레베카: 담배를 피우는 것이나 마리화나를 피우는 것에 대해 가끔 걱정은 하지만 절대로 제 남자 친구만큼 피는 것은 아니에요.

상담자: 남자 친구가 당신보다 더 많이 피우기는 하지만 어쩐지 담배 피우는 것이 당신에게도 문제가 되기는 하는 것 같군요.

이 예는 어떻게 개방적인 반영이 내담자로 하여금 경험의 좀 더 어려운 측면을 계속 탐색하도록 하는 한편, 그의 양가감정을 반영하도록 할 수 있는가를 보여 준다. 덧붙여서, 성장 중심의 탐색적 반영은 레베카가 파헤친 원래 자신을 탐색한 12번째 회기 상담에서처럼 내담자의 변화와 성장에 대한 내담자의 의도를 선택하고 강조한다.

레베카: 아마 제가 해야 하는 일은 무언가에 대해 계속 불안해하여 밤새 지쳐 버리는 것일 거예요.

상담자: 그래요.

레베카: 저는 밤새 긴장할 수 있는 타입이에요. 저는 그렇게 쉽게 안정을 잃는답니다.

상담자: 그래, 당신이 잃어버리는 것은 차분하고 연약하지 않고 잘 상처받지 않는 레베카를 잃어버린다는 거지요?

상담자의 반응은 내담자로 하여금 현재 내담자의 약한 모습과 반대인, 잃어버린 강한 자아에 다시 접근하여 활성화시키도록 내담자를 돕는 과정으로서, 내담자로 하여금 잃어버린 강한 자아를 탐색하는 데 집중하도록 한다.

환기적 반영

환기적 반영(evocative reflections)은 두 번째 단계의 공감적 탐색 반응이다. 이는 내담자로 하여금 현실 같은 생생한 상상, 강한 언어, 음색, 극적이고 풍부한 표현에 접근하여 재경험을 하게 하는 가운데 공감을 제공하는 것이다. 자주 쓰는 환기적 반영은 상담자가 마치 자신이 내담자인 것처럼 심리극의 재현과 유사하게 드라마틱하게 말하는 것이다.

레베카: 제가 거기에 앉아서 미래에 대해 생각해 보는데요.

상담자: 아…….

레베카: 제가 하고 싶은 것을요. 그런데 그런 일이 일어나지 않을 것 같네요.

상담자: (놀라고 실망한 목소리로) "어떤 미래요?" 또는 "내게는 미래가 없는 것 같아요. 보다 나은 미래가 없어요." 하면 너무 강한가요?

은유(metaphor)나 생생한 이미지도 사용될 수 있다.

레베카: 저는 제가 단지 인간처럼 살 수 있기 때문에 괜찮다고 느낄 수 있을 만큼 강하길 원해요.

상담자: "저는 지금 인간이 아니라 인간이 아닌 다른 어떤 것 같군요."

레베카: 두려움에 떠는 작은 여자아이 같이요.

상담자: 두려움에 떠는 작은 여자아이. 당신이 항상 공포에 질려 보이고, 그렇게 행동하는 생쥐나 말 같은 모습이 그려지네요.

환기적 반영은 내담자가 2장에서 언급했던 저변의 정서 도식에 접근할 수 있게 하고 또는 체계적으로 자신을 더 드러내며 새로운 의미를 찾는 데 주요한 역할을 한다.

탐색적 질문

탐색적 질문(exploratory questions)은 내담자로 하여금 개방적 자기탐색을 하도록 사용된 세 번째 양식의 공감적 탐색 반응이다. 예를 들면, 다음은 레베카의 상담자가 그녀에게 했던 탐색적 질문들이다(숫자는 처음 회기부터 이어지는 회기의 숫자다).

상담자 1: 오늘 어떠세요? (과정-경험적 치료에서 보통 회기를 열 때 쓰는 방법)

상담자 4: 그래 오늘 그것에 관해 (외상과 연관된 두려움) 어디서부터 이야기하고 싶은가요?

상담자 11: 당신의 죽음에 대해 좀 더 말해 주시겠어요? 어떻게 그것을 연상하세요?

상담자 14: (내담자가 외상적 이야기를 하도록 격려하며) 무엇을 기억하세요?

상담자 22: (앰뷸런스가 오기를 기다리면서) 어떤 것들을 느꼈는지 기억나세요?

상담자 25: (피를 흘려서 신체적으로 충격을 받은 뒤) 어떠셨나요?

상담자 26: 무엇을 원했는지? (앰뷸런스를 타고 가면서) 무엇을 원했었는지 기억나세요?

상담자 36: 외상을 입고 병원에 있는 중에 최악의 경험은 무엇이었나요?

상담자 48: (병원에서 처음 깨어나 외상을 잊어버려야 한다고 엄마에게 들었을 때) 엄마가 무엇을 해 주기를 원했나요?

상담자 54: 잃어버린 것과 죽은 것에 대한 슬픔 (긴 간격) …… 무엇을 잃었고, 무엇이 죽었죠?

전형적인 일련의 탐색 질문들은 회기를 시작할 때 시작하여 그녀의 죽음에 대한 두려움을 심화해 가는 초기 작업 동안 외상에 대한 이야기를 세밀하게 이야기할 경우, 피해를 받은 이후의 삶에 대해 이야기하고, 엄마와의 해결되지 않은 문제에 대해 이야기하며, 마침내 마지막으로 상실에 대한 슬픔을 다룰 때까지 계속된다.

적절성에 대한 질문

적절한지의 여부를 질문하는 것은 내담자로 하여금 자신의 경험에 대한 묘사의 정확성을 살펴보도록 격려하는 것으로서, 보통 상담자의 탐색적인 반응이다. 상담자는 내담자가 자신의 경험에 대한 묘사를 실제 불분명한 내면의 경험들과 비교하여 그것이 정확한지 검토하도록 한다. 이러한 과정은 Gendlin(1981)에 의해 설명되어 왔고, 특히 집중이 필요한 과제를 위해 사용되었다(9장 참고). 레베카의 12회기 상담에서 이러한 예의 다양한 질문은 다음과 같이 표현되었다.

상담자 5: 당신은 "이런 시점에서 그게 무슨 소용이야."라고 느끼셨군요. 맞죠?

상담자 9: "어떤 장래?" 또는 아마도 "내게 미래가 없는 것처럼 느껴지네. 아마도가 아니라 진짜 없는 거야."라고 느꼈군요. 너무 강한 표현인가요?

상담자 52: 상실감을 제대로 슬퍼하는 것이 아직도 허락되지 않았다는 것이 분명한 것 같은데, 맞나요?

상담자59: 당신은 사람이 아니라 '그것'이 되어 갔군요. 사람들이 당신을 암환자, 뭔가 공포스러운 것으로 보았군요. 그것을 말하고 있는 것이죠?

과정적 관찰

과정적 관찰은 내담자로 하여금 그들의 비행동적 감정 표현에 관심을 갖게 함으로써 그들이 자신의 감정적 반응을 의식할 수 있도록 돕는 것이다. 회기 중에 내담자들의 언어적 · 비언어적 행동들을 부드럽게 묘사하게 된다. 예를 들면, 상담자는 내담자의 찡그린 이마나 꽉 쥔 주먹에 대한 언급을 하는 것이다. 상담자의 공감적 집중은 내담자가 무엇을 말하며 경험하는가 뿐만 아니라 상담 중에 어떻게 말하고 행하는가에도 있다. 과정적 관찰은 다른 종류의 공감적 탐색보다 흔한 것은 아니지만 레베카의 치료에서 상담자는 그것을 통해 내담자가 6회기에 자신의 감정적 표현을 말하도록 하였다.

레베카: 네. 감정적인 고통이 너무 많아 압도적이에요. 너무 고통스러워서 고통에 눌리는 것 같아요.

상담자: (부드럽게) 지금 눈물을 참으시는 것 같은데 맞나요?

12회기에서 다시:

레베카: 음 (웃으면서) …… 잘 모르겠어요. 오늘 이곳에 오면서 (중지) …… 아무 변화도 앞으로 없을 거라는 생각이 계속 들었어요.

상담자: "이제 와서 무슨 소용이야." 라는 생각이 들었군요. 맞죠? "내가 지금 무엇을 하고 있는 거야?" 라고……. (부드러운 목소리로 바꾸어서) 그리고 그게 고통스럽고, 그런 고통이 당신 안에 있음이 보이는군요.

종종 상담자는 직면이나 도전적인 방법을 통해서는 아니지만 과정 관찰을 사용하여 레베카의 관심을 비언어적 의사표현에 돌리려고 한다.

레베카: 만약 내가 엄마에게 했던 것 중 어떤 것을 엄마가 나에게 한다면, 내가 너무 상처를 받는다는 거예요.

상담자: 만약 누가 당신을 그렇게 대하고 당신이 이후 엄마에게 그렇게 대하는 자신을 발견한다면 정말 상처가 되겠군요. (상담자는 갑자기 내담자가 웃는 것을 봄) …… 어? 웃고 있군요. 그 웃음이 무슨 뜻인지 모르겠는데요.

과정적 관찰은 일반적으로 탐색질문 앞에 오며 이러한 반응들의 요점은 내담자의 즉시적인 경험을 더 자극하기 위한 것이다. 상담자들이 내담자의 비언어적 행동을 지적할 때는 조심스럽게 해야 한다. 관찰한 것이 비판처럼 들리지 않도록 아주 부드럽게 말해야 한다. 만약 표현되지 않은 감정이 매우 위협적인 것이라면 상담자가 표현하지 않는 행동을 지적하는 것은 매우 큰 불안을 야기시킨다. 이러한 경우에 상담자가 내담자로 하여금 막혀 있는 감정을 표현하도록 몰아치면 안 된다. 대신 상담자들은 내담자로 하여금 단지 그 막힌 것을 알아차리도록만 도와주어야 한다.

공감적 추측

공감적 추측(empathic conjectures)은 즉각적이고 내면적인 내담자의 경험을, 즉 내담자가 느끼거나 생각하지만 아직 표현하지 않은 것을 추측하는 것이다. 공감적 추측은 내담자가 자신의 경험을 더 심화하도록 도와주며, 힘든 경험들을 말로 표현하도록 도와준다. 이는 추측이기 때문에 과정-경험적 상담자는 다른 사람의 마음을 읽는 것이 아니고, 다음에 주어진 12회기의 상담 예시처럼 적절한 질문을 하는 것이다.

레베카: (긴 공백) 저는 단지 제 인생을, 저는 단지…… 두려움으로 제 인생을 허비하고 싶지 않아요.

상담자: 아, 지금같이 살고 싶지는 않다는 이야기군요. 그렇게 생각할 때 어떤 느낌이 드시나요? 상실감과 깊은 아픔인가요?

또한 다음과 같은 예가 가능하다.

레베카: 외상을 다시 떠올릴 때 화가 나고, 슬프고 싫어야만 하잖아요.

상담자: 아…….

레베카: 그렇지만 사람들은 그러한 감정들을 빨리 극복하고 다시 앞으로 나아가기를 기대하죠. 열네 살짜리가 중환자실에서 깨어나자마자 잘 살아갈 수는 없잖아요.

상담자: 당신은 아직도 외상을 경험하고 있는 것 같이 느껴지는군요. 당신이 잃어버린 것들을 슬퍼하는 것이 허락되지 않았었기 때문에 아직도 그것들이 생생하게 남아 있군요. 맞나요?

공감적 재초점화(empathic refocusing) 반응들은 내담자가 직면하거나 다루기에 너무 힘든 경험들에 사용된다. 내담자가 이러한 경험들을 지속하도록 하기 위해서 과정-경험적 상담가들은 힘든 경험 자체를 공감해 주어야 한다. 다음은 레베카가 12회기 상담에 외상의 경험을 축소하려고 할 때 그녀에게 사용했던 것이다.

> 레베카: 그 일이 일어나지 않았다면 나는 정말 불행한 사람이 되었을 거예요. 지금 나와 함께하는 사람들과 함께하지 않겠죠. 저는 저의 친구들을 정말 사랑하는데 그 일이 일어나지 않았다면 우리는 친구가 되지 못했을 거예요.
> 상담자: 그러나 아직도 그것이 고통스럽죠?

공감적 재초점화 질문들은 좀 더 탐색을 하기 위해 벗어났던 주제로 다시 돌아오는데도 사용된다.

> 레베카: 어디론가 운전을 해서 갈 필요가 있을 때마다 나는 운전했어요. 무엇인가 얻어야 할 때 얻었죠.
> 상담자: 그게 바로 강한 레베카인데 어디론가 사라진 것이군요. 없어져 버렸어요.

이러한 반응들은 내담자가 또한 자신을 반추해 보도록 할 때, 자신이나 타인을 향해 분별없이 비판적일 때 사용된다.

과정 안내의 반응

과정-경험적 치료 과정의 안내는 의도하는 바에 따라 다양한 질문을 함으로써 이루어진다. '내용이 아니라 과정의 안내'는 상담자의 제안이나 다른 형식의 조언에 대한 과정-경험적 치료 입장을 간략하게 표현한 슬로건이다. 이것은 상담이나 밖에서 내담자가 문제를 해결하기 위해 무엇을 해야 하는가 이야기하는 협력 과제나 자기발전의 치료원리들과는 일치하지 않는다(1장 참고). 그러나 상담자는 내담자가 회기 내의 활동을 하도록 덜 압박하는 방법으로 제시할 수 있다. 공감적 탐색은 과정을 좀 더 간접적으로 인도하는 반면, 과정의 안내 반응들(process guiding response)은 내담자가 어떻게 생산적으로 작업을 할까 암시적으로 안내하거나 구체적인 회기 내의 치료 작업을 지지하는 배경이 되는 정보를 제공해 준다.

경험적 구성(experiential formulations)은 내담자의 감정적 회피나 자신을 향한 행동과 같은 어려움을 경험적인 언어로 묘사하는 것이다. 이러한 경험적 구성은 어느 정도 해석을 제공하는 것 같이 내담자에게 신기하고 놀라운 정보를 알려 주려고 의도해서 하는 것은 아니다. 오히려 과정-경험적 언어를 사용하여 빈 의자 기법 같은 과정-경험적 과제들과 내담자의 실제 경험 사이에 일어나는 내담자의 중요한 경험들을 상징화하도록 하기 위한 것이다. 우리는 이러한 구성들이 특정한 치료 과제에 대한 상황적 의미를 부여하기 때문에 과정 안내(process guiding)라고 구분짓는다.

상담자: 자신을 침묵하도록 했다는 거군요.

상담자: 자신의 작은 실수라도 용납하지 않고 무엇인가 완벽하지 않은 것을 보면 즉시 끼어드는 그런 부분이 자기에게 있다는 거군요. 그런가요?

경험적 구성은 미래의 작업을 위해 중요하고 가치 있는 것으로서, 책갈피로 표시하고 밑줄 치는 것과 같다.

상담자: 이것이 정말로 당신이 막혀 버린 것이고 아주 중요한 일 같군요. 아마도 나중에 상담에서 그것들을 좀 더 다루기를 원하게 될 겁니다.

또 다른 방법으로 새로이 등장하는 경험을 강조하기 위해 사용한다. 예를 들면,

레베카: 모든 고통 속에 이런 작은 소리가 있는 것 같아요. "포기하지 마."

상담자: (부드럽게) 그럼 모든 것이 상처가 있고 희망이 없고 하는 것은 아니네요. 당신 안에 계속 앞으로 나가기 원하는 것이 있네요. 이것은 아주 중요한 점인 것 같은데요.

경험적 교훈 반응들(experiential teaching responses)은 경험이 아니라 치료 과정의 성격에 대한 정보를 제공하므로 구체적인 치료 과제들을 지지한다.

레베카: 치료에서 사람들을 어떻게 다루세요? (잠깐 멈추고) 제 말은 만약 저보다 상태가 안 좋아서 모든 것을 두려워하는 사람이 온다면 어떻게 치료하나요?
상담자: 글쎄요. 많은 방법이 있겠지만 저로서는 먼저 그 사람의 모든 감정이 무슨 의미를 가지고 있는지 알아야만 합니다. 어떤 것들이며, 무엇과 연관이 되어 있는지를요. 그것을 먼저 이해해야만 하고, 그러고 나서는 그 감정 자체가 우리가 다음에 무엇을 해야 할지를 가르쳐 주지요. 그게 제 생각이고, 모든 사람이 다르기 때문에 우리가 그것을 함께 발견해야만 합니다. 내가 말하고자 하는 것은 이미 짜놓은 스크립트 같은 것은 없다는 것이죠.
레베카: 그렇군요.

12회기에 해당하는 좀 더 간단한 반응을 소개하면, 다음과 같다.

상담자: 슬픔을 처리하는 방법 중 하나는 그 슬픔이라는 당신의 한 부분을 의자에 놓고 그 부분과 대화를 하는 것이지요. 다른 방법들도 있지만 그것이 한 가지 방법으로 떠오르네요.

경험적 교훈 반응들은 특히 특정한 가치관을 공유하지 않는 내담자들을 도울 때 도움이 된다(2장 참고). 그들은 자신들의 감정을 두려워하거나, 그 감정들이 자신을 원하지 않는 행동으로 이끌어간다고 생각한다. 상담에 대한 그러한 내담자의 진정한 우려를 무시하는 것은 심각한 실수에 해당한다. 때로 가장 공감적인 상담자의 반응은 내담자에게 잘 정리된 정보를 제공하는 것이다. 덧붙여 경험적인 교훈은 협동관계를 형성하는 데 있어서나 흩어진 치료동맹을 수정할 때 결정적인 역할을 한다(8장 참고).

구조적 과제반응(structuring task response)을 구조화하는 것은 내담자로 하여금 구체적인 치료 과제들에 참여하도록 직접적인 지지를 제공하는 데 사용된다. 그것은 과제를 제시하는 것과 과제로 주어진 활동들을 어떻게 이루는가에 대한 제안들을 제공하는 것이다. 이것은 내담자로 하여금 비판 의자에 앉아 어떻게 이야기할지를 생각해 보도록 돕는 것과 같은 '기초화 작업'을 포함한다. 다음에 제시하는 레베카의 12회기의 일부는 과제 구성의 다양한 형태를 보여 주고 있다. 먼저 상담자는 레베카의 현재 피해자로서의 자신과 그녀의 잃어버린 피해 받기 전의 자신 사이에 두 의자 대화법을 사용할 것을 제안한다.

상담자: 이전에 피해 받기 전의 순진한 아이인 자신에게 작별을 고한 적이 있나요?

레베카: 음. (울기 시작) 아니요.

상담자: 그것을 할 준비가 되었나요?

레베카: (웃으면서) 이게 올 줄 알았어요. 모르겠어요. 나는 그렇게 하는 것이 어떤 유익을 줄지 정확히는 모르겠어요. 작별을 하기 위해 구체적으로 무엇을 말해야 할지 모르겠고요. 왜냐하면 그 전체가 하나의 생각하는 방법이기 때문이지요.

상담자: 알았어요. 그럼 그 생각하는 방법 전체를 향해 작별인사를 하면 되겠네요.

추가로 레베카의 회기에는 포함되어 있지 않았지만 직접적인 격려 또한 과제 반응을 구조화하는 유용한 형태도 있다.

내담자: (비판적인 자신의 부분을 향해) 너로 하여금 나를 이리 저리 밀어붙이도록 내버려 두는 데 지쳐 버렸어. 나도 공간이 좀 필요하다고.

상담자: 좋아요. 이제 이쪽으로 오셔서 그것에 대답해 보세요(내담자는 의자를 바꾼다) 그녀가 좀 전에 공간이 필요하다고 했는데 그것에 대해 어떻게 대답하겠어요?

과정적 제안(process suggestions)은 내담자로 하여금 회기 중에 실제 행동을 통한 것이든, 정신적인 활동이든, 구체적인 것들을 시도하도록 격려한다. 이러한 것에는 의자 기법에서 내담자의 다양한 부분을 다루거나 내담자로 하여금 활발하게 과제를 실행하도록 격려하는 것을 포함한다. 과정적 제안들은 또한 내담자로 하여금 특별한 방법들(예, 몸의 특정 부위)이나 특정한 정신적인 활동들(예, 어떤 감정들이 일어나는지 기다리는 것)에 관심을 기울이게 한다. 예를 들면, 레베카의 상담자는 그녀가 두 의자 기법에 대해 상황을 만들고, 일련의 구조적 제안들을 만든 후에 대화 속에서 무엇인가를 시도하도록 제안했다.

상담자: 자신의 그러한 부분에서 무엇인가 얻기를 원하는군요. 마치 그 부분이 죽었었는데 다시 돌아오기를 기다리는 것 같이……. 맞나요? (과제를 구조화하기) 그곳에 머물러 자신의 그러한 부분에 말을 걸어 보는 것을 상상해 보실 수 있겠어요? (과정 제안)

레베카: 그 당시에 정말 어리석었기 때문에 그렇게 하고 싶지 않아요.

상담자: 그럼 그 부분에게 "너에게 원하는 것이 없어. 너는 어리석었어."라고 말하세요. (내담자의 반대 의견을 대화 자체에 넣도록 하는 것은 두 의자기법에서 흔한 것이다)

레베카: 그 정도는 아니고요. 아마도 그것의 반 정도(웃는다)의 평범한 삶을 살

고, 너무 두려워하지 않을 정도만 원해요. 즉, 인간으로서 당당하게 살 정도 만 느끼기 원해요.

그러고 나서 몇 마디 주고받은 후에 상담자는 제안했다.

상담자: 저쪽 의자에 가서 자신의 그런 부분의 역할을 하겠어요?
레베카: 앉아 있는 의자에서도 할 수 있는데요.
상담자: 저쪽에서 하세요.
레베카: 뭐를 해요? 뭐를?
상담자: 죽은 자신의 부분이 되세요. (과정 제안) 유령이에요. 맞죠? 용감하고 순진하며 이제는 사라진 레베카. (과제를 구조화하기) 어떤 것인지 파악 가능한가요? (과정 제안) 어떤 것이죠?
레베카: 행복한 것.

과정적 제안은 때로 간단해서 내담자로 하여금 특정한 경험에 머물러 있거나 그 과제로 돌아오도록 제안하기만 하기도 한다.

정서자각 과제(awareness homework)는 회기 밖에서 정서자각의 경험을 강화하기 위해 사용되는 과정 안내적인 반응(a process guiding response)이다(출판 준비 중인 Greenberg와 Warwar의 책 참고). 정서자각 과제는 다른 과정 안내 형식보다는 덜 사용되며, 레베카에게는 사용하지 않았다. 그러나 이것은 회기 중에 특정한 경험들을 기억해 내기 어려워하는 내담자에게 사용할 수 있는데, 또 다른 내담자인 수잔은 자살하고 싶은 감정을 느꼈다.

상담자: 다음 주 동안에 이러한 '검은 터널' 경험을 할 때 어떤 일들이 발생하는지 주의해서 보고 그것들이 발생하기 전에 정확하게 어떤 것들이 마음을

스쳐 가는지 기억할 수 있는가 봅시다.

경험적으로 함께함

상담자의 공감적인 태도, 가치인정, 진솔성(authenticity), 투명함과 협력 등 치료 관계를 강화시키는 것과 연관된 모든 태도는 경험적 전통에서 함께함으로 표현된다. 이것은 이전 장에서 언급했던 상담자의 함께함이라는 내면적 과정을 행동적으로 나타낸 것이다. 상담자의 침묵, 목소리의 질, 적절한 몸 자세, 표현 등 비언어적 행동들을 정확하게 표현하는 것은 어렵다. 그러나 과정-경험적 치료에서나 내담자 중심치료, 또는 초점 중심(focusing-oriented)(Gendlin, 1996)의 치료에서 인정되는 상담자의 함께함에 대한 경험적 스타일이 있다. 예를 들면, 내담자는 공감적 탐색 반응을 통해 자신의 경험적 탐색을 지지하고 본을 보이기 위해 단정적이지 않으며 깊이 생각하는 반응을 나타내는 반면, 일반적으로 부드럽고 칭찬하는(때로는 농담 같은) 목소리로 앞서 언급한 과정적 안내 반응을 전달한다. 또한 내담자와 상담자 사이에 직접적인 눈맞춤을 통해 함께함을 나타내기도 한다. 상담자가 이러한 반응들을 '가지고 있는 척' 할 수는 없으며, 상담자의 순수한 관심집중과 돌봄의 태도와 내담자와 감정적으로 연결된 치료 작업 속에서 자연스럽게 나오는 것이어야 한다. 경험적으로 함께함은 비언어적으로 전달되기 때문에 과정-경험적 상담자의 행동을 직접 보고 들으므로 전달되기에 비디오(예, APA, 1994; Psychological & Education Films, 1989)로도 볼 수 있다.

더불어 상담자의 과정적 자기개방(therapist process disclosure)은 종종 관계를 맺는 태도를 진실하게 전달하는 데 사용하는 경험적 함께함(experiential presence)의 한 형태로 분명하게 표현된다. 예를 들면, 상담자는 레베카와 첫 회기의 상담을 치료 시작에 대한 기대의 나눔으로 시작하였다.

상담자: 치료 과정에서는 보통 때보다 시간의 압박을 더 경험하게 되는데, 모

험적인 이 부분 때문에 이런 치료를 시도하는 것에 대해 나는 흥분이 됩니다.

이러한 과정적 자기개방(process disclosure)의 한 좋은 예는 자폐증을 가진 아들을 비난하지 않음으로써 받기 힘든 칭찬을 받은 내담자로부터 나왔다(Elliott, 1983).

상담자: (부드럽고 감정 섞인 목소리로) 제인, 당신이 이러한 것들에 대해 말하는 것을 들을 때 나는 얼마나 감동을 받는지 눈물이 날 것 같았습니다.

함께함은 또한 상담자의 개인적 자기개방을 통해서도 전달될 수 있다. 앞에서 언급했듯이 그러나 이러한 것들은 항상 조심스럽게 구체적인 치료 목적을 가지고 사용되어야 한다. 예를 들면, 68세의 우울한 내담자인 프랜시스는 어떻게 정서자각 과제를 해야 할지 이해하기 어려워하고 있었는데, 그녀의 상담자는 비슷한 상황에서 자신의 경험과정을 개방함으로써 본이 되었다.

프랜시스: 예, 그렇지만 내가 과제를 하기 위해 자리에 앉을 때 어떤 일이 일어나고 있는지 주의를 집중하려면 무엇에 집중해야 하며, 어떻게 그렇게 할 수 있을까요?

상담자: 흠. 명확하지 않나 보죠?

프랜시스: 네.

상담자: 글쎄요, 제가 만약 그것을 하려 한다면 무엇을 할지 당신에게 말할 수는 있죠.

프랜시스: 그거 좋은 생각이군요. (웃는다)

상담자: 저는 학생들에 대한 평가를 쓸 때 어려움을 경험하는데, 앉아서 그것들을 쓰려고 할 때 어떤 감정을 경험하는가에 집중해요(잠시 간격을 두고). 그리고 언제나 저는 내가 뭔가 잘못하고 있고, 그들이 나 때문에 기분 나빠

질 것이라는 것 때문에 불안해요. 글쎄요, 또 저는 짜증이 나는데, 왜냐하면 차라리 써 버리면 되는데 그 글을 마치기까지 다른 것을 못하게 되니까 무엇인가 내 안에 있는 것들이 그 글을 쓰는 것을 반대하죠. 그런 것들이에요. 좀 더 명확해졌나요?

프랜시스: 예, 훨씬 명확해졌어요.

내용지시적(비경험적인) 경험

일반적으로 과정-경험적 치료는 최소한의 내용을 지시한다는 원리들을 따른다. 과정-경험적 치료는 공감적인 이해와 공감적 탐색 반응으로 시작하고, 어려움이 생겼을 때 경험적 가르침 같은 과정안내 반응들을 사용하며, 최종 해결책으로만 좀 더 내용지시적인 비경험반응을 사용한다.

해석, 문제해결을 위한 조언, 전문가의 확언, 직면, 비탐색적 정보질문 등과 같은 상담자의 반응들은 상대적으로 다양한 비경험적 치료에 흔하게 사용된다. 그러나 이렇게 내용을 직접 다루는 방법들은 경험적인 치료에는 중요하지 않다. 내담자의 자율성과 상담자의 공감적 태도, 내담자의 자기탐색 등을 손상시킬 뿐 아니라 내담자의 자기탐색도 방해한다. 내용지시적 반응들이 절대적으로 금지된다는 것이 아니라 그것들이 과정-경험적 치료와는 전형적으로 무관하다는 것이다.

그렇다면 문제는 언제 어떻게 비경험적인 반응들을 과정-경험적 치료 상담에서 사용하는가 하는 것이다. 가장 흔한 비경험적 방법들은 조언, 해석, 전문가의 확언 등이 내용지시적인 반응들이다.

조언하거나 내담자들에게 문제해결을 위해 구체적인 행동을 취하도록 제안하는 것은 전형적으로 흥분으로부터 걱정에 이르는 다양한 감정적 경험을 불러일으키고, 내담자가 이러한 경험들을 표현하는 것은 매우 생산적인 일이다. 예를 들면 다음과 같다.

상담자: 그래, 당신이 아름다운 여인 앞으로 다가간다면 무슨 일이 생길까요? 그것을 상상할 때 내면에 어떤 감정을 경험하게 되나요?

어떤 해석이라도 내담자가 의식적으로 경험한다는 측면에서 적절한 질문을 덧붙이면 공감적 추측으로 변형될 수 있다.

상담자: 저는 당신이 아름다운 여인들을 두려워하는 것과 당신의 성장과정의 경험들 사이에 어떤 연관성이 있지 않을까 생각됩니다. 안을 들여다보면 어떤 연결점이 보이지 않습니까?

전문가의 재확인(expert reassurance)은 트라우마를 경험한 개인들을 도울 때 도움이 되는데, 그들이 보통 자신들이 경험한 외상이나 외상과 연관되어 현재 경험하는 문제들에 대해 자기 자신을 비난하기 때문이다. 그러나 필요한 치료작업은 하지 않고 외상 과정을 다시 밟는 것 같은 재확인만 해서는 안 된다(10장 참고). 더 나아가 재확인은 외상 작업이 활발히 이루어지기 전에 일어날 때 더 효과적이다.

상담자: 아마 당신은 그런 어려움을 겪고, 그런 감정을 경험하며, 악몽을 꾸는 것이 본인에게만 일어나는 일이라고 생각하겠지만 실제는 범죄자에 의해 피해를 입은 사람들에게 일반적으로 많이 일어나는 일입니다.

덧붙여 내용지시적인 반응들은 종종 자살이나 충동, 또 다른 중요한 실제적인 문제들을 다루거나 치료동맹을 맺는 데 필요하다(13장 참고). 이러한 경우에 상담자가 자신의 비경험적 반응들을 경험적 방식으로 만들 수 있다면 좋겠지만, 간단한 임시적 개인의 의견으로 적절한 질문을 덧붙여 말하면 좋을 것이다. 예를 들면, 우울한 내담자인 메리가 그녀의 알코올중독 환자인 남편이 생명보험비를 안

냈다고 했을 때 상담자는 다음과 같이 질문했다.

> 상담자: 잠깐만요. 당신은 그의 생명보험금이 지불되지 않고 있었다는 것을 몰랐어요? 그것을 지불하는 게 누구의 책임인데요?
>
> 메리: 제 남편이지요.
>
> 상담자: 어느 보험회사인지, 지불되었는지 알아보세요.

이러한 반응은 간단하지만 너무 '전문가' 적인 대답이다. 좀 더 과정-경험적 치료 반응적인 대답은 다음과 같다.

> 상담자: 당신의 남편이 생명보험금을 내지 않고 사망하게 되면 어떤 일이 생길까 두려우시군요. 어떤 상황에서 지불되는지 당신이 알아볼 수 있는 방법이 있을까요?

과정-경험적 치료 상담을 배우는 학생들은 흔히 조언을 하거나 해석을 내리면 안 된다는 것을 알고는 있지만 공감적 탐색이나 과정적 안내를 하는 것이 자신 없어 종종 문제에 빠지게 된다. 그래서 종종 피상적인 반영을 하거나 '치료적 실수'를 하게 되곤 한다. 우리 경험으로 볼 때 상담자들이 자기 자신이 되기보다 몇몇 해석을 내리거나 조언하기, 정보 질문하기, 전문가로서 재확인하기 등의 피상적인 반영을 하므로 안 좋은 결과를 낳는다. 과정-경험적 치료를 배우는 학생들은 비경험적인 반응들을 잊어버리고, 대신에 공감적 탐색과 과정적 안내를 늘리는 것에 집중하는 것이 더 나은 것 같다.

더 나아가 내용지시적인 반응들을 사용하는 상담자들은 비경험적인 반응들을 한꺼번에 하려고 시도해서는 안 된다. 그것은 치료 실수를 낳게 되는 원인이 된다. 대신에 내용지시적인 치료개입을 서서히 경험적인 치료개입으로 대신하여 사용해야 한다. Davis(1995)가 한 연구에서는 훈련 받은 전문 과정-경험적 상담자들은 자신의 반응들 중 1~2% 정도의 비경험적인 반응을 하되, 내담자에게 부담을 주지 말고 임시적이고 개인적인 입장에서 할 것을 제안한다. 한 유용한 제안은 이미 사용한 해석들이나 조언 등과 같은 비경험적인 치료개입을 알아낸 후에 내담자의 자기탐색이나 문제해결을 활성화하는 데 좀 더 효과적이었을 다른 반응법들을 대신하여 계발하는 것이다.

더 읽을거리

개인적인 성장작업, 워크숍 훈련, 슈퍼비전 받기, 상담 경험하기 등만이 이 장의 전반부에서 기술한 내면적 과정을 계발하는 방법들이다. 이러한 내면적인 과정들은 이장의 후반부에서 제시된 관찰 가능한 경험적 반응들을 통달하는 데 주요한 열쇠가 된다. 다른 사람들의 치료를 관찰하는 것은 두 가지를 계발하는 데 아주 도움이 된다. 인내심을 가지고 계속 실습하며, 자신이 한 실습을 계속해서 반추해 보는 시간을 가져야 한다.

상담자의 경험적 과정을 위해서는 Elliott와 Davis가 저술 중인 책이 전체 개관을 갖는 데 도움이 되고, 구체적인 상담자의 함께함을 통한 치료에 대해서는 Geller & Greenberg(2002)의 책을, 진솔함에 대해서는 Lietaer(1993)의 책을, 상담자의 공감적인 태도에 대해서는 Barrett-Lennard(1981), Watson(2002), Watson, Goldman, Vanaerschot(1998), Bohart & Greenberg(1997) 책과 이 책의 7장을 참고하기 바란다. 상담자의 경험적 반응은 Goodman & Dooley(1976)의 책, Stiles(1986)의 책, Hill(1986)의 책, Elliott 등(1987)의 책에서 다룬 일반적인 내용을 기초로 하여, Greenberg 외 다수(1993)의 책과 저술한 책과 Davis(1995), Goldman(1991) 등이 저술한 책 등이 다루고 있다.

06
치료작업 개관

이제까지 과정-경험적 치료 이론의 전반적인 개요와 상담자의 경험과정(therapist processes)에 대해 논하였다. 이번 6장에서는 치료작업 분석을 포함한 과정-경험적 치료작업을 소개하고, 각각의 다른 작업들을 분류하는 데 필요한 체계적인 방법론을 제공하여 이 책의 첫 파트에서 다룬 논의를 끝맺고자 한다. 그리고 내담자가 정서지능의 핵심 요소인 문제해결을 위해 감정을 사용하는 능력과 정서자각 능력(emotional awareness)을 기를 수 있도록 돕는 치료 전략들을 제공하는 일반적인 과정-경험적 치료의 구조를 기술하고자 한다. 6장의 목표는 다음 2부에서 다루게 될 내용의 이해를 위해 더 폭넓게 안내하는 발판을 마련하는 것이다. 이와 같은 치료 과제들에 대한 폭넓은 오리엔테이션이 7장부터 12장에 이르는 구체적인 변화의 과정에 대한 소개 이전에 제시됨으로, 앞으로 제시될 많은 양의 정보들을 체계적으로 정리하는 데 도움이 될 것이다.

치료작업 분석: 변화 과정 도식화

과정-경험적 치료의 독특한 특징들 중 하나는, Rice와 Greenberg(1984)에 의해 발전된 인간-중심의 치료 전통과 게슈탈트 치료법에 바탕을 둔 치료작업 분석이라는 점이다. Greenberg(1997, 1984b)는 의식적 문제해결 연구(Newell & Simon, 1972)로부터 작업 분석법을 받아들여 심리치료에서 내담자 정서-중심 문제(emotion-focused problem) 해결에 적용시켰다. 많은 일련의 연구들이 내적인 갈등과 곤혹스럽고 문제 있는 반응들을 성공적으로 해결하는 과정에서 내담자가 경험하게 되는 미세처리과정 모델을 시험함으로써 이루어졌다. 치료과제 분석은 미해결된 과업 해결을 위한 빈 의자 기법(Greenberg & Foerster, 1996), 의미 항변을 위한 의미작업(Clarke, 1996), 상처받기 쉬운 것에 대해 공감적 가치인정(Greenberg, Rice, & Elliott, 1993), 치료 불만에 대한 치료동맹적 대화(Agnew, Harper, Shapiro, & Barkham, 1994; Safran & Muran, 2000) 등과 같은 다른 중요한 치료적 작업들에까지 확장되었다. 과정-경험적 치료는 이러한 주제들을 중심으로 이루어지는데, 그것들은 앞으로 다루게 될 7장부터 12장에 이르는 각 장의 주제가 된다.

과제분석모델은 어떤 특정 종류의 치료작업이 어떻게 이루어지는지 알려 주는 길잡이 역할을 하거나 소이론이 된다. 과정-경험적 과제 모델은 네 가지 요소, 즉 표식, 내담자 작업해결모델, 일반적인 상담자 개입, 문제해결 등으로 구성되어 있다.

표식은 최근 내담자가 특정 문제를 해결하려고 하면서 경험하고 있는 가시적이고 외부로 나타나 있는 개인의 내면적인 관심 상태다. 예컨대, 갈등 분열 표식은 (11장 참고) 내담자가 현재 경험하고 있는 두 가지 사이에서 나뉜 내면의 불편한 감정을 의미한다. 이러한 경우에 관찰 가능한 표식은, 내담자가 자신 내면의 모순되는 두 측면 사이에서 갈등하며 저항하는 것으로 나타난다. 예를 들면,

내담자: 나는 나의 삶을 성공적으로 꾸려 나가고 싶지만 [행동 경향성 1], 내가 목표를 세울 때마다 내 안의 무언가가 그것을 방해해서 [행동 경향성 2] 나는 무엇도 성취해 낼 수 없게 되죠. 정말 우울한 일이에요. (갈등)

만약 상담자가 과정-경험적 치료작업에 대해 오직 한 가지 사항만 알 수 있다면, 내담자와 무엇을 함께 작업해야 하는지 알려 주는 표식에 대해 알아야만 한다. 치료 과제 해결을 위해 최적의 치료 개입 방법을 선택하는 것보다 정확한 치료 과제를 가지고 작업하는 것이 더욱 중요하다. 이로써 상담자와 내담자가 치료작업에 동의할 때, 그들은 목적이 엇갈리는 상태에서 일하지 않게 되는 것이다.

내담자 과제해결모델(client task resolution model)은 내담자가 문제를 통과하여 해결점에 도달하는 과정의 이상적인 단계들 또는 미세처리과정들로(4장 참고) 구성되어 있다. 성공적으로 치료과제 해결을 경험한 내담자의 경험이 내담자 과제해결모델의 기초가 된다. 이 모델들은 상담자에게 주어진 과제의 다양한 부분에서 어떠한 종류의 내담자 경험들과 미세한 과정이 일어나도록 힘써야 하는지 보여 준다. 그래서 두 의자 기법의 시작단계에서는 내담자가 전형적으로 자신의 경험적인 면과 비판적인 면에 접근하는 데 도움이 필요하다. 두 의자 기법 중반에 내담자가 경험가적 의자에서 말할 때는 기본적인 욕구와 바람에, 비판가적 의자에서 말할 때는 핵심가치와 기준과 같은 근본적인 정서 도식에 접근할 수 있도록 도움이 필요하다. 두 의자 기법을 마무리할 때는 내담자가 자신의 경험을 반추하도록 도와서 자신의 상반되는 두 측면을 조화롭게 발전시키고 자기 이해를 할 수 있도록 도울 수 있다.

과제분석모델(task analytic models) 또한 내담자가 문제해결을 위해 각각의 단계를 통과할 수 있도록 상담자가 도울 수 있는 일반적인 상담자 치료개입을 설명하고 있다. 각각의 치료작업에는 두 의자 기법과 같은 일반적인 치료개입이 있다. 만약 상담자가 작업에 관해 두 가지 사항을 알고 있다면 내담자 표식과 일반적인 상담자의 치료개입 방법에 대한 것일 것이다. 그러나 이것을 넘어서서 작업 내에 내담자가 어디에 있느냐에 따라 상담자의 효과적인 반응은 다양해진다. 상담자는 무엇을 하든지 현재 과정에서 가장 필요한 것을 강화시키는 것을 하게 된다. 예를 들면, 두 의자 기법의 시작단계에서 상담자는 때때로 내담자에게 자신의 비판자 부분을 극대화시켜 표현할 수 있도록 요청한다. 중간 단계에서 상담자는 내담자에게 천천히 자기 내면의 기본적인 욕구(경험자적 의자) 또는 가치(비판가적 의자)를 탐색할 것을 요청할 수도 있다. 대화의 마지막 단계에 달하면 상담자는 내담자가 자신의 새로운 경험들을 언어로 표현하고, 자신의 상충하는 두 측면을 통합할 수 있도록 촉진시킬 수도 있다.

해결은 과제가 성공적으로 완료되었을 때 어떠한가를 보여 주는 것이다. 이는 작업이 완료되었을 때, 상담자가 내담자로 하여금 치료를 지속하도록 압박을 주므로 혼란을 야기시키지 않게 한다. 예컨대, 내면 갈등의 해결은 내담자가 증가하는 자기수용과 자기이해와 더불어 두 자아의 측면들을 통합하는 것을 포함한다.

> 내담자: (목표를 설정하는 자신의 한 부분으로서 말하기) 네가 나의 계획을 망치거나 피하지 않아도 되게끔, 나는 네게 (자신의 목표를 이루는 것을 방해하는 자아) 즐길 수 있는 더 많은 시간을 허용한다. 나는 때때로 내가 나 자신을 지나치게 압박하고 있고, 휴식이 필요하다는 사실을 안다……. 흠, 아주 흥미롭군. 좀 더 생각해 봐야겠어.

그러나 우리는 문제해결 여부를 전부 또는 전무의 흑백 명제로 판단하지 않는다. 대신에 우리는 각각의 과제에서 부분적 해결부터(약간의 진전 혹은 전환이 일어난 곳) 모든 해결(행동 변화를 위한 명백한 암시와 함께 정서 도식의 광범위한 변화가 일어난 곳)까지, 세 가지 수준의 다른 해결이 있다고 본다. 만약 상담자가 과정-경험적 치료작업에 관해 세 가지를 알고자 한다면, 표식, 일반적인 상담자의 개입, 그리고 해결에 대해 알고자 할 것이다. 과정-경험적 치료작업과 특정한 작업을 통해 내담자의 치료 과정이 어디까지 진전되었는지 판단하기 위해서 우리는 각 작업에 대한 해결 정도를 측정하는 척도를 계발시켰다(이는 각 장과 회기 이후 측정 평가에 있다). 해결 정도의 척도는 각 작업에 대한 전체적인 개관을 제공한다. 이러한 치료작업 구조는 매우 유연하며, 단순한 경험적 치료가 아니라 다양한 치료에서 유의미한 변화과정을 연구하는 데 사용될 수 있다. 상담자는 이후 7~12장까지 기술된 것을 넘어서서 추가적인 치료작업조차에도 사용할 수 있다.

이러한 말들은 이론적으로는 적절하게 들리지만, 실제 현장에서는 훨씬 더 복잡하게 드러난다. 첫째, 때때로 다중 작업은 그들 스스로 동시에 나타나곤 한다(자기 평가 분열과 문제적 반응). 둘째, 내담자의 변화 과정은 선형적인 경우가 드물며, 때때로 왔다 갔다 하는 주기를 포함한다. 셋째, 이러한 모델은 성공적인 해결이 이상적으로 제시된 것임을 깨닫는 데 매우 중요하다. 예컨대, 대개 상담자와 내담자는 두 의자 기법을 시작하는 처음 단계에서는 문제해결에 도달하지 못한다. 해결은 더 많은 회기를 요구하며, 회기에서 엇나가거나 회기 밖에서의 작업이 대개 작업의 중요한 부분을 차지한다. 넷째, 이는 가장 중요한 사항인데, 모든 내담자 각자는 매우 독특하며, 작업은 언제나 내담자의 개별적인 특성과 치료적 동맹의 상태에 맞게끔 적용이 되어야 한다는 것이다. 이는 우리가 4장에서 서술했듯이, 명료하고, 정확하고, 유연한 사례 개념화를 해야 하는 이유이기도 하다. 문제해결 작업은 매우 유용한 지침과 숙련된 항해술과 창조성 등을 필요로 한다. 즉, 비록 특정한 해결모델이 상담자의 치료 지침을 제공하기는 하지만, 내담자를 압박하는 것은 아니다. 일반적인 의미에서 말하자면(Korzybski, 1948), "안내하는 것이 곧 영토를 차지하는 것은 아니다."

과정-경험적 과제 지도

과정-경험적 치료는 인간-중심, 게슈탈트, 실존치료, 대인관계 치료 전통에서 유래된 다양한 경험적 작업들을 포함하고 있다. 지난 20년 동안 다양한 치료 모델들이 발달되었는데, 이것은 또한 그것들을 하나하나 확인하기가 어려움을 의미하기도 한다. 이러한 이유로, 우리는 과정-경험적 치료작업을 내담자나 상담자가 경험하는 주요 과정의 주제와 연관하여 다섯 개의 주제로 분류하는 것이 유용하다고 생각한다.

1. 공감-기반적 과제(empathy-based tasks)는 내담자의 자기탐색, 자기표현, 상담자 공감의 전통적인 인간중심적 치료법에 의존한다. 이는 공감적 탐색(이를 기초로 모든 다른 과제들이 드러나는), 그리고 공감적 지지(7장 참조)를 포함한다.
2. 관계적 과제(relational tasks)는 내담자-상담자의 관계를 확립하거나 수정하는 데 집중하며, 동맹적 관계 형성과 동맹적 대화를 하는 것을 포함한다(8장 참조).
3. 경험적 과제(experiencing tasks)는 감정을 경험하고 표현하여 경험적 초점 맞추기, 수용, 간격을 정리하기를 포함하여 내담자가 자신의 내면에 접촉하고 상징화할 수 있도록 돕는 것을 목표로 한다.
4. 재처리 과제(reprocessing tasks)는 심리적 외상 다시 말하기, 체계적으로 드러내기를 포함하여, 비정상적이고 고통스러운 경험을 다시 경험하는 것을 강조한다.
5. 실행 과제(enactment tasks)는 내담자가 자신의 근본적인 정서 도식에 접촉하고 고양될 수 있도록 적극적으로 표현하는 것을 촉진시키는 가장 특징적인 작업이다.

〈표 6-1〉은 이러한 작업의 간략한 개요를 제공한다. 이 작업 안내는 각 과제와 관련된 내담자의 표식과 해결 방법에 대한 간단히 설명하고 있다. 자세한 내용은 7장부터 12장에 서술되어 있다.

〈표 6-1〉 **과정-경험적 치료 과제: 치료 표식, 치료개입, 마무리 단계**

치료표식	치료개입	마무리 단계
	공감-기반적 과제(7장)	
문제와 연관된 경험(예: 흥미로움, 불편함, 괴로움, 격함, 당황스러움)	공감적 탐색	새로운 의미에 대한 표식의 뜻이 드러남
상처받기 쉬운(자신과 연관된 고통스러운)	공감적 확인	자기 확인(이해 받은 느낌, 희망적, 강해짐)
	관계적 과제(8장)	
치료의 시작	치료동맹 맺기	생산적인 치료작업 환경
치료에 대한 불만 또는 치료 목표에 대한 의문으로 치료관계 맺기를 회피함	치료동맹적 대화 (어려움을 만들어 낸 자신의 역할을 탐색)	치료동맹 수정(더 강해진 치료연합을 이루고 치료에 헌신, 더 강한 자신에 대한 이해를 형성)
	경험적 과제(9장)	
집중하기 어려움(예: 혼돈스러움, 과부화, 멍해짐)	공간 정리하기	치료적인 초점, 경험을 가지고 생산적으로 일하는 능력(치료작업의 거리두기)
명확하지 않은 감정들(희미함, 외부적인, 추상적인)	경험적 초점화하기	편해진 것을 느낌(변화됨을 경험), 회기 밖에서 새로운 지각을 응용(지속적으로)
감정을 표현하는 것의 어려움(감정을 회피, 감정에 대한 질문에 대답하기 어려움, 미리 준비된 서술 사용)	정서의 허용과 표현(또한 초점을 맞추고 드러내며 의자 치료 기법 사용)	상담자자 다른 사람들에게 적절한 감정 표현을 나타냄
	재처리 과제(10장)	
진술적인 표식(외상 같은 어려운 삶의 이야기를 해야 한다는 압력 느낌)	트라우마 재진술	자유로워짐, 진술의 간격을 메꿈
의미 저항(인생의 사건들이 소중하게 여긴 신념들을 배반함)	의미 창조 작업	귀중한 신념을 새롭게 함
문제 반응(특정한 상황에 대한 혼돈스러운 과한 반응)	체계적 기억회상	세상 속에서 기능하는 새로운 자아에 대한 시각

실행 과제(11장과 12장)		
자신에 대한 평가의 분리(자기비판, 양가감정)	두 의자 대화	자기수용과 통합
자기방해 분리(막혀 있는 느낌, 체념)	두 의자 실행	자기표현 강화
미해결 과제(의미 있는 존재에 대한 부정적인 감정)	빈 의자 기법	다른 사람에 대한 원망이나 채움받지 못한 필요를 포기, 자기 확인, 다른 사람을 이해하고 책임짐

과정-경험적 치료작업의 전체적인 구조

이러한 과정-경험적 치료를 종합적으로 배우는 또 다른 방법은 바로 치료작업들의 공통점을 이해하는 것이다. 이러한 구조는 주로 대인관계(내담자와 상담자 사이에서 발생; 7장과 8장 참고)와 자기고찰(내담자의 상이한 측면들 중 9장부터 12장까지 참고)이라는 두 가지 작업에 적용된다. 다음으로 우리는 전체적인 구조와 그중 과정-경험적 치료에서의 대인관계 작업에 대해 더 논할 것이다.

과업 해결의 전반적 단계와 정서지능의 요소

비록 작업의 세부 사항들이 폭넓고 다양하지만, 모든 과정-경험적 치료작업은 각각의 다른 관점을 바탕으로 한 감정지능의 다양한 요소와 문제해결을 위한 발전 등 광범위하고 연속적인 과정으로 진행된다.

0단계: 전 표식 단계

많은 경우, 내담자는 치료가 시작되기 전, 상담자에게 자신이 경험했던 표식 전 단계의 내용이 나타날 수도 있다는 암시를 던진다. 상담자들은 내담자가 자신의 표식에 대해 가지고 있는 이해를 확인하고, 내담자와 그 과제를 함께 상의하므로 이 작업단계를 촉진시킬 수 있다.

1단계: 표식과 작업 개시

앞서 언급했듯이 작업 표식은 특히 어려움을 경험했던 내담자의 행동적인 표현이며, 대개 내담자가 작업을 할 의지가 있거나 준비가 되었음을 암시하며, 작업적 동맹은 특별한 치료개입을 통해 내담자에게 주어지는 추가적인 요구를 지지한다. 상담자는 내담자와 함께 표식의 의미를 확인하고, 추후의 작업에 대해 제안하고, 함께 토의함으로써 작업 단계를 진전시킬 수 있다.

2단계: 어려움을 드러내기

과제에 대해 동의가 이루어진 후에 내담자가 겪었던 어려움을 표현하거나 경험한 특정한 이슈와 관련된 감정을 떠올리는 치료의 도입이나 환기단계에 들어서게 된다. 상담자는 이러한 시기에 작업에 착수하기 위한 특정한 치료 과제를 내어주거나 때때로 내담자의 변화를 돕기 위해 경험적인 교훈을 제공한다. 그런 다음에 상담자는 내담자의 감정적인 경험을 강화 및 환기시키고, 어려웠던 기억을 다시 경험케 하기 위해 다양한 공감적 탐색과 과정적 안내 반응(process guiding responses, 5장 참조)을 사용한다. 감정 지능에 있어 이 단계의 내담자는 적절한 각성의 범위 내에서 그들을 지키기 위해 자신의 감정을 조절할 능력이 있으며, 이로써 그들은 자신의 감정에 접근할 능력이 충분해지는 동시에 감정적으로 압도될 가능성 또한 매우 높아진다.

3단계: 탐색과 심화

치료 과제의 대상은 내담자의 핵심 욕구 및 가치와 관련된 감정의 근원과 도식에 접근하는 것을 목표로 삼는 변증법적 경험 과정이다. 변증법적 과정은 7장과 8장에서 설명된 것처럼, 상담자와 내담자 사이에 일어날 수 있으며, 내담자의 둘 혹은 그 이상의 모습들 속에서 경험하는 것과 표현하는 것 사이에서—즉, 개념적 과정과 감정적 과정의 사이에서 일어날 수 있다. 이 단계는 특히 내담자가 과제를 해결하지 못할 때 정체되는 단계로서, 3단계의 작업은 한 회기에서 다음 회기로 전이되거나 실제로 몇몇 내담자에게는 과제가 해결되지 않는 경우도 있다. 이 밖에 상담자는 내담자의 일반적인 감정 경험을 더욱 개별적이고 귀중한 경험으로 차별화시키고, 감정 지능의 핵심 요소인 이차적인 반응적 감정과 일차적인 비적응적 감정의 바탕에 있는 일차적인 적응적 감정의 밑바탕에 있는 일차적 주요 정서 도식에 접근할 수 있도록 도와야 한다(2장 참고).

4단계: 부분적 해결(변화의 시작)

궁극적으로, 변증법적 탐색 과정은 내담자가 새로운 경험적 측면에 접근할 수 있도록 도와주며, 특히 특정 상황에서의 반응이나 이전에 간과했던 감정 측면에 접촉할 수 있도록 돕는다. 이때 내담자는 자신의 문제의식에서 최소한의 작은 변화나 때때로 감지하기 어려운 미묘한 변화를 경험하게 된다. 이러한 변화는 과제의 부분적인 해결이 있었음을 나타낸다. 상담자는 변화의 기미를 놓치지 않도록 내담자에게 적극적으로 귀를 기울이고, 작은 변화라도 그것을 계속적으로 경험하고 발전시킬 수 있도록 내담자를 도와야 이 치료과정을 최상으로 진행시킬 수 있다. 비록 완벽히 문제가 해결된 것이 아니더라도, 변화가 일어났다는 것은 작업이 성공적으로 이루어진 것으로 간주된다. 이 단계에서 사용되는 감정 지능 기술은 무엇이 중요하고 가치가 있는지 밝힘으로써 감정에 기반을 둔 우선순위를 파악할 수 있게 한다.

5단계: 재구성과 계획 변화

부분적인 해결 후, 내담자가 다음 단계를 이행할 준비가 되었거나 되지 않았을 수 있지만, 만약 준비가 되었다면 자신과 타인에 대해 폭넓은 관점을 지니는 변화를 띠게 되며, 문제를 해결하기 위한 개인의 능력 또한 증가한다. 더욱 근본적인 변화는 내담자가 이전에 무시했던 자신의 모습을 받아들이거나 수용하며, 자신과 타인에 관한 사항들을 더욱 이해하게 된다(감정적 통찰). 또 다른 것으로는 내담자가 강화되는 듯한 감정을(Timulak & Lietaer, 2001) 느끼거나 자신과 타인을 더욱 긍정적으로 보게 된다. 이때 내담자를 돕는 최선의 방법은 성급하게 다른 무엇인가를 하거나 그들을 비평하는 것이 아니라, 이러한 변화를 관조하는 것이다(Gendlin, 1996). 이러한 관조는 자기-반영(경험과 상징화)과 변화를 단순하게 받아들이고, 즐거워하는 모습을 포함한다. 이러한 과정은 내담자의 변화를 공고히 하도록 돕는다.

6단계: 변화 유지(온전한 회복)

완전한 해결을 위해 내담자는 자신에 대한 관점에 큰 변화를 반추하기 시작하여 치료 밖의 실제적인 인생문제 및 변화 후의 영향까지 고려하게 된다. 이는 상충하는 욕구와 가치를 절충하며, 변화를 일관되게 유지하기 위해 기존과는 다른 방식으로 행동하거나 목표를 위해 노력을 기울이겠다는 결심을 하는 등의 형태를 띤다. 이러한 절충이나 결단은 때때로 감정적 경험을 접촉하고, 내면의 극적인 감각과 명백한 증후 및 몸의 안정도 동반한다. 완전한 해결은 삶을 개선시키기 위해 감정을 적응행동으로 변화시키는 감정지능 기술을 사용하게 된다. 상담자는 이러한 과정들을 통해 내담자를 도울 수 있으며, 때로는 내담자가 자신의 경험을 받아들인 것을 기초로 절충하거나 결단할 준비가 되었는지를 부드럽게 물어볼 수도 있다.

이 단계는 다른 과정-경험적 치료작업 학습을 위해 전체적으로 체계화된 뼈대를 제공하는 것과 더불어, 7~12장에 제시된 작업의 문제해결 척도의 근간이 되며, 경험적 치료회기 단계에 포함된다(Elliott, 2002a, www.Process-Experiential.org).

대인관계 과제 해결을 위한 변증법적 과정

변증법적 구성주의 치료모델에 따르면(2장 참고), 모든 치료의 변화 과정은 내담자와 상담자의 변증법적 과정에 달려 있다. 이는 경험적 치료의 가장 독특한 점이며, 특히 과정-경험적 치료에서 가장 중심적인 역할은 내담자의 내적 변증법에 의해 이루어진다. [그림 6-1]은 내담자의 다양한 부분들과 목소리들과의 내적 대화의 형태에 포함된 대인관계 과제들의 변화 과정에 대한 전체 구조를 보여 준다(Elliott & Greenberg, 1997). 대개 과정-경험적 치료에서는 내담자의 성격적 측면과 감정의 출현을 북돋우며, 이러한 감정 및 측면들과의 접촉으로 내담자의 연장자 또는 지배적인 자아를 변화시키고자 한다. 실제로, 내적 대화의 유사한 형태 또는 내담자의 상반되는 측면들 간의 상호작용에 관한 내용은 9~12장에 서술되어 있다. 이것은 두 의자 기법에서 명확하게 드러나는데(11장 참고), 내담자의 다양한 측면들이 명확하게 활동화된다. 그러나 내담자에게 있는 두 가지의 주 내면의 목소리나 자아의 다른 부분들에 초점 맞추기, 체계적인 드러냄(9장 참고)과 의미창조(10장 참조) 등에서 나타난다. 이러한 작업들을 비교해 볼 때 각각의 작업이 내담자 자신의 상반되는 두 측면들 사이, 즉 더욱 '외적이거나' 개념적인 부분과 더욱 '내적이거나' 잠정적인 부분에서 상호작용함을 알 수 있다.

예컨대, 갈등 분열의 해결을 위한 두 의자 기법에서는 비판가와 경험가라는 두 가지의 주된 목소리(의자라고 명명되는)가 있다. 각각의 의자는 11장에 서술되었듯이 자기와 관련된 측면과 행동 경향성으로 구성되어 있으며, 비판가는 대개 중요한 타인이나 사회로부터 내면화된 목소리다. 경험가 목소리는 내담자의 사적이고 개인적인 내적 경험을 말하며, 특히 생물학적인 적응적 감정 시스템을 바탕으로 자신의 감정과 느낌을 말한다(Greenberg et al., 1993; Greenberg & Paivio, 1997).

치료에서 경험은 때때로 비판적 방해와 경험의 표현에 거칠게 반응하는 것으로 나타난다. 갈등 분열의 성공적인 해결은 전체적인 변화를 통해 알 수 있으며, 두려움을 내보이거나 공감을 나눔으로 비판의 목소리가 부드럽게 누그러지는 것을 통해 가장 명백히 관찰할 수 있다.

이와 유사하게, 문제성 있는 반응점(10장 참고)이 체계적으로 드러나는 것은 외

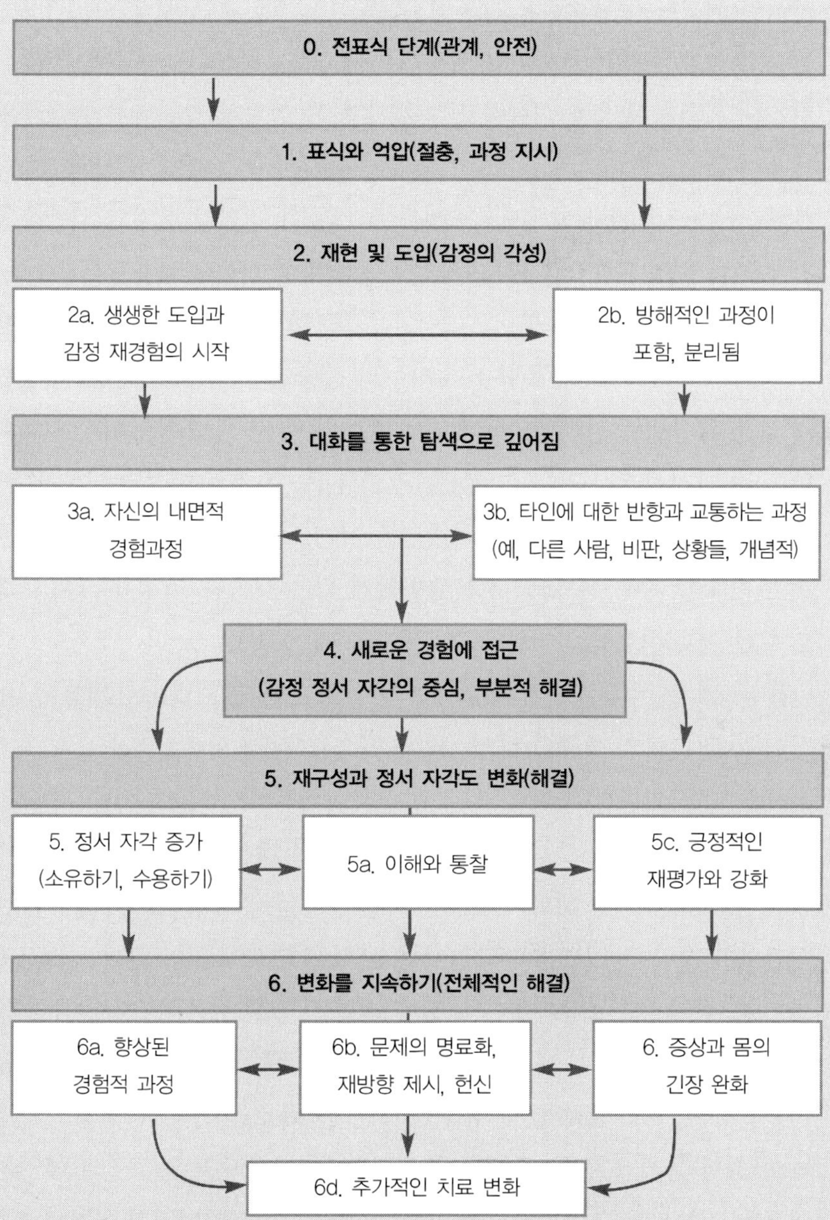

[그림 6-1] 과정-경험적 치료모델의 일반적 변화과정

"Multiple Voices in Process-Experiential Therapy: Dialogues Between Aspects of the Self," R. Elliot and L.S.Greenberg, 1997, *Journal of Psychotherapy Integration, 7*, p. 234. ©Plenum Press의 허락하에 게재함.

부적인 면이나 당황스러운 반응이 나오는 상황에 대한 내담자의 지각에 상응하는 목소리와 내면적 목소리나 상황에 반응하는 내담자의 반응과 관련된다. 내담자가 문제되는 반응을 이해하도록 돕기 위해 상담자는 내담자가 상황의 외적인 세부사항들을 분리시켜 관조할 수 있도록 (시간, 각종 활동, 사람들과 같은 세부적인 사항들에 집중하도록 유도함으로 이루어진) 그들의 내면적 감정의 역반응을 내적인 감정반응 또한 분리시켜 머물 수 있도록 도와야 한다(감정이 발생시킨 성향을 표현하고 구별화하는 것을 포함하여). 내담자는 명백하게 의식되는 내적인 사항과 외적인 사항 모두에 머물며 두 목소리 사이의 변증법적인 상호작용을 통해 한 측면에서 다른 측면으로 전환하도록 촉진될 것이다. 부분적 해결은 외적 인식의 목소리와 내적 감정의 목소리를 연결하는 것이다. 두 목소리 사이의 대화를 통해, 내담자는 반응을 유도하는 상황이 무엇임을 알게 된다. 완전한 해결은 전반적인 자신의 도식(관점, 욕구, 가치)을 더욱 경험하게 되는 것이며, 자신에 대해 다른 관점으로 보는 것과 변화를 의미한다(Greenberg et al., 1993).

감정적으로 미해결된 과제를 해결하기 위한 의자 기법(12장 참고)은 내면의 표상이 된 발달상의 중요한 타인(예컨대, 방임적이거나 학대적인 부모)의 목소리와 대화하는 것을 의미한다. 상처받고 분노한 내면의 목소리는 내담자의 어린 시절의 아동과 현재 성인으로서의 내담자 자신의 목소리를 모두 아우른다. 이러한 해결은 두 목소리 사이의 대화와 새로운 자신과 타인에 대한 관점의 통합에서 나온다. 내담자가 작업에서, 고객이 작업에서 늘 다른 의자에 앉아 말하는 것은 아니지만 회기 중 심리적으로 존재하는 타인에 대한 표상을 적극적으로 구축하며, 타인을 재연하여 미해결 과제 해결작업을 촉진할 때 매우 효과적이다(특히, 충족되지 않은 욕구와 소망을 놓아 줌에서). 다시 말하자면, 두 목소리 간의 대화 및 새로운 자기상과 타인의 통합을 통하여 해결이 일어난다. 명확하지 않은 느낌에 집중하면서 (Gendlin, 1981, 1996; 9장 참고) 내면적인 측면의 비언어적이며 복잡하고 통합적인 몸에 감각된 내담자가 경험하면서도 말로 표현할 수 없는 것들을 경험하게 된다. 상담자는 내담자가 내적으로 느껴지는 감정에 주의를 기울이도록 도운 후 적합한 언어나 이미지로 그 감정을 표현하도록 찾아보라고 돕는다. 그래서 이 과제의 외적인 측면은 내담자가 내적으로 느껴지는 감정에 반하여 시험해 본 언어적인 정의나 시각적인 이미지들의 연속으로 표현이 된다. 이러한 것들을 이용해 내담자는 그간 축적되었던 문화적으로 공유되는 사건, 대상, 경험의 개념적 · 언어적 상징을 이끌어 낼 수 있다.

Clarke(1989, 1996)가 발전시킨 또 다른 과제인 의미창조(10장 참고)는 심리적 외상이나 상실과 같은 삶의 도전에 대한 강한 감정반응들을 다룰 때 사용된다. 이 작업에서 도전적인 삶의 경험들은 외적인 측면에 해당한다. 내적인 측면은 의미저항(Elliott, Davis, & Slatkc, 1998) 즉, 삶의 사건으로 인해 의문이 들게 된 감정적 고통과 소중한 신념(예컨대, 만약 내가 조심한다면 나쁜 일은 생기지 않을 것)과 같은 복잡한 반응이다. 해결의 변증법적인 과정은 새로운 의미를 창조함으로써 중요한 신념에 주어진 도전을 이해하는 것이다.

대개 이러한 과제들에서 외적 자기 측면은 상대적으로 좀 더 외적이며, 개념으로 정리되었고, ① 상호관계적이거나 사회적인 과정(두 의자 기법, 빈 의자 기법)의 변화나 ② 때때로 타인을 포함하여 드러나지 않은 의미창조와 외적인 사건들의 내적인 표상 또는 ③ 문화가 바탕이 된 경험을 언어로 상징한 것(focusing) 등을 반영한다. 이러한 것들은 개인의 사회적 정체성을 대변한다. 반대로, 내적인 자기 측면은 경험적 · 감정적 · 핵심적 개인적 과정과 연관되며, 본질적인 자기를 기반으로 한 감정적인 목소리에 더욱 가깝다. 자신의 상이한 두 측면 간의 상호작용의 성격은 과제별로 다양하다. 이는 새로운 (드러나거나 창조되거나) 의미창조를 하기 위한 상이한 두 측면들 간의 상호작용을 내포하며 물음, 경청, 한 부분과 다른 한 부분을 확인해 보는 등의 형태로 이루어지는 각각의 측면들 간의 암시적이고, 구조화된 대화 또는 자기 측면들 간의 명백한 대화(두 의자 기법, 빈 의자 기법)로 이루어진다.

요약하자면, 우리가 과정-경험적 치료에서 언급했듯이, 자기성찰 작업은 내담자가 자신의 감정지능의 다양한 요소를 활용할 수 있도록 돕는다. 첫째, 이러한 작업들은 내담자가 자신의 중요한 측면들을 알아차리도록 도우므로 내담자가 타인과 정신적인 만남을 갖도록 돕는다. 이는 내담자가 자신의 다양한 면을 온전히 경험할 수 있도록 도우며, 특정한 문제 유형에 내포된 자신만의 특정한 처리과정에 간섭할 수 있도록 돕는다. 작업에서의 특별 개입은 내담자가 자기 측면들 간의 대화를 어떤 형태로든 창조해 낼 수 있도록 돕는다. 이러한 내적 변증법은 새로운 정보를 만들어 내고, 미세한 변화를 불러일으키며(4단계), 다음으로는 정서 도식의 광범위한 변화를 더욱 확장시키며(5단계), 최종적으로 감정과 행동상의 변화를 경험하게 된다(6단계). (다양한 부분들 간의 또는 목소리들 간의 대화에 대해 더 알고 싶다면, Elliott과 Greenberg의 1997년 연구를 참고하라) 이제 이 책의 두 번째 파트인, 대인관계 및 자기반성적인 작업 등 여타의 과정-경험적 치료작업의 세부 사항으로 넘어갈 차례다.

2

과정-경험적 치료의 구체적 과정과 작업

07

공감과 탐색: 경험적 치료의 핵심 과정

공감은 단순히 치료적 기술에만 국한되지 않는다. 공감은 관계를 세우는 기초적인 토대다(Bohart & Greenberg, 11997a; Kohut, 1971; Rogers, 1975; Watson, Goldman, & Vanaerschot, 1998). 의사소통 과정에 있어 상대를 이해하기 위한 최소한의 공감은 어떠한 상황에서든지 필요하다. 그러나 이해 정도의 차이와 공감의 양상은 다를 수 있다. 이를테면, 어떤 사람은 상대방의 말을 지식적인 측면에서 이해하면서 상대의 가치, 세계관, 목표와 방향을 파악할 수 있다. 이러한 점도 좋지만, 2장에서 살펴본 바와 같이, 정서적 측면은 상대의 시각에서 사건을 이해하는 데 중요한 단서다. 그러므로 진정한 공감을 하려면, 상대방이 정서적으로 어떻게 영향을 받았는지 이해하는 것이 필요하다.

또한 타인을 공감하는 것은 정서지능의 기본요소다(Goleman, 1996). 이는 복합적이고 다각도로 타인의 감정과 인지 체계를 이해하는 것이다(Bohart & Greenberg, 1997a). 발달이론가들에 따르면, 공감은 인간이 태어날 때부터 가지고 있는 능력으로 지적 · 정서적으로 성장해 감에 따라 발달한다고 한다. 20세기 초반, 심리학자 Edward Titchener는 독일어 'einfuhlung'을 '공감(empathy)'이라고 번역하면서, '누군가의 속으로 들어가 느끼는 것(to feel one's way into)' (Bozarth, 1997)이라고 했다. 이 용어는 원래 독일 예술비평가들 사이에서 특정 예술을 이해하는 데 이르는 방법을 명하는 데 사용되었다. 1940년부터 Rogers(1959, 1975)를 시초로 하여 Kohut(1971, 1977)에 이르기까지 심리치료를 포함하는 모든 돌봄 관계에 있어서 공감은 치료를 촉진하는 핵심적인 방법으로 강조되었다.

이와 같이 공감은 근본적인 변화를 이끌기 위한 과정이자 구체적인 치료작업이다. 그러므로 이 장의 상반부에서는 변화를 이끌기 위한 중요한 구성요소로서 공감을 다루어 보았다. 그리고 5장에서 논하기 시작했던 상담자가 진정으로 공감적일 수 있는 마음의 틀을 위한 상담자의 공감의 내적 경험에 대해 더 자세히 설명한다. 그 후로는 공감의 다양한 방식 및 경로와 다른 형태의 공감이 필요함을 알리는 내담자의 표식에 대해 다룰 것이다. 이 장의 후반부에서는 공감을 토대로 한 두 가지 치료적 작업을 다루고자 한다. 우선 공감적 탐색(therapeutic exploration)은 과정-경험적 치료의 기초작업으로 치료 작업의 시작점이며, 다른 모든 작업의 시초다. 공감과 관련된 두 번째 작업은 인간중심 상담의 전통에서 나온 것인데, 내담자의 심리적인 연약함과 취약성에 대해 공감적 인정(empathic affirmation of vulnerability)을 하는 것이다. 즉, 내담자의 심리적 취약성과 수치심을 공감적으로 대하는 것이다.

능동적 변화 과정으로서의 공감

대부분의 치료적 접근법이 공감을 능동적 개입 혹은 구체적 변화 과정을 지지하는 필수 기본 조건으로 본다. 하지만 우리는 공감을 치료 중 일어나는 변화의 능동적 요소 및 내담자의 정서지능을 증가하게 하는 핵심 과정으로 본다. 공감적 반응들의 언어 분석을 해 본 결과, 공감적 반응은 해석, 역설적 개입 및 재개념화(reformulation)와 비슷한 역할을 했다(Elliott, Slatick, & Urman, 2001; Watson, 2002). 반면, 신인본주의적(neohumanistic) 관점에서 보았을 때 공감적 반응은 내담자와 상담자의 평등한 관계를 좀 더 효과적으로 조성하고 유지할 뿐 아니라 내담자의 자율성을 지지한다. 변화의 능동적 요소로서 공감은 상담치료에서 세 가지 중요한 역할을 한다. 첫째, 공감은 긍정적 치료 동맹을 촉진한다. 둘째, 공감은 내담자가 가지고 있는 세계관과 추측들을 탐색하고 해체하는 것을 돕는다. 공감의 세 번째 역할은 2장에서 언급된 바와 같이 자신의 감정을 조절할 수 있는 능력을 촉진하고 향상시키는 것이다(Watson, 2002; Watson et al., 1998).

대인관계에서의 공감의 역할

가장 기본적 수준에서 공감은 내담자로 하여금 안전감을 느끼게 한다. 공감적 반응은 내담자로 하여금 상담자가 자신의 이야기를 듣고 있으며, 자신을 이해하고 지지하고 있다고 느끼도록 돕는다. 안전감은 내담자로 하여금 상담 중 자신의 관심사에 더 집중할 수 있게 한다. 안전한 분위기를 만듦과 동시에 상담자의 공감은 내담자와의 치료적 동맹을 형성하고 유지하는 데 중요하다. 공감은 상담의 목표와 다룰 과제들에 대한 동의를 협의하는 데 필수적이다. 공감적 상담자는 내담자와의 교류를 주시하고 만약 내담자가 상담 중 어려움을 경험하고 있다면 그에 따른 자신의 반응을 조정할 수 있다. 자신의 개입이 내담자에게 미치는 영향과 치료적 동맹의 전체적 질에 대해 세심하게 반응하므로 공감적 상담자는 회기와 전체 상담 과정 중 일어나는 순간순간의 변화와 불화에 깨어 있을 수 있다(Watson et al., 1998).

공감의 탐색적이고 해체적인 기능

공감적 반응은 내담자 자신과 타인에 관한 세계관, 해석과 가정들에 대해 탐색하고 해체하는 데 필수적이다. 이 시각으로 볼 때 공감적 상담자는 내담자에게 본문을 번역하는 번역가의 역할을 한다고 볼 수 있다. 본문과 번역에 관한 여러 강의를 통해 이탈리아 작가 Umberto Eco(1998)는 다른 문화적 · 역사적 그리고 맥락적 지식의 토대들은 다른 언어들이 일대일로 상응하지 못하게 한다고 주장했다. 그러므로 원서의 명시적이고 암시적인 의미들을 성공적으로 정제하고 제시하기 위해서 번역가들은 직역을 넘어서야 한다.

이러한 관점은 공감의 해석적 측면을 강조한다(Keil, 1996; Watson & Greenberg, 1998). 번역가가 본문의 의도를 드러내기 위해 노력하듯이 상담자는 내담자의 의미와 의도를 드러내기 위해 노력하는 사람으로 볼 수 있다. 저자가 완전히 의식하지 못했던 의미와 참조를 번역가와 독자가 알아차리고 드러낼 수 있듯이, 때때로 상담자는 내담자가 이야기하는 여러 의미의 복잡성에 대해 더 완전히 의식하고 있다. 그렇기에 상담자는 내담자로 하여금 그런 의미들을 정제하고 드러내는 것을 도울 수 있는 좋은 위치에 있을 수 있다(Watson, 2002). 상담자는 내담자가 자신이 암시적으로만 아는 것들, 즉 어떤 수준에서는 알고 있으나 자신이 알고 있다는 것을 온전히 알지 못하는 것들을 인식할 수 있도록 도울 수 있다. 이러한 반영은 내담자로 인해 확인되기만 한다면 내담자가 희미하게만 인식했던 경험의 측면을 좀 더 분명하게 할 수 있다. 그러므로 공감적 반응은 내담자가 자신의 세계관을 탐색하고 해체하는 과정을 도우며, 그로 말미암아 자신들의 지각의 주관성을 인식하고 사건을 개념화하는 데 더욱 잠정적이게 도울 수 있고 그 과정에서 내담자의 행동반경을 넓힐 수 있다.

공감적인 상담자는 내담자의 개인적이고 특유한 세계관을 탐색하고 해체하는 데 매우 중요한 역할들을 수행한다. 공감적인 반응은 내담자와 상담자가 공유하는 내담자의 내면의 세계가 드러나고, 내담자와 상담자가 공유할 수 있도록 절충된 의미에 도달하는 과정을 제공한다. 이 과정은 순간순간 내담자와 상담자가 이해하고 있는 것이 진화되는 변증법적 구성 과정(dialectically constructive process, 2장 참고)이다. 내담자 측면에서 보았을 때 Watson 등(1998)은 공감적 탐색과 해체는 내담자로 하여금 사건들을 구성하는 데 더욱 유연하게 하고 좀 더 만족스러운 삶의 방식을 개발하게 한다고 하였다. 공감적 탐색으로 인해 내담자는 자신이 지니고 있는 가정,

가치관, 목표, 욕구와 더불어 세계와 자신에 대한 지각과 인지적 구성에 대해 인식하게 한다. 자신과 세계에 대한 시각이 드러난 후에는 이를 점검하고 재평가할 수 있다. 이 관점은 개개인의 선천적인 자아실현적 능력을 강조한다. 그리고 내담자는 재귀적 관리인(reflexive agents)으로 자신들의 세계 구성에 변화를 주고, 새로운 행동과 행동양식을 고안하며 스스로 문제의 해결책을 찾아낼 수 있다고 믿는다(Bohart & Tallman, 1999; Greenberg, Rice, & Elliott, 1993; Rogers, 1951; Watson & Rennie, 1994).

공감의 정서조절 기능

공감을 통해 즉각적이고 적절히 대응하는 것은 상담 회기 내에서뿐만 아니라 장기적으로 내담자로 하여금 자신의 감정을 조절하고 스스로 마음을 달래는 것을 배우도록 돕는다. 첫째, 강하고 고통스러운 감정을 자신이 온전히 이해되었다고 느끼는 순간에는 경험하고 있을지라도 엄청난 안도감과 위안을 느낀다. 둘째, 내담자가 자신의 감정과 접촉하고 정서를 다루는 것을 도움으로써 회기 내에 감정의 즉각적 접촉과 상징화를 통해 내담자들이 자신의 정서를 다스리도록 배우는 것을 돕는다. 자신의 정서 경험에 대한 인식을 개발하고 이해하며 그것을 적응적이고 기능적으로 표현하는 것은 내담자가 정서적 회복력을 갖게 하는 데 도움을 준다(Greenberg, 2002a; Kennedy-Moore & Watson, 1999). 셋째, 자신의 말을 상담자가 공감적으로 들어주는 경험은 내담자들로 하여금 좀 더 긍정적이고 양육적인 자아 도식(self-schemes)을 개발하고, 스스로에게 좀 더 긍정적이고 보호적이고 진정시키는 방법으로 대응하게 돕는다. 이를 통해 내담자는 자아 도식을 바꿀 수 있게 되고, 자신에 대해 좀 더 용납적이고 덜 판단적이게 된다. 자기 자신과 좀 더 긍정적인 관계를 개발하는 것은 방치나 학대 또는 다른 환경적으로 어려운 경험들로 인해 이러한 태도를 개발하지 못한 내담자에게 특히 중요하다(Barret-Lennard, 1997; Rogers, 1975).

공감하기: 상담자의 내적 경험

상담자는 내담자의 말을 단지 되풀이하며 공감하는 척 할 수 없다. 이렇게 하는 것은 상담자가 실제로 얼마나 조금 이해하고 있는지를 드러낼 뿐이다. 진심 어리고 효과적인 공감은 단순히 기계적으로 배운 것이 아닌 상담자의 내적 경험으로부터 뿜어져 나와야 한다. 실전 경험과 개인적 성장 작업을 통해 내담자의 경험에 대한 심리적 반응과 태도를 개발해야 한다. 1장에서 치료 원칙으로 소개되었던 공감적 조율과 4장에서 상담자의 내적 과정으로 설명된 공감을 여기서는 상담의 필수적 출발점이라는 관점에서 설명하고자 한다.

공감적 조율은 묘사하기 어렵지만 오해의 여지가 없는 실질적 경험이다. 우리는 이 내적 경험을 다음과 같이 정리한다Greenberg et al., 1993 참조; Vanaerschot, 1990). 먼저, 진심으로 공감적이기 위해서는 상담자는 우선, 사전에 내담자에 대해 형성한 자신의 생각과 사례 개념화를 덮어 두어야 한다. 두 번째, 상담자는 내담자의 세계에 적극적으로 들어가 접촉해야 한다. 세 번째, 상담자는 내담자의 경험을 상담자 자신의 경험으로 경험해야 한다. 네 번째, 상담자는 내담자의 경험 중 내담자에게 가장 중요하거나 내담자의 마음을 아프게 하거나 감동적인 것을 선택한다. 마지막으로, 상담자는 내담자의 경험 중 이 부분을 다시 내담자에게 표현한다.

비우기

진정으로 공감하는 상담자는 내담자의 내적 세계를 꺼내어 분석하는 것을 돕는 과정에서 경험하게 되는 애매모호함에 대한 높은 내성(tolerance)을 가지고 있다(Rice, 1965, 1974). 공감적으로 경청하는 상담자는 다른 사람들의 경험을 맛보고 받아드릴 수 있기 위해 다른 사람의 경험에 대해 열린 자세여야 한다. 상담자는 자신 스스로의 가치관을 보류해야 하고, 너무 빠르게 결단지으려는 것을 자제해야 한다. 상담자 스스로가 나는 '알지 못한다(not knowing)' 라는 태도를 지니는 것이 도움이 된다. 이는 현상학에서 말하는 괄호치기(bracketing)와 흡사하다. 이는 무엇이 '참된 사실' 인가에 대해 관심을 갖는 '자연적인 태도' 를 보류하는 것이다(Wertz, 1983). 이와 같은 상담자의 태도에는 내담자가 경험하고 있는 것이 정확하게 무엇인지에 대한 기대와 내담자로 인해 놀랄 것에 대한 기대를 포함한다. 공감적 조율에서 상담자들은 어떠한 '정확한' '객관적인' 혹은 외부적 시각이 아닌 상담하는 그 순간 내담자들이 지각하는 현실에 대해 반응하는 것이다. 그러므로 상담자가 상담에 앞서 미리 형성한 생각, 진단, 기대, 사전 이해 혹은 개인적 주의 산만 부분을 내려놓는 시간을 갖는 것이 공감적 조율을 하는 데 도움이 될 것이다. 뿐만 아니라 내담자가 새로운 주제나 경험의 여러 측면에 대해 말할 때 앞으로 듣게 될 것에 대해 자신의 생각을 비워야 할 것이다.

들어가기

그 후 상담자는 집중적으로 경청하는 과정을 시작하면서 내담자의 세계에 들어가기 위해 노력한다. 이 단계는 타인의 세계를 지향하거나 느끼는 것, 다른 사람의 입장에 서 보는 것 혹은 '타인의 지붕 아래 서 보는 것' (타인의 집에 들어가는 것의 은유는 '이해' 라는 단어의 근원이다) 등의 여러 가지 표현으로 묘사되곤 한다. 내담자의 세계에 들어가는 것이 수월할 경우, 이 과정은 자연스럽고 힘이 들지 않고 합류되거나 몰두되는 과정으로 느껴진다. 하지만 들어가는 것이 어려울 때, 이 과정은 적극적 혹은 고의적으로 자기 자신을 내세우거나 심지어 역할극을 하는 과정과 같이 느껴진다(Bohart, 1997).

공감적 진입(empathic entry)은 내담자의 경험이 상담 회기 내에 발달되고 변화되면서 순간순간 진화하는 것을 추적하는 것을 포함한다. 이 과정 중 상담자는 내담자를 신중하게 경청하고, 내담자의 기분이나 내담자가 하는 말의 내용의 변화에 반응해야 한다. 예를 들어, 1분 동안 내담자의 경험은 청소년기 반항에 대한 기억에서 부모로부터의 거절받는 것에 대한 두려움으로, 그리고 자신에 대한 실망과 좌절감으로 옮겨갈 수 있다. 내담자의 경험에 들어가는 것은 내담자를 인지적으로 이해할 뿐만 아니라 정서적으로 이해하는 것을 뜻한다(Fiedler, 1950). 타인의 경험을 맛보고 냄새를 맡고 느끼기 위해 상담자는 내담자의 경험에 온전히 몰두하므로 내담자의 서술의 의미와 뉘앙스를 이해할 수 있어야 한다.

반향하기

상담자는 내담자의 경험에 동의하거나 동의하지 않는다는 태도를 갖기보다 내담자의 경험을 있는 그대로 감지하는 것이 좋다. 상담자는 자신이 누구인지에 대한 감각을 잃거나 내담자의 경험과 '융합(fusing)' 되지 않는 상태에서 내담자의 의도, 느낌과 지각을 받아들이고 맛보며 그 순간 내담자가 경험하는 바를 감각적으로 알게 되는 것이다(Rogers, 1975). 내담자의 경험과 반향하는(resonating) 경험은 다른 사람과 함께 화음으로 노래하는 것과 흡사하다. 이는 내담자와 '뜻이 통하는 것' 으로 내담자가 경험하고 있는 것을 함께 경험하거나 그 패턴이나 음악을 따르며 그것에 맞춰 나가는 것이다.

상담자는 공감하기 위해 여러 인지-정서적 능력을 사용하는데 Rogers(1961)에 의하면 공감하기 위해 가장 중요한 능력은 상상력이다. 내담자들이 나눈 이야기와 경험들은 상담자의 상상력을 활성화시키고, 상담자로 하여금 내담자의 생각을 감지하고 개념화할 수 있게 한다. 상상력은 주로 상담자가 자신의 삶의 경험, 임상적 지혜, 읽은 문헌들 및 세계와 다양성에 대한 상식 등을 통해 얻게 된 암묵적인 지식의 영향을 받는다. 그러나 상상력은 상담자의 개인적 경험에 국한되지 않고 그것을 초월할 수 있다.

Vanaerschot(1990)와 Mahrer(1997)는 공감적 경청(empathic listening)을 내담자를 경청함과 동시에 상담자 자신의 경험적 과정에 집중할 수 있는 능력이라고 묘사했다. 이들은 상담자를 내담자의 경험을 아주 실질적이고 본능적으로 경험하게 되는 내담자의 대리 경험자로 본다. 또한 이들은 내담자가 기술하는 경험으로 인해 상담자가 느끼는 신체적 느낌을 공감적 반향(empathic resonance) 과정으로 본다. 신체적 느낌은 내담자들의 경험을 상징화하는 것의 기반을 제공하는데, 이를 내담자와 점검하고 수정이 필요한지 검토해 보아야 한다[상담자가 주로 느끼는 느낌이라는 것은 내담자와 흡사한 느낌이라기보다 내담자가 느끼는 것을 상담자가 어떻게 이해하고 신체적으로 느끼는가를 반영하는 것이다(Greenberg & Rushanski-Rosenberg, 2002)].

탐색하고 선택하기

내담자가 경험하고, 자신의 경험에 대해 말하는 내용은 복잡하고 수시로 변하기에 상담자는 어떤 것에 집중을 할지 선택해야 한다. 이러한 공감적 선택(empathic selection) 과정은 주로 내담자의 메시지 중 생생하고 아프고 내담자에게 중요한 부분에 가장 강하게 조율(tuning)하는 것이다. 그 부분은 주로 감정, 경험의 한 부분, 그리고 특별한 의미를 지닌 부분들이다. 어떤 부분이 선택되는지는 어떤 종류의 작업을 하는가에 달렸기에 공감 중 이 부분이 가장 어려운 부분이라고 할 수 있다.

구체적으로 상담자는 2장에서 묘사된 최초 적응적(primary adaptive), 부적응적(maladaptive), 이차적 반응적(secondary reactive), 그리고 수단적 정서 반응(instrumental emotion response)의 구분을 참조할 수 있다. 예를 들어, 한 내담자가 자신의 여동생에게 얼마나 화가 났었는지 말하고 있을 때 상담자는 내담자의 부정적 경험을 처리하는 과정을 더 진행하기 위해 빈 의자 기법을 제안했다. 내담자가 빈 의자에 있는 자신의 여동생을 묘사한 후 상담자는 그 묘사된 여동생이 무기력하고 불쌍한 부랑자라는 것을 알 수 있었다. 상담자는 내담자의 좀 더 핵심적인 감정은 분노보다는 여동생의 곤경에 대한 슬픔이고, 분노의 표현은 동생이 너무나 상처받고 피해를 입은 것에 대한 좌절감으로 인한 것이라는 공감적 추측을 형성하게 되었다. 상담자는 조심스럽게 내담자가 자신의 동생을 불쌍하게 느끼는 것 같다고 말하고 슬프냐고 물었을 때 내담자는 즉각적으로 울음을 터트렸고 여동생의 상황에 대한 자신이 느끼는 절망에 대해 탐색하기 시작했다.

모든 공감적 반응은 상담자의 조심스럽고 탐색적인 태도를 통한 관찰과 추측을 기반으로 해야 한다. 또한 상담자 자신의 지각을 내담자에게 피드백해 주며 내담자 스스로가 자기 발견 과정을 거치게 해야 한다. 이는 상담자가 거울을 들고 계속 진행 중인 내담자의 순간적인 경험을 비춰 주는 것과 같은 효과가 있다. 상담자는 내담자가 제시하는 모든 정보에서 어떤 부분들에 공감적 반응을 할지를 선택해야 한다. 하지만 동시에 자신의 경험에 있어서는 내담자가 전문가이기에 어떤 것이 중요하고 주된 부분인지는 내담자가 결정해야 한다.

이해하고 표현하기

내담자들은 자신의 경험이 주로 복잡하고 혼란스럽고 다층으로 이뤄져 있으며 가끔 혼란스럽고 모순적이기 때문에 자신의 경험을 이해하는 데 어려움을 겪는다. 그렇기에 내담자가 이해하려고 하는, 중요하지만 미묘한 경험을 파악하는 것은 어려운 일이다. 상담자가 마침내 경험을 이해했을 때는 안도의 '아하' 경험 (알아차림의 경험-역주)을 하게 되고 진정한 성취감을 느끼게 된다.

상담자가 자신이 이해하는 바를 내담자에게 표현하는 것은 필수적이다. 5장에서 언급되었듯이 상담자는 공감을 여러 형태의 공감적 혹은 탐색적 반영뿐만 아니라 여러 다른 방법으로 표현할 수 있다. 걱정스러운 표정으로 내담자를 바라보거나 내담자에게 주의를 기울이거나 앞으로 몸을 구부리고 똑바로 내담자를 바라보는 등의 비언어적 표현으로 공감을 표현할 수 있다. 상담자는 내담자를 위하고 관심을 표현하거나 내담자를 존중하는 어조로 말하므로 자신의 공감과 이해를 내담자에게 표현할 수 있다. 또한 상담자가 자신이 이해한 바를 단순하고 명확하게 새로운 표현을 사용해서 내담자에게 의사소통하는 것이 중요하다(Rice, 1974; Sachse, 1993). 상담자가 간단명료하게 말하는 것은 내담자에게 말할 시간을 충분하게 주는 것과 동시에 내담자의 피드백과 추후 정보에 따라 상담자가 이해하는 바를 소리 내어 수정할 수 있게 돕는다. 마지막으로, 상담자는 좋은 부모가 그렇듯이 일관되게 공감해 주어야 한다. Kalfas(1974)의 연구결과에 따르면 상담자가 일관되게 공감적이었다고 보고한 내담자들은 상담자가 전체 치료에 걸쳐 여러 강도의 공감을 주었다고 보고한 내담자들보다 더 나은 치료 결과를 보였다.

상담자의 공감을 위한 공감 경로와 내담자의 미세 표식

상담자가 언제나 공감적인 것은 매우 중요하다. 그리고 상담자들은 치료의 과정을 진단하여 순간순간 공감적 반응의 초점을 결정해야 한다(Greenberg & Elliott, 1997). 이제 우리는 몇 가지 공감 미세 표식과 그것에 따른 상담자의 공감적 반응들을 묘사할 것이다. 탐색과 선택 부분에서 논의했던 바와 같이 어느 한 순간 내담자의 경험에는 상담자가 선택할 수 있는 여러 층 혹은 여러 '공감 경로(empathy tracks)'가 있다. 이것이 여러 종류의 공감적 반응이 필요한 주된 이유다(4장 참고).

공감 경로

내담자가 경험하는 것에 대한 일곱 가지의 다른 경로와 그에 따른 상담자의 공감적 반응들을 구분할 수 있다.

- 내담자가 말하고 있는 주요 내용, *공감적 이해*
- 내담자의 감정들, *연상적 반추(evocative reflection)*

- 내담자의 인식의 가장자리에 있는 내용, *공감적 탐색*
- 좀 더 일반적으로 내담자가 된다는 것은 어떤 것인지에 대한 것, *경험적 개념화(experiential formulation)*
- 내담자가 의사소통하는 과정 혹은 방법, *과정 관찰*
- 표현된 것들 사이에 감지하기 힘든 부분들, *공감적 추측*
- 내담자가 회피하거나 최소화시키는 것들, *공감적 재초점화*

위와 같이 각 경로는 어느 정도 다른 종류의 경청과 반응을 필요로 한다. 실질적으로 어떤 내담자의 반응이든지 그것의 주요 내용, 감정 그리고 분명치 않은 경험들이 무엇인지 경청할 수 있다. 그러므로 앞에 나열된 공감적 반응들은 공감적 반응에 대한 과정-경험적 접근의 토대이며, 1장에서 기술된 탐색적 방식의 근거가 된다.

상담자들은 상담자가 경험하고 있는 것의 여러 방면 혹은 경로 가운데로 주의를 전환할 수 있어야 한다. 예를 들어, 내담자의 감정에만 집중하고 내담자가 말하고 있는 요점에 전혀 관심을 갖지 않는 것은 실수다. 이와 흡사하게 상담자가 내담자가 말하지 않는 것, 암시된 것, 이제 막 모습을 드러내려고 하는 것 혹은 내담자 의식의 가장자리에 있는 것들을 경청하지 않는다면 내담자가 그의 경험을 확대하고 개방할 수 있게 돕는 중요한 기회를 놓치는 것이다. 더 나아가 만약 상담자가 과정(process), 즉 내담자가 어떻게 말을 하고 어떤 느낌과 경험들이 그 말과 동반하는지를 전혀 듣지 않는다면 상담자는 내담자가 그들의 개입상태에서 잠깐 벗어나 자신의 경험이 어떻게 진행되는지 반영할 수 있게 하는 기회를 놓치는 것이다.

구체적인 내담자의 미세 표식으로 공감 작업하기

내담자가 회기 중 즉각적으로 경험되는 아픈 감정을 표현함

상담자는 내담자가 울거나 두려움이나 분노를 표현할 때, 내담자의 음성의 변화에서 나타나는 뚜렷한 감정적 고통을 대부분 인식한다(Rice, Koke, Greenberg, & Wagstaff, 1979). 내담자가 자신의 감정과 접촉하고 있다는 다른 징후는 강렬하고 슬픈 묘사나 생생하고 독특한 언어의 사용이다. 이럴 경우 상담자는 내담자의 경험을 공감적으로 확인하고 인증하여 내담자가 검열에 대한 두려움이나 부끄러움 없이 자유스럽고 개방적으로 자신의 감정을 경험할 수 있는 안전한 공간을 제공하는 것이 중요하다. 이 시점은 내담자의 감정을 깊이 있게 탐색하거나 그 강도를 높일 시점은 아니다. 대신 경험적 상담자는 내담자의 고통과 연약함의 표현을 인정한다.

그러나 대부분의 경우 내담자는 자신의 강한 감정을 느끼기는 시간을 갖기보다 자신의 이야기를 연이어 나간다. 울면서도 자신의 이야기를 계속 진행하는 경우가 그 예다. 이럴 경우 상담자는 의도적으로 그 과정을 늦추기 위해 조심스럽게 혹은 부드럽게 개입해야 한다.

> 상담자: 지금 울고 계시네요. (조심스럽게) 잠시 그대로 머물러 볼까요? (멈춤) 아버지에 대해서 말하는 것이 많이 슬픈가 봐요. 다시 기억해 내는 것이 너무 고통스럽죠?
>
> 내담자: (울면서) 네.

이러한 개입은 내담자에게 아픔을 느끼고 표현할 기회를 준다. 또한 이는 과정-경험적 치료에 중요한 작업인 정서 경험에 집중하고, 과정을 진행하는 것의 시작이기도 하다. 대부분 몇 가지 반응을 통해 이 과정이 진행된다. 개입할 때 부드러운 어조로 하고, 내담자를 향한 집중을 유지한다면 상담자가 내담자가 말하는 것을 방해하려는 의도가 아닌 이상 내담자는 위협적이거나 무시당한다고 느끼지 않을 것이다(Watson, 2002).

자신과 상황에 대한 분석적 기술

내담자는 자기 자신을 제삼자가 관찰하고 있듯 묘사하기도 한다(Watson, 2002). 내담자는 매우 합리적이고 매우 분명하게 해 본 말을 하듯이 이야기할 때도 있다. 대부분의 경우 내담자가 말하는 것이 매우 촘촘하고 조직적이어서 상담자는 자신이 들어설 공간이 없고 다각도로 탐색해 볼 수조차 없다고 느낄 수 있다. 이런 경우 상담자는 내담자가 자신의 감정과 접촉하고 공감적 탐색과 연상적 반추(evocative reflections)를 통해 사건들의 영향과 의미를 인식할 수 있게 도울 수 있다. 대안적으로 상담자는 내담자와 비슷한 상황에서 상담자가 느낄 법한 감정 혹은 내담자에 대해서 아는 현재 지식을 기반으로 했을 때 내담자가 경험할 느낌을 상상해 공감적으로 추측해 볼 수도 있다. 이런 상황들 역시 경험적 가르침, 적절한 질문들과 함께 존중적 개입(respectful interruption)을 필요로 한다.

비판적 평가와 가정의 비반영적 표현

내담자들이 자신 혹은 다른 이들에 대해 비판적이거나 대안을 고려하지 않은 채 가정할 경우에는 공감적 이해의 반응으로 반영하는 것이 유익하지 않을 수 있다. 대신 내담자를 늦추고 그들이 자신의 가정과 평가를 재조명할 수 있게 하는 것이 더 도움이 될 것이다. 예를 들어, 한 내담자는 직장에서 해고된 남편에게 매우 화가 나 있었다.

> 내담자: 제 남편은 너무 게을러요. 하루 종일 소파에 앉아 있고, 자신의 상황을 어떻게 해서든지 개선하려고 하지 않아요.
>
> 상담자: 남편 분을 그저 게으른 사람으로 보는 것 같군요. 남편이 우울해하고 절망스러워하는 모습을 지켜보는 것이 매우 힘드시죠?

내담자: 네. (멈춤). 네, 그래요. 남편이 이 상황으로 인해 얼마나 우울한지를 인식해 버리면 저마저 우울해질까 봐 그것이 두려운 것 같아요.

이 대화에서 상담자는 내담자를 지지하는 가운데 내담자가 말하는 것을 세세하게 분석하므로 내담자가 다른 시각을 가질 수 있게 돕는다.

만약 내담자가 자아비판적으로 말을 한다면 상담자는 두 의자 기법(11장 참고)을 시도해 볼 수 있다. 이러할 경우 작업의 목표는 자아비판에 대한 내담자의 정서적 반응들을 제거하고 좀 더 자아를 증진시키고 가치 있게 느끼게 하는 대안적 반응들을 통해 자아를 개념화할 수 있게 하는 것이다. 이 모든 개입들의 주요 목적은 내담자가 사건에 대한 새로운 정서 반응을 생성할 수 있게 돕는 것이다.

마지막으로, 내담자의 가치관을 반영해 주는 것이 도움이 되는 경우가 있다("그래서 여기서 당신에게 중요한 것은……."). 이러한 반영은 내담자가 상황에 대한 자신의 경험과 상황에 대한 내적 정서 반응을 상징화했을 때 가장 효과가 있다. 내담자가 새로운 추가적 정보에 의해 그의 가치관과 가정들을 조심스럽게 파악하려 할 때 상담자는 공감적 이해와 탐색적 반응을 통해 내담자로 하여금 그에게 중요한 가치관과 기준의 사용과 그 적합성을 고려해 볼 수 있게 돕는 것이 유익하다(10장 '체계적인 기억 회상 전개 기법'에 대한 논의 참고).

문제와 관련된 경험에 대한 전반적인 공감적 탐색

공감은 단지 근본적 변화 과정과 원리만이 아니다(1장 참고). 공감은 상담자의 내적 과정과 일련의 태도이자 상담자의 반응들의 집합이다(5장 참고). 주된 변화는 두 가지 구체적 · 치료적 작업—공감적 탐색과 공감적 확인—을 통해 이루어지는데, 이번 장의 남은 부분은 이 두 가지 작업에 대해 다룰 것이다.

과정-경험적 접근에서의 첫 번째 작업은 언제나 내담자의 경험을 탐색하고 정교화하는 것이다. 매 회기 상담자는 한 가지 이상의 탐색할 문제와 관련된 경험들을 찾아내고 내담자를 도와 이를 규명한다. 문제와 관련된 경험들은 주로 강하게 끊임없이 내담자의 관심을 사로잡고 있으며, 재점령하는 이슈들이다(Mahrer, 1989). 그러나 최근 변화와 같은 새로운 경험도 문제와 관련된 경험일 수 있다. 또한 전반적인 공감적 탐색은 다른 작업들을 위한 표식들이 드러나는 작업이며, 다른 작업 표식들은 어떤 부분에 있어서 모두 문제 관련 경험의 한 형태들이다. 끝으로 공감적 탐색은 상담자와 내담자가 다른 작업들을 마치고 작업으로 인한 변화를 진행시키거나 해결할 때 다시 하는 작업이다.

공감적 탐색에서 상담자는 내담자가 특정 정서 도식 혹은 경험의 좀 더 넓은 영역을 탐색하게 하므로 내담자가 경험하는 바를 촉진하도록 돕는다. '탐색'이라는 의미는 무엇인가? 탐색이라는 단어는 '체계적으로 조사하다' 혹은 무언가를 '발견하려는 목적으로 찾아보거나 어떤 주제에 대해 다루다'라는 뜻이다(American Heritage Electronic Dictionary, 1992, p. 463). 한 영역 혹은 정서 도식(예: 학대로 인한 고통)에 머물면서 상담자는 과거의 상황을 내담자가 재경험하도록 돕는다. 그리고 경험을 여러 종류로 분화하고 자세히 묘사하게 돕는다. 그러므로 내담자의 경험하는 바를 탐색하는 작업은 새로운 땅을 발견하고 지도를 만드는 것과 같다.

내담자들은 가끔 '끔찍한' '좋다' 혹은 '괜찮다'와 같은 분화되지 않은 정서 도식에 의존하기도 한다. 주로 내담자들은 제한된 정서 도식들에 의존하는데, 그것은 그들이 자신과 자신의 내적 상태, 관계들을 묘사할 수 있는 좀 더 다양하고 복잡한 언어를 계발할 기회를 갖지 못해서다. 공감적 탐색 작업은 내담자로 하여금 다음과 같은 여러 탐색적 활동을 하도록 돕는다.

- 외부의 사건이 아닌 내적인 경험에 관심 갖기
- 좀 더 세부적으로 과거의 사건 재경험하기

- 무엇이 잠재의식에 있는지 탐색하기
- 좀 더 자세하게 경험을 분화하거나 묘사하기
- 정서 도식의 부분들을 구체적으로 묘사하거나 채우기

공감적 탐색의 전반적 목표는 내담자로 하여금 자신과 다른 사람들 그리고 세상을 좀 더 다양하게 경험하게 하고, 이를 통해 반응하는 것에 융통성과 창의성을 높이는 데 있다. 해결된 상태는 좀 더 뚜렷하고 분화되거나 새롭게 이해된 경험들의 형태를 가진다. 이 작업은 몇 분 정도 걸리기도 하고 전체 회기 또는 그 이상의 시간을 필요로 할 수도 있다.

공감적 탐색에서의 상담자와 내담자의 과정

공감적 탐색 작업에서 상담자의 전반적 접근은 경청, 공감적 조율, 그리고 내담자의 경험하는 바의 여러 측면을 체계적으로 탐색하여 내담자가 경험하는 상황을 전달하도록 하는 것이다. 그리고 이와 동시에 내담자가 호기심과 성찰적인 자세를 갖도록 격려하는 것이다. 예를 들어 다음 대화를 보자.

내담자: 너무 우울해요.

상담자: 네. 안에 뭔가 죽은 것 같고 동시에 "아무도 관심이 없는데 무슨 소용 있어."라는 기분이지요?

내담자: 네, 맞아요. 무슨 소용 있나요?

상담자: 바로 지금 안에서 어떤 느낌이 들죠?

내담자: 너무 슬프고 혼자인 듯한 느낌이 들어요. 왜 있잖아요. 아무도 내가 느끼는 것에 대해 관심이 없는 것 같은 느낌이요.

상담자는 내담자가 개인적으로 중요하게 생각하는 주제로 넘어가자마자 공감적 탐색을 시작한다. 내담자들은 주로 회기를 시작할 때 전반적으로 자신이 어떻게 지냈었는지 그리고 지난 회기 후에 무슨 일이 있었는지에 대해 상담자에게 말한다. 보통 과정-경험적 상담자들은 이러한 것을 내담자에게 직접 묻지 않지만, 내담자들은 이러한 대화를 상담에 쉽게 참여하고 회기에서 자신이 좀 더 광범위하게 작업하고 싶은 부분들을 분명히 하는 방법으로 사용한다. 다음 대화는 레베카와의 6번째 상담회기 중 탐색 작업의 또 다른 예인 축소된 언어적 묘사에서 의미를 분화하는 데 집중하는 부분이다(Toukmanian, 1992).

상담자: 자, 이번 주는 어떻게 보내셨나요? [탐색적 질문]

레베카: 이번 주는 별로 일어난 일이 없었어요. 꽤 잠잠했어요. 전 잘 지냈어요. 흠, 뭐랄까, 긴박하고 무섭진 않았어요.

상담자: 긴박하고 무섭진 않다? [공감적 뒤따름. '무섭다'를 탐색할 만한 대상으로 다룸]

레베카: 지금이 할로윈이잖아요. 사람들이 정말 많았어요. 대학생들이요. 왜 있잖아요. 술 취한 사람들이 정말 많았어요. (경직된 웃음)

상담자: '무섭다'…… '무섭다'는 것은 레베카에게 어떤 의미죠? [탐색적 질문]

레베카: 제 말은 전 제가 정말 긴장할 줄 알았어요.

상담자: 네.

레베카: 하지만 모든 것이 좋았어요.

상담자: 네.

레베카: 정말 고요한 한 주였어요.

상담자: 레베카는 스스로 좀 더 불안하고 긴장될 것이라고 기대했지만요. [탐색적 반영]

레베카: 맞아요. 전 그렇지 않았어요.

상담자: 그렇지 않았을 때 어땠나요? [탐색적 질문]

레베카: 좋았어요. 제 말은 전 약간은 긴장했지만 정말 그렇게까지 긴장되지

않았어요. 왜 그러지 않았는지 저도 잘 모르겠어요. 하지만 좋았어요. 저랑 브루스(레베카의 남자 친구)는 자동차까지 걸어갔어요. 저희가 머문 집에서 꽤 멀었는데요…….

상담자: 네.

레베카: …… 주차할 곳이 없었거든요. 자동차까지 가니까 새벽 2시였어요. 왜냐면 뭘 가져가야 했거든요. 그리고 전 그때까지 계속 긴장하지 않았어요. 한 남자가 약간 절 긴장하게 했지만요. 그 남자가 저희를 그냥 내버려두지 않더라고요(웃음). 너무 친절하다고나 할까.

앞의 공감적 탐색의 짧은 부분을 통해 우리는 내담자의 '무섭지 않은 상태' 가 무엇을 의미하는지 알 수 있다.

- 기대한 만큼 불안하거나 긴장하지 않은 상태
- 평소에 주로 하지 못했던 것을 할 수 있는 상태
- 잠재적으로 위협이 될 수 있는 것이나 상황에 부딪혔을 때 조금 긴장되어도 많이 불안하지 않은 상태

추후 탐색은 더 많은 측면을 드러낼 수 있고, '무섭고' '무섭지 않은' 두 가지의 상반된 상태에 대한 체계적인 탐색 작업을 할 수 있다.

1단계: 표식 확인

어떤 경험이든지 내담자의 관심을 끄는 경험이라면 공감적 탐색의 대상이 될 수 있고, 내적인 경험에 집중하기, 재경험하기, 검색하기, 분화하기, 구체적으로 설명하기와 같은 탐색적 활동들이 도움이 될 수 있다. 이러한 경험들은 다음과 같은 특징이 있다.

- 관심: 내담자가 경험에 에너지, 관심, 참여를 표현한다. 내담자가 경험에 대한 감정이 있고, 경험이 내담자에게 특별한 의미가 있다는 것이 내담자의 태도나 단어에서 분명하게 드러난다.
- 개인적 관련성: 경험은 내담자와 직접적이고 개인적 관련이 있다(전반적으로 사람들이나 정치에 대한 걱정과는 달리).
- 미완성됨: 경험은 어떤 부분에 있어 불완전하고 막혀 있다. 즉, 내담자는 강하고, 문제시되며, 불완전하고, 분화되지 않았으며, 보편적이고, 추상적이고, 외적인 언어로만 경험을 한다. 그러므로 간단한 공감적 이해(두 번에서 네 번 정도 주고받는 대화) 이상의 공감적 이해가 필요하다.

문제와 관련된 경험은 내적인 고통, 강한 감정 또는 반응들과 같은 여러 다른 형태를 지닐 수 있다.

내담자: (긴장된 상태) 내일이 오는 것이 매우 떨려요(이혼 판결).

내담자: 일주일 내내 아팠어요. 그리고 제가 아플 때 얼마나 죄책감을 느끼는지에 대해 말하고 싶어요.

또한 문제와 관련된 경험은 다음 레베카(5장의 정신적 외상을 입은 내담자)의 예에서 볼 수 있듯이 고통의 부재 또는 진행을 포함할 수도 있다.

레베카: 주말에 놀러 갔었어요. 특별히 일어난 일은 없었어요. 전 꽤 차분했고, 별로 긴장되거나 무섭지 않았어요.

레베카는 '별로 무섭지 않았어요.' 라는 표현으로 고통의 부재의 경험을 묘사하려고 하고 있다. 또한 자신에 대한 부정적 시각이 초점이 될 수도 있다.

레베카: 제가 연약하다고 느낄 때가 있어요. 뭔가 약하고, 작고, 모르겠어요.

추후 상담 작업에서 레베카는 외상과 관련된 자신의 두려움을 심리적 대상으로 표현하였다.

레베카: 지난 주 이후로 제 두려움이 마치 제가 공격할 수 있는 작고 실질적인 공처럼 느껴져요. 무슨 말인지 아세요? 제가 처리해 버릴 수 있을 것 같은 기분이 들어요.

내담자에게 중요한 사람들이나 외부적 사건들도 공감적 탐색의 대상이 될 수 있는 또 다른 종류의 대상이다. 예를 들어 다음을 보자.

내담자: 전 아직도 제 언니를 이해하려고 노력 중이에요. 하지만 아직 답을 모르겠어요. 어떤 좋은 답이 있는지 잘 모르겠어요.

이와 같은 경우 상담자의 작업의 일부분은 내담자로 하여금 내담자에게 중요한 그 사람의 내적 경험 혹은 외부적 사건에 집중하게 하는 것이다. 무슨 경험이든지 내담자의 관심을 끄는 것은 공감적 탐색의 대상이 될 수 있다. 그것은 여러 종류의 경험을 포함할 수 있는데, 고통스럽거나 이해되지 않거나 즐거웠던 경험일 수도 있고, 이해가 잘 되는 경험이거나 전혀 이해할 수 없는 경험일 수도 있다. 그리고 내적으로 경험되었다고 직접적으로 표현되는 경험이거나 ("난……느꼈다.") 외부적인 언어로 간접적으로 표현되는 경험일 수 있다.

내담자의 경험이 처음부터 비교적 뚜렷하고 확실하고 (다른 경험과) 분화될 때, 상담자의 주요 역할은 비교적 쉬운 것으로 그 경험을 공감적으로 이해하고, 내담자로 하여금 그 경험을 살아나게 해서 좀 더 뚜렷하고 명확하고 자세하게 기억하게 하는 것이다. 만일 내담자가 경험에 대해 이미 꽤 온전하게 이해하고 있다면 내담자는 곧 다른 주제로 옮겨갈 것이다. 하지만 경험이 불완전하고 잘 기억되지 않으며 보편적이고 외부적인 언어로만 표현된다면 공감적 탐색이 더 많이 필요하다.

2단계와 3단계: 작업 착수 및 심화

공감적 탐색에서 일어날 수 있는 작업 해결 과정들은 [그림 7-1]에 정리되어 있다. 작업 실행 단계에서 내담자와 상담자는 내담자의 특정 경험을 추가적 탐색이 필요한 경험으로 정한다. 그리고 함께 탐색 작업을 시작하는데 이때 상담자는

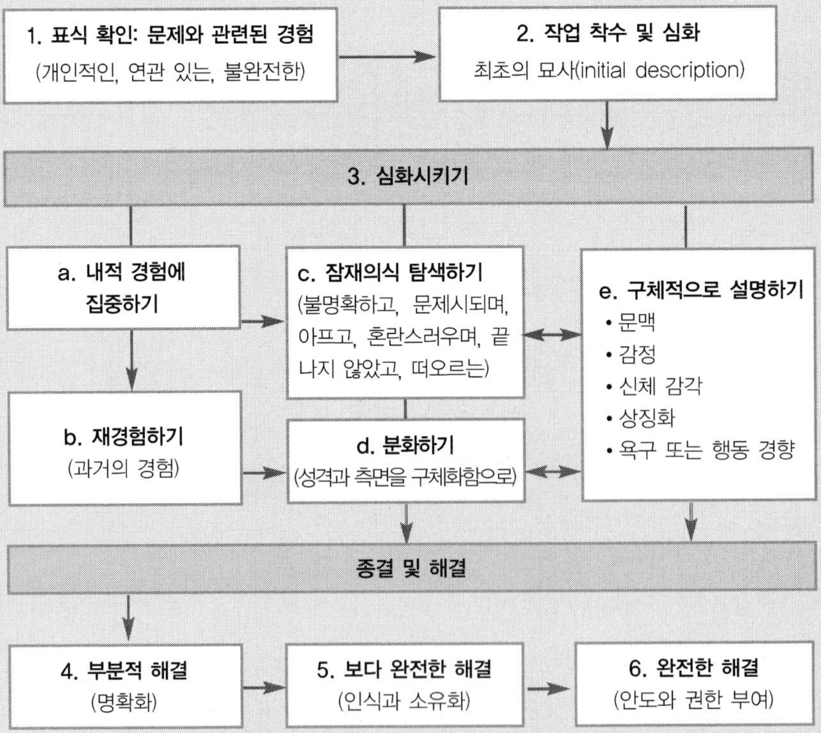

[그림 7-1] 문제와 연관된 경험의 일반적인 공감적 탐색 작업 해결안 모델: 숫자는 작업 해결안 단계와 상응

앞서 언급된 자세를 견지한다. 상담자는 내담자에게 경험에 대한 첫 묘사를 하게 하기도 한다(도입 반응: "……에 대해 말해 주실래요?" "그래서 …… 느끼시는군요.").

그러나 대부분의 탐색적 작업에는 여러 형태의 '심화하기'가 사용되는데, 다섯 가지의 '심화하기'로 구분지을 수 있다. 이는 내적 경험에 집중하기, 재경험하기, 잠재의식 탐색하기, 분화하기, 경험하는 것을 상세화하기다. 이러한 작업들은 한 내담자를 상담할 때 여러 조합 및 일련의 사건들로 사용될 수 있고, 전혀 사용되지 않을 수도 있다.

내적 경험에 집중하기

대부분의 경우, 내담자들은 개인적으로 중요한 경험에 대한 이야기를 시작할 때 오로지 외부적인 면에 대해서만 말을 한다. 그래서 가끔은 다른 사람들이 한 일들에 대해 말하면서 초점을 잃기도 한다. 이럴 경우 상담자는 내담자의 경험 세계에 들어가기 위해 내담자의 이야기를 경청하고 가장 감정적으로 강렬하고 가슴 아픈 부분이 무엇인지 파악한다. 만약에 내담자가 외부적 이야기를 말할 때 상담자는 내담자의 경험으로 들어갈 수 있는 '문'을 찾거나 다른 사람을 향한 강한 행동적 반응이나 (상담자를 포함한) 다른 사람들이 반응을 일으킬 만한 요소 등 내담자의 경험을 나타내는 지표를 찾는다. '내면의 경로(inner track)'에 관한 Rennie(1994b)의 연구에 의하면 내담자가 감정 표현이 거의 없이 외부적인 (주제의) 이야기만 하고 있을 때도 내면에서는 어느 정도 감정적으로 격양될 수 있다. 그러므로 이 사실을 상담자가 알고 있는 것이 도움이 될 수 있다. 이와 같이 상담자는 언어로 표현되지 않은 감정을 내담자의 비언어적 징후들을 통해 읽으려고 하며, 내담자를 멈추어 다음과 같은 문장들로 질문하거나 반영적으로 탐색해 볼 수 있다.

> 지금 저에게 이런 이야기를 하시면서 내면에서는 어떤 것을 느끼고 계시는지 궁금하네요.
>
> 감정들이 마음을 마구 휘저을 수도 있어요.

이 모든 것들 가운데 당신은 어땠나요?
당신의 몸에서 뭔가 느껴지는 것이 있나요?

내담자가 계속해서 외부적인 부분에 집중해서 말을 할 경우 사용할 수 있는 또 다른 방법은 내담자가 말하는 이야기 가운데 내담자의 경험적 입장에서 내담자가 어떨지를 상상하여 다음과 같은 공감적 추론을 시도하는 것이다.

그래서 지금 이야기와 같이 이 모든 것이 당신 주위에서 일어나고 있을 때 어땠나요?
글쎄요. 잘은 모르겠지만 이 모든 것에 의해 압도된 그런 느낌이었을 것 같네요.
마치 뭐랄까, 당신의 에너지가 당신 주변에 일어나는 일들에 다 쏠려 있어서 당신의 관심이 지금 말한 상사와의 일에 모두 집중되어 있고, 그래서 그 외의 것들을 위한 에너지가 하나도 남아 있지 않는 것 같아요.

재경험하기

'재경험하기(re-experiencing)' 란 내담자가 과거의 경험을 상상하며 부분적으로 과거의 경험을 다시 체험하는 것을 뜻한다. 그 과정 가운데 내담자는 과거의 경험을 일화 기억의 형태로 회상하여 그때의 감정과 정서 도식들을 인식하고, 또한 당시에는 간과한 정보나 그 이후에 잊어버린 정보들을 얻을 수 있다. 그러므로 만약에 내담자가 처음에 보편적이거나 추상적인 측면에서만 이야기를 한다면 상담자는 다음과 같이 내담자로 하여금 상상력을 통해 외부적 상황에 대해 다시 생각하게 도울 수 있다.

그렇게 느꼈던 순간을 생각해 보실 수 있으시겠어요?
그때 그 순간을 제게 말씀해 주실 수 있으시겠어요? 그래서 당신은 그 상황에서…….

또한 상담자는 연상법과 현재 시제를 사용하여 내담자가 좀 더 실제 경험과 흡사하게 재경험을 할 수 있게 도울 수 있다.

말씀하신 대로 당신은 희미하게 불빛이 켜져 있는 식당에 앉아 있었고 그리고…….

제가 상상하기로는 그 당시 모두 아무 소용도 없다고 스스로 생각했을 것 같네요.

우리가 정의하는 재경험이란 실제 경험했던 것과 완전히 반복해 내거나 꾸며내라는 것이 아니라 과거 경험에 대한 회상과 상상을 통한 재구성된 경험이 재연한 것이다. 재경험은 과거-경험적 상담치료의 보편적인 치료과정이고, 이를 통해 일화 기억이 활성화된다고 이해되고 있다. 또한 재경험은 기억 회상(evocative unfolding)과 트라우마에 대해 다시 말하는 것(retelling, 10장 참고), 빈 의자 작업(12장 참고) 등의 다른 상담 작업을 하는 데도 중요하다. 재경험은 10장과 12장에 좀 더 자세하게 기술되어 있다.

잠재의식 탐색하기

탐색이 진행되면서 상담자는 내담자가 인식의 주변부에서 감지할 수 있지만 언어로 표현하기 어려운 것에 집중해 내담자로 하여금 경험의 의식 밖을 탐색하도록 격려한다. 과정-경험적 상담치료에서 인식의 모퉁이들, '회색 영역'과 불확실한 부분들은 새로운 인식의 잠재적 근원이 될 수 있다고 본다. 이 부분들은 불명확하거나 헷갈리게 느껴지거나, 혹은 새롭고, 막 시작된 것 같고, 최근에 드러난 것처럼 느껴지거나, 미래나 가능성 지향적으로 느껴지거나, 기이하고 특별하게 느껴질 수 있다. 어떻게 느껴지든 간에 이 경험은 새로운 경험, 발견과 성장의 근원이 될 수 있기에 상담자는 내담자가 이러한 경험들에 집중하도록 격려한다. 상담자는 다음과 같이 말할 수 있다.

그래서 당신에게 명확하지 않은 부분은……

그리고 정확하게는 모르겠지만 배에서 '에너지' 가 느껴지는 그런 기분인 것 같군요. 이 표현이 그 경험의 일부분을 잘 표현하고 있나요?

그리고 지금 당신이 발견한 건 당신은 어느 정도 화가 났다는 것이군요.

9장에서 12장까지에 기술된 여러 작업표식은 공감적 탐색이 어떻게 다른 치료적 작업의 '토대' 를 제공할 수 있는지를 보여 준다. 그러므로 잠재의식이 불명확하게 느껴질 경우에는 초점화(focusing)를 사용하고 경험이 헷갈린다면 펼쳐놓기(unfolding)를 사용하는 것이 도움이 될 수 있으며, 두 의자 작업은 막혀 있는 감정이나 양가감정의 표식(feeling torn marker)들이 있을 경우 사용될 수 있고, 빈 의자 기법은 중요한 타인에 대한 사라지지 않은 미해결 감정이 있을 경우 사용될 수 있다.

분화하기

또 다른 중요한 내담자의 탐색적 활동은 대체적으로 전반적이고 보편적인 경험들을 분화하는 작업이다. 분화는 유기체들(그리고 다른 물리적 체계들)이 보다 큰 복합체와 구조로 발달하면서 이루어지는 보편적 발달 과정이다(Mahoney, 1991; Prigogine & Stengers, 1984; Werner, 1948). 대부분의 경우, 분화는 내담자가 좀 더 넓고 정확한 지각, 의미, 감정 및 가능한 행동들의 미묘한 레퍼토리를 발달시키면서 좀 더 복잡하고 도식화된 구조로 발전한다. 예를 들어 내담자는 다음과 같이 말할 수 있다.

말로 표현하기 힘들어요. 정확하게 '걱정된다' 는 것은 아닌데 뭔가가 제게 내가 중요한 어떤 것을 잊어버리고 있다고 자꾸 타이르는 것 같아요. 그런데 그 중요한 것이 뭔지는 모르겠어요.

불안감이 여기 있는 것 같아요. 제 머리나 가슴에 있는 것은 아니고, 제 배에 작은 검은색 공이 있는 것 같은 느낌이에요.

이 대화는 내담자가 경험하지 않는 것이 무엇인지를 상징화하는 것이 분화의 중요한 측면이 될 수 있다는 것을 보여 주는 예다. 상담자는 분화의 경험을 다양한 방법으로—공감적 이해와 공감적 추론의 반응을 보여 줌으로써—촉진시킬 수 있다. 예를 들면,

좋습니다. 그래서 '분노'는 당신이 느끼는 바를 표현하기에는 너무 강한 단어겠네요. '성가시다'는 표현이 좀 더 적합할까요?

또한 경험적 가르침(experiential teaching)과 탐색적 질문이 유익할 수 있다.

분노에는 여러 종류가 있어요. 분노는 차가울 수 있고, 날카롭거나, 당신을 삼켜 버리는 것일 수 있지요. 당신이 지금 느끼는 분노는 어떠한 것인가요?

구체적으로 설명하기

내담자는 개인적으로 중요한 경험들을 탐색하면서 내포된 정서 도식을 채워 가고, 잊었던 부분들을 기억하게 된다. 정서 도식의 지도(2장 참고)를 이러한 형태의 탐색에 가이드로 사용할 수 있다(Leijssen, 1996, 1998 참조). 그러므로 내담자가 경험을 탐색해 나아갈 때 상담자는 정서 도식의 주요 요소들[지각적 · 상황적(일화 기억을 포함), 신체적 · 표현적, 언어적 · 상징적, 그리고 동기적 · 행동적]이 모두 존재하는지를 확인하면서 내담자의 말을 들을 수 있다. 2장에서 논의된 바와 같이 정서 도식의 사라진 요소들은 감정 처리의 어려움의 한 형태다. 그러므로 다음 네 가지 중요한 감정 도식 중 한 요소가 사라졌다는 것을 상담자가 인식했다면 상담자는 사라진 요소에 대해 질문하므로 상담 과정을 촉진할 수 있다.

1. 사라진 맥락 혹은 '그에 관한 것' : 만약 내담자가 경험을 상황적 혹은 역사적 맥락과 연관지어 말하는 것을 도외시했다면 상담자는 이에 대해 질문할 수

있다.

"무엇으로 인한 우울증이었나요?"

"당신의 경험 중 어떤 부분으로 인해 이 감정이 생겼나요?"

"그 당시 무엇을 발견했었나요?"

2. 사라진 내부적 · 신체적 경험: 만약 내담자가 경험을 내적인 혹은 신체적 언어로 표현하지 않았다면 상담자는 다음과 같이 질문할 수 있다.

"당신 안에서는 무엇이 느껴지나요?"

"그것을 신체 중 어디에서 느끼나요?"

3. 상징화되지 않은 경험: 만약 내담자가 경험을 단지 보편적인 단어('이상하다' 혹은 '나쁘다')로만 묘사했거나 은유적으로 전혀 표현하지 않았다면 상담자는 다음과 같은 것을 내담자에게 제안할 수 있다.

"그것을 어떻게 묘사하거나 스스로 그림으로 떠올려 볼 수 있을까요?"

"스스로에게 그것에 대해 뭐라고 말하나요?"

"'이상하다' 라는 감정은 당신에게는 어떤 느낌인가요?"

4. 사라진 욕구, 바람 혹은 행동 경향: 만약 내담자가 경험과 관련된 욕구나 행동 경향에 대해서 말하지 않았다면 상담자는 다음과 같은 질문을 할 수 있다.

"그 바람이 어떻게 되면 좋겠나요?"

"그 욕구를 어떻게 하면 좋겠나요?"

"그 감정이 필요로 하는 것은 무엇인가요?"

내담자가 네 가지 정서 도식 요소들로 자신의 경험들을 설명할 수 있게 돕는 것은 좀 더 완전한 경험 탐색을 가능하게 한다. 또한 이로 인해 내담자가 그에게 유익한 명확화 및 인식을 경험하고, 경험과 관련된 중요한 정서 도식들에 접근할 수 있는 가능성이 높아진다.

4, 5, 6단계: 해결

상담자는 내담자가 내면적 경험, 재경험, 잠재의식 탐색, 경험하는 것의 분화 및 상세화 등의 탐색 과정들 가운데 다음 세 가지 중 한 가지가 일어날 때까지 공감적 탐색 과정을 지속한다. ① 다른 작업을 위한 명확한 표식이 나타남, ② 내담자가 경험에 대해 어느 정도 명확하게 이해를 함, ③ 내담자와 상담자가 포기하고 다른 주제로 넘어감. 다른 작업과 마찬가지로 부분적인 해결부터 완전한 해결까지 〈표 7-1〉에 제시된 것과 같이 여러 정도의 해결이 가능하다. 부분적 해결(4단계)은 내담자가 자신의 경험에 대해 어느 정도 명확하게 이해하게 될 때 다다른다. 이는 좀 더 구체적인 작업을 위한 명확한 표식의 형태로 나타나 내담자로 하여금 그 작업으로 넘어가게 한다.보다 완전한 해결(5단계)은 경험에 대해 증가된 수준의 인식(예: 그것이 '무엇에 대한' 것인지 아는 것) 혹은 그것에 대한 새로운 이해를 수반한다. 이는 주로 경험을 충분히 이해하고, 자신의 것으로 만드는 것을 동반한다('이제 그것이 무엇에 관한 것인지 알겠다!'). 마지막으로, 완전한 해결(6단계)은 이러한 요소들을 포함하지만 그 외에 확실한 안도감과 권한 부여의 느낌과 그 경험에 대해 무엇을 어떻게 해야 하는지(만약 무엇을 해야 한다면)에 대한 지식을 동반한다.

내담자가 경험에 대한 명료화 혹은 새로운 이해를 얻게 되었을 때 상담자는 이러한 변화를 탐색하도록 돕는다. 상담자는 내담자가 스스로를 반영하는 자연스러운 과정을 촉진하거나 일어난 변화들을 지속적으로 행동으로 옮기는 과정을 돕기도 한다. 그러므로 상담자는 다음과 같은 말을 하기도 한다.

> 그래서 이제는 보는 시각이 달라지셨군요. 더 이상 불확실하지 않군요. 이제 당신이 느끼는 것은 진정한 실망감이라는 것을 알게 되었군요.
>
> 여기서 나가 그에게 이것에 대해 말하고 싶어 하는 것 같군요. 당신과의 관계에서 일어난 일들에 대해 당신이 정말 어떻게 느끼는가를 그가 알게 되길 원하

는군요.

모든 작업에서와 같이 상담자는 내담자가 준비되지 않은 해결의 수준을 강요하려고 하면 안 된다. 대신 상담자의 역할은 가능한 해결책을 찾고, 만약 내담자가 준비되었다면 내담자로 하여금 좀 더 온전한 해결점에 다다르게 할 기회를 줄 수 있는 질문들을 하는 것이다.

취약성에 대한 공감적 확인

내담자의 연약한 부분들에 대한 공감적 확인(empathic affirmation)은 인간중심치료 전통의 전형적인 치료적 작업이다. 이러한 종류의 반응은 내담자가 자신의 연약함에 대한 아프고 만연한 감정이나 낭떠러지 끝에 있는 느낌을 나타내기를 꺼려하는 순간에 가장 적합하다(Greenberg et al., 1993).

공감적 확인 작업을 하는 데 있어서 몇 가지 핵심과정들이 있다. 그중 가장 중요한 것은 안전한 치료적 관계 가운데 내담자가 자신의 취약성과 연약한 느낌들을 부정적인 결과나 판단 없이 온전히 표현하는 경험을 가질 수 있다는 것이다. 내담자의 대인관계적 접촉 방식(4장 참고)의 대표적인 예로, 이 과정은 수치스럽고 오랫동안 숨겨진 비밀들을 입증된 자기 개방으로 변형시킨다. 종교적 고백이 죄인으로 하여금 다시 신앙 공동체의 구성원이 되게 하는 것과 같이 이 과정은 개인으로 하여금 다시 사회구성원으로 통합되는 느낌을 갖게 한다. 위협을 무릅쓰고 자신의 수치스러운 경험을 개방하기로 결정할 때 상담자의 수용과 확증은 내담자로 하여금 스스로에 대한 부정적 판단들을 재고하게 한다. 나아가 내담자들은 경험의 수치스러움 때문에 지금까지 회피해 왔던 그와 관련된 감정들을 결국 수용하고 그 감정들에 동화하게 된다. 사람들은 자신이 중요하다고 여기는 타인으로부터 수용되고 가치 있게 여겨질 때, 자기 자신을 수용할 수 있는 가능성도 높아진다. '너

(Thou)' 로부터의 '나(I)' 에 대한 승인은 자아를 매우 강화한다(Buber, 1958).

또한 일차적인 적응적 감정의 성장 · 증진 잠재력은 이러한 순간에 변화를 촉진하는 데 중요한 역할을 한다. 만약에 내담자가 아프거나 연약한 감정들을 충분히 깊이 그리고 넓게 느꼈다면 상담자와 내담자는 무가치함이나 죄책감 같은 이차적인 반응적 감정에 대한 작업을 시작할 수 있다. 그리고 이차적인 반응적 감정에 대한 작업을 통해 상실에 대한 슬픔이나 침해에 대한 분노와 같은 일차적인 부적응적 감정을 다룰 수 있는 지점까지 올 수 있다. 이러한 적응적 감정은 다른 사람

〈표 7-1〉 **문제와 관련된 경험을 위한 공감적 탐색**

공감적 탐색 단계	상담자의 반응
1. 표식: 내담자는 강력하고, 문제시되고, 불완전하며, 분화되지 않고, 보편적이며, 추상적이거나, 외연적 언어로만 표현된 경험에 대해 개인적인 관심을 표현한다.	잘 듣고, 공감적 탐색을 할 만한 주제에 대해 반영하도록 한다.
2. 작업 착수: 내담자는 좀 더 탐색할 만한 가치가 있다고 여기는 특별한 문제를 파악하고 이를 탐색하기 시작한다.	문제와 관련된 경험을 파악하고 반영한다. 일반적인 탐색 문제를 묻는다.
3. 심화하기: 내담자는 내적인 경험으로 관심을 바꿔서 예전 사건을 재경험하거나, 인식의 핵심부를 찾거나, 경험의 전반적인 부분이나 빠진 부분을 분화하거나, 자세히 설명한다.	내담자의 재경험을 촉진한다. 부정확하거나 떠오르는 경험을 반추한다. 경험의 분화나 구체적인 설명을 격려한다.
4. 부분적 해결: 내담자는 경험의 명료화를 조금 경험한다.	내담자가 명료화된 경험을 상징화하도록 돕는다.
5. 보다 완전한 해결: 내담자는 조금 더 완전한 이해를 감각함을 표현하고, 음미하고, 그 경험의 완전함과 풍성함을 소유한다("이제 무엇인지 모두 알 것 같아.").	내담자가 새로운 이해, 음미, 경험의 소유에 머무르고, 상징화하도록 돕는다.
6. 완전한 해결: 위에 덧붙여, 내담자는 경험에 대해 뚜렷하며, 안도감, 권한부여 또는 결단의식을 느낀다(어떻게 할지를 안다는 식으로).	내담자의 탐색을 촉진하고 자아감이나 정서의 변화를 상징화하도록 돕는다.

들에게 도움을 받는 것, 혹은 타인으로부터 학대를 받거나 조종당하지 않고 자신의 삶을 살 권리를 주장하는 것 등 주어진 상황에 알맞은 행동이 무엇인가를 알려주기 때문에 근본적으로 개인의 성장을 지향한다.

취약성에 대한 공감적 확인을 통해 진행되는 내담자와 상담자의 치료 과정

상담자의 작업은 내담자가 경험하는 것에 대해 비침입적 공감적 함께하기, 수용과 가치인정을 제공하고 내담자로 하여금 자신이 감당할 수 있는 만큼의 고통, 절망 혹은 수치심을 느낄 수 있도록 하는 것이다. 상담자는 내담자의 내면의 탐색을 강요하기보다는 내담자가 자신의 취약하고, 연약한 감정을 충분히 깊게 느낄 수 있게 인정, 이해 및 수용을 해 주며 돕는다. 상담자는 내담자가 스스로를 위안하도록(예: 내담자로 하여금 심호흡을 하게 함) 도울 수는 있으나 그가 준비되기 전에 전문적 재확신을 주므로 내담자가 취약성을 느끼는 것을 막지는 않는다. 그대신 전반적으로 따뜻하게 공감적 이해의 반응을 하고 탐색적 반응들은 줄인다.

공감적 확인의 기술은 상담자가 내담자의 있는 그대로의 모습 그대로를 바라봐 줄 때 내담자의 성장 잠재력이 발현되고 내담사의 연약한 부분을 인정하고 안전감을 제공했을 때 내담자의 회복력이 증대되는 것을 신뢰하는 데 있다. 그러므로 상담자는 내담자의 경험을 듣고 긍정하면서 내담자로 하여금 자신의 취약성을 밑바닥까지 깊게 느끼게 한다. 그 후 상담자의 수용과 인정을 받으며 내담자는 즉각적으로 자신의 밑바닥에서 희망을 향해 다시 치솟게 된다. 이러한 가운데 내담자 안에 내재된 성장 잠재력이 내담자로 하여금 밑바닥을 경험한 후 다시 일어나게 할 것이라고 상담자가 믿는 것은 매우 중요하지만 어렵기도 하다.

이 과정 가운데 상담자의 경험과 태도는 매우 중요하다. 상담자는 진심으로 내담자를 위할 뿐 아니라 상상력을 동원해 내담자가 연약했거나 수치스러웠던 경험을 간접적으로 경험할 수 있기 때문에 상담자가 내담자에게 말할 때는 내담자의 연약한 감정을 존중하면서 놀란 작은 동물에게 말하듯 부드럽고 조용하게 배려하는 목소리로 말해야 한다. 또한 상담자는 느리고 의도적인 방식으로 내담자가 한 말을 반복하면서 그 주제에 머물며 상담자가 자신이 내담자인 것처럼 자주 1인칭으로 말하기['이중으로 하기(doubling)']도 한다. 내담자 작업 해결 모델 및 도움이 되는 상담자의 반응은 〈표 7-2〉에 정리되어 있다.

〈표 7-2〉 **내담자의 취약성을 위한 공감적 확인**

공감적 확인 단계	상담자의 반응
1. 표식: 강렬하고, 일반화된 취약성. 내담자는 강하고 부정적인 자신과 관련된 감정을 언급하며(예: 연약함, 수치, 절망, 희망 없음, 소진) 괴로움을 토로한다.	취약한 부분을 듣고 반영한다.
2. 초기적 심화: 내담자는 취약성의 양상을 묘사하고 상담자의 공감적 확인에 반응하여 더 깊은 감정을 드러내기 시작한다.	공감적 확인과 포상으로 전환한다. 공감적 이해를 제공하고, 취약성의 양상에 대해 곰곰이 생각한다. 천천히, 친절한 태도로 대한다. 필요에 따라 내담자가 자신을 돌볼 수 있도록 돕는다.
3. 심화하기와 바닥치기: 내담자는 어려운 감정이나 자신에 대해 아픈 부분을 높은 강도로 표현하고, 자신의 내면의 깊은 곳을 경험하는 듯하다.	지속해서 공감적 확인과 가치인정을 제공한다. 잘 듣고, 취약성을 포착하고 더 깊게 하기 위해 비유를 제공한다.
4. 부분적 해결: 성장과 희망을 향해 다시 되돌아 오른다. 내담자는 필요와 일차적인 적응적 감정과 연관된 행동 성향을 표현한다.	잘 듣고, 반향하고, 희망과 성장 욕구 또는 행동 경향에 대해 곰곰이 생각한다.
5. 감사: 내담자는 감소된 스트레스와 평온함을 묘사하거나 표현하고, 상담자와의 유대에 대한 감사를 표한다.	내담자의 안도감과 평온을 탐색하며 지지한다.
6. 자아 도식의 긍정적 변화(완전한 해결): 내담자는 자신을 온전하고, 수용 받을 만하고 유능한 존재로 여긴다.	자아 도식의 변화를 탐색하며 지지한다.

1단계: 표식 확인

공감적 확인이 필요함을 나타내는 표식은 강렬하고 일반화된 취약성으로 다음과 같이 묘사될 수 있다.

1. 내담자가 자신의 부정적인 면에 대해 묘사한다.
2. 연약함과 수치심이 만연되어 있고, 이는 여러 경험에 영향을 미치며 종종 스스로를 결함이 있거나 부족하다고 느낀다.
3. 무언가를 처음으로 끄집어내어 겨우 토로한 듯한 느낌이 있다.
4. 비로소 얼마나 상태/상황이 안 좋은지를 알아차린 듯한 긴장감(마치 낭떠러지에 있는 듯한)이 있다. 내담자의 목소리, 자세, 한숨, 얼굴 표정 등으로 나타난다.

즉, 내담자는 이제껏 숨기려고 했던 자신의 존재의 힘들고 두려운 부분을 다른 사람에게 드러내려고 한다. 다음은 생명을 위협할 만한 질병이나 트라우마를 경험한 내담자가 보여 주는 취약성 표식의 예다.

> 이건 너무 심하잖아! 이걸 어떻게 또 다시 하라고! 오직 평생을 싸워 오기만 했는데! (울면서) 내 삶에서 뭔가 중요한 것을 얻으려고 노력하면서.
>
> 나 혼자 있는 것 같고, 정말 두렵고, 외롭고, 슬퍼요.
>
> 그냥 뭔가가, 누군가가 필요해요. ……그 사람들은 이게 암이 아닌 것을 밝히려고 하는데, 나는 두렵다. 이런 생각을 하도록 자신을 내버려 둘 때면, 정말 끔찍하고 이때 정말 혼자임이 느껴진다(Rogers, 1983에서 각색함).

온전한 공감적 확인을 하는 작업은 두 의자 기법이나 초점화하기만큼 자주 사용되지는 않는다. 그러나 이 작업의 깊이와 힘을 볼 때, 이 작업은 트라우마에 시달리며 우울감을 호소하는 내담자나 경계선 성격장애를 겪는 내담자에게 매우 중요한 작업이다(14장 참조). 이러한 내담자들은 강렬하고 두려운 감정을 유발하는 경험 및 자아로부터 일어나는 이차적 정서반응, 즉 개인적 수치심, 무가치함, 취약성, 절망에 몸부림치고 있다. 다른 치료적 작업들을 촉진하는 것과 더불어, 과정-경험적 상담자는 더 깊은 탐색적 작업을 하기 이전에 취약성 표식을 민감하게 알아차려야 한다. 이러한 표식은 내담자가 상담자 및 자신을 신뢰하며, 자신의 연약한 부분을 드러내는 위험을 감수할 수 있다고 느끼지 않으면 나타나지 않는다.

취약성은 강한 정서적 각성을 표시한다는 점에서 의미투쟁(meaning protest)과 비슷하다(10장 참조). 그러나 의미투쟁에서는 삶에서 일어난 힘든 사건에 초점을 둔다면, 취약성은 인간으로서 내담자가 지닌 연약함과 실패에 초점이 있다. 취약성 표식의 이러한 강한 정서적 각성과 연약함은 이 장에서 언급한 공감적 탐색과는 다른 작업을 필요로 한다. 실질적으로, 상담자는 매우 다른 역할을 하는데, 이는 상담자가 내담자와 협력하여 적극적인 탐색을 하기보다는 뒤로 물러서 앉아 좀 더 위안을 하는 태도를 취하는 것이다. 경험적으로, 상담자는 내담자가 판단당할지도 모른다는 두려움을 떨쳐 버리도록 하면서 내담자의 경험을 관찰하고 동조하는 것이다.

예를 들면, 팻은 임상적으로 우울하다고 진단받은 54세의 백인 여성으로, 조울증을 지닌 남성과 결혼하였으며, 끊임없이 반복되는 이사와 재정적 · 신체적 어려움으로 분노하는 내담자였다. 팻의 상담자는 부숴지기 쉬운 내담자 과정들을 원만하게 작업하는 데 타고난 능력이 있는 듯한 27세의 대학원생이었다(Warner, 1998 참조). 팻은 12번째 상담 회기에서 자신의 자매들의 성공과 정서적 지지를 주지 않은 것에 대한 분한 마음을 가지고 있었다. 상담 회기의 반쯤 지났을 때, 상담자가 그녀의 자매를 놓고 빈 의자 기법을 시행했고, 팻의 취약성은 두려움의 형태로 나타났다(여기서 공감적 확인 작업을 강조하기 위해 대본 내용의 일부를 변경하였다).

상담자: 당신의 여동생(또는 언니)을 이 빈 의자에 두고 얘기하실 수 있으시겠어요?

팻: 아니요. (잠시 멈춤)

상담자: 많이 어려우시군요. (잠시 멈추고) 지금 어떤 기분이 드세요?

팻: (작은 목소리로) 두려워요. [취약성이 나타나기 시작한다]

상담자: (부드럽게) 두려워요. (잠시 멈추고) 으-음. 단지 너무 두려워서……[두려운 감정을 인정하면서]

팻: 우리의 보잘 것 없는 관계에 (슬프게 후회하는 듯하게 웃으며) 무슨 일이 생기지 않을까 하는 것 말이에요.

상담자: 으-음, 그러니까 여기서 당신이 너무 단호하게 굴면 관계가 깨질 거라는 거죠.

팻: 그녀가 저를 대하는 것이 변한다면, 제가 감당할 수 없을 거 같아요.

상담자: 음. "만약 내가 나의 감정을 확연히 드러내거나 나의 질투심을 표현하면 남은 관계마저 망쳐버리지 않을까?"

팻: 네.

상담자: "그나마 받던 이메일도 못 받게 될까?" 이러한 작은 부분조차 파괴시킬 수 있고, 그런 친분조차 가질 수 없다고 생각하면 아주 두려워요.

팻: 네, 네. 정말 위험한 일인 것 같아요. 그 정도의 손실도 감수할 수 없을 거 같아요. 그녀가 없다면, 아무것도 가지고 있지 않을 거 같거든요. [감당할 수 없는 정도의 상실감을 말하려고 한다]

상담자: "그 관계도 없다면 난 완전히 외톨이야."라는 느낌인가요?

팻: 네, 그렇게 느껴요. 전적으로 홀로, 그 무엇도 누구도 없이요.

상담자: 으-음, 어떤 이에게도 아무 가치가 없는…….

팻: 네, 마치 제가 죽어도 아무도 모를 것 같은 느낌이에요.

상담자: 아무도 알지 못한다.

팻: 네, 숨이 막혀 오네요.

상담자: 네.

팻: 속이 안 좋네요.

상담자: (속삭이면서) 그렇군요. 근접하고 있어요. 두려움을 삭히기 위해 심지어 눈을 감고 있네요, 맞지요?

팻: 네, 그리고 숨을 깊이 쉬고 있어요.

내담자가 이러한 과정을 거치면서 상담자의 받아들임과 인정을 경험하는 것은 내담자 자신의 내면을 강하게 하는 데 도움이 된다.

2단계: 초기적 심화

2단계와 3단계의 공감적 확인은 내담자가 취약성, 연약함, 절망 등의 깊이를 가늠하도록 돕는다. 팻의 경우와 같이, 상담자는 탐색에서 동조로 방향을 전환하고, 필요시 팻이 스스로에게 진정시키도록 지지한다.

상담자: 좋아요. (잠시 멈추고) 진정시키도록 깊은 숨을…… (속삭이며) 일분 정도, 잠시 쉬어요. 맘을 조용히 가라앉히고요(길게 멈춘다).

팻: 가끔은 침대에 기어 올라가 그냥 거기에 계속 있으면서 아무도 저를 건드리지 않았으면 해요. [취약성이 더욱 나타난다]

상담자: 으-음, 으-음. "그냥 눈을 감고 고통을 차단해 버리고 싶어."

팻: 네, 네.

상담자: "그리고 모든 사람을 내보내고."

팻: 네.

상담자: "그냥 이 모든 아픔이 사라져 버렸으면 좋겠어." (잠시 멈추고) 그러고 보니 지난 주에 때때로 잠에서 깨어나고 싶지 않을 때가 있다고…….

팻: 네.

상담자: …정말로 죽는 게 더 낫다고…….

팻: 네.

상담자: … 지금 살면서 느끼는 고통보다…….

팻: 지금도 미래에 대한 생각이 없어요. 2년이나 3년 뒤에 무슨 일이 일어날 거냐고 물으시면, 전 아무 생각이 없어요.

상담자: 으-음. 그러니까 너무 절망적이어서. 2년이나 3년 뒤쯤에는 나는 아마도 여기에 없을 거 같다.

팻: 으-음, 아니면 "난 어디에 있을까?"

상담자: 음, "미래가 안 보여, 왜 사는지 모르겠어."

팻: 맞아요, 맞아.

상담자: 알겠어요. "왜 그냥 잠이나 자고 일어나지 말지 그래." 으-음. (잠시 멈추고) 너무나, 너무나 절망적이고. (잠시 멈추고) 너무나, 너무나 고통스럽고. (잠시 멈추고) 상처만 가득하고, 하지만 동시에 마음은 허무하고. (팻은 한숨을 쉰다) 마치 모든 기력이 다 빠진 것처럼요.

경험에 깊이 들어가는 과정에서 상담자는 내담자로 하여금 그가 느끼는 아프고 고통스러운 감정에 머무르도록 도와주면서, 전체 중 가장 최악의 것을 듣는다. 팻과 함께 예시에서 살펴본 바와 같이, 상담자는 그녀가 예전에 죽고 싶다고 말했던 것—그녀가 크게 동의한 바를 다시 언급한다. 그리고 상담자는 부드러운 어조로 다음과 같이 물을 수 있다.

상담자: 무엇이 지금 가장 마음을 아프게 하나요? 정말 어렵다는 것을 알아요. (잠시 멈추고) 무엇이 가장 힘드세요?

3단계: 심화하기와 바닥치기

조력함으로써 상담자는 내담자가 더욱 깊이 취약함을 들여다볼 수 있도록 한다. 칼로 복부를 찔렸거나 아물지 않은 상처와 같은 정서적 고통을 상징하는 생생한 비유들(Bolger, 1999; Greenberg & Bolger, 2001)과 사회적 고립과 외로움은 내담자가 과정에 머무르고 심화할 수 있게 돕는 중요한 요소다.

팻: 아니면 제가 마치 물에 빠지는 것처럼…….

상담자: (나지막하게) 물에 빠지는 것…….

팻: …… 그리고 계속해서 올라오려고 하는 것, 제가 어린이였을 때부터 고생하던 것이었어요.

상담자: (나지막하게) 당신이 마치 물에 빠지고, 당신의 일부인 한 손, 한 팔이 계속해서 위로 올라오려는…….

팻: 네.

상담자: …… 그러나 물에 빠지는 것을 막을 순 없는 것 같은…….

팻: 네.

상담자: 그리고 이 모든 아픔 가운데 빠져 가는 듯한 느낌. 질식해서, 숨을 쉴 수 없고, 심지어 잠시 뒤에는 움직일 수도 없는…….

팻: 네. 그리고 제 고통, 저의 신체적 고통도요. (팻은 만성적 자기면역 질환을 앓고 있다)

상담자: 으-음, 고통에 둘러쌓여서 가라앉으며, 몸을 움직일 수도 없고, 숨 쉴 수도 없군요. (잠시 멈춘다)

팻: 저에게 가장 무서운 것은 (깊은 숨을 쉬고) 풀장에 다이빙하는 것이고, 물 밑에서, 그건 너무……. (잠시 멈추고) 거기서는 내가 다른 것들을 하나도 인식할 수 없어요.

상담자: 으-음.

팻: 들을 수가 없어요. 그렇게 잘 들을 수가 없어요. 음…….

상담자: 음.

팻: 숨 쉬거나 냄새를 맡을 수 없어요. 물론 가끔 볼 수는 있겠지만, 모든 것이 움직이지 않고 잘 모르겠어요…….

상담자: 모든 것으로부터 완전히 단절되었군요.

팻: 물속에서는…….

상담자: 물속에서는…….

팻: 그러니까, 그냥 나 혼자……. 그러니까, 아무것도 없고 나만 있는 것 같아요.

상담자: (부드럽게) 그게 거기에 존재하는 전부이군요.

팻: 네.

상담자: 거기엔 과거도 없고…….

팻: 으-음.

상담자: 현재도 없군요.

팻: 으-음.

상담자: 다른 사람들도 없고요.

팻: 으-음.

상담자: 당신뿐이군요.

팻: 네.

상담자: 그리고 그 수영장 속에서 당신이 겁에 질려 있군요…….

팻: 네.

상담자: …… 그러니까 당신만 익사하고 있군요.

팻: 네.

상담자: 왜냐하면 당신만 거기 있으니까요.

팻: 네.

상담자: 그리고 물에 빠져 가라앉기 시작하면 어떻게 하려고 했나요?

팻: 음.

상담자: (잠시 멈추고) 그건 진짜 겁나는데요. (멈추고)

팻: 으–음.

상담자: (잠시 멈추고) 그저 어떻게 밖으로 나가야 할지조차 모르는 것 같이…….

팻: 맞아요, 맞아.

상담자: …… 당신이 필요할지도 모르는 물건조차 잡을 줄 모르고…….

팻: 으–음, 으–음, 으–음.

상담자: 네.

4단계: 성장 혹은 희망을 향해 나아가기

내담자의 수치스러운 경험을 목격하고 받아들이며, 내담자의 절망의 깊이를 생생하게 함과 동시에, 상담자는 그 반대의 것이 나타나는 것을 경청해야 한다. 이는 성장 지향적 경향으로 내담자가 희망과 타인 및 바깥 세상과의 재결합으로 향하도록 하는 것이다. 성장으로 향하는 경향은 방어적 회피나 고통으로부터 피상적으로 뒷걸음치는 것이 아니라, 상실에 대한 슬픔이나 위험에 대한 두려움으로부터 적응하려는 기본적 감정에 기초한 욕구 표현이나 행동을 말한다. 팻의 경우, 그녀가 거의 익사할 뻔한 유년시절의 기억과 연관된 외로움과 공포에서 나온 것이었다. '물 위로 올라가는 것' 은 그녀가 타인으로부터 위안과 안전함을 찾기 위한 것으로 인지될 수 있다.

팻: (더 강하게) 그리고, 그리고 있잖아요, 손을 뻗는 것, 그러니까 계속해서 뻗는 것.

상담자: 으–음, 으–음.

팻: …… 그리고 제 생각에는 제 남자 형제 중 하나가 (슬프게 너털웃음을 지으며) 제가 익사하고 있는 것을 발견했어요. (웃음) 그리고 저를 위로 끌어올렸

어요. 그리고 음, 제가 몇 살이었는지도 모르겠지만, 이 사건 때문에 굉장한 심리적 외상을 입었어요.

상담자: 그리고 지금 당신은 "누가 저에게 와서 이곳을 벗어나 위로 올려다 줄 분이 없나요?" 와 같이 말하는 것 같아요.

팻: 으-음. 제가 말하고 싶은 건 (잠시 멈추고) 누군가가 나를 편안하게 해 주거나 무언가를 준비해 주는 이미지는 안 떠올라요…….

상담자: 으-음.

팻: "걱정하지 마, 괜찮을 거야." 말하려고 하는…….

상담자: 누군가가 자신을 위로해 주는 이미지는 전혀 떠오르지 않는다는 거지요.

팻: 네, 그래요.

상담자: 그리고 그건 단지, 유년시절뿐만 아니라, 당신의 삶에서도, 그리고 현재에도 없다는 거지요.

팻: 네.

상담자: 당신에게는 자신을 편안하게 위로해 주는 이미지가 없다는 거지요.

팻: 으-음, 으-음.

상담자: 그래서 당신은 스스로를 지탱하고자 최선을 다하지만, 그래도 어쩔 수 없이 빠져들어 가는군요.

팻: 으-음. 그리고 저는 무언가, 누군가에게 접근하고 있어요.

상담자: 으-음, 으-음.

팻: (크게 한숨을 쉬며) 있잖아요, 되돌아보면, 제 생각에는, 좋아요, 전 데이브와 결혼하겠다는 비현실적인 기대가 있었어요. 그리고 어디론가 떠나는. 그게 제겐 매우 신나는 일이었어요.

상담자: 그래서 당신은 그를 향해 손을 뻗었군요.

팻: 네.

상담자: …… 그런 다음, 그가 당신을 유년시절 익사로부터 건져 주기 원하

고…….

팻: 으-음.

상담자: …… 당신은 당신을 이 호수에서 건져 줄 그 누군가에게…….

팻: 으−음.

상담자: …… 손을 뻗은 거군요.

팻: 으−음, 으−음.

상담자: …… 혹은 이 바다에서. 누군가 당신을 구해 주는 것, 그것이 당신이 원하는 거군요.

이러한 희망 또는 재결합의 표현은 적어도 어느 정도의 해결책이 일어나고 있음을 보여 준다. 상담자는 떠오르는 희망과 외부 세계와 재결합하려는 바람을 인식하고 인정한다.

5단계: 감사

내담자가 다시금 희망과 성장지향성 동력을 되찾을 때, 내담자는 이렇게 떠오르는 희망을 안도감이나 보다 큰 평온함으로 묘사하는 수도 있다. 이와 더불어, 내담자는 소외감을 덜 느끼고 자신이 상담자와 연결된 것을 인지하고 감사하기도 한다. 또한 이러한 경험은 결국 내담자의 외부 세상에도 목격될 수 있다. 안타깝게도, 이 시점에서 팻의 상담 회기가 더 이상 녹음되지 않아서 그 이후 정확히 어떻게 진행되었는지 알 수 없다. 그러나 팻의 취약성에 대한 추후 해결은 다음과 같을 수 있겠다.

상담자: (오랫동안 멈추며) 지금 무엇을 경험하고 있나요?

팻: 그 점에서 상담은 저에게 정말로 중요한 것 같아요. 제가 저의 길을 찾기 위해 누군가 도와줄 사람이 정말 필요했었거든요.

상담자: 당신이 무엇을 경험하고 느꼈는지, 그리고 누군가에게 얼마나 나아가고 연결되고 싶었는지 알게 되어서 기쁘네요.

팻: 네. 그리고 저는 제 형제나 자매가 저를 구해 줘야 할 필요를 강하게 느끼지 않아요. 또한 그들이 자신의 삶에만 너무 매여 있을 때 화나지도 않아요. 하지만 여전히 가족과의 관계를 유지하고 싶어요. 그리고 그렇게 할 수 있겠다는 느낌이 드는 순간들이 있어요. 다만 때때로 무력하게 느끼고, 그래서 다시금 물에 빠지는 것 같은 느낌이 들 때가 있어요.

상담자: 그러니까 이 모든 것에도 불구하고, 때때로 감당할 수 있을 것이라고 느끼시는 거죠?

6단계: 자아도식의 긍정적 변화(완전한 해결)

내담자가 스스로를 온전하고, 유능하며 괜찮은 사람으로 인식할 때, 상담의 치료적 작업의 완전한 해결 단계에 다다른다. 마지막 두 단계에서 상담자는 안도감이나 평온함, 자아도식의 변화가 나타나는 것을 탐색 및 인증함으로써 내담자의 작업을 촉진할 수 있다. 여러 회기가 지나서야 팻은 이러한 상태에 도달하게 되었는데, 그 시점은 그녀의 치료 마지막 부분에서 스스로를 물 밑에 갇혀 있는 느낌 없이 '오리발'을 가지고 헤엄치는 이미지를 연상했을 때였다.

더 읽을거리

공감적 탐색에 대해 더 많이 알고자 한다면, Barret-Lennard(1981)와 Rogers(1975)의 고전적 논문들을 읽기 바란다. 좀 더 최신 관점은 Bohart & Greenberg(1997b), Greenberg & Elliott(1997), Ickes(1997), Watson(2002), & Watson, Greenberg, &

Litaer(1998)에서 찾을 수 있다. Bohart, Elliott, Greenberg와 Watson(2002)은 최근에 상담자의 공감과 치료 결과 사이의 정적 상관관계를 연구 평가하였다.

취약성(vulnerability)에 대한 공감적 확인에 대해 더 알고 싶다면, Miss Munn의 예시를 Rogers(1983), Rice & Greenberg(1991)로부터 빌려온 Greenberg et al.(1993)을 읽어 보기 바란다. Miss Munn의 영상을 찾을 수 있다면, Roger가 그녀를 어떻게 대하는지 주의를 기울이시기 바란다. Egendorf(1995)의 『Hearing people through their pain』에서 심리적 외상을 입은 생존자를 다룬 묘사와 비슷하고, Warner(1998)의 책에서 심한 학대를 입어 심한 정신적 어려움을 겪는 내담자들을 다룬 것으로 이른 바 '깨지지 쉬운 과정(fragile process)'을 다룬 장을 비교, 참고하기 바란다. 이 두 종류의 문헌은 7장에서 다루고자 했던 상담자의 태도에 대해 느껴지는 특징을 묘사하고 있다. 정신적 외상과 관련된 주제는 10장 경험의 재생작업(reprocessing tasks)과 14장의 대인관계상의 정신외상과 상처를 통해 다시금 다룬다.

08

치료적 관계에서의 돌봄과 양육

과정-경험적 치료에서 치료적 관계는 어떠한 것인가? 치료 과정 이상의 발전을 하고 있는가? 치료의 초기, 중기, 종결기와 같은 모든 단계 동안 좋은 작업 동맹을 유지하고 발전시키는 것과 관련된 구체적인 관계형성 작업에는 어떤 것이 있는가? 과정-경험적 상담자들은 어떻게 이러한 단계 동안 나타나는 구체적인 문제들을 다루며, 내담자와의 관계가 깨지는 문제를 어떻게 해결하는가? 이 장에서는 이러한 질문들을 다루고자 한다.

치료적 관계의 일반적 이해

대개 치료적 동맹은 치료에서 변화의 중요한 수단으로 사용된다(예, Henry & Strupp, 1994; Horvath & Greenberg, 1994; Norcross, 2002; Orlinsky, Grawe, & Parks, 1994; Rogers, 1959). Rice(1983)는 인간중심과 경험적 치료에서 동맹의 두 가지 기능을 제안하였다. 첫 번째로, 상담자의 진실한 공감이나 태도 그리고 행동은 내담자 자신의 성장을 촉진하며, 내담자 자신을 이해하고 수용하도록 한다. 두 번째로 동맹을 형성하는 태도와 행동은 내담자가 상담자와 치료 과정에 대한 신뢰를 발전시킬 수 있도록 돕는데, 이것을 통해 내담자는 자기탐색과 적극적인 표현과 같은 어려운 작업에도 참여할 수 있게 된다.

과정-경험적 상담자들은 첫 번째 기능도 중요하게 여기지만, 두 번째 기능인 동맹의 작업 촉진 기능을 특히 강조한다. 따라서 과정-경험적 상담자들의 중요한 목표는 내담자에게 공감적 조율을 하는 것과 인지-정서적 문제를 확인하고 해결하도록 안전한 치료환경을 제공하는 것이다(Greenberg, Rice, & Elliott, 1993; Watson & Greenberg, 1994, 1998). 더욱 적극적인 개입은 내담자의 변화 과정을 가능하게 하기 위한 공감, 수용과 가치인정, 진정성, 함께하기를 통해 촉진된다. 그러므로 과정-경험적 상담자들은 어느 한 시점에, 보다 적극적인 개입을 시도하는 것과 내담자의 내적·현상학적 세계에 반응적으로 조율하는 것 중 어떤 것이 더욱 도움이 되는지를 결정해야 한다(Watson & Greenberg, 1998). 내담자가 탐색과 변화과정을 활성화시키는 자라는 관점은 협력적인 작업 동맹을 수립하는 데 기반이 된다. 추후 다른 장들에서 묘사될 여러 개입은 동맹을 발전시키는 데 사용될 수 있는데, 동맹 과정에 있어서 내담자는 그들의 경험에 있어서 전문가이고, 상담자는 다양한 탐색 방식에 있어서 전문가다. Rogers(1959), Perls(1969), 그리고 그 외(예, Speierer, 1990) 여러 전통적 인본주의 치료의 관점은 내담자들의 역기능은 그들 자신의 감정에 대한 인지를 잃어가면서까지 타인의 관점과 기준을 내면화한 결과를 발생한 것으로 보아 왔다. 앞서 언급한 것처럼, 과정-경험적 치료의 일차적 목표는 내담자가 그들 정서에 포함된 정보에 접근하도록 도와주고, 그들이 보다 통합적 자아를 발달하고, 보다 적응적인 반응을 하는 것이다. 이 과정을 촉진하기 위해, 과정-경험적 상담자들은 판단을 유보하고 내담자 스스로를 탐색할 수 있도록 자유를 허용하므로 자율성과 독립성을 촉진하고 다음과 같은 내담자의 정서적 지능의 두 가지 측면을 육성할 수 있게 돕는다. ① 스스로를 공감적으로 경청하는 능력과 이전에 자신이 아니라고 생각한 것을 인식하는 능력, ② 자기 존재에 대한 역기능적 방법에서 벗어나기 위해 그들 자신을 되돌아보는 능력

(Bohart & Tallman, 1999; Watson & Rennie, 1994)이다.

과정-경험적 상담자들은 다른 인간중심적 전통과 마찬가지로 동맹의 어려움이 있을 때 이를 내담자에게 전의로 인한 왜곡에 대해 가르칠 기회로 보지 않는다. 대신에 동맹의 어려움은 지금-여기서 상담자와 내담자 간의 일어난 것을 반영하는 것으로 보고, 상담자와 내담자가 좀 더 진실하게 소통할 수 있는 기회라고 본다(Watson & Greenberg, 1998). 만약 내담자가 특별한 작업, 예를 들어 빈 의자에 말하는 것에 참여하는 것을 주저한다면 이것은 상담 과정이 내담자의 목표를 달성하는 데 어떤 도움을 주거나 주지 못할 수 있는가에 대해 논의할 수 있는 치료적 기회다. 그것은 또한 내담자가 치료 과정에 대해 어떻게 느끼는지에 대해 더 잘 이해할 수 있는 기회다.

변화 과정 가운데 일어나는 동맹의 균열과 복구의 역할을 명료화하기 위해 우리는 Bordin(1979) 그리고 Safran과 Muran(2000)과 같은 이들의 이론과 연구들을 참고하였다. 특히 동맹의 어려움에 대한 관계적 대화에는 게슈탈트 대화체(Yontef, 1998)와 현대 경험적 접근(van Kessel & Lietaer, 1998) 및 Agnew, Harper, Shapiro 그리고 Barkham(1994)의 내담자와의 대립에 관한 연구를 기반으로 하였다. 상호 대인관계의 복구 작업은 경계선 과정을 포함한 전반적이고 심한 학대를 받았거나 다른 어떤 형태로 피해를 입은 내담자에게 특히 중요하다(13장 참고). 이러한 내담자는 자신을 돌보는 사람이 될 가능성이 있는 사람을 도움이 안 되거나 위험하다고 보는 정서 도식을 가지고 있다.

그러나 동맹의 깨어짐과 회복을 만성적으로 대인관계의 어려움을 가진 내담자들과의 작업으로 국한하면 안 된다. 치료적 오류와 공감의 실패는 내담자가 기대하는 것과 실제로 발생하는 것 사이의 불일치와 같이 모든 형태의 치료에서 일어날 수 있다. 이로 인해 어떤 내담자는 실망하거나 때로는 분노하기도 한다. 만약에 상담자가 어려움을 인정하고 다루지 않는다면, 혹은 방어적으로 반응하거나 심지어 반격을 한다면 내담자가 치료를 그만두거나 자신의 참여를 제한하고(Rhodes, Hill, Thompson, & Elliott, 1994), 심지어 해를 입게 될 수도 있다(Binder &

Strupp, 1997).

이에 대해 Rogers(1961)와 다른 이들이 제시한 중요한 점은 상담자는 공감과 포상을 내담자에게 줄 뿐만 아니라 내담자와의 관계에 있어서 내담자에게 솔직하고 진실되어야 한다는 것이다. 그것이 어떤 경우에는 내담자에 대한 부정적인 느낌을 요령 있게 표현해야 하는 것이라도 말이다. 부정적인 느낌이란 내담자와의 상담에서 상담자가 원치 않거나 침입적이게 경험한 느낌으로 정의할 수 있다(Rogers, 1959). 동시에 다른 학자(예, Greenberg & Geller, 2002; Lietaer, 1993)들은 경험적 상담자가 내담자에게 솔직하고 개방적으로 말할 때 그에 대한 책임을 다하는 것이 중요하다고 하였다. 과정에 대한 생각과 관찰을 밝힐 때 내담자나 그들이 치료에 참여하는 것에 대한 비난과 비판을 하지 않아야 한다. 또한 개인적으로 수퍼비전을 받는 것은 상담자가 부정적인 감정을 긍정적 노출(disclosure)로 재구성하는 방법을 발견하는 것을 도울 수 있다. 각 사람의 행동이 다른 사람에게 어떠한 영향을 미치는지 분명히 하는 것은 내담자의 대인관계 성장에도 도움을 준다. 하지만 부정적인 노출은 동맹을 균열시킬 수 있기에 주의와 요령이 필요하다.

마지막으로 관계의 쟁점과 어려움은 치료 기간 동안 변하기 때문에 상담자는 여러 경우에 따라 내담자의 필요에 즉각 반응할 수 있어야 한다. 예를 들어 치료의 초기 단계에서 상담자는 일차적으로 내담자와 관계를 형성하고 내담자를 치료에 참여시키는 데 관심이 있다. 그러고는 만약 치료의 작업 단계 동안 어려움이 생기면 치료 작업 중 형성된 내담자와 상담자 간의 신뢰와 협력 관계가 어려움을 해결하는 데 도움이 될 것이다(Horvath & Greenberg, 1994; Horvath & Luborsky, 1993). 마지막으로 상담을 마무리 짓고 종결하는 이슈는 특별한 사려와 처리가 필요한데, 기간이 한정된 치료일 경우 더욱 그러하다.

치료 시작에서 동맹 형성

치료의 첫 번째 작업은 내담자와 상담자 사이의 안전한 치료적 동맹을 발달시키는 것이다. 이러한 동맹 형성 작업의 목표는 내담자로 하여금 자신의 내면의 경험에 집중하고, 불명확하거나 불완전한 경험을 탐색하고, 이를 말로 표현함으로써 내담자가 생산적으로 공감적 탐색(7장 참고) 작업을 할 수 있게 돕는 것이다. 공감적 탐색과 병행하는 작업은 안전한 환경과 내담자와 상담자 간의 신뢰를 확립하는 것인데, 이로 인해 내담자는 보다 고통스러운 경험을 탐색할 수 있다. 그러나 만약 내담자와 상담자의 정서적 유대가 약하거나 치료의 작업과 목표의 동의가 빈약하게 맺어진다면 동맹에서의 어려움은 시작 단계에서도 발생할 수 있다. 이러한 어려움의 예로는 내담자가 내적 경험에 집중할 수 없는 것, 상담자와 상담하는 데 불안전하게 느끼는 것, 치료의 유용성에 대한 의심과 상담자가 다르게 행동했으면 하는 기대 등이 있다. 이러한 어려움들로 인해 치료가 한두 회기 안에 종결될 수도 있다.

〈표 8-1〉에서 나타난 것처럼 동맹 형성 작업은 치료적 작업인 두 의자 대화 기법이나 체계적인 기억 회상 전개 기법과 같은 '작업-지향적(work-oriented)' 작업으로 이해할 수 있다. 동맹 형성은 여러 연속적 단계들을 거쳐 이 작업의 온전한 해결 단계인 생산적 · 치료적 관계로 발달하게 된다. 치료가 시작되는 시점(첫 회기에 불참한 것과 반대로)을 1단계라고 볼 수 있으며, 안전한 치료 환경을 조성하는 것은 2단계로 볼 수 있다.

1단계와 2단계: 치료의 시작과 안전한 작업 환경 조성

Gendlin과 Beebe(1968)는 경험적 치료에서의 첫 번째 원칙은 '접촉 전 접촉' 이라고 하였다. 5장과 7장에서 설명하였듯이 과정-경험적 상담자들은 치료를 시

〈표 8-1〉 치료적 작업으로서의 동맹 형성

동맹 형성 단계	특성의 어려움
1. 표식: 내담자의 치료 시작	내담자는 첫 회기 전에 치료에서 탈퇴한다.
2. 안전한 작업환경 조성: 공감적 조율과 안전한 작업 환경의 조성은 수용과 가치인정과 개방성과 함께하기의 요소를 포함하고 있다.	내담자는 오해 받고 비판당하거나 불안전함을 느낀다. 내담자는 상담자를 가식적이거나 신뢰할 수 없는 사람이라고 간주한다. 내담자는 공감적 조율을 위협적인 간섭으로 여긴다.
3. 치료적 초점 찾기: 상담자 내면의 감각과 지식에 의해 내담자에게 중요하고 중심이 되는 무엇인가를 깨달음, 내담자에 대한 분명한 질문들, 관심의 초점, 증상이 어떻게 기능한지에 대한 내적 직감에 근거하여 내담자들에게 중심이 되는 이슈를 알 수 있다.	치료적인 초점이 없다. 내담자는 치료의 초점을 찾고 유지하는 데 어려움을 경험한다. 내담자는 산만하고 전반적으로 상담자의 의견에 따른다.
4. 목표에 대해 동의하기: 치료적 초점과 목표에 동의 확립	내담자는 변화에 대한 양가감정이 있다. 내담자는 주요 치료적 목표와 관련된 작업을 하는 것에 확고하게 전념하지 않는다. 내담자는 자신의 문제의 원인에 대해 상담자와 다르게 생각하고 있다.
5. 치료적 작업에 동의하기: 치료적 목표에 따른 치료 방법의 동의의 확립(공감 탐색을 시작하는 것과 서서히 드러나는 내담자의 치료 방법들에 대한 걱정을 다루는 것을 포함한다)	내담자는 내면으로 주의를 돌리는 것에 어려움을 가진다. 내담자는 문제와 관련된 치료에 참여하는 것의 목적과 가치에 대해 의심을 한다. 내담자는 상담자가 치료 작업과 과정에 대해 가진 생각과 다른 기대를 가지고 있다.
6. 생산적 작업 환경 달성: 내담자는 상담자를 신뢰하고 생산적인 치료적 작업에 적극적으로 참여한다.	치료적 동맹의 어려움의 가능성에 대해 자세히 그리고 방어적이지 않은 자세로 듣는다. 필요하면 직접적으로 묻는다(예: 철회의 어려움).

작할 때 내담자와 함께하며 지나친 동일시 없이 내담자의 입장에서 보려고 노력한다. 또한 상담자의 공감은 치료적 환경에서 내담자가 느끼는 안전감을 촉진한다. 그리고 상담자가 자신을 인정하고 존중한다고 느끼는 것도 안전한 치료적 환경의 확립을 촉진한다(Greenberg, Elliott, & Lietaer, 1994; Lietaer, 1998). 또한 상담자

가 내담자와 개방적이고 정직하게 상호작용한다면 안전한 치료적 환경이 조성되고 유지된다. 이것을 이루기 위해서 상담자는 내담자와 늘 함께하고 집중을 해야만 회기 동안 자신의 내적 경험과 접촉하게 되어 내담자와의 관계에서 발생하는 것을 명확하게 파악할 수 있다. 그래야만 상담자는 자기인식을 기초로 최대한 개방적이고 즉흥적이되, 내담자에게 부담을 주거나 관계에 손상을 주지 않게 반응할 수 있다.

장기치료와 같이 단기치료에서도 내담자는 잠재적으로 어렵고 위협적인 자신의 내적 경험을 다룰 수 있을 만큼의 안전한 치료 환경과 상담자를 향한 신뢰를 필요로 한다. 하지만 단기치료에서의 특별한 요소 중 하나는 이러한 조건들이 발전하는 데 활용할 수 있는 시간이 비교적 적기에 상담자가 안전한 작업 환경을 조성하기 위해 내담자와 함께 좀 더 적극적으로 작업해야 한다는 것이다.

3단계: 치료적 초점 찾기

단기 치료의 효과를 향상하기 위해서는 과정-경험적 상담자들은 초기에 치료의 초점을 설정하고 내담자와 치료적 목표에 대한 합의를 하기 위해 적극적으로 작업을 한다(Greenberg & Paivio, 1997). 초점에 대한 내담자와의 합의는 치료 작업에서의 내담자의 협력을 보장한다. Watson과 Greenberg(1996b)의 연구에서 우울증을 치료하는 단기-인간 중심치료와 단기-과정-경험적 치료 가운데 초기에 치료의 목표를 합의하는 것을 실패한 내담자들과 상담자들이 가장 안 좋은 결과를 낳았다. 초기에 치료의 목표에 대한 합의가 충분하지 않았을 경우, 우울증의 근본적인 원인 혹은 문제되는 이슈들이 무엇인지에 대한 초점이 부족했다. 이러한 경우의 내담자들은 5번째 회기쯤에서 치료의 목표에 대한 합의를 달성했다고 느꼈고, 결국 최상의 치료 결과를 경험한 내담자들과는 대조되었다. 그러나 흥미롭게도, 치료의 초점과 분명한 목표 설립의 실패는 내담자들이 평가한 그들과 상담자와의 유대의 질에는 영향을 주지 않았다(Weerasekera, Linder, Greenberg &

Watson, 2001).

초기에 치료적 초점을 확립하는 데 있어서 중요한 요소는 내담자의 삶의 사건과 경험들의 중요성과 이것들이 현재 그들의 증상과 고통에 어떻게 영향을 끼치는지를 감지할 수 있는 상담자의 능력이다. 숙련된 과정-경험적 상담자는 내담자의 언어 사용과 정서적 각성에 주의하고 자신의 내관을 사용해 무엇이 의미심장하고 핵심적인 것인지 알아낼 수 있다. 이러한 능력은 상담자 스스로가 경험할 수 있는 능력과 인간의 기능에 대한 암묵적 지식을 반영하는데, 이는 상담자가 지금까지 내담자들을 상담하면서 쌓은 실질적 경험, 개인적 일상의 경험 및 이론적 지식의 혼합물이다. 이러한 역량은 상담자가 내담자에 대한 이해와 개입에 대한 지침을 주되 유연하게 반응하게 한다.

과정-경험적 상담자들은 자신의 경험보다, 내담자의 내적 경험을 통해 무엇이 이 회기에 적합하고 옳은 것인지에 대한 지침을 얻는다(Gendlin, 1996; Leijssen, 1990; Watson & Rennie, 1994). 즉, 과정-경험적 상담자들은 내담자의 정서적 반응들을 어디에 초점을 두어야 할지 알려 주는 나침반처럼 사용한다. 과정-경험적 상담자들은 내담자의 정서를 따라가며 내담자들이 자신의 경험 중 이질적이게 느끼지만 잠재적으로 중요한 면들을 생각해 낼 수 있게 돕는다.

또한 과정-경험적 상담자들은 무엇이 내담자에게 정서적으로 중요한지를 발견해 가며 내담자가 자신의 경험에 대해 가지는 질문들에 특별히 주의를 기울이는데, 이는 흔히 그러한 질문들을 통해 치료의 목표와 초점을 찾게 되기 때문이다(Klein, Mathieu-Coughlan, & Kiesler, 1986). 어떤 내담자는 자신을 괴롭히는 질문들에 대해 명확하게 말할 수 있다. 예를 들어, 내담자는 어떤 특정한 상황에서 왜 자신이 우울하게 되는지에 대해 궁금해할 수 있다. 그러나 다른 내담자들은 자신의 질문을 명확하게 표현하지 않을 수 있다. 그럼에도, 만약 첫 두 회기 혹은 세 회기에 상담자가 내담자에게 반복해서 집중하는 주제들과 암시적 질문들을 말해주면 치료의 목표와 작업들에 대한 협력을 구축할 수 있을 것이다. 이렇게 내담자의 관심의 초점에 집중하는 것이 그렇지 않을 때보다 더 빠르고, 효과적으로 치료목표와 작업에 대한 협력을 얻을 수 있다.

내담자가 자신의 경험에 대한 질문을 표현하는 데 도움이 될 수 있는 한 가지 방법은 과정-경험적 상담자가 특정한 내담자 작업 표식(6~12장 참고)을 찾는 것이다. 예를 들어, 한 내담자가 자신이 어떤 결정을 내리고 시행하는 데 어려움을 느낀다고 표현하거나 자기 비판적인 언급을 한다면, 이는 그가 내적 갈등과 대립을 경험하고 있다는 것을 나타낸다. 이럴 경우에는 두 의자 기법을 통해 문제를 탐색하는 것이 도움이 될 수 있다(Greenberg et al., 1993). 반면 내담자가 어느 한 타인을 향해 해결되지 않은 부정적 감정을 진술할 경우에는 빈 의자 기법이 도움이 될 수 있다. 작업을 제시하기 전 첫 회기부터 주요 내담자 표식들을 반영하는 것은 치료의 초점을 상담 초기에 찾게 도울 수 있으며, 이로 인해 치료적 동맹이 강화될 수 있다.

마지막으로, 상담자는 상담의 첫 번째나 두 번째 회기에서 내담자의 시각을 내담자가 겪고 있는 주요 문제들과 치료의 일차적 목표의 맥락에서 이해하고자 노력한다. 이러한 작업은 내담자의 어려움들과 상담을 받고자 찾아온 것이 중단되거나 위협받은 삶의 계획들(예: 학교를 다니기 시작하는 것, 만족스러운 친밀한 관계를 갖는 것)을 포함한 내담자의 전반적인 삶과 어떻게 연관되는지를 이해하는 것이 필요하다. 예를 들어, 한 내담자는 자신이 자라온 폭력적 가정으로부터의 정서적 독립과 재정적 독립을 이루기 위해서는 대학에서 공부를 잘해야 한다고 생각했다. 그러나 자신의 해리성 경향들로 인해 공부를 못할 것이 두려워 상담 서비스를 찾게 되었다.

4단계와 5단계: 목표와 작업에 대한 동의

상담 초기에 내담자와 상담자가 목표(무엇에 대한 작업인가)와 치료 작업(목표를 이루는 방법)에 대한 합의를 하는 것이 중요하다. 기본적인 공감 탐색 작업(7장 참고)은 내담자가 관심을 자신의 내면으로 돌려 자신의 경험을 새롭고 신선하게 상징화하고, 자신에게 다른 정보들을 줄 수 있지만 아직 익숙하지 않은 출처들을 주목할 수 있게 돕는다. 장기치료의 경우에는 내담자가 자기 노출을 하고, 자신의 내부에 초점을 맞추고, 자기 탐구를 하는 것과 같은 포괄적인 작업을 할 수 있는 시간이 더 많이 있다. 그러나 단기치료에서 치료가 성공적이기 위해서는 이러한 작업들이 보다 빠르게 이루어져야 한다. 내담자와 상담자가 치료의 목표와 작업에 대한 합의를 수립하는 것은 내담자가 자신의 내면에 주의를 기울이게 돕는 주요 요소다. 이는 내담자로 하여금 자기 노출을 하고 자아에 집중할 수 있게 돕는다(Rennie, 1994b; Watson & Rennie, 1994; 〈표 8-1〉의 4단계와 5단계).

앞의 단계들을 이루기 위해서 상담자는 내담자에게 상담자와의 관계의 본질에 대해 명확히 알리고 치료의 작업과 목표에 대해 분명하게 이야기하는 것이 필요하다. 이는 다음과 같은 상담자의 주요 활동들을 통해 할 수 있다. ① 과정-경험적 치료에 대해 간단히 설명하기, ② 실행 가능한 목표를 제시하기, ③ 내담자가 목표를 이루는 것을 돕기 위한 작업을 제안하는 것이다.

첫째, 보통 첫 번째나 두 번째 회기(혹은 타당한 이유가 있다면 그 후에)에서 상담자는 경험적 가르침을 통해 변화 과정에서의 정서의 역할이 무엇이고, 과정-경험적 치료가 어떤 것인지에 대해 간단하게 설명한다. 예를 들어,

> 상담자: 이 치료의 주요 목표 중 하나는 내담자가 자신의 감정을 하나의 정보로 사용하는 것을 배우도록 돕는 것입니다. 감정은 사람들이 자신의 욕구가 무엇이고, 어떻게 그 욕구를 충족시킬 수 있는지 알 수 있게 돕습니다.

둘째, 내담자의 주요 어려움과 인생의 중단된 계획들을 경청하고, 치료의 주된 목표를 정한 후 경험적 개념화(experiential formulation)를 사용해 이 부분들을 내담자에게 다시 말한 후 내담자가 확인하고 필요한 경우 정정하게 한다. 예를 들어, 다음의 대화를 보자.

내담자: 저는 매 시간 두려움이 멈추었으면 해요. 제 말은 전 여기를 떠나 멀리 있는 학교로 가고 싶을 뿐이지만 전 그것이 너무 두려워요.

상담자: 그래서 당신은 당신이 겪은 피해로 인한 두려움 때문에 지금의 생활에 갇혀 있다고 느끼는 거죠? 그리고 그 두려움에 대해 다루고 싶은 것 같은데 제가 잘 이해했나요?

일반적으로 상담자는 내담자가 제시한 목표와 작업을 수용하고 내담자에게 이와 관련된 정서적 과정에 대해 설명하며 적극적으로 작업한다. 때때로 상담자는 공감적 추측을 통해 치료적 목표를 제안하기도 한다.

상담자: 당신이 말한 것에 의하면 당신은 상담하면서 앞으로 이 결혼생활을 지속할 것인가 그렇지 않을 것인가에 대해 다루길 원하는 것 같아요. [공감적 추측] 제가 잘 이해했나요?

앞의 예에서와 같이 목표에 대한 명시적 동의가 암시적인 것보다는 좋지만 꼭 그래야 하는 것은 아니다.

셋째, 상담자는 합의한 목표를 내담자가 달성하도록 돕기 위해 사용할 치료적 방법 및 작업들에 대해 내담자에게 설명하는 것이 유익하다. 이때 상담자는 정서 탐색, 상담 회기에서 하는 여러 '실험' 혹은 문제가 되는 과정 재연하기에 대해 언급할 수 있다.

상담자: 그래서 저는 당신이 꽤나 고통스러운 느낌에 맞닿는 것을 제시하기도 할 것입니다. (또는 머릿속으로 대단히 충격적인 상황으로 돌아가거나 당신이 경험하는 공황발작을 회기 중 저와 함께 재연해 볼 수도 있습니다) 이것은 어렵고 두려운 일이기에 당신이 안전하게 진행된다는 것을 느낄 만큼의 속도로 하는 것이 중요하죠. 이것에 대해 어떻게 생각하시나요?

6단계: 생산적 작업환경의 달성

7장에서 본 것처럼 과정-경험적 치료의 일반적인 작업은 내담자가 상담자의 공감적 지지를 받아 탐색 과정을 통해 자신의 내적 경험을 더 잘 알게 되는 것이다. 이렇게 내담자의 인지를 증진하기 위해서 Rogers(1961)와 다른 이들(Barrett-Lennard, 1998)은, 그들이 변화의 일차적 수단으로 보는 치료적 관계에 중점을 두었다. 이들은 최상의 조건들이 주어진다면 내담자는 지각, 느낌, 가치, 갈망과 욕구를 포함한 다양한 근원의 정보를 되돌아보고 통합할 수 있다는 점을 강조했다. 이것이 가능하기 위해서는 내담자가 상담자에 대한 신뢰와 안전감을 느껴야 한다.

앞서 4장과 7장에서 명시했던 자기 탐색의 일반적인 작업은 내담자의 기본적 미세처리과정(특히 내적 경험, 경험적 탐색, 적극적 표현 그리고 상담자가 자신을 알아가도록 허용하는 것) 뿐만 아니라 여러 다양한 내담자 활동들(예를 들어, 내적 경험에 집중하기, 과거의 사건들 재경험하기, 경험에 대한 잠재의식 탐색하기, 경험 분화하기, 또한 경험하는 것을 구체적으로 설명하기)을 포함한다. 완전히 성공한 동맹의 특징은 내담자가 상담자를 충분히 신뢰하여 고통스러운 정서적 경험들을 표현하는 것을 포함한 여러 종류의 작업들과 활동들에 적절하게 참여할 수 있는 것이다.

초기 동맹 형성의 어려움

지금까지 우리는 정상적이고 '문제가 없는' 동맹 형성의 단계에 대해 묘사를 했다. 이제는 상담 초기의 동맹 형성 과정에서 일어날 수 있는 구체적인 어려움들에 대해 말하고자 한다. 이러한 구체적 어려움들은 〈표 8-1〉의 오른쪽 열에 나열되어 있다. 여기서 묘사되는 것과 같은 초기 동맹 형성의 어려움들을 경험하는 내담자들에게는 좀 더 과정을 이끌어 주는(process-guiding) 개입들이 도움이 된다. 또한 추후에도 동맹을 위한 추가적 작업을 필요로 하기도 한다.

내담자의 변화 단계(2단계와 3단계)

전반적 변화 단계 가운데 내담자가 있는 현재의 위치는 단기치료에서 성취할 수 있는 작업 유형에 중요한 영향을 준다(Prochaska, DiClemente, & Norcross, 1992). 예를 들어, 상담자는 다음과 같은 과정을 통해 내담자의 위치를 발견하는 것을 시작할 수 있다.

> 상담자: 치료를 통해 무엇을 얻길 원하시나요?
>
> 내담자: 잘 모르겠어요. 전 어떤 것도 생각할 수 없어요. 전 왜 제가 여기 있는지조차 전혀 확실하지 않아요. 전 여기 있지 않고 싶지만 제 아내와 다른 사람들에 의해 떠밀려 왔어요.

이와 같은 상황에서는 동기 강화 상담(Miller & Rollnick, 2002)에서와 같이 치료에 대한 내담자의 양가감정에 대한 공감적 탐색이 필요하다.

우울증이 있으나, 치료에 대한 의욕이 있는 듯한 한 내담자가 상담자를 찾아왔다. 내담자는 기꺼이 상담자가 제안한 다양한 치료 작업을 시작했지만 그때마다 그녀는 초점을 잃어버리고 감정에 매우 치우쳤고 결국은 더 이상 작업을 진행할 수 없었다. 나중에 알고 보니 그녀와 그녀의 상담자는 서로 어긋났었던 것이다. 상담자는 내담자의 초점이 그녀의 우울증이라고 이해했지만 내담자는 아직 치료받는 것에 대한 확신이 있는 상태가 아니었다(3단계). 다시 말해서 내담자는 아직 변화에 대해 초조하게 숙고하고 있는 단계에 있었던 반면 상담자는 내담자가 변화를 만들 준비가 되어 있는 단계라고 추정했던 것이다(Prochaska et al., 1992). 내담자가 치료를 받는 것에 대한 자신의 양가감정을 시인했고 이것이 자신이 정서적으로 취약하게 느끼는 것과 연관된 것이 드러남과 동시에 내담자가 치료 중 안전감을 느끼지 못하는 문제(2단계)도 있음이 명확해졌다. 다행히도 이러한 탐색과 상담자의 공감적 확인은 내담자가 스스로와 상담자에 대해 더욱 안전하게 느낄 수 있게 했고, 이로 인해 자신의 우울증에 기여하는 문제들에 집중할 수 있었다.

정신건강에 대한 이념(3단계와 4단계)

상담자와 내담자 간의 심리적 문제의 원인과 치료에 대한 개념의 차이는 초기 동맹 형성의 어려움을 야기한다. 심지어 치료의 유용성과 가치에 대한 확신을 가진 내담자도 자신의 상담자가 가지고 있는 기대와 다른 기대를 가지고 있을 수 있다. 이러한 내담자는 다양한 치료적 기술들의 적합성을 의심할 수 있다. 어떤 내담자는 자신의 경험 지향적 상담자가 자신의 행동에 대해 해석을 하거나 자신의 행동의 패턴에 대해 알려 주기를 원할 수도 있다. 또한 다른 내담자들은 상담자가 내적 경험을 쉽고 빠르게 접할 수 있게 하는 좀 더 적극적인 개입을 사용하기 원할 수도 있다.

상담자가 한 내담자에게 그의 우울증에 대해 이해하는 바에 대해 말해 달라고 했을 때 그는 그의 의사가 우울증의 원인은 '뇌의 엔도르핀의 결핍'이라고 말했다고 했다. 결과적으로 그는 그의 느낌의 탐색이나 심지어 다른 행동을 시도하는 것의 타당성을 이해하는 데 어려움을 겪었다. 그의 상담자는 '과정-경험적 두뇌 이론'에 대한 경험적 가르침(experiential teaching)을 주었는데, 뇌신경 가소성(neural plasticity)(Kolb, 1995 참조)부터 뇌, 정서와 행동이 서로 영향을 주어 정서 혹은 행동의 변화는 뇌 기능의 변화로 이어질 수 있다는 것을 설명했다. 자신의 문제들을 대부분 외향적으로 보는 내담자들도 비슷한 경우라고 볼 수 있다. 예를 들어,

> 내담자: 저의 모든 문제는 제 남편과 그의 여자 친구 때문이에요. 만약 이 문제가 없었더라면 전 우울하지 않았을 거예요.

끝으로 많은 내담자, 특히 분노와 충동 문제가 있는 내담자들은 그들의 문제가 일차적으로 감정으로 인한 것이라고 이해한다. 그들은 자신의 감정을 억압하고 억누르거나 무시하는 것에 대한 도움을 받기 위해 치료를 찾는다.

> 내담자: 저는 당신이 도박(또는 자해, 술주정, 음주, 여자 친구 폭행 등) 같이 해

로운 것을 계속 하도록 만드는 감정을 조절하는 방법을 제게 말해 주었으면 해요.

그러한 내담자들에게는, 그들이 생각하는 그들의 '원수 같은 감정'에 대한 공감을 하며 상담을 시작하는 것이 중요하다. 과정-경험적 치료의 원리(감정이 변화 과정의 핵심이다)는 그러한 내담자들에게 터무니없는 것처럼 들린다. 그들에게는 정서의 유형과 단계들의 미묘한 차이에 대한 설명이 필요하다. 예를 들어, 상담자는 다음과 같이 말할 수 있을 것이다.

상담자: 제가 이해하는 바에 의하면 당신의 경험상 감정은 나쁜 것, 그리고 당신으로 하여금 나쁜 것을 하게 하는 것이죠? 그래서 저는 어떻게 이런 일이 일어나고, 어떤 감정들이 이와 연관이 있고, 당신으로 하여금 그러한 일들을 하게 하는 감정의 이면에 있을 수 있는 다른 감정들에 대한 이해를 돕기 원해요. 만약에 우리가 그런 다른 감정들을 찾는다면 어쩌면 그 감정들은 당신의 욕구가 무엇이고, 그 욕구들을 충족할 수 있는 좀 더 긍정적인 방법들을 알려 줄 수 있어요. 이해가 되시나요? 한 몇 회기만이라도 시도해 보시겠어요?

내담자와 일치되지 않는 기대(5단계)

치료적 동맹을 위해서 상담자와 내담자가 동일한 기대를 갖는 것이 중요하다(Al-Darmaki & Kivlighan, 1993). 특히 누가 무엇을 해야 하는지에 대한 동일한 기대를 갖는 것이 중요하다(작업에 대한 합의). 치료적 관계에 대한 몇몇 연구에 대한 평론(예, Hardy, Stiles, Barkharm, & Startup, 1998; Henry, Schacht, & Strupp, 1990; Sexton & Whiston, 1994)에 의하면 작업 관계를 수립하기 위해서 상담자는 내담자들의 행동과 상호 보완적인 행동을 보여 줘야 할 수도 있다고 한다. 따라서 상담자들은 그들의 내담자가 지나친 친근감을 보일 때 경계에 대해 좀 더 확고해지는 반면, 내담자가 적개심을 가질 때는 좀 더 공감적이고 부드럽게 반응할 수 있다. 어떤 내담자들은 여러 가지 유형의 치료의 필요에 대해 이해하는 데 좀 더 많은 시간을 필요로 하고, 심지어 상담자가 구조화된 개입을 할 때 자신이 자기 노출을 하는 사람이어야 하는 초작업(metatask)에 대한 어려움을 겪는다. 이러한 내담자들은 상담에 임하기 전 과정에 대해 배울 필요가 있다.

상담자가 내용 지시적이기를 바라는 경우(5단계)

어떤 내담자들은 상담자가 내용을 지시(content-directive)하지 않는 것에 대해 불만이 있을 수 있다. 여기서 내용 지시를 하지 않는 것이란, 상담자가 내담자의 경험을 해석하거나 내담자에게 조언을 주지 않는 것을 말한다. 따라서 이러한 경우 내담자와 상담자는 치료의 초점과 목표에 대해서는 동의하지만 그 변화 과정에서 내담자가 적극적인 역할을 하는 것에 대해서는 동의하지 않는 것이다. 이러한 불만은 단기치료일 경우 시간적 제한으로 인해 악화될 수 있다. 특히 전에 보다 구조적이고 내용 지시적 형태의 치료를 접한 적이 있거나 자신의 문제에 대한 생물학적인 설명을 일차적으로 수용한 내담자의 경우 덜 지시적 자세를 취하는 상담자에 대해 불만스러워할 수 있다. 특히 이전에 인지-행동 치료를 접한 한 내담자는 현 상담자의 접근에 대해 실망하여 상담자가 더 교훈적이게 자신의 비논리적 신념에 대해 지적하고 자신의 사고 패턴을 바로잡을 방법을 제안하기를 원했다. 하지만 추후 상담 회기에서 그는 상담을 통해 자신의 경험을 인정하는 법을 배우고 그로 인해 자신감을 얻었기 때문에 이러한 상담자의 접근이 중요하다고 하였다. 그러므로 내담자가 상담자가 덜 교훈적이고, 더 평등주의적인 것에 대해 불만스러워한다고 해서 치료 방향을 변경하는 것이 늘 도움이 되는 것은 아니다. 그러나 이러한 기대들이 있다면 그 기대가 들어나자마자 내담자와 함께 이에 대해 논의하는 것이 매우 중요하다.

내적 초점 도달의 어려움(5단계)

내담자가 자신의 내적 경험을 지침으로 사용한 적이 없거나, 과거에 경험한 대단히 충격적이고 어려운 일들에 대처하기 위해 자신의 내적 경험으로부터 적극적으로 거리를 둔 상태라면 내적 주의집중이나 경험적 탐색이 어려울 수 있다. 따라서 어떤 내담자들은 자신의 내면을 들여다보고 자신의 경험을 새로운 시각으로 보는 것을 어려워 한다. 이것은 그들이 지속적으로 에너지를 자신의 외부에 두고 표면적인 것에 대해서만 말하는 것의 결과일 수 있다. 혹은 소극적이거나 자신의 에너지를 제약해 좀 더 제한적이게 말하기도 하는데, 심인증(Sachse, 1998), 불안감(Wolfe & Sigl, 1998), 또는 통제하려는(강박적이거나 합리적으로 분석하려는) 경향이 있는 내담자들이 이럴 가능성이 더 많다. 이러한 내담자들은 특히 내적 경험을 그들의 삶의 문제에 대한 정보의 중요한 자원으로 사용하는 것을 어려워할 수 있다. 외상 후 스트레스를 경험하는 내담자는 자신이 충격을 받은 사건과 연관된 느낌이나 기억들을 적극적으로 회피하기 위해 한 주제에서 다른 주제로 옮겨가는 경향이 있어 한 가지 주제나 아이디어를 완전히 탐색하는 것이 어려울 수 있다(Horowitz, 1986). 또한 이러한 내담자는 치료의 초점이나 목표를 찾는 데 어려움을 겪기도 한다.

초기 동맹 형성 문제를 다루기 위한 상담자의 일반적 전략

만약에 치료 초기의 상담자의 반영이 공감적 탐색의 일반적 작업(내담자가 자신의 내적 경험을 접하고 상징화하는 것을 필요로 하는 작업)을 성공적으로 촉진하지 못했다면 몇몇 다른 상담자의 전략들을 통해 내담자의 안전감, 초점 및 목표와 작업의 협력을 발전시키고 유지하게 할 수 있다. 상담자들은, 첫째 메타커뮤니케이션(metacommunication)을 통해, 둘째 내담자가 내면에 주의를 기울이도록 돕는 구체적인 작업들을 통해 내담자의 협조와 협력을 요청할 수 있다.

메타커뮤니케이션(의사소통에 대한 의사소통)은 진실한 태도로 내담자의 과정에 대해 언급하는 것을 포함한다. 예를 들어, 상담자는 치료의 기능과 목적에 대한 근거와 이를 통해 내담자의 목표가 어떻게 촉진될 수 있는지를 설명할 수 있을 것이다[경험적 가르침(experiential teaching)]. 혹은 내담자의 문제를 탐색하는 것이 애매모호하거나 어려운 측면들을 명확하게 하는 데 도움이 될 수 있다는 것을 설명할 수 있다. 따라서 경험적 치료의 일차적인 작업 중 하나는 환경이나 사건의 영향을 파악하기 위해 자신의 내면에 집중하는 것이라고 내담자에게 말해 줄 수 있다. 자신의 환경에 대한 관찰과 그러한 관찰에 반응하는 자신의 느낌을 분류하고 지각하는 것을 통해 내담자는 자신의 욕구와 목표에 대해 더 잘 이해할 수 있을 것이고, 이는 결국 내담자가 문제 해결을 하고 다른 행동 방식을 결정하는 데 도움이 될 것이다.

다음 예시에 따르면 내담자는 그가 자신의 우울증에 대해 말하는 것이 자신에게 어떻게 도움이 될지에 대해 궁금해한다. 상담자는 그 이유를 말하고 내담자가 치료의 작업에 동참할 것을 요청한다.

내담자: 어떻게 당신과 이야기를 하는 것이 도움이 될지 모르겠어요. 제 말은, 전 제 남편에게 화가 났어요. 하지만 그래도 계속 참아야죠. 제가 폭발할 것 같지만요.

상담자: 당신은 이곳을 당신의 분노를 부정적 반향 없이 안전하게 표현하고 탐색하는 곳으로 사용할 수 있어요. 어떻게 생각하시나요?

내담자: 음…… 하지만 전 그게 어떻게 도움이 될지 확신이 서지 않아요.

상담자: 이 시간은 당신의 감정에 귀 기울이고 남편과의 관계를 돌아볼 수 있는 기회예요. 그래서 당신이 당신의 목표를 이룰 수 있는 행동 계획을 세우는 시간이 될 수 있어요.

내담자: 글쎄요. 완전히 확신이 서지는 않지만 상담을 한다고 해서 제가 잃을 것은 없겠죠? 무엇인가 하기는 해야 해요. 계속해서 지금처럼 살 수 없어요!

협력을 발전시키고 동맹의 초기 균열을 회복하기 위한 메타커뮤니케이션의 대안은 구체적인 작업을 통해 내담자가 자신의 내면에 집중하고 내적 경험에 접촉하는 것을 돕는 것이다. 내담자가 이러한 작업에 잘 참여한다면 내적 경험의 유익과 가치를 이해할 것이다. 이러한 치료적 작업에 있어서, Leijssen(1996; 2장의 정서조절의 어려움에 대한 부분 참고)이 언급한대로, 상담자는 내담자마다 자신의 내적 경험과의 거리가 상대적으로 다르다는 것을 기억해야 할 것이다. 어떤 내담자는 자신의 감정에 빠져들어 그들의 정서적 반응과 대인관계 과정을 통제하고 조절하기 위해 필요한 충분한 거리를 유지하지 못한다. 반대로 다른 내담자들은 그들의 내적 경험으로부터 매우 동떨어져 있어 내적 경험의 존재를 거의 모르기 때문에 내적 경험을 그들의 환경에서 상호작용을 하고 반응하는 데 중요한 자원과 기준으로 사용할 수 없다.

상담자가 내담자의 정서적 각성의 단계를 조절하도록 돕는다면 자신의 느낌과 정서적 반응에 의해 압도되어 있는 내담자는 자기 내면에 더 쉽게 집중하게 되고 내면적인 탐색작업을 더 수월하게 할 수 있게 된다. 한편 표면적인 것에 더 집중하거나 자신의 반응과 타인들과의 상호작용을 인지하고 적절히 대응하는 데 어려움이 있는 내담자들은 그들의 내면에 집중하는 데 더 많은 도움을 필요로 한다. 이들이 내적 반영이나 새로운 내면의 경험을 하기보다는 행동하기를 원한다는 것은 구체화된 음색(externalizing vocal quality)을 통해서 나타나기도 한다. 이러한 내담들에게 상담자는 내적 경험의 신체적인 느낌이나 다른 측면에 조율하는 것을 요청하는 경험적 초점 작업(9장 참고; Gendlin, 1981)을 사용할 수 있다. 이러한 작업은 내담자가 내면에 집중하고 그들 내면에 있는 대안적 정보 자원을 사용할 수 있게 한다.

과정-경험적 치료에서의 앞과 같은 치료적 작업의 원형 혹은 작업 모델은 체계적인 기억 회상 전개 기법(10장 참고)이다. 내담자가 보다 더 생산적으로 작업할 수 있게 상담자는 내담자가 당혹스럽거나 의아한 행동 혹은 반응을 하는 것을 회기 사이에 관찰하게 하는 자각 과제 연습(awarenes homework exercies)을 제안할 수 있다. 예를 들어, 한 내담자는 자신의 시어머니와의 상호작용 이후 매우 화가 나게 되는 것을 알게 되지만 무엇으로 인해 이러한 반응을 보였는지 알지 못했다. 이와 같이 의아한 반응은 상담 회기 중 기억 회상 전개 기법을 통해 특정 상황의 회상과 재경험을 촉진하여 탐색할 수 있다. 이러한 탐색을 통해 내담자는 특정 상황에서 자신의 반응에 대해 보다 잘 이해하고 사건과 느낌과 행동 사이의 연관성을 알 수 있다(Greenberg et al., 1994; Rice & Saperia, 1984; Watson, 1996).

초기에 이러한 작업을 생산적으로 해 나가는 것은 내담자와 상담자의 동맹 형성을 도울 뿐만 아니라 초기 동맹의 어려움에도 도움이 된다. 또한 이러한 작업은 상담자와 내담자가 내담자의 문제와 어려움들을 이해하고, 구체적인 초점과 치료적 목표를 갖는 것을 돕는다. 각각의 작업은 과정-경험적 치료의 구체적 작업들의 실용 모형을 제공하므로 내담자에게 치료적 작업들이 어떻게 그들의 목표를 이루는 데 도움이 되는지를 보여 준다. 이런 이유 때문에 초점화와 기억 화상 전개 기법은 의자 기법을 하기 전, 빠르면 두 번째 회기에 사용할 수 있는 작업이다. 공동의 목표를 정하고 작업에 대한 동의를 통해 동맹 형성의 유대는 발전되고 유지된다. 또한 자신의 문제를 해결하기를 간절히 바라고 기꺼이 도와주는 협력자를 얻은 내담자는 인정받고, 이해받고, 자신감 있게 느끼는 것이 어떤 것인지에 대해 배워 간다.

동맹의 어려움을 해결하기 위한 관계적 대화

초기 동맹 형성 후, 치료 가운데 나타날 동맹의 어려움의 몇 가지 유형이 있다. 이제 우리는 이러한 어려움들을 다루고 해결하기 위해 관계 대화를 사용하는 과정-경험적 작업 모델을 제시하고자 한다.

이 모델은 치료를 방해하는 요소들에 대한 연구(Elliott, 1985; Eliott et al., 1990)의 한 부분으로 얻은 것이지만, 특히 Agnew, Harper, Shapiro 그리고 Barkham(1994)

의 관계의 어려움에 대한 연구와 Safran과 Muran(2000)의 동맹의 단절에 대한 치료와 관계의 회복을 위한 초커뮤니케이션의 사용을 기반으로 했다. Agnew 등과 그리고 Safran과 Muran의 접근은 대인관계적 치료에서 발전된 것이지만 이러한 접근은 과정-경험적 치료 자체의 분석적 방법 작업에 영향을 받았으며, 과정-경험적 치료의 실천의 대부분과 일치한다. 그러나 Safran와 Muran에 비해 우리는 상담자의 진정성과 함께하기를 강조하며, 해석적 요소를 공감적 추측으로 대신한다.

맥 락

안전한 작업 환경을 구성하고, 연구의 초점을 정하고, 내담자가 경험적 치료의 일반적 작업에 대해 명확히 인지한 후 상담자는 좀 더 자주 적극적인 작업 개입들을 사용할 수 있다. 이러한 작업들은 구체적인 핵심 인지-정서적 문제의 초점과 내담자의 정서적 각성의 강화 및 회기 내에 내적 경험을 접하고 표현하는 것을 필요로 한다.

상담자가 과정을 인도하는 것은 필수적인 것임에도 치료가 중반에 접어든 후에는 동맹 문제의 원인이 될 수 있는데, 이 시기는 깊이 있는 경험을 촉진하는 시기이기 때문이다. 과정-경험적 상담자가 과정을 너무 많이 지도하게 되면 내담자의 내적 경험의 궤도를 잃어버려 관계를 끊을 수 있는 위험이 있다. Bischoff와 Tracey(1995), 그리고 Watson(1996)에 의하면 이러한 행동들의 최상의 치료적 범주가 있을 뿐만 아니라 최상의 비율도 있는데, 약 두 번의 공감적 탐색 반응에 한 번의 과정-지도 반응이 최상의 비율이라 한다. 상담자는 회기 중에 내담자를 너무 통제하거나 교정하려 하기보다 확신을 주고 더 이해하려고 노력하는 것이 유익하다는 것을 발견하게 된다.

장기치료가 더 적합한 내담자들에게는 주로 두 가지 치료적 초점이 드러나는데, 하나는 관계적인 측면이고, 또 다른 하나는 그 외의 영역에서의 문제를 해결하는 것으로서, 구체적인 치료 작업을 통해 자신의 내면에 집중하고 내적 경로를 따라 해결하는 것이다(Rennie, 1992, 1994b; Watson & Greenberg, 1994). 따라서 치료의 중반 단계를 진행하는 동안에는 빈 의자 기법과 같은 적극적인 치료 개입을 사용하는 것은 동맹에 부정적인 영향을 줄 수 있다. 치료 중반에서 발생할 수 있는 어려움의 특성(과업 관련 어려움 혹은 치료적 동맹)도 치료의 상대적 기간과 내담자가 가지고 있는 구체적인 문제들에 의해 결정된다.

동맹의 어려움을 나타내는 표식

내담자와 상담자 사이의 동맹은 여러 가지 이유로 깨질 수 있다(Agnew et al., 1994; Harper & Shapiro, 1994; Safran & Muran, 2000). 예를 들어, Harper과 Shapiro는 철회와 대립적 동맹으로 어려움을 구분지었다. 즉, 내담자는 치료를 그만두거나 그렇지 않으면 상담자에게 직접적으로 도전한다. 이러한 두 가지 일반적인 범주에 우리는 세 번째를 덧붙였는데 이는 특정 상담자의 어려움, 즉 상담자로 인한 어려움이다. 그리고 동맹의 어려움을 나타내는 표식들을 여섯 가지로 제한하여 설명하고자 한다. ① 자의식과 치료적 작업 거부, ② 권한과 통제의 쟁점, ③ 애착과 유대의 쟁점, ④ 비밀리 철회함의 어려움, ⑤ 종결을 앞둔 이탈, ⑥ 상담자 특정 쟁점이다.

자의식과 치료적 작업 거부

먼저, 작업 관련 동맹의 어려움은 내담자가 어떤 활동에 참여하는 것을 거부하므로 생길 수 있다. 이러한 거절은 다양한 원인으로 인해 발생된다. 첫째, 내담자는 치료 중 자신의 삶에서 중요한 사람을 상상해 보라는 것과 같은, 자신의 감정을 경험하는 작업을 꺼려할 수 있다. 둘째, 내담자가 회기 중 통제력을 잃는 것을 두려워하거나 치료 진행이 너무 빠르거나 압도적이라고 느낄 때 작업을 거절할 수 있다. 셋째, 치료 작업이 치료 목표와 연관된 것으로 여겨지지 않아 작업하는 것을 주저할 수 있다. 혹은 내담자는 제안된 특정 치료 작업들이 너무 인위적이고 부자연스럽다고 생각해 그것을 하는 것이 어리석게 느낄 수 있다(예: 빈 의자에 대고 이야기를 해 보라는 것).

권한과 통제의 쟁점

어떤 동맹의 문제는 치료적 상황에서 느끼는 권력의 차이에 대해 내담자가 민감하게 반응하므로 신뢰와 협력이 깨지면서 일어난다. 예를 들어, 권위와 권한을 가진 여성에 대한 문제가 있는 남성 내담자는 여성 상담자와 함께 작업을 하는 것에 대한 어려움이 있을 것이다. 혹은 나이가 든 내담자는 자신보다 어린 상담자를 너무 미숙하다고 볼 수 있다. 또한 어떤 내담자는 상담자가 자신에게 일부러 좌절감을 주고 자신의 삶의 독특한 상황과 욕구에 반응하기를 거절한다고 느낄 수 있다. 예를 들어, 한 내담자는 상담자가 지배하는 군왕 같고 그는 신하와 같다고 불평을 했는데 상담자가 그를 견디는 것을 그를 불쌍히 여기고, 또한 그로 인해 상담자는 스스로 우월하게 느끼기 때문이라고 했다. 권력과 통제 쟁점은 대립의 어려움이나 철회의 어려움 표식을 보여 주는 것이다.

애착과 유대의 쟁점

내담자는 때때로 상담자가 그들에게 관심을 가지지 않거나 심지어 싫어한다는 느낌을 갖는다. 예를 들어, 한 내담자는 상담자가 그에 대해 신경을 쓰지 않는다(대립의 어려움 표식)고 생각되어 이에 대해 상담자에게 말했다. 그녀는 상담자가 사무실을 떠난 후 상담자에게 자신은 존재하지 않으며 그에게 자신은 중요한 사람이 아니라고 느꼈다. 결과적으로 그녀는 상담자에게 버려지는 느낌을 더 받지 않기 위해 자기 노출을 꺼렸다.

비밀리 철회함의 어려움

모든 동맹의 문제가 명백하지는 않다. 몇몇 연구자들은 아주 심각하지만 드러나지 않게 동맹이 무너지는 경우가 있는데, 이러한 경우 상담자는 동맹의 균열을 인지하지 못하고 또 내담자는 이에 대해 언급하지 않는다(Rennie, 1994a; Rhodes et al., 1994; Watson & Rennie, 1994). 예를 들어, 내담자의 문제적 반응들(10장 참고)을 연구하는 한 연구에서는 상담 회기 후 진행한 인터뷰에서 모든 내담자는 상담자가 요청한 대로 자신이 문제적 반응을 경험한 상황을 머릿속에 영화처럼 떠올렸지만 속으로는 작업에 대한 의구심을 가졌다고 했다(Watson & Rennie, 1994). 그러나 나중에 그 개입이 생산적이었고, 회기에 탄력을 주고 방향을 제시했다고 생각한 내담자들은 그 개입이 가치가 있었다고 보았다. 이러한 추후의 재구성은 상담자와 내담자의 동맹에 긍정적인 영향을 주었고, 이를 경험한 내담자들은 비록 겉으로는 상담자의 요청에 순응하는 것처럼 보이나 지속적으로 혼란을 느끼거나 내면적으로 저항을 하고 있는 내담자보다 더 긍정적 결과를 얻게 되었다. 특별히 흥미로운 점은, 후자에 속하는 내담자들은 그들의 문제적 반응을 해결하지 못했다는 점이다(Watson & Greenberg, 1994; Watson & Rennie, 1994).

종결을 앞둔 이탈

단기치료 형태에서 내담자는 상담자와의 관계가 곧 종결될 것을 예상하고 치료 중반에 치료에 참여하지 않으므로 동맹의 문제를 야기한다. 이러한 일은 자주 일어나지는 않지만 양육자에 의해 방치되었거나 버림 받았다고 느꼈던 내담자들에게는 문제가 될 수 있다. 내담자의 애착사를 알면 상담자가 이러한 일이 일어날 가능성을 고려해 볼 수 있다. 치료 종결에 대한 민감성은 방치되거나 버림받은 초기 이력을 가진 내담자에게 불가피하다. 그럼에도 그것을 인정하고 상실감을 느끼는 내담자를 지지하고, 그들의 분노와 스스로를 보호하기 위해 철회하고 싶은 욕구를 표현하도록 허용하는 것이 중요하다.

상담자-특정 쟁점

상담자-특정 쟁점은 Lietaer(1984)가 언급한 대로 상담자가 무조건적이고 수용적인 태도로 내담자에게 반응하지 못하고 조건부적으로 반응하는 것을 포함한다. 여기에서는 문제가 일차적으로 상담자의 경험에 있기에 상담자가 추가적으로 개인적 작업을 하므로 자신의 반응의 어떤 측면을—만약에 있다면—내담자에게 생산적으로 자기 노출을 할 수 있을지에 대해 결정해야 한다.

때때로 상담자들은 특정 내담자에게나 특정 행동에 대해 강한 부정적인 반응을 보이기도 한다. 예를 들어, 대출금을 되찾기 위해 사람을 폭행하는 직업을 가진 내담자가 있었다. 더 흔한 예로는 물질 남용이나 자해행동을 하는 내담자를 들 수 있다. 또 다른 상담자-특정 쟁점으로는 상담자가 너무 피로하거나, 아프거나, 다른 것에 심취한 상태와 같이 상담자가 공감적이고 능숙하게 상담치료를 하는 데 방해가 되는 상태를 들 수 있다.

관계 대화 작업

동맹의 어려움을 해결하는 데 있어서, 어려움이 없다고 그들을 설득하려 하기보다는 내담자와 함께 어려움을 초래한 감정들을 깊이 성찰해 보는 것이 더 좋은 방법일 것이다. 공감적 반영을 하는 것과 동시에 우리는 관계적 대화(relationship dialogue)라고 일컫는 초커뮤니케이션을 사용할 것을 제안한다. 관계적 대화는 상담자와 내담자 사이의 어려움에 대해서 대화하는 것이고, 처음에는 이상하고 인위적으로 보일 수 있는 어떤 치료적 개입들의 목적과 기능에 대해서 내담자에게 알려 주는 것이다(Rennie, 1992; Safran & Muran, 2000; Watson & Greenberg, 1994). Hovath, Marx, 그리고 Kamann(1990)는 상담자의 의도에 대한 내담자의 이해도가 상담자의 유익함에 대한 내담자의 평가와 밀접한 관련이 있다는 것을 발견하였다. Rennie(1992)는 메타커뮤니케이션이 내담자와 상담자 간에 합의에 이르는 데 유용할 수 있지만 그것은 항상 효과적이지는 않다는 것을 관찰했는데, 특히 관계적 대화가 상담자가 원하는 활동에 내담자가 참여하도록 설득하려는 의도로 사용될 때 그러하였다. 관계적 대화는 항상 각 사람이 자신의 어려움을 말하고 각자 자신이 어려움에 기여한 바를 인정하는 양방향과정으로 생각해야 한다.

관계적 대화는 또한 동맹을 증진하는 데 유용한 기능들이 있다. 첫 번째, 상담자와 내담자 간의 이해가 증진하면 내담자의 문제에 대한 이해를 공유하고, 어떤 작업이 내담자의 목표를 달성하기 위해 사용될 수 있는지 결정할 수 있다. 두 번째, 관계적 대화는 상담자와 내담자 간의 오해를 없애므로 동맹의 유대를 촉진하고 내담자의 경험을 인정한다. 세 번째, 관계적 대화는 내담자의 과정을 명확하게 해 주므로 내담자의 주된 문제의 원인이 되는 행동이나 반응방식을 깨닫는 데 도움을 준다.

표식 전 작업

미묘하거나 심지어 보이지 않게 균열되는 치료적 동맹은 상담자가 자신과 내담자의 목표의 일치를 위해 회기 중 각 사람의 의도에 대하여 보다 분명하게 하는 것이 필요하다는 것을 보여 준다. 이러한 일치는 치료적 개입의 목적을 내담자에게 설명하고, 치료적 작업을 하는 내담자의 참여도를 시시각각 살피는 것을 통해 달성할 수 있다. 또한 적극적으로 표현을 필요로 하는 치료적 작업들을 해 보았기에(즉, 의자 기법의 다른 유형들), 과정-경험적 상담자는 작업을 실행하거나 과정을 인도할 때 가능한 불화들에 예민하게 반응하고 조율한다. 일반적으로 과정-경험적 상담자는 매시간 발생 가능성이 있는 동맹의 어려움을 신중하고 비방어적 자세로 듣고 치료적 동맹 어려움에 동감적으로 반응하며, 적절하다면 그에 대해 직접 내담자에게 질문한다.

1단계: 표식

만약 표식이 내담자의 대립이면, 상담자는 내담자의 고충을 인정하고 내담자가 우려하는 부분에 대해 공감적 반응을 제공하며, 가능한 정확하고 철저하게 내담자를 담아내기 위해 노력한다(〈표 8-2〉 1단계 참고). 다음 대화에는 내담자와 대립 표식이 포함되어 있다.

〈표 8-2〉 동맹의 어려움에 대한 치료적인 관계적 대화

작업 결심 단계	상담자 반응
0. 표식 전 작업	일어날 수 있는 동맹의 어려움에 대해 신중하고 비방어적으로 경청한다. 어려움이 있다고 생각할 경우 필요하다면 그에 대해 직접적으로 묻는다.
1. 표식: 내담자에게 일어날 수 있는 동맹의 어려움 제시	대립의 어려움: 어려움을 인정함. 잠재적 어려움에 대해 공감적 반응을 제공하는 것을 시작으로 최대한 정확하고 온전하게 내담자의 어려움을 담아내기 위해 노력한다. 철회의 어려움: 내담자가 어렵다고 느끼는 것을 알기 위해 부드러우나 빈틈없이 곤란 가능성을 드러낸다. 천천히, 신중하고도 개방적으로 사용한다.
2. 작업 시작: 치료 목적과 탐색 시작	내담자에게 치료 중 어려움과 각 사람이 어려움에 원인 제공한 부분들을 논하는 것이 중요하다고 제시한다. 어려움을 제시할 때는 그 어려움에 대한 책임이 내담자와 상담자 모두에게 있다는 것을 전제로 한다. 작업은 일어난 일에 대한 상담자와 내담자의 시각을 나누는 것으로 시작한다.
3. 심화: 어려움의 각 사람의 시각에 대한 변증법적 탐색	상담자 자신이 어려움에 기여한 것은 무엇인지 진지하게 고려하고 나누므로 작업 과정을 촉진하고 내담자를 위한 모델링을 한다. 내담자에게 위태롭게 느껴지는 것(정서 도식)이 무엇인지 탐색할 수 있게 돕는다.
4. 부분적 해결: 어려움의 근원에 대한 공통이해 발전	어려움의 본질에 대해 전반적으로 공유된 이해를 요약하고 확인하다.
5. 실질적 해결의 탐색	실현 가능한 해결책에 대해 내담자가 탐색하도록 권면한다. 내담자의 요구를 물어본다. 상담자가 치료 가운데 다르게 할 수 있는 행동들에 대해 스스로 제안한다.
6. 완전한 해결: 대화 결과에 대한 내담자의 진정한 만족, 치료에 대한 의욕 회복	대화가 계속 진행될 수 있게 격려한다. 작업에 대한 내담자의 반응들을 반영한다.

내담자: 전 당신이 제가 느끼는 것을 과장해서 말할 때가 싫어요. 그런 과장은 모든 것을 실제로 제가 느끼는 것보다 더 심각하게 들리게 해요.

상담자: 아, 알겠어요. 제가 그때 말할 때 너무 강하게 표현했고, 당신은 그런

의미가 아니었다는 건가요?

내담자: 네.

상담자: 그리고 당신은 내가 과장을 많이 한다고 느끼고, 그래서 그게 방해가 되고 싫다는 거지요? 제가 잘 이해했나요?

내담자: 맞아요. 당신이 그렇게 말을 할 때마다 내가 말하고 있던 것에서 완전히 벗어나요!

한편, 만약에 내담자가 치료과정에서 철회의 패턴이 보이게 되면 상담자는 조심스럽게 내담자가 어려움을 겪고 있을 가능성에 대해 묻는다. 예를 들어, 내담자가 전 회기에 오지 않았다면 그다음 회기 때 상담자는 이렇게 말할 수 있을 것이다.

상담자: 당신은 지난 주에 오지 못했네요. (내담자가 반응할 수 있게 잠시 멈춤) 어떠셨나요?

내담자: 음. 사실 전 상담을 깜빡 잊고 계속 잠을 잤었어요. 그런데 일어나서 제가 잊어버렸다는 것을 알아차렸을 때 오히려 다행이라는 생각을 했어요. 왜냐면 그날 몸이 좋지 않았었거든요.

상담자: 그럼 혹시 상담이 당신에게 버겁고 당신이 감당하기 어렵다고 느꼈나요? 아님…….

내담자: 글쎄요. 전 제 느낌을 단어에 옮기는 것을 잘 못해요. 그리고 왜 그렇게 해야 하는지도 잘 모르겠어요.

대립이나 철회의 표식이 있을 때 상담자의 가장 적절한 태도는 방어적이거나 불안해하는 것보다는 차분하게 관심과 호기심을 가지고 내담자를 대하는 것이다.

2단계: 작업 시작

내담자가 동맹의 어려움을 인정하면 상담자는 어려움을 이해하기 위해 탐색해 볼 것을 제안하고, 또한 각 사람이 원인을 제공하는 부분도 나눈다. 상담자는 어려움에 대해 말할 때, 그 어려움의 책임이 상담자와 내담자 모두에게 있고, 함께 작업을 해 나가야 한다는 것을 전제로 한다. 예를 들어, 상담자가 자신의 말을 과장한다고 느끼는 내담자의 경우, 상담자는 다음과 같이 말할 수 있다.

상담자: 네, 제가 이렇게 하는 것이 당신에게 방해가 된다는 것을 알겠어요. 우리가 함께 이것에 대해 얘기를 나누는 것이 중요할 것 같네요. 어떤가요?

상담을 받으러 오는 것을 잊어버린 것이 다행이라고 느낀 내담자에게는 상담자가 다음과 같이 말을 할 수 있다.

상담자: 상담을 받는 것에 대해 어떻게 느끼는지, 그리고 혹시 저로 인해 상담을 받는 것이 힘들지는 않았는지 나누는 시간을 가질 수 있을까 싶네요. 그러실 수 있으시겠어요?

그리고 주로 상담자가 솔선수범하여 내담자와 상담자 사이에 일어난 일에 대한 자신의 관점을 나누기 시작한다.

상담자: 저도 제가 과장하는 경향이 있다는 것을 알고 있어요. 다른 내담자들도 제게 그렇게 이야기한 적이 있었기에 어쩌면 이 문제의 최소한의 일부는 제가 드라마틱하게 말하는 것 때문일 수도 있겠네요. 예를 들어, 당신이 '짜증났다' 라고 느끼는 것을 제가 과장된 단어를 사용하여 '화났다' 라고 표현하는 것 같지요. 당신이 느끼는 부분을 제가 잘 이해했나요?

내담자: 네. 당신이 제게 어떤 느낌인지 물을 때 저는 '화났다' 라고 말하기가 두려워요. 당신이 그것을 과장할 것 같아서요. 그래서 전 별거 아닌 듯이 느

끼려고 하거나 아니면 아예 제 느낌에 대해 말하고 싶지 않아요.

3단계: 심화

관계적 대화가 시작한 후에 내담자와 상담자는 어려움에 대한 각 사람의 관점을 나누는 공동탐색을 계속한다. 실제로 각 사람은 자신에게 있어서 무엇이 문제인지를 말한다. 이러한 과정 내내 상담자는 문제에 자신이 기여했을 수 있는 부분들을 심사숙고하고 나눔으로 솔선수범하고 과정을 촉진시킨다. 때때로 상담자는 어려움에 대한 자신의 불확실한 느낌에 대한 개인적 초점화 작업(초점화에 대한 더 많은 내용은 9장을 참고)을 회기 내에 하기도 한다. 예를 들어, 상담자는 내담자가 상담자가 과장한다고 하는 것이 무엇에 관한 것인지를 다음과 같이 살펴볼 수 있다.

상담자: 음……. 그래서 당신은 대단치 않게 생각하고 저는 지나치게 중요하게 여긴다는 거지요. 그럼 제가 무엇 때문에 과장하는 것인지 생각해 보도록 할게요. 생각해 보면(잠시 집중을 하면서 멈춤) 저는 내담자들이 그들의 느낌을 경시하는 것에 익숙해졌었고, 그래서 저는 내담자들의 강렬한 감정을 놓치는 것에 대한 불안함이 있는 것 같아요. 그래서 내담자의 감정을 과장하는 경향이 있는 것 같네요. 그러네요. (스스로에게) 맞나? 맞아요. 전 사람들이 제 감정을 축소시키는 것을 싫어하기에 당연히 제 내담자에게도 그러고 싶지 않고요. 제 입장에서 봤을 때는 그래서 그랬던 것 같네요.

또한 그 어려움 가운데 내담자가 가장 불안하게 느껴지는 것이 무엇이고, 그것과 관련한 정서 도식, 중요한 사건 혹은 개인적 대처방식들을 탐색하는 것이 매우 중요하다.

상담자: (계속해서) 당신은 어떤가요? 당신의 입장에서 봤을 때 이 부분은 무엇

과 관련 있는 것 같나요?

내담자: 글쎄요. 전 통제되고 평안한 것을 좋아하는데, 특히 제 감정이 그런 것이 좋아요. 왜냐면 제가 자란 가정에서는 감정을 보이는 것은 약한 것이라고 여겨졌어요. 그래서 당신이 제 느낌을 과장하면 전 불편해져요.

내담자로 하여금 관계적 어려움에 대한 탐색을 심화할 수 있게 돕는 상담자의 반응들로는 약간의 초점화를 사용하고("당신 내면에 잠시 집중해 보면 어떤 생각이 떠오르나요?") 잠재된 정서 도식이나 단편적 기억을 찾아보는 것("이와 연관된 다른 좀 더 큰 어려움들을 떠올릴 수 있나요?")이 있다. 심화 단계는 관계적 대화의 가장 결정적인 단계이고, 보통 이 단계에 가장 많은 시간을 소모한다.

4단계: 부분적 해결

관계적 대화의 일차적 목표는 각 사람이 어려움의 어떤 부분에 기여했는지에 대한 이해를 공유하고 내담자와 상담자 각자의 삶에서 그와 관련된 근원과 좀 더 큰 주제들을 찾는 것이다. 부부를 위한 정서 중심적 치료(Greenberg & Johnson, 1988)에서처럼 상담자는 양측 모두의 문제를 요약하고, 어떻게 양측이 상호작용적 순환에 기여하는지를 설명하므로 이 과정을 촉진할 수 있다. 예를 들어, 내담자의 감정을 과장하는 상담자와 축소시키는 내담자는 부부치료와 관련된 문헌에서 흔히 볼 수 있는 한 쌍인데, 내담자는 '거리 두는 자(distancer)'의 역할을 하고, 상담자는 '쫓는 자(pursuer)' (유감스럽게 직업적 특성상 위험한!)의 역할을 하고 있다고 볼 수 있다.

상담자: 어떻게 보면 좀 재미있네요! 제가 과장할수록 당신은 당신 감정을 더 자제해야 한다는 느끼고, 당신이 감정을 더 자제할수록 균형을 위해 전 당신과 반대되는 방향으로 반응해야 한다고 느꼈어요. 이 부분에 대해 당신이 이해하는 바도 이러한가요?

어려움에 대한 전체적 이해를 내담자와 공유하고, 확인하고, 필요하다면 내담자와 상담자 모두가 그 이해한 바가 정확하다고 만족할 때까지 조정해야 한다.

5단계: 실질적 해결의 탐색

일단 어려움에 대한 이해를 공유했다면 내담자와 상담자는 상담자가 상담하는 방식에 변화를 주는 것을 포함해 문제에 대한 해결법을 탐색할 최상의 위치에 있다. 공유된 이해를 토대로 적어도 한 가지 이상의 해결방법이 명백할 것이고, 각 사람이 해결책을 제안할 수 있을 것이다. 과장하는 문제에 대한 상담자의 명백한 해결책은 다음과 같을 수 있다.

- 정서를 유형과 단계처럼 가장 가벼운 형태로 탐색한다.
- 내담자가 '짜증' 났다고 말할 때마다 그것이 정말 짜증난 감정인지 혹은 '화났다' 에 더 가까운 감정인지 내담자에게 묻는다.
- 내담자가 정서 표현에 대한 갈등과 관련된 작업을 할 수 있게 돕는다(9장, 11장 참고).

한편, 이와 같이 명백한 해결책들이 꼭 필요한 것은 아닐 수도 있다. 그렇다면 상담자가 내담자에게 그가 필요한 것이 무엇인지 직접 물어보는 것이 더 좋다.

상담자: 상담이 잘 진행될 수 있게 지금 당신이 필요로 하는 것은 무엇인가요?

내담자: 글쎄, 아무 것도 없어요. 이제는 당신이 절 당황스럽게 하려고 하는 것이 아니라는 것을 알았고, 당신이 제 감정을 잘못 이해했을 때 그것을 당신에게 말할 수 있으니까요.

6단계: 완전한 해결

탐색 작업과 이해를 공유하는 단계를 거치지 않고 가능한 해결책을 모색해 볼 수 있지만 거기에는 두 가지 위험요소가 있다. ① 해결책은 피상적이어서 주요 쟁점은 미해결로 남아 있을 수 있고, ② 상담자는 내담자의 주요 문제를 찾는 중요한 기회를 놓칠 수 있다. 게다가 내담자와 상담자 사이의 중요한 개인적인 이슈들을 알아내고 해결한 경우 치료적 관계는 회복될 뿐만 아니라 이로 인해 더 돈독해질 것이다.

예를 들어, 만약 상담자가 내담자의 감정을 과장하는 것이 내담자에게 무슨 의미인지에 대한 탐색 작업 없이 상담자가 과장하지 않기로 동의한다면 중요한 치료적 기회를 놓칠 뿐만 아니라 앞으로 비슷한 문제가 발생할 가능성이 더 높다. 왜냐하면 어떤 경우에 상담자가 과장한다고 내담자가 느낄지를 미리 예측할 수 없고, 상담자가 다른 방식으로 거리 두는 자와 쫓는 자의 게임을 하게 될 수 있기 때문이다. 한편, 내담자와 상담자가 각 사람의 과거와 가치관으로 인해 서로의 부정적인 상호작용의 굴레에서 벗어나지 못한다는 것에 대한 이해를 공유하게 되면 서로를 좀 덜 '몰아붙이고' 정서적 거리에 관한 보다 넓은 이슈에 대해 추후에 작업할 수 있을 것이다. 그리고 그렇게 한 후 상호 간의 존중과 신뢰로 인해 각 사람은 이 관계에 대해 더 고마워할 것이다.

따라서 동맹의 어려움이 완전히 해결되기 위해서는 대화를 마친 후 내담자가 진정한 만족감을 느끼고 상담자와의 관계와 상담에 대한 새로운 열정을 갖게 되어야 한다. 또한 상담자는 어려움에 대한 대화가 빨리 종결되는 것을 피하는 것과 동시에 이후 두 가지 예시처럼 내담자가 대화를 잘 진행할 수 있게 격려하므로 관계적 대화의 마지막 단계가 가능하게 할 수 있다.

상담자: 우리 사이에 있었던 일에 대해 저와 나누는 것이 어떠셨나요?

상담자: 저희가 나눴던 문제에 대해 지금은 어떻게 생각하시나요? (상담자가 과장하는 것, 혹은 상담자가 지나치게 압력을 준다고 느꼈던 내담자의 감정)

마지막으로 내담자가 관계적 작업에 대해 생각하고 느낀 점에 대해 상담자가 공감적 반영을 하는 것도 중요하다.

요약하자면, 치료적 동맹의 부조화나 불화의 가능성을 인지할 때 과정-경험적 상담자는 내담자에게 공감과 즉각적인 반응이 있는 관계적 대화를 시작할 수 있다. 빈 의자 기법 같은 적극적 개입을 반영과 탐색적 질문으로 대체되고, 개인적 노출이나 과정에 대해 말하는 것은 어려움에 대한 내담자와의 메타커뮤니케이션으로 대체된다. 상담자는 내담자가 그들의 저항이나 다른 어려움들에 대한 이야기를 할 수 있게 격려하며, 그들의 걱정에 대해 말할 수 있는 기회를 주므로 상담 가운데 내담자의 목표와 욕구에 대해 더 잘 이해를 할 수 있게 된다. 상담자는 또한 어려움에 관련된 자신의 입장을 말한다. 내담자의 두려움과 걱정은 정당하게 받아들여지고, 그것은 상담에서의 내담자의 경험과 평소에 내담자가 경험하는 방식에 대한 중요한 정보가 된다. 과정-경험적 상담자들은 회기 내 내담자들의 불안감과 취약성을 감소시키는 것을 중요하게 생각한다. 상담자는 공감적으로 반응하고, 내담자의 걱정에 인정하므로 내담자가 자신의 주위의 타인들과 느끼는 소외감에서 벗어날 수 있게 할 수 있다. 나아가 상담자에게 이해받고 인정받는 것을 통해 감소된 대인관계의 불안감은 내담자로 하여금 더 큰 대인관계적 불안감을 견딜 수 있고, 치료 작업에 좀 더 온전히 참여할 수 있게 한다.

치료의 종결 작업

치료가 종결단계에 다다르면서 상담자는 내담자의 안도감, 소망과 자신감뿐만 아니라 상실감과 슬픔에 민감할 필요가 있다. 특히 시간 제한이 있는 단기치료에서는 상담을 통해 성취할 수 있고, 성취할 수 없는 것에 대한 현실감을 갖게 되면서 내담자는 상담의 한계에 대한 어느 정도 실망감이 있을 수 있다. 그러나 보통 내담자는 슬픈 감정과 함께 앞으로는 그들 스스로 대처할 수 있다는 낙관과 기대감을 가지고 있다. 치료를 종결하면서 치료 이후 내담자의 계획에 대해 논의를 하거나 만약 내담자가 끝났다고 느끼기 전에 치료가 종료된 경우에는 지역사회의 다른 자원들에 대한 정보와 다른 기관에 위탁하는 것에 대해 논할 수 있다. 내담자는 상담자를 떠나면서 느끼는 두려움과 함께 혼자 전진하는 것에 대한 흥분과 기대를 느낄 것이다. 상담자는 작업-중심 형태의 치료를 마치면서 내담자의 상실감뿐만 아니라 자주성과 스스로에 대한 자신감을 인정해 주는 것이 중요하다. 상담자와 내담자가 내담자의 성장과 향후 향방에 대한 생각을 공유하는 이 단계는 아마도 상담자가 내담자와 가장 일치되는 시간일 것이다. 상담자와 내담자는 각자의 느낌뿐만 아니라 내담자의 성장과 미래의 목표의 그들의 생각을 공유한다. 다음은 과정-경험적 치료에서 치료를 종결할 때 사용하는 구체적 지침에 대한 설명이다(Greenberg, 2002b 참조).

치료 종결 준비

우선 치료 기간 내내 치료의 시간적 제한을 명확하게 해야 한다. 10회기부터 16회기의 치료에서 상담자는 몇 회기에 한 번씩 내담자에게 상담 기간이 얼마 남았는지에 대해 상기시켜 줄 수 있다. 특히 4회기 또는 그보다 더 적은 회기가 남았을 때 내담자에게 이를 상기시켜 주는 것이 중요하다. 그러면 내담자가 그 동안 미루었던 미해결 과제들에 대한 작업을 하게 한다. 또한 언제든 내담자가 종결에 대한 느낌을 언급할 때 상담자는 그에 대해 관심을 가지고 탐색하고 내담자에게 마지막 회기에는 종결에 대한 느낌들을 나누기 위한 시간을 남겨두자고 제안하는 것이 좋다.

최종 회기

최종 회기에는 내담자와 함께 몇몇 종결을 위한 부분적 과업들을 수행하는 것이 도움이 될 수 있다. 첫째, 상담자는 내담자의 이전과 지금의 심리적 상태를 번갈아 가며 탐색['이전과 지금의 진전 탐색(then-now exploration of progress)' 이라고 한다]하는 공감적 탐색작업의 특정 유형을 사용하여 내담자의 진전을 탐색할 수 있다. 예를 들어, 내담자들은 종종 그들의 상태가 좋아지기 전까지는 이전에 그들이 얼마나 우울했었는지를 깨닫지 못한다. 동시에 내담자가 그의 현재 상태('지금')에 대해 좀 더 완전하게 이해할 수 있게 상담자는 지금 상태를 치료 이전의 상태('이전')와 번갈아 가면서 비교를 하면 한 쪽 상태만 탐색했을 때보다 좀 더 풍부한 인식과 이해를 제공할 수 있다.

두 번째 부분 과업은 종결의 경험을 탐색하는 것이다. 치료의 종결에 부여하는 의미는 내담자에 따라 상당히 다르다. 어떤 내담자는 홀로서기를 하면서 '이전으로 돌아가는 것' 에 대해 걱정하고 두려워한다. 다른 내담자는 그들 스스로 도전에 직면하는 것에 대해 들떠 있고 준비되어 있다고 느낀다. 만약 종결이 외부적 강요로 인한 것이라면 어떤 내담자는 자신이 준비되지 않았다고 느끼고, 치료의 종결을 버려짐 혹은 거절로 경험할 것인데, 이러한 경우에는 치료 기간을 늘리거나 대안이 될 수 있는 다른 치료를 찾을 필요가 있다.

세 번째 부분 과업은 계속 진행되어야 하는 과업과 미래의 인생 과업을 탐색하는 것이다. 내담자가 완전히 준비되었거나, 또는 그렇지 않다고 느끼든 간에 치료의 종료 이후 계속해서 진행되어야 할 작업에 대한 탐색은 대개 유용하다. 인생 과업에 대해 탐색하면서 내담자는 자신이 상담을 받으러 오게 한 이유인 자신의 중단된 인생 과업을 떠올리기도 하는데, 그만큼 내담자가 인생 과업을 지속하는 것은 상담 종결 경험에 있어서 내담자에게 중요한 부분이다.

마지막 부분 과업은 상담자 자신의 경험을 나누는 것이다. 과정-경험적 치료에서 치료의 종결에 대한 상담자 자신의 느낌을 나누는 것은 적합하고 종종 유익하다(예: '좀 섭섭하지만 당신이 기대되요'). 일반적으로 이러한 자기 노출은 종결에 대한 상담자의 경험과 내담자의 현재 상태를 명확하게 하기 위한 상담자의 개인적 작업을 요구한다. 하지만 상담자가 무엇을 나누기로 결정하든지 간에 그것은 상담자의 진심이어야 하고, 내담자에게 도움이 될 수 있어야 한다. 예를 들어, 내담자의 진전에 대해 진심으로 기뻐하는 것은 중요하지만 그렇다고 상담자가 스스로 믿지 않는 무언가를 만들어 내야 하는 것은 아니다.

마지막으로, 진정으로 성공적인 치료는 내담자와 상담자 모두를 변하게 하는 것이다. 상담자는 상담을 통해 경험, 공감, 기술과 자신감을 누적했을 것이고, 치료를 통해 알게 된 내담자 한 사람 한 사람은 인간에 대한 경험에 기여를 하고 인간으로서의 존재를 확장시킨다. 이것은 상담자의 경력이 6개월이든 20년이든지 간에 사실이다—하지만 이것은 아마도 상담자의 첫 내담자와의 치료를 종결할 때 가장 강렬할 것이다.

더 읽을거리

Safran & Muran(2000)의 저서 『치료적 동맹의 협상(Negotiating the Therapeutic Alliance)』은 이 장에서 우리가 설명한 접근과 아주 일치하고, 여기에 설명한 관계적 작업과 같은 종류의 작업을 탐색하기 원하는 사람에게 추천한다(Angnew et al., 1994 참고). 다른 유익한 문헌들에는 Rennie(1994a, 1994b), van Kessel & Lietaer(1998), Watson & Greenberg(1994, 1998), 그리고 Yontef(1998)의 저서들이 있다. 동맹의 어려움은 경계선 성격 장애나 좀 더 조심스러운 진행과정에 있는 내담자 가운데 만연하다—이는 우리가 14장에서 다루고 있는 주제다. Greenberg(2002b)는 종결에 관한 이슈들을 다룬다.

녹화된 성공적인 동맹 대화의 예시로 직접 구입할 수 있는 비디오는 Gloria (Psychological & Education Films, 1965)라는 내담자와 상담하는 Rogers의 영상이다. 여기에 내담자는 전문적 지도를 반복적으로 요구하는 대립의 어려움 표식을 보인다.

09

경험에의 접근과 허용

이 장에서 우리는 경험을 기반으로 하는 세 개의 과제에 대해 기술하고자 한다. 첫 번째 과제인 공간 정리하기와 두 번째 과제인 경험에 초점화하기는 초첨-지향적(focusing-oriented therapy) 치료를 연구한 Gendlin(1981)과 그의 동료들(예, Gendlin, 1996; Leijssen, 1998)의 연구에 근거를 두고 있다. 세 번째 과제인 정서 허용 및 표현은 최근에 대두되고 있는 정서 이론(Greenberg & Safran, 1987; Kennedy-Moore & Watson, 1999)을 토대로 하고 있다. 이 세 과제들은 정신적 외상 말하기(10장 참조) 및 빈 의자 기법(11장과 12장 참조)을 포함한 재과정 과제들에 비해 부적 정서를 촉발하는 면이 적어 치료 초기의 내담자들 또는 힘든 생애 사건을 겪고 있는 불안하고 혼란스런 내담자들에게 적절하다. 이 세 과제들은 내적 경험을 스스로 반영하고 체계적으로 평가할 수 있는 능력, 그리고 경험하는 것에 즉각적으로 접근할 수 있는 능력과 같은 중요한 정서 능력을 강조하며, 내담자들의 정서 지능(emotional intelligence)을 발달시키도록 돕는다.

어려움에 초점화하기 위한 공간 정리하기

공간 정리하기라고 일컫는 이 과제는 원래 Gendlin(1981)에 의해 초점화하기의 여러 단계 중 하나로 설명되었던 바 있다. 그러나 이후 연구에서 Gendlin(1996)과 다른 학자들(Cornell, 1994; Grindler Katonah, 1999; Leijssen, 1996, 1998)은 암 발병과 같은 충격적인 상황에 있는 내담자들을 위한 독립적이고 분리된 과제로 공간 정리하기를 강조하였다.

공간 정리하기는 집중하는 데 어려움을 가지고 있거나, 치료적 초점을 유지하거나 탐색하는 데 어려움을 가지고 있는 내담자들에게 사용된다. 이 과제는 개인의 경험을 탐색하기 위한 정서적 각성의 최적 상태라고 정의 내릴 수 있는 Gendlin(1981)의 작동 거리(working distance) 개념에 기초한다. 공간 정리하기는 자신의 감정에 지나치게 멀어지거나 지나치게 가까워지는 등의 감정 조절 문제를 가진 내담자들에게 사용한다. 만약 내담자들이 힘든 감정을 밀어내거나 강하게 억압하는 것으로 처리한다면, 그들은 감정에 다가갈 수 없고, 감정에 포함되어 있는 정보를 이용할 수 없게 된다. 반대로, 내담자들이 감정에 너무 빠져들어 몰입하고 압도된다면(예: 공황 장애 환자들이 공황상태를 경험할 때), 두려움 때문에 혼란스럽고 불안해질 것이며 무력하게 되거나 마비 상태에 이르기도 한다. 과도하게 감정으로부터 멀어져 있거나 가까워져 있다면, 변화는 일어날 수 없다.

공간 정리하기 과제는 작동 거리를 포함한 내담자의 즉각적인 주의집중의 어려움을 드러내고 고통스럽거나 힘든 경험을 포함하고 있는 관계를 생산적으로 회복하도록 돕는 데 유용하다. 게다가 공간 정리하기는 내담자가 당황해서 무엇을 해야 할지 모르는 것처럼 보일 때 치료적 관계를 위해 당면한 문제의 초점을 확인하는 것에도 매우 유용하다. 따라서 공간 정리하기는 내담자들이 치료의 초점과 과정을 결정하도록 힘을 주고 격려하도록 돕는다.

내담자가 무엇을 해야 할지 명확한 인식 없이 치료 회기에 들어왔을 때, 공간 정리하기 과제를 진행하는 데 단지 2분 정도 할애하면 될 것이다. 하지만 감정에 압도되어 있거나 굉장히 괴로워하고 있는 내담자라면, 공간 정리하기 과제는 회기의 상당 부분을 차지하게 되고, 몇 회기에 걸쳐 진행할 필요가 있을 것이다.

공간 정리하기 과정에서의 내담자와 상담자

내담자는 '공간'에서 어떻게 내적 안전감 혹은 자유로움을 얻을 수 있을까? 상담자는 어떻게 이 과정을 가능하게 할까? 공간 정리하기에서 주요 문제는 내담자가 작동 거리를 유지하는 것과 발달시키는 것에 대한 효과적인 방법을 찾도록 돕는 것이다. Gendlin(1996), Leijssen(1996, 1998), 그리고 또 다른 연구자들이 기술한 것처럼, 공간 정리하기 과제는 내담자에 따라 다양하게 접근할 수 있으며, 종종 시행착오 과정을 통해 내담자에게 적절한 전략을 찾게 된다. 몇몇 전략들은 다음의 내용을 포함한다.

- 무엇인가를 방의 한쪽 구석으로 밀어 놓는 것을 상상하는 것으로 자신으로부터 문제들을 멀리 떨어뜨려 놓기
- 닫히거나 덮이거나 잠길 수 있는 상자, 항아리 혹은 옷장과 같은 봉쇄 은유의 사용하기
- 문제가 놓여 있는 곳에서 안전한 장소 혹은 안전한 활동 상상하기
- 자기 자신을 무의식으로부터 나오게 하거나 문제에 대한 입장을 바꾸는 것을 그려 보기, 어떤 보호층을 상상하기 혹은 자신과 자신의 문제 사이에서 '숨돌릴 틈'을 갖기(Leijssen, 1998)

내담자에게 어떤 특정 전략만을 강조하지 않는 것이 중요하다. 상담자는 내담자와 함께 내담자가 작동 거리를 유지하는 데 어떤 어려움이 있는지 살펴보고 고유한 전략을 찾도록 적극적으로 진행한다. 예를 들어, 일본인 상담자들은 어려움

들을 평범한 가정용 항아리에 넣는 상상하기가 효과적인 전략이라는 것을 발견했다(*tsubo*; Itoh, 1988).

다음의 대화는 내담자가 생산적인 작동 거리 전략을 찾도록 도와주는 과정을 보여 주는 예다.

> 상담자: 당신은 분노 감정을 방의 한쪽 구석으로 밀어 놓는 것을 상상할 수 있나요? 지금 잠시 동안 한번 상상해 보세요. (침묵) (환자가 가만히 있지 못하고 움직인다.) 어려운가요?
>
> 내담자: 네.
>
> 상담자: 분노 감정을 박스 안에 넣는 것을 상상하는 것은 도움이 되나요?
>
> 내담자: 음. 그것도 충분하지는 않아요. (침묵) 내가 그것을 복도에 내놓는 것도 괜찮을까요?
>
> 상담자: (웃음) 좋아요. 당신이 그게 좋다면 물론 괜찮죠.

하지만 어떤 경우는 내담자가 고통스러운 경험을 억누르거나 거리를 둔다는 것이 상당히 어려운 때도 있다.

> 내담자: 그것은 절대 사라지지 않을 거예요. 나는 그것들을 내 마음 밖으로 나가게 할 수 없어요. 그것들은 계속 돌아오려고 해요.

이와 같은 상황에서는 그 문제에 대해 약간의 작업만을 하는 것이 유용할 수 있다. 단계를 점차적으로 발전시키기 위해 작동 거리 전략을 시작한 것만으로 충분할 수 있으며, 내담자와 이후에 다시 다룰 수 있도록 여지를 두는 것이 중요하다. 때때로 내담자와 그 문제에 대해 '협상'을 해야 하기도 한다. 이 사례에서 상담자는 이렇게 말할 수 있을 것이다.

상담자: 그래요. 잠시 시간을 내서 그것을 해 보면, 우리는 그것이 어떤 것을 필요로 하는지 찾아낼 수 있을 거예요. 그러니까 그것은 당신의 몸과 건강에 대한 당신의 모든 걱정이네요.

내담자: 네.

상담자: 이 염려들 중에서 주된 것은 뭘까요? 그것들이 당신에게 무슨 말을 하려고 하나요?

내담자: 내 몸이 이렇게 말하고 있는 것 같아요. "당신은 더 이상 나를 무시할 수 없어. 만약 그렇게 하려고 한다면 나는 당신이 내 말을 들을 수밖에 없을 때까지 더욱더 고통스럽게 할 거야."

상담자: "당신은 더 이상 나를 계속 밀쳐 낼 수 없을 거야. 소용없을 거야." 이렇게요?

내담자: 네.

상담자: 그것은 중요하군요. 당신은 그 문제들이 중요하다는 것을 알고 있고, 나중에 당신이 돌아와서 그것들을 자세히 살펴볼 것이라고 말할 수 있나요? 그렇게 할 수 있겠어요?

내담자: 시도해 볼 수 있지만, 이런 말을 듣고 싶어 하는지는 모르겠어요.

상담자: 그건, 당신을 못 믿겠다고 말하는 건가요?

내담자: 아니요, 그렇게 느껴져요. "나를 나중으로 미루는 것은 당신이 언제나 하는 거야. 글쎄, 나는 기다리는 것에 지쳤어!"

상담자: 이해해요. (침묵) 지금 상자에 넣기 위해서 무엇이 필요한지 물어보세요.

내담자: 그것은 내가 몸을 돌보지 않는 것으로, 나의 몸을 학대하고 있는 것을 계속 할 수 없다고 인정하기를 바라고 있어요.(건강 문제에 관해 느끼는 것을 이야기함) 네, 나는 그렇게 할 수 있을 것 같군요.

상담자: 당신은 지금 당신의 건강에 관한 걱정들을 한쪽으로 치워 놓을 수 있겠어요?

내담자: 예.

1단계: 표식

공간 정리하기는 회기 내에서 집중하는 데 어려움을 보이는 표식의 주된 두 가지 유형을 다룰 때 사용한다. 이는 압도됨 그리고 멍함이다.

걱정과 근심에 압도됨

내담자는 다양한 걱정과 염려(범불안장애에서처럼) 혹은 강렬한 고통스러운 경험들(공황 상태, 외상 기억, 질병에 대한 공포)에 의해 감정에 침수되었다고 느끼거나 압도되었다고 느낄 수 있다. 개인적 염려 혹은 걱정에 압도된 내담자는 혼란스럽고, 침몰한다고 느끼고, 무력하다고 느끼거나 분열되고 있다고 느끼기도 한다.

종종 내담자는 '문제'와 '자신'을 밀착하여 동일시하고, '나'와 '나의 문제들'을 구별하는 것에 어려움을 느낀다(Leijssen, 1998). 이때 내담자는 정서적인 경험 및 각성 수준이 급격히 증가하며, 경험에 강하게 휩싸이게 되어 통제력은 빈약해지고 사고 과정은 최소화되며 감정만을 폭발적으로 쏟아내게 된다. 달리 말하자면, 높은 수준의 정서적 각성 상태에서는 정확하게 생각할 수 없다(Gilbert, 1992; Gottman, 1997). 자신의 감정으로 뒤덮이기 때문에 생각을 조직화할 수 없고, 분명하게 의사 표현을 할 수 없으며, 새로운 정보를 습득할 수 없고, 타인의 관점에서 고려할 수도 없다. 따라서 충동적이고 극단적인 행동을 하게 된다.

감정에 압도되거나 침수된 경험을 하고 있는 내담자를 위한 초기 치료 과제는 자신의 느낌과 감정적 행동에 맹목적으로 이끌리기보다는 감정을 충분히 견디면서 그것들을 구별짓고, 평가하도록 하는 사고 과정에 참여할 수 있도록 하는 것이다(Greenberg, 2002a; Rice & Kerr, 1986; Scheff, 1981).

걱정과 근심 때문에 내담자가 충분히 조절할 수 없거나 적절한 거리를 유지하지 못할 때 유용한 방법은 '안전한 장소 찾기'라고 알려진 공간 정리하기의 특수한 형태를 사용하는 것이다. 상담자는 내담자에게 자신을 침해하거나 위협하는 문제들을 정리할 수 있는 안전한 '장소'를 상상해 보고, 내담자가 압도되거나 안전이 필요하다고 느껴질 때마다 그곳에 가도록 요청한다. 안전한 장소 찾기 작업은 특히 범불안장애, 외상 후 스트레스장애(PTSD), 공황장애, 경계선 성격 장애, 그리고 주요 질환이나 고통을 겪고 있는 내담자들에게 효과적이다.

다음에 압도된 내담자의 표식을 예시로 기술하였다. "내가 그 고통을 참아낼 수 있을지 모르겠어요. 그것이 나를 압도하고 있어요. 나는 문제없이 잘 유지할 수 없을 것 같아서 걱정이 돼요." 그리고 "너무 많은 것이 내 마음에 있어요. 나는 내 일을 바로 잡을 수 없을 것처럼 보여요. 너무 많은 일이 있어요." 다음의 대화는 회기 진행 중 집중하기 어려움에 대한 표식이 나타났을 때 완화하기 위해 내담자와 상담자가 협상하는 과정을 보여 주고 있다.

내담자: 너무 많은 문제가 있어요. 나는 무기력해요.

상담자: 당신이 서로 다른 두 가지 사이에서 갈피를 잡지 못할 때, 무력감이 드나요?

내담자: 꼭 그렇지만은 않아요.

상담자: 아니면 조금 더 뒤얽히고 혼란스럽다는 건가요?

내담자: 네, 매우 뒤얽혔어요.

상담자: 그렇다면, 당신의 내면에 공간을 만들도록 시도해 볼 수 있겠군요.

멍함

집중하기 어려움의 두 번째 형태는 멍한 느낌이며, 내담자는 자신의 느낌으로부터 멀리 떨어져 있거나 낮은 각성 상태에 있다. 내담자는 특별히 중요한 것이 없는 것처럼 느끼기 때문에 회기에서 무엇을 할 것인지 혹은 어떻게 진행할 것인지 모르겠다고 한다. 이러한 경우에 내담자에게 최근의 근심이나 염려에 대한 목록을 작성하게 하고, 이 회기에서 다루고 싶은 가장 중요한 것을 명확히 하는 공간 정리하기 과제를 사용하는 것이 유용하다. 멍한 상태는 때때로 치료가 잘 진행되고 있거나 종결이 얼마 남지 않은 내담자에게서도 나타나기도 한다. 내담자는 이렇게 말할 수 있다. "무엇에 대해 말할지 모르겠어요. 최근에는 일들이 그럭저럭 잘 돼 왔거든요." 또한 멍한 상태는 내담자의 역할에 대해 확신이 없다는 것을 반영하는 경우도 있다. 따라서 치료의 두 번째 회기는 때때로 이와 같이 시작된다.

상담자: 잘 지내세요?

내담자: 잘 모르겠어요. 내가 무엇에 관해 이야기해야 할까요?

상담자: 정해진 주제는 없어요. 상담을 위해서 당신에게 중요한 어떤 것이라도 괜찮아요.

내담자: 나는 오늘 아무 것도 말할 게 없어요. 지난 시간 이후로 이것에 대해 생각해 본 적이 없어요. 당신은 오늘 우리가 무엇에 대해 이야기해야 한다고 생각하세요?

상담자: 글쎄요. 당신의 내면에 오늘 우리의 관심을 끌 수 있는 어떤 것이 있는지 마음을 들여다보는 시간을 갖는 것이 어떨까요?

내담자: (침묵) 글쎄요, 다양한 것들이 있네요. 하지만 어떤 것을 골라야 할지 잘 모르겠어요.

좀 더 일반적으로 멍한 느낌은 무력감, 우울감을 떨쳐낼 수 없는 막막함, 외상 후 스트레스장애의 무감각화, 회피 혹은 심신증을 가진 내담자의 흥미 결여와 같은 정서적 거리감을 반영한다. 집중하기의 어려움을 나타내는 내담자의 상태에 대한 예시는 다음과 같다.

(침묵) (한숨을 쉬듯) 잘 모르겠어요. 오늘은 아무것도 떠오르는 것이 없네요. 지난 시간에 우리가 어떤 것에 대해 이야기했는지 당신(상담자)이 나한테 상기시켜 줄 수 있을 거예요. 하지만 소용없어요. 그저 이전과 똑같을 뿐이에요. 어쩌면 당신은 이야깃거리를 제시해 줄 수 있을지도 모르겠군요.

2단계: 내면의 문제 공간을 다루기

〈표 9-1〉은 내담자가 성공적으로 공간 정리하기 과제를 실행하는 단계를 요약한 것이다. 표식을 명확히 하고, 그것을 계속 진행해 나가는 것에 대한 내담자의 동의를 구한 다음, 상담자는 내담자에게 내적 관심, 즉 '당신이 느끼는 당신 몸의 중간 부분으로' 돌아서도록 요청한다. 예를 들어, 경계선 성격장애의 개인력을 가진 30세 백인 여성인 린디(14장 참고)는 지난 회기에서 정서 조절의 어려움(예: 숨이 막히는 느낌)과 그녀가 '혼란' 해지는 것이라고 기술한 경미한 분열의 일화를 경험했다. 이 내담자에게 공간 정리하기는 효과적인 정서 조절능력을 발전시키도록 돕는 주요한 치료적 과제다. 다음은 내담자가 두 의자 기법을 한 8회기 중반부의 일부분이다(숫자는 대화가 다음의 대화로 넘어가는 것을 나타낸다).

린디 1: 그런데 나는 이 의자에서도 혼란스러움을 느껴요. (불안해하는 웃음)

상담자 1: 그래요, 그래요. 지금 당장은 약간 혼란스럽다고 느낄지도 몰라요.
지금 이 과정이 내가 당신을 지나치게 밀어붙이는 것 같다고 느껴지나요?

린디 2: 아니요, 그냥 단지 아주 혼란스러워요.

상담자 2: 으음. 당신은 공간을 정리하고 싶다는 생각이 드나요?

린디 3: 그러면 좋을 것 같아요.

상담자 3: 지난 시간에 우리가 공간 정리하기를 시작했던 때를 떠올려 봐요.

린디 4: 우리가 어떤 것들을 침대 아래에 넣어 두었던 것 말인가요?

상담자: 네.

린디: 좋아요. 내가 여기 앉을까요?

상담자: 물론이에요.

린디: (의자를 바꾼다) 고마워요. 그럼 내가 눈을 감을까요?

상담자: 그럼요.

린디: 알았어요.

상담자 4: 자, 당신은 지난 시간에 했던 것과 똑같은 것을 하길 원하나요?

린디: 예.

상담자: 깊은 숨을 내쉬어 봐요.

린디5: 예, 그러는 것이 좋겠군요. (두 번 숨을 깊게 내쉰다)

상담자 5: 당신의 몸이 조금이라도 이완되는 것이 느껴지나요? 으음. (천천히) 그러면 당신이 편안함을 느끼는 장소가 어디인지, 당신이 안전함을 느끼는 장소가 어디인지 찾아봐요. 거기가 어디죠?

린디 6: 제 침대예요. (웃음)

상담자 6: 그래요. 이제 우리는 당신의 침실로 갈 거예요. 당신은 침대에 누워 있나요?

린디7: 그게 좋겠네요. 저는 피곤해요. (상담자의 반응에 따르는 동안에도 계속 숨을 깊게 내쉰다)

상담자 7: 으음, 그래요. 당신은 지금 침대에 누워 있고, 바로 지금 당신의 내면에 모든 것이 있어요. 이것들은 당신을 혼란스럽게 느끼도록 하는 것들이죠. 이것들은 당신이 압도되는 느낌을 갖게 하고, 어쩌면 당신이 조금은 복잡하다고 느끼게 할 수도 있어요.

린디 8: (확실하게) 으음.

상담자는 이 예시에서 다양한 일을 한다.

- 있을 수 있는 관계적 문제 처리하기(상담자 1)
- 과제를 제안하고 협의하기(상담자 2에서 린디 4)
- 이전 경험을 기반으로 공간 정리하기(상담자 3과 4)
- 내담자가 편안하게 이완되도록 돕기(상담자 4에서 6)
- 친근하고, 유연하게, 과정에 대한 내담자의 고유한 방법(린디 4)을 수용하기
- 내담자가 내적으로 초점을 맞추기 시작하도록 돕기(상담자 7)

〈표 9-1〉 집중하기 어려울 때 공간 정리하기

공간 정리하기 단계	상담자의 반응
1. 표식: 주의 집중의 어려움-내담자는 어찌할 바를 모르고 압도되었거나 멍함	내담자에게 표식을 명확히 알려 주고 반영하라. 과제를 제안하라.
2. 내면의 문제 공간을 다루기	내담자가 내적 관심으로 돌아서도록 요청하라. (집중하려는 태도)
3. 염려 혹은 힘든 경험을 경청하기	내담자에게 '당신을 좋은 느낌에서 멀어지게 하는 것' 등을 살펴보도록 요청하라. "다른 것은 없나요?"라고 물어라.
4. 염려 혹은 문제를 옆으로 치워 두기(부분적인 해결): 내담자는 문제들로부터 정서적 거리를 만들어 낼 수 있고, 작업을 해 나가는 데 있어서 가장 중요한 문제를 명확히 할 수 있다.	내담자에게 염려들을 옆으로 치워 놓는 것을 상상하도록 요청하라. 상상한 이미지를 유지하도록 제안하라. 염려와 협상을 하도록 촉진하라. 필요한 만큼의 적정한 작동 거리에 대한 경험적 지침을 제공하라.
5. 정리된 내적 공간 인식하기(중간 단계 해결): 내담자는 안전한 내적 공간에서 안전감과 자유로움을 경험한다.	내담자에게 내적 공간에서 느끼는 감각에 머물도록, 그리고 살펴보도록 제안하라.
6. 공간 정리하기 과제를 일반화하기(완전한 해결): 내담자는 자신의 삶에서 안전한 혹은 정리된 공간의 필요나 가치 혹은 가능성에 대한 일반적인 인식을 발전시킨다.	내담자의 압도된 감정을 다루는 데 정리되고 안전한 내적 공간이 얼마나 중요한지 가치를 살펴보라.

3단계: 염려 혹은 힘든 경험을 경청하기

내담자들이 자신의 현재 어려움이나 즉각적인 염려를 살펴보기 위한 다음 단계는 경청하면서, 하나하나 차례대로 한 쪽으로 치워 놓는 것이다. 이것을 촉진하기 위해서 상담자는 '계속 좋은 느낌을 갖기' 위한 목록 혹은 '당신을 괴롭히는 것들' 에 대한 목록을 작성해 보도록 요청한다. 이것은 린디의 공간 정리하기 과정에서 계속되었다.

상담자: 으음. 그럼 지금 여기에서 가장 긴급하게 느껴지는 것부터 시작해 볼까요? 당신이 명확한 느낌을 가질 수 없게 하는 것이 무엇이죠?

린디: 마이크. (린디의 남자 친구)

상담자: 그래요, 마이크에 관한 것이군요.

린디: 으음.

상담자: 마이크는 당신을 얼마나 혼란스럽게 하나요? 당신은 마이크 때문에 압도되거나 혼란스럽군요, 그런가요?

린디: 마이크 때문이 아니라 그에 대한 나의 집착이 더 큰 문제죠.

상담자: 그래요…….

린디: 그냥, 내가 그 사람을 생각할 때면 나는 종종 복잡해져요.

4단계: 염려 혹은 문제를 옆으로 치워 두기(부분적인 해결)

각각의 염려 또는 문제를 간단히 말한 다음, 상담자는 내담자가 그것들을 한 쪽으로 치워 놓는 상상을 하도록 제안한다. 상담자는 내담자에게 이것을 할 수 있냐고 묻기 전에 잠시 시간을 준다. 만약 내담자가 한 쪽으로 치워 놓는 상상하기를 할 수 있었다면, 상담자는 이렇게 묻는다. "당신을 편안한 느낌으로부터 멀어지게 하는 다른 것이 있나요?" 이렇게 물으면서 3단계, 즉 염려 혹은 힘들었던 경험 경청하기로 돌아간다. 내담자에게 남아 있는 염려나 걱정이 더 이상 없을 때까지 3단계와 4단계를 반복한다. 만약 내담자가 모든 염려를 한 쪽으로 치워 놓을 수 있다면 과제의 부분적인 해결이 일어난 것이다. 린디의 회기는 다음과 같이 계속된다.

상담자: 그래요. 그럼 린디는 마이크에 관한 모든 생각을 모을 수 있나요? 그래요. 그리고 그것들을 집어넣어요. 무엇에? 작은 상자?

린디: 예.

상담자: 그래요. 잠시 해 보세요. (침묵) 해 봤나요? 이제 어떤 것이 필요한가요? 상자를 닫는 것?

린디: 네.

상담자: …… 그리고 당신은 그것을 당신 침대 아래에 정리할 수 있어요. 그렇죠? (린디가 고개를 끄덕였다) 우리는 마이크와 마이크에 대한 당신의 모든 생각, 이 혼란한 생각들을 깊이 생각해 봤고, 당신은 그것을 치워 버렸죠. 자, 그밖에 또 해야 할 것이 있나요?

린디: 나는 피곤하고, 배가 고프다고 느껴져요.

상담자: 그래요. 피로감과 허기군요. 그것은 생물학적인 허기 같은 것인가요? 배고픔을 말하는 건가요?

린디: 예.

상담자: 그래요. 우리는 지금 그것을 치울 거예요. 그것을 상자에 넣고, 치워 버려요.

린디: 알겠어요.

상담자: 또 다른 것이 있나요?

린디: 제 일이요.

상담자: 음. 일과 모든 불안 그리고 염려 그리고…….

린디: 의무…….

상담자: …… 의무는 일에 따라오는 것이죠. 그래요. 당신이 갖고 있는 모든 것을 우리는 포장할 거예요. 우리는 또한 일을 침대 아래에 정리할 거예요. 자, 우리는 그것을 상자 안에 잘 넣어 두었어요.

린디: 그래요.

상담자: 그러면 우리는 공간을 정리하려고 해요. 우리는 그것들을 안전한 곳에 넣어 뒀어요. 당신을 명확한 상태에서 멀어지게 하는 것은 또 무엇이 있나요?

린디: 돈 문제 그리고 지금 내 은행 계좌의 보유 금액이요.

상담자: (다정하게) 좋아요, 돈과 은행 계좌 그리고 재정적인 문제들이 있군요.

린디: 으음.

상담자: 우리는 그것들을 잘 포장하고, 안전한 곳에 넣어 둘 거예요. 그렇죠? 자, 당신은 이 네 가지 문제들을 떠나보낼 수 있겠어요? 당신을 위해서 또 어떤 것들이 남아 있나요? (침묵)

린디: 이번 주말로 다가 온 여행이요.

상담자: 그래요. 여행과 관련해서 어떤 감정들이 있나요?

린디: 예, 때때로 이런 감정들이 느껴져요. 그러니까 나는 가고 싶지 않다는, 그렇지만……. (침묵)

상담자: 그것에 대한 양가적인 감정이 있군요.

린디: 예.

상담자: 으음. 그 양가감정 역시 치워 버려요. 우리는 그것을 상자에 넣을 것이고, 치워 버릴 거예요.

린디: 그래요.

상담자: 으음.

린디: 여행을 위해 짐을 싸야 하는 스트레스와 애완동물을 어떻게 해야 할지 걱정하는 것 등을 또 다른 상자에 넣을 수 있을까요? 모든 것을요?

상담자: 물론이죠. 그리고 우리는 역시 그것들도 치워 버릴 겁니다. 그러면 떠나기 전에 모든 준비, 다시 말해 짐 싸기, 해결책, 준비…….

린디: 으음.

상담자: …… 사람들과 의논하는 것, 우리는 그것들도 잘 치워 버릴 거예요. 그러면 여행과 여행을 위한 준비에 포함하는 모든 것은 지금 당장 당신의 침대 아래 상자 속에 정리되지요. 그것은 싸여졌고, 우리는 바로 지금 린디 안에 있는 공간들을 정리하고 있어요.

만약 내담자가 더 이상 세부적인 염려를 가지고 있지 않지만 여전히 걱정하고 있다면, 다음에 제시된 예시처럼 상담자는 내담자에게 배경적인 염려가 있는 것은 아닌지 보기 위해 정리된 공간을 확인하도록 요청하는 것이 좋다. 만약 내담자가 배경적 염려를 명확히 한다면, 상담자는 내담자가 그것들을 한쪽으로 치우도록 제안한다.

상담자: 그래요. 당신을 편안하지 않게 하는 다른 것들이 남아 있나요? (긴 침묵)

내담자: 있어요. 그런데 그게 뭔지 모르겠어요. (불안해하는 웃음)

상담자: 음. 뭔가 정확히 찾아내는 것이 어렵네요. 으음.

내담자: 예, 그것은 크고 육중해요.

상담자: 뭔가 크고 육중한 것. (환자가 웃는다) 으음. 그것이 불확실한 것일지라도 당신은 그것을 포장할 수 있겠어요? 뭔지 모르겠다는 그 느낌을 포장할 수 있겠어요?

내담자: 으음.

상담자: 그것이 꽤 크고, 육중하고, 형태가 있는지 없는지 나는 알 수 없기 때문에 우리는 그것을 위해 더 큰 상자가 필요하겠는데요?

내담자: 모양이 정상이 아니에요.

상담자: 그래요. 그래서 우리는 모양이 정상적이지 않은 그것을 거기에 넣을 겁니다. 다시 한 번, 우리는 바로 지금 당신 내면의 공간을 정리하고, 어떤 명확한 것이 들어올 수 있도록 허락하고 있어요. 우리는 몇 가지 것들을 정리했죠. 몇 번 숨을 더 깊게 쉬고 보는 것이 어떻겠어요? (내담자는 깊이 숨을 쉬고, 침묵했다.)

5단계: 정리된 내적 공간 인식하기(중간 단계 해결)

만약 내담자의 모든 염려를 한 쪽으로 치운 다음에 내담자가 잠시 동안 안도감, 자유로움, 안락함 혹은 안전감을 의식적으로 인식하고 유지할 수 있다면 치료는 더 높은 단계로 발전할 수 있게 된다. 다시 린디로 돌아가서, 상담자는 내담자가 정리된 내적 공간을 인식할 수 있도록 머무르게 하고, 살펴보도록 제안하는 것으로 이 과정을 촉진시킨다.

상담자: 자, 조금 더 명확해진 느낌이 드나요?

린디: 그러니까 이전에 비해 확실히 많이 나아졌어요.

상담자는 내담자가 느끼는 것처럼 정리된 공간을 경험하기 위해 잠시 시간을 내도록 제안할 수 있고, 내담자가 정리된 공간을 상징화할 수 있도록 도울 수도 있다. 외상 후 스트레스 장애를 겪고 있는 어떤 내담자는 이 공간을 행복을 느끼는 따뜻하고, 햇볕이 드는 장소라고 상징화하였다.

6단계: 공간 정리하기 과제를 일반화하기(완전한 해결)

공간 정리하기 과제의 완전한 해결 단계는 내담자가 불가항력적인 감정 혹은 고통스러운 느낌을 스스로 다룰 수 있다는 가능성을 가지고 자신의 삶에서 깨끗하거나 안전한 공간을 유지할 필요가 있으며, 공간 정리하기의 가치에 대한 일반적인 인식을 발전시키는 것이다. '정점' 을 확고히 하는 것은 정신적 외상을 경험했거나 만성적인 정서 조절상의 어려움을 가지고 있는 불안이 높은 내담자들에게 상당히 유익하다. 예를 들어, 린디는 8회기에서 이러한 면이 나타나지는 않지만, 11회기의 시작에서 자발적으로 다음과 같이 말했다.

린디: 당신도 알다시피 나는 당신이 나의 문제를 상자에 넣는 것을 보여 준 대로 그것을 해 왔고, 정말 도움이 됐어요.

이러한 일반화를 촉진시키기 위해서 상담자는 이렇게 말할 수 있다.

상담자: 그것은 당신이 필요로 할 때 언제든지 돌아갈 수 있는 안전한 장소가 될 거예요.

성공적인 공간 정리하기 과제의 진행 단계는, 내담자가 친숙하고 편안한 내적 공간을 상상하고, 자신으로부터 문제나 염려를 분리하여 동일시하는 것에서 벗어나며, 내면의 안정감을 살펴보고 공고하게 하며, 더욱 긍정적인 감정으로 안정을 찾게 하는 것이다. Grindler Katonah(1999)는 암에 걸린 사람들에 대한 연구에서 공간 정리하기를 터득한 환자들이 자신의 건강을 보다 잘 돌본다고 보고하였다.

불확실한 느낌에 대한 경험적 초점화

두 번째 과제인 경험적 초점화하기는 불편하고 명확하지 않은 모호한 느낌으로 고통 받는 환자들의 명확하지 않은 감정의 표식을 연구한 Gendlin(1981, 1996)에 의해 설명되었다. 또한 초첨화하기는 Cornell(1993, 1994, 1996)과 Leijssen(1990, 1996, 1998)에 의해 다르게 설명되기도 하였다. 전통적으로 상담자와 수퍼바이저들은 개별적인 '안내' 회기에서 초점화하기를 가르치는 것(Cornell, 1993)과 과정-경험적 치료에서처럼 초점 지향적 치료에서 여러 작업을 통합하는 초점화하기(Gendlin, 1996)를 구분하고 있다.

많은 치료적 과제 중의 하나로 초첨화하기를 제시하고 있기 때문에 초점화에 대해 기술된 문헌들이 많이 있다. 하지만 여기에서 우리가 다루는 범위는 좁다. 그럼에도 초점화하기는 과정-경험적 치료에서 중요한 역할을 한다. 첫째, 초첨화하기는 기본적인 경험적 개념들에 관해 치료 초기에 내담자들에게 교육할 때 특히 유용하다. 둘째, 내담자가 불확실한 느낌(혹은 '감각을 느낌') 표식을 보였을 때 사용된다. 셋째, 초첨화하기의 구성요소와 내담자가 경험할 과정은 다른 과제들을 다루는 특정한 순간에 내담자들이 스스로 적용할 수 있다. 그러므로 초첨화하기는 두 의자 기법과 같은 다른 과제의 진행을 촉진시키는 데도 유용하다.

초점화하기의 태도

본질적으로 초점화하기는 기법이나 기술이 아니라 내면을 향해 집중하려는 심리적 태도로서 기대나 생각, 감정 그리고 이유 등으로부터 잠시 자신을 따로 떼어 놓는 작업이며, "기다림, 아직 설명되지 않은 상태로 현재를 놓아 두는 것, 아직 규정되지 않은 상태도 수용하는 것" 이라고 기술된다(Leijssen, 1990, p. 228). 초점화하기는 명상과 비슷하고, 더 정확하게는 Segal, Williams 그리고 Teasdale(2001)와 또 다른 학자들(예: Linehan, 1993)에 의해 '마음챙김' 이라고 불렸다. 이런 마음 상태는 구체적인 대상을 향해 있기 때문에 공허하지 않다. 다른 말로 하자면, 그것은 항상 무언가에 '관한' 것이다. 예를 들어, 질병에 관한 것, 의미 있는 타자에 관한 것, 누군가의 직업에 관한 것 혹은 회기 전에 주차장에서 걸어오는 내담자를 만나는 것처럼 뜻밖에 찾아온 행복에 관한 것이다.

초점화하기의 태도를 발전시키고 유지하는 것은 안전한 치료적 환경을 필요로 하며, 이러한 치료적 환경은 내담자가 초점화하기를 단계적으로 진행하면서 요구되는 인지적 조절상의 결함과 모호함을 견디도록 돕는다. 초점화하기는 호기심이 많고, 개방적이고, 배려하고, 인내하고, 견디고, 이해하는 태도를 포함한다. 다른 말로 하자면, 비초점화하기는 단정하고, 무관심하며, 안달하는 태도를 포함한다. 그 예시는 다음과 같다.

상담자: (부드럽게) 위가 긴장하고 있는 것을 느끼면서 잠시 머물러 볼 수 있나요?

내담자: (침묵 없이 평범한 목소리로) 그리고 뭘 하죠?

불확실한 느낌과 정서 도식

공감적 탐색 과제에서처럼, 경험적으로 초점화하기는 내담자가 정서 도식에 접근하여 탐색할 수 있게 도와주기 위한 일련의 과정이다. 초점화하기에 대해 '감각 또는 불확실한 느낌(felt sense)'이라고 말하는 것과 저자가 '내현화된 정서 도식(mplicit emotion scheme)'이라고 언급한 것과는 유사한 면이 있다. 즉, Gendlin(1981)과 그의 동료들은 신체적 맥락에서 감각을 느낌이라고 정의하였고, 상징화될 수 있고, 행동 방향을 가르쳐 주는 어떤 것에 관한 정서적으로 채색된 내적 감각을 일컫는다. 요컨대, 불확실한 느낌은 하나 혹은 그 이상의 내현화된 정서 도식을 포함하고 있고 조직화되어 있다. 초점화하기는 불확실한 느낌 속에 구성되어 있는 정서 도식을 탐색하고 상징화할 수 있는 유용한 방법이다.

비슷한 맥락에서 Cornell(1993, 1994)은 온전한 정서 도식의 구성요소로서 불확실한 느낌의 다섯 가지 양상을 기술하였고, 이 책의 2장([그림 2-1])에 설명되어 있다. ① 누군가의 삶 혹은 상황으로의 연결(예: 범죄적으로 희생되는 것), ② 신체적 감각(소화기 내의 불편감, 팔에 소름이 돋음), ③ 형상화 혹은 상징화(검은색, 얼룩), ④ 정서적 특성(공포), ⑤ 소생, 방향, 바람, 필요(공포를 무시, 안전). 우리는 Cornell과 약간 다르게 설명하고자 한다. 우리는 정서적 특성 혹은 정서 도식의 핵심을 중요하게 다루지만, Cornell은 소생과 방향을 중요하게 여긴다. 그러나 구성 요소는 동일하다(Leijssen, 1996, 1998).

경험적으로 초점화하기에서 내담자와 상담자의 과정

경험적으로 집중하도록 내담자를 촉진시키기 위해 상담자는 내담자가 말하는 모든 부분을 주의 깊게 듣는 공감적 자세를 가지는 것이 중요하다(Gendlin, 1996). 상담자는 불확실한 느낌과 내담자의 즉각적인 경험이 이동하고 전개되는 과정을 주의 깊게 뒤쫓아야 한다(Mathieu-Coughlan & Klein, 1984). 상담자는 내담자가 치료 상황 및 상담자에 대해 가지는 느낌, 특히 치료를 시작하고 초점화 과정을 지속하는 과정에서 내담자가 안전함을 느끼고 있는지 그리고 준비가 되었는지를 주의 깊게 살펴야 한다. 상담자는 아주 조금씩, 천천히, 신중하게 그리고 부드럽게 초점화하기 과정의 각 단계들로 내담자를 안내해야 한다. 궁극적으로 상담자는 내담자의 초점화하기 과정에 동행하면서 감각을 느끼는 것을 지속적으로 유지하도록 격려하는 조력자의 역할을 하게 된다.

Gendlin(1981), Cornell(1996), Leijssen(1998), 그리고 다른 학자들이 기술한 바에

〈표 9-2〉 **명확하지 않은 느낌에 대해 경험적으로 초점화하기**

초점화하기의 단계	상담자 반응
1. 표식: 불확실한 느낌. 내담자는 모호하고 막히고 아무 생각이 안나고 포괄적이거나 외적으로 집중	내담자의 표식을 구별하고 반영하라. 과제를 제안하라.
2. 모든 감정, 감각을 포함하여 불확실한 느낌에 집중하기	초점화하는 태도를 격려하라. 내담자가 무엇이 문제인지 또는 불확실한지에 대하여 내부로 주의를 돌리도록 하라. 수용적인 기다림과 전체 느낌에 초점화하는 태도를 격려하라.
3. 잠재적 표현을 찾고 점검하기(즉, 명명하기 또는 상징적인 표상)	내담자에게 불확실한 느낌에 대한 단어 또는 심상을 찾도록 하라. 내담자가 말하는 것을 정확하게 반영하라. 해석을 피하라. 적합한 명칭을 찾기 전까지는 내담자가 불확실한 느낌에 대한 명칭을 비교하도록 격려하라.
4. 감정의 변화(부분적인 해결)	탐색적인 질문을 하라. (무엇에 대해? 그밖에는? 핵심 느낌은? 행동 경향은?)
5. 수용하기(중간 단계 해결): 내담자가 느낌 변화를 인식하고 통합.	변화된 느낌에 머무르도록 내담자에게 격려하라. 비난적이거나 반대하는 느낌을 한편으로 치워 놓도록 내담자를 격려하라.
6. 치료 밖에서 또는 새로운 회기 과제에서 발전시키기(완전한 해결)	만약 적절하다면 진척시키기 위해 귀 기울기고 촉진하라.

따르면, 성공적인 초점화하기는 내담자가 일련의 단계들을 거치며 해결점으로 향하는 것이라고 하였다. 각 단계마다 상담자는 내담자가 각각의 작업 또는 미세한 과정에 참여하도록 돕는다. Leijssen(1998)은 이러한 해결 단계들과 그것들을 촉진하는 상담자의 행동들을 〈표 9-2〉로 요약하였다.

1단계: 표식

경험적으로 초점화하기를 위한 고전적인 표식은 불확실한 느낌, 즉 어떤 것이 올바르지 않다는 모호한 감각, 종종 짜증이나 내담자가 콕 집어 말할 수 없지만 상태가 안 좋거나 약간 일치하지 않는 느낌 등을 동반한다. 불확실한 느낌의 일상적인 예로 집 열쇠와 같은 어떤 중요한 것을 제자리에 두지 않거나 어떤 사람의 이름을 회상할 수 없을 때 발생하는 느낌을 들 수 있다. 치료에서 불확실한 느낌은 예감 또는 불안 또는 모호함의 일반화된 감각, 어떤 것 또는 어떤 사람에 대한 불편함과 곤란한 느낌으로 나타날 수 있다. 종종 '내 마음의 깊은 곳에는' 어떤 것을 '좀먹는' 또는 '불평하는' 감각이 있다고 표현하기도 한다(만약 불분명한 느낌이 특정 상황에서 내담자의 혼란스러운 반응에 대한 것이라면 우리는 이것을 문제 있는 반응의 시작점이라고 명명하고 10장에서 기술된 환기시키기 방식으로 다룬다).

불확실한 느낌에 대한 표식은 다음의 3가지 특징을 포함한다(Greenberg, Rice, & Elliott, 1993).

1. 내담자는 추상적이거나 일반적이거나 외적인 경험이 아닌 특정한 어떤 내적인 경험을 언급한다.
2. 내담자는 이러한 경험을 분명히 표현하거나 상징화하는 것을 어려워한다.
3. 내담자는 경험과 관련하여 어떤 고통 또는 불편을 표현한다.

내담자는 다음과 같이 불확실한 느낌의 표식을 나타낼 수 있다.

나는 이별에 대해 어떻게 느끼는지 알 수 없어요. 나는 어떤 것이 옳지 않다고 느껴지긴 하는데, 그것을 콕 집어 말할 수는 없네요.

나는 지금 속상하지만 그것을 어떻게 말로 표현해야 할지 모르겠어요.

마이클의 치료에서 다섯 번째 회기의 한 부분은 초점화하기의 예시를 제공한다. 마이클은 대인관계에 있어 자신을 드러내거나 정서적으로 친밀해지는 것과 관련된 걱정 때문에 치료 받으러 온 40대의 흑인 미국인 남자였다. 그는 예정되어 있는 이혼 재판에 관한 두려움에 대해 모호한 느낌을 표현하는 것으로 회기를 시작하였다.

마이클: 저는 내일을 생각하면 불안해요. 무엇 때문에 불안한지 정확하게 꼬집어 설명하진 못하지만요.

상담자: 당신의 불안이 무엇에 관한 것인지 모르지만 무언가가 있군요. 마이클, 이것을 다루기를 원하나요?

마이클: 글쎄요. 전 어디에서 시작해야 할지, 어디까지 해야 할지도 모르겠어요. 마치 그냥 불안하기만 한 거 같아요.

불확실한 느낌은 인지적 또는 논리적 언어로 표현하거나, 외현화되고 피상적인 태도를 보이는 것, 또는 중요한 핵심은 없이 변죽만을 울리는 빙 둘러서 말하는 형태로 회기에서 나타나기도 한다. 이때 상담자는 다음과 같은 가상적이지만 전형적인 예시처럼 부드럽게 내담자의 이야기를 중단시킬 수 있다.

상담자: 전 당신이 말하고 있는 지금 무엇을 느끼고 있는지 궁금하군요.

내담자: 잘은 모르겠지만, 전 어떤 것을 말하기 위해 그저 말하고 있다는 느낌이네요.

상담자: 어떤 것을 여기에 두도록 시도해 볼까요? (내담자가 고개를 끄덕임) (천천히) 잠시 동안 속도를 늦추고 눈을 감거나 벽의 한 점을 응시해 보겠어요?

(멈춤) 이러한 것을 하면서 (멈춤) 자신에게 물어보세요. "지금 현재 내게 어떤 일이 일어나고 있지?" (멈춤) 어떤 것이 당신에게 오는지 보세요. (멈춤) 억지로 하지 마세요. 그저 그것이 오도록 놔 두세요. (멈춤) 그리고 무엇이 당신에게 오는지 저에게 말해 주세요.

2단계: 불확실한 느낌에 집중하기

다음의 대화에서 상담자는 마이클이 공간 정리하기 단계에서 불확실한 느낌에 초점화하기 단계로 진행하도록 돕고 있다.

상담자: 지금 자신에게 물어보세요. "내일과 관련해서 나를 괴롭히는 것들 중에서 어떤 것이 중요한 거지? 가장 중요한 것은 어떤 것이지?" 무언가 떠오르는 게 있나요? 억지로 하지 마세요. (멈춤)

마이클: 사람들이 저를 나쁘게 생각해요.

상담자: "사람들이 저를 나쁘게 생각해요." 이군요. 공간 정리하기 과정에서 당신이 놔뒀던 구석에서 그것을 꺼낼 수 있나요? 그리고 그 공간의 한 중앙에 앉아 있다고 상상해 보세요.

마이클: 음……. 흠…….

상담자: 좋아요. 당신은 이제 그것을 볼 수 있고, 앉을 수 있고, 그리고 거의 그것에 관해 말할 수 있겠네요. 그렇죠?

초점화하기의 단계에서는 상담자는 내담자가 천천히 기다릴 수 있도록 격려하고 조언하며, 경험적 질문과 침묵의 과정을 이용하여 내담자가 자신의 문제가 무엇인지 또는 무엇이 불분명한지에 대한 주의를 내부로 돌리도록 한다.

3단계: 잠재적 표현을 찾고 점검하기

만약 내담자가 내부의 불확실한 느낌에 초점화하기를 진행하고 있고, 더 깊어질 준비가 되었다면 상담자는 내담자에게 불확실한 느낌에 대한 단어나 심상을 찾기 위해 질문한다.

상담자: 그럼 질문하는 대로 상상하시겠어요? "사람들이 당신을 나쁘게 생각하는 것에 대한 두려움에 대해서 당신은 어떤가요?" 어떤 것이 떠오르는지 말해 보세요.

내담자가 대답할 때 상담자는 경험에 대한 잠재적 표현('다루는 방법')을 들으며 주의 깊게 따라간다. 초점화하기 단계에서 상담자는 내담자가 말한 것을 글자 그대로 반영한다.

마이클: 사람들이 생각하는 것처럼, 전 나쁩니다. 마치 무가치한 것처럼요.
상담자: "무가치." (멈춤)

만약 내담자가 불확실한 느낌에 대해 단어를 찾아내어 명명하거나 비유 또는 심상을 발달시키면 상담자는 내담자의 묘사가 그것에 적합한지 살펴보기 위해 그것을 불확실한 느낌과 비교하도록 한다. 예시에서 나타나듯이 잠재적인 표현을 찾는 과정은 점검하고, 다시 바꾸어 표현하는 것을 반복하면서 진행된다.

상담자: …… 그 감각, 그 느낌에 적합한지 보기 위해 그것을 점검해 봅시다. 사람들이 당신을 무가치하다고 생각하는 것을 두려워하는 것과 불확실한 그것이 관련 있어 보이나요? 적합한가요? '무가치'가 그것을 표현하는 데 정확한가요?

마이클: 아니요.

상담자: 정확하지는 않은가 보군요. 무엇이 더 적합할까요? 그것은 '무가치' 한 것이 아니고 다른 것이군요. "그렇다면 무엇일까요?"

마이클: 나는 끝까지 해낼 수 없고 아무것도 바르게 할 수 없다는 것과 비슷해요.

상담자: 당신은 끝까지 해낼 수 없고 아무것도 바르게 할 수 없다고 하셨는데 그것을 적절하게 표현한 것인가요? "끝까지 해낼 수 없고 아무것도 바르게 할 수 없다."가 그것의 나쁜 점인가요?

마이클: 마치 아무것도 스스로 할 수 없는 무능함과 비슷해요.

상담자: "스스로는 아무것도 할 수 없다." 이것이 그 기분과 비슷한가요? 이것이 당신의 감각을 적절히 설명하는 것인가요? 스스로는 아무것도 할 수 없다고 느끼고 있군요. 이것이 적합한지 아닌지를 점검하기 위해 그 느낌이 가득차게 해 보세요.

마이클: 전 쓸모없는 사람입니다.

상담자: "쓸모없는 사람입니다." '쓸모없는' 이 적합한 표현인가요? 내일에 관해서 꺼리는 감각, 즉 나쁜 느낌은 "난 쓸모없는 사람이다." 인가요?

마이클: (확신하며) 네.

앞의 예에서 내담자는 자신의 경험에 대해 다양한 묘사를 하였다. 무가치, 끝까지 마무리할 수 없거나 아무것도 바르게 할 수 없는 것, 무능력 또는 스스로는 아무것도 할 수 없는 것, 그리고 쓸모없는 사람 등이 내담자가 표현한 단어들이다.

불확실한 느낌에 대한 잠재적인 묘사를 찾는 것은 치료 과정에서 여러 번 발생하며, 때로는 내담자의 자기-해석의 형태로 표현되기도 한다. 예를 들어, 내담자가 "나는 과거 몇 달 동안의 모든 흥분 뒤에 지치는 것을 느꼈을 것이라고 생각한다." 또는 "내가 그것을 한 이유는 당신이 내가 어떻게 다쳤는지를 아는 것이 두려웠기 때문이다."라고 말하기도 한다. 또는 불확실한 느낌에 대한 잠재적인 묘사 또한 내담자가 경험하지 않은 것(마이클이 무가치라는 용어를 거절했을 때처럼)에 대한 진술일 수 있다. 예를 들어, "난 그것에 대하여 화난 기분을 느끼지 않는다."

마지막으로 만약 내담자가 잠재적 묘사를 찾지 못하거나 또는 상담자가 내담자의 불확실한 느낌을 기술하는 데 적합한 표현이 직감적으로 떠오른다면 상담자는 다음과 같이 말하며 잠재적인 묘사를 제안할 수 있다. "아이를 잃은 것과 거의 같은가요? 적합한가요?" 그러나 대부분의 경우, 내담자가 무엇이 적합한지 또는 아닌지에 대한 마지막 판단을 하게 하는 것이 중요하다. 보통 내담자가 머뭇거림이 없고(마이클이 쓸모없다는 용어를 수용했을 때처럼) 분명하고 강한 동의가 있을 때 잠재적 묘사가 적합하다는 것이 명백해진다.

4단계: 감정의 변화(부분적인 해결)

때로는 내담자의 느낌에 적합한 묘사를 찾게 되면 내적 경험에서 꼼짝못하고 있다가 움직이거나, 미소 또는 안도의 한숨을 보이기도 한다. 이러한 '감정의 변화'는 전형적으로 신체적 이완, 자유로움 또는 만족감 또는 완전함의 느낌을 포함한다. 그러나 대체로는 불확실한 느낌을 성공적으로 묘사하는 것만으로 감정의 변화가 촉진되지는 않는다. 이 사례에서 상담자는 내담자의 느낌에 대해 물어볼 수 있는 추가적인 질문을 제공하여 내담자를 돕는다. 예를 들어, 상담자는 다음과 같이 질문한다.

> 무엇이 이 (문제)에 대하여 그렇게 X ('무가치' 와 같은 특징)합니까?
> 그 밖에 이 느낌과 비슷한 것으로 무엇이 있을까요?

이때 상담자는 질문할 때에 느낌의 핵심에 대해 물어보는 것이 효과적이다.

> 이 느낌에서 가장 중요한 특징이 무엇인가요?

그것의 가장 곤란한 것 또는 가장 나쁜 것이 무엇인가요?

게다가 때로는 상담자가 느낌과 관련된 행동 경향에 대해 질문할 때 내담자에게 매우 도움이 된다.

그것은 무엇이 필요한가요?
그것이 해결된다면 어떤 느낌이 들까요?

예를 들어, 마이클의 경우, 자신이 불확실한 느낌에 쓸모없는 사람이 되는 것 같다는 명칭을 붙였을 때는 감정이 개선되지 않았다. 그러므로 추가적인 작업이 필요하였다.

상담자: 무엇과 비슷한가요? 쓸모없는 사람이 되는 것, 그 느낌에 집중하시겠어요? 무엇과 비슷한가요? 느낌이 어떤가요? 쓸모없는 사람이 되는 것이요.
마이클: 좋지 않아요. 개인적인 생각으로는 "난 올바르게 하고 있지 않다."와 같아요.
상담자: 그저 노력하고, 또 노력하는데 절대로 올바르게 되지 않아요. 이 느낌과 비슷한가요?
마이클: 음……. 음…….
상담자: 음……. 음……. 그 밖에는요? 그 밖에 당신은 어떻습니까?
마이클: 억눌리는 것 같아요.
상담자: "억눌린다……." 쓸모없는 사람이 되는 것 같은 느낌의 한 종류이군요. "눌리고 있다." 이것은 적합한가요?

내담자는 종종 깊게 숨을 내쉬는 행동을 통해 긴장이 이완되고, 감정이 변화되고 있음을 보여 주기도 한다. 그러나 때로는 내담자와 상담자가 탐색하기 전까지는 변화가 발생한 것이 분명하게 드러나지 않기도 한다. 마이클의 경우에는 감정의 변화가 자기방어적인 반항적 태도로 표출되기도 하였다.

마이클: 무가치한 느낌으로 되돌아간 것 같은 느낌이 들어요.

상담자: 으음. 다시 무가치한 느낌을 계속 느끼고 있군요. 쓸모없는 사람인 거 같은 것, 억눌려짐, 무가치한 것 외에 다른 느낌이 느껴지는 게 있나요? 다른 감정이 느껴지는 게 있나요?

마이클: (강한 목소리로) 하지만 만약 그것들이 당신이 본 것이라면, 당신은 저를 제대로 보고 있지 않은 겁니다.

이러한 마이클의 대답은 무가치하다는 것에 대한 불확실한 느낌이 내포하고 있는 자기 비난에 대응하여 반대로 답한 것이다. 이것은 감정의 변화가 시작되었음을 나타낸다.

5단계: 수용하기(중간 단계 해결)

감정의 변화가 일어날 때 흔히 비난적인 목소리가 나온다. 이러한 일이 발생할 때 상담자가 새로운 경험을 공감하고, 수용하고, 내담자의 비난적인 목소리를 옆으로 치우고 새로운 느낌에 머무르는 것을 제안하여 내담자가 새로운 경험을 내부의 비난으로부터 보호하는 것을 돕는 것은 중요하다. 이러한 과정을 수용하기라고 부른다. 마이클의 경우에는 새로운 느낌이 취약하거나 고통스럽기보다는 강하고 자신만만하였기 때문에 수용하기가 수월하게 진행되었다. 이 사례에서 수용하기는 방금 일어난 것을 처리하는 형태다.

상담자: 좋아요. (당신의) 다른 부분은 거기에 있어요. 좋아요, 좋아. 그래서 당

신은 내일에 대하여 당신이 두려워하는 것에 대한 느낌이 더 분명해졌나요?

마이클: 네. 제가 어떤 일이 발생할지를 볼 수 있다고 생각하지만 실제적으로는 그것에 대해 사전에 준비한 것이 아니었어요.

비록 내담자가 이 점에서 자신만만한 측면을 탐색하도록 돕는 것이 더 선호되지만, 상담자는 두 의자 기법(11장 참고)을 통해서 깊은 탐색이 수행될 수 있을 것이라고 기대할 수 있다. 그러므로 상담자는 자신에 대한 평가에 분리되어 나타난 것을 다루는 과제로 이동하기 전에 내담자에게 본래의 과제를 검토하는 시간을 줘야 한다. 마이클은 불확실한 느낌에 대한 좀 더 분명한 감각을 가지게 된 것이 나타났지만 쓸모없는 사람이 된 것 같은 느낌의 원인에 대한 의문은 여전히 남아 있다. 이를 해결하기 위해 의문을 해결하는 과정은 초점화하기의 최종 단계에 이르게 한다.

6단계: 발전시키기(완전한 해결)

초점화하기가 성공적으로 진행되면서 내담자는 관련된 문제들을 넓게 탐색하기 시작하고, 때로는 새로운 행동을 취하기 위해 준비하게 된다. 예에서 보여 주듯이 새로운 회기 내에 과제의 형태, 즉 종종 자신에 대한 분리전 평가를 위한 두 의자 기법을 선택할 수 있다. 따라서 마이클은 자기 비난 과정이 포함된 두 의자 기법을 통해 초점화하기 과정을 더욱 촉진하게 되었다.

상담자: 그래서 이것은 마이클에게 모든 것을 망칠 것이라고 몰아붙이는 사람들입니까?

마이클: 네.

상담자: 네, 그런 느낌이군요. 좋아요. 이곳으로 와서 저것에 대해 아니라고 말하는 부분이 되어 보세요. (내담자는 의자를 바꾼다) 네, 이것은 앞으로 다가

오고 있는 것의 일부분입니다. (집중하는 동안) 그리고 말하세요. "아니야. 난 아니야. 쓸모없는 사람이 아니야." 그에게 말하세요. 다른 사람들에게 말하세요.

마이클: 난 쓸모없는 사람이 아니야. 난 그것을 할 수 있어. 난 무가치하지 않아. 난 보잘 것 없는 사람이 아니야. 당신이 아는 것보다 나에겐 더 많은 것이 있어. 내게 기회를 줘.

발전시키기는 예에서처럼 회기 진행 과정 속에서 감정 변화를 적용하는 것을 포함하여 내담자의 회기 밖의 일상생활로 확장되는 것 등을 의미한다.

초점화하기의 일반적인 어려움

여느 치료적 과제처럼 초점화하기의 진행 중 어려움은 흔히 나타날 수 있다. 주로 나타나는 어려움 중 하나는 상담자가 치료적 관계를 확장하는 데 과도하게 몰입하여 초점화하기 과제를 사용할 때 발생한다. 특히 상담자가 너무 근접하여 초점화하기에 대해 지시를 하거나 또는 내담자에게 초점화하기와 관련된 전문용어('느낌 감각' 또는 '다루기')를 과도하게 사용하는 것 등이 있다. 예를 들어, 어떤 내담자는 자신의 신체를 부정적으로 보거나 신체를 무시하기도 한다. 이러한 내담자는 신체적 느낌에 대해 강조하는 것에 종종 의문을 가지거나 원하지 않거나 심지어는 겁을 먹기도 한다. 혹은 상담자가 내담자와의 진정한 접촉을 피하기 위해 기법을 사용하거나, 상담자는 내담자와의 관계적 경험에 직면하는 것을 피하기 위해 기법을 사용할 수도 있다(Leijssen, 1990). 상담자는 내담자를 돕기 위해 초점화하기를 사용할 때 창조적이고 유연해야 한다. 그리고 항상 내담자의 순간순간의 경험에 주의를 기울여야 한다.

또 다른 일반적인 어려움은 내담자에게 초점화하기 과정을 실제보다 더 쉽다는 인상을 심어 주는 것이다. 비록 초점화하기가 쉬워 보이고 어떤 내담자에게는 자연스러울 수도 있겠지만, 대부분의 경우 초점화하기는 낯설고, 어렵고 그리고 불편할 수 있다. 이러한 내담자에게는 초점화하기를 배우는 것이 안전한 치료적 환경 내에서 한 번에 조금씩 이루어지는 점진적인 과정이다. Cornell(1996), Gendlin(1981) 그리고 연구자들은 성급함, 압도된 기분 또는 이탈 그리고 초점화하기 과정의 진행을 막는 자기 비난하기 등이 어려움이라고 기술하고 있다.

정서의 허용 및 표현

정서를 허용하고 표현하는 것은 타인과 적절하게 정서를 소통할 수 있게 하는 감정 지능의 한 요소로 Greenberg(Greenberg & Paivio, 1997; Greenberg & Safran, 1987)와 Kennedy-Moore와 Watson(1999)의 연구에서 나온 치료적 과제다. 그러나 공간 정리하기와 초점화하기와는 다르게 정서를 수용하고 표현하는 것은 더 일반적이고, 정서 발달의 넓은 과정 내에서 다양한 다른 과제들을 포괄하고 있는 고차원적인 과제다.

1단계: 표식

3장에서 기술하였듯이 상담자는 내담자가 정서적 경험에 대해 언급하지 않는 것을 알아차렸을 때, 내담자의 정서적 경험에 대한 자각이 부족함을 각성시키는 것이 필요하다. 흔히 이러한 내담자는 자신의 인생에서 어떤 일이 발생하고 있는지에 대해서는 말하지만 그들에게 끼친 영향 또는 자신의 내부적인 반응에는 거의 주의를 기울이지 않는다. 이들은 마치 잘 연습한 연설을 하듯이 또는 친구에게 수다 떨듯이 잘 조절되고, 리드미컬한 어조로 말한다. 이들은 즉각적으로 경험되는 느낌 및 기분과 접촉하지 않고 거리를 두며, 그 순간에 경험하는 것 또는 감정을 표현하기보다 사건에 대해서만 말하려 한다. 반대로 내담자가 자신의 감정에 접촉했을 때는 멈칫하거나 예상치 않은 대목에서 강조하거나 목소리가 힘이 없고 주저함이 있다(Rice & Kerr, 1986). 이때 언어는 가슴에 사무치고 생생하며 직접적이고 생기가 있다.

상담자는 내담자의 정서적 과정이 연속적인 다섯 단계로 발생한다고 본다(Kennedy-Moore & Watson, 1999).

1. 자극 인식, 전의식적 인지와 정서적 처리, 신체적 변화를 동반하는 것을 수반하는 정서를 야기하는 자극에 대한 전반성적 반응
2. 의식적 자각과 반응의 인지
3. 정서적 반응의 해석과 명명하기: 사람들은 전형적으로 자신의 반응에 적합한 명칭을 붙이기 위해 내부뿐만 아니라 상황적 단서도 이용한다.
4. 반응이 수용될 수 있는지 또는 안 되는지에 대한 평가
5. 자신의 감정을 밝히는 것이 가능한지, 바람직한지에 관한 현재 맥락에서의 평가

상담자는 내담자가 정서를 처리하고 각 단계를 완수할 수 있도록 돕는다. 예를 들어, 상담자는 내담자가 자신의 반응에 명칭을 붙이는 것을 돕거나 또는 내담자의 반응들 또는 현재 상황을 평가하는 것을 도울 수 있다.

표현을 하지 못하는 문제는 내담자들이 정서적 경험을 처리하지 않을 때 발생한다(Mongrain & Zuroff, 1994). 다음 부분에서는 정서적 경험을 인식하거나 수용하는 것에 대한 어려움으로 인해 표현하지 못하는 사례를 기술하고, 이러한 문제를 다루는 치료적 단계를 제공하고자 한다. 표현하지 못함의 각각의 유형은 정서적 표현의 처리에 대한 5단계 모델의 각 단계에서의 손상을 의미한다.

정서반응 자각의 차단

임상적으로 설명하기에 가장 어려운 표현하지 못하는 유형에는 내담자가 정서

가 의식되는 것을 차단하기 때문에 그들의 느낌을 인식하는 것 자체에서 어려움을 느끼는 경우다. 내담자는 불확실한 느낌을 느끼기는 하지만 그것을 상징화하기 어려워한다. 정서를 자각하고 표현한 것의 초기 단계에서 내담자는 느낌에 의해 위협받기 때문에 경험하고 있는 정서를 완전히 자각하지 못하게 된다. 비록 모든 치료적 개입이 훌륭한 치료적 동맹을 필요로 하지만, 강한 치료적 동맹은 정서적 반응에 대한 동기가 부족하고, 정서 자각이 빈약한 내담자의 문제를 다룰 때 특히 중요하다. 내담자는 위협적인 느낌으로부터 숨는 것을 중단하기 위해 안전감을 필요로 한다. 일단 내담자가 차단된 느낌을 표현할 수 있게 되면, 경험한 사건과 영향에 대한 내담자의 인식을 수정하는 기회를 가질 수 있게 된다. 이때 내담자는 고통스럽게 느낀 정서를 견딜 수 있는 것 그리고 회피할 필요가 없는 것을 경험할 기회를 가지게 된다.

상담자는 회기에서 내담자의 비언어적 행동 및 그 의미에 집중함으로써 차단된 정서적 자각의 표식을 포착할 수 있다. 내담자는 매우 정서적인 소재에 대한 대화를 빠르게 우회하거나 특정 정서로 가득한 사건 또는 문제를 토론하는 동안 갑작스럽게 얼어붙을 수 있다. 또한 내담자가 마치 잘 연습한 소재를 보도하는 아나운서처럼 리드미컬하고, 수다스러운 어조로 말하는 것도 정서적 차단의 표식일 수 있다(Rice, Koke, Greenberg, & Wagstaff, 1979). 또는 내담자가 의자의 옆을 손가락으로 툭툭 두드리거나, 주먹을 쥐거나, 발을 가볍게 흔드는 것과 같은 행동들에서 정서적 차단의 표식을 알아차릴 수 있다. 이러한 행동들은 내담자가 자각하거나 느낌과 접촉하는 것을 피하기 위해 노력하는 것을 의미할 수 있다.

정서적 경험의 제한된 자각

표현하지 못하는 것은 정서적 처리 기술이 제한적이어서 자신의 느낌을 이해하는 데 어려움이 있음을 의미할 수도 있다. 내담자가 적응적인 정서 표현을 하는 데 있어 자신의 감정에 초점을 맞추지 못하고, 감정을 명명하지 못하며, 감정을 해석하는 데 필요한 기술이 부족하기 때문에 어려움을 경험할 수 있다. 어떤 내담자들은 자신의 내적이고 개인적인 경험에 비교적 쉽게 귀 기울일 수 있고, 이것을 언어로 바꾸는 것에 꽤 능숙한 반면에 어떤 내담자들은 내적 경험을 이해하지 못한 채 위가 죄어들고, 입이 마르는 것과 같은 신체적 징후와 증상에만 집중하는 경우도 있다. 이러한 내담자들은 자주 "전 제가 어떻게 느끼는지 모르겠어요." 또는 "전 표현할 수 없어요."와 같이 말한다. 이러한 내담자들은 어떤 것에 대하여 어떻게 느끼는지에 관해 질문 받을 때 혼란스러워할 수 있다. 주로 이들은 외부 세상 및 대상에 초점이 맞추어져 있기 때문이다. 심지어 어떤 내담자들은 자신들의 기능에 대해 초점을 맞추는 것조차도 어려워할 수도 있다(Leijssen, 1996, 1998; Polster & Polster, 1973). 내담자의 감정을 자각하는 과정을 촉진하는 기법에는 공감적 반응 탐색(특히, 환자의 비언어적 행동을 강조하고 연상시키는 반응), 그리고 문제되는 상황과 관련된 사고와 감정을 식별하기 등이 있다.

정서적 경험에 대한 제한된 지식 또는 이해

내담자가 자신이 어떻게 느끼는지에 대하여 혼란스럽거나 불확실할 때 상담자는 내담자에게 내적 경험에 초점을 맞추고, 중요한 정서 또는 걱정되는 문제를 구별하도록 제안할 수 있다. 상담자는 내담자가 내적 경험과 접촉하는 것을 돕기 위해 환기시키거나 탐색적인 반영을 사용할 수 있다. 예를 들어, 샐리는 매우 사무적인 어조로 폭행에 대하여 말하고 있다. 그녀는 어떻게 느끼는지를 말하지는 못했다. 심지어 상담자가 질문했을 때도 대답하지 못하였다. 그 후 상담자는 샐리에게 어떤 일이 발생했는지에 대해 상세하게 묘사하도록 요청했다.

샐리: 전 버스에서 내려 집으로 걸어가고 있었어요. 그리고 그때 사건이 발생했어요.

상담자: 제가 당신이 무엇을 느꼈을지 한번 생각해 볼게요. 당신은 집으로 돌아가는 길이었어요. 피곤했나요? 힘든 하루였나요?

샐리: 네! 프로젝트를 끝마치기 위해서 사무실에 늦게까지 있었어요. 그래서

무척 피곤했어요.

상담자: 그래서 당신은 직장에서의 긴 하루를 보낸 후에 피곤하고 진이 빠졌군요. 그리고 버스에서 내렸을 때 춥고 어두웠나요?

샐리: 네, 어두웠어요. 그리고 곧 눈이 내릴 것 같았어요. 갑자기 내 팔이 홱 잡아당겨지고 어떤 사람이 나를 바닥으로 눌렀을 때 고개를 수그리고 걷고 있었어요.

상담자: 그때 어떤 느낌이 들었나요?

샐리: 전 매우 충격을 받고 소리를 지르기 시작했어요. 화가 나고 동시에 무서웠어요.

상담자는 더 탐색적인 질문을 하기 전에 의도적으로 내담자의 말하는 속도를 늦추고, 장면을 재현하여 내담자가 회기 내에서 정서를 처리하는 과정을 시작할 수 있게 하였다.

정서에 대한 부정적 태도

정서 표현이 제한적인 것이 정서에 대한 부정적 태도에서 기인하기도 한다. 내담자는 감정에 압도되는 것은 잘못된 것이고, 수치스럽다고 판단하기 때문에 치료에서 자신의 정서를 표현하는 것을 때로는 의도적으로 삼가하기도 한다. 이러한 회피는 치료를 시작할 때 빈번히 나타나는 문제다(8장 참고). 내담자는 정서에 집중하는 것을 꺼려하고, 그렇게 한 것의 결과에 대해 두려워할 수 있다. 그래서 내담자에게 정서를 표현하는 것은 안전하며, 위협적이지 않은 치료적 상황을 제공하는 것이 중요하다. 안전한 환경에 대한 확신이 불충분한 내담자에게는 정서적 표현을 증가시키는 것을 목적으로 하는 기법을 시행하기 전에 내담자가 지니고 있는 정서에 대한 부정적인 태도를 설명하는 것이 필요할 수 있다. 상담자는 내담자의 정서와 관련된 신념을, 특히 상담자의 신념과 일치하지 않을 때 함부로 다루지 않도록 매우 주의해야 한다. 내담자의 정서에 대한 부정적인 태도는 그들의 정체감에 깊게 뿌리내리고 있고, 강력한 경험 또는 매우 중요한 가족 또는 문화적 가치에 근거할 수 있기 때문이다. 이러한 신념의 불일치 또는 내담자에게 그들의 가치와 반대되는 방식으로 행동하도록 강요하는 것은 치료적 동맹을 발달시키는 것을 방해하고 긍정적인 결과를 이끌지 못하기도 한다. 정서에 대한 부정적인 태도 때문에 표현 없음이 나타날 때 상담자가 내담자의 개인적인 목표와 정서행동과 관련된 가치를 분명히 표현함으로써 내담자를 도울 수 있다(8장 참고). 이러한 내담자의 신념을 분명하게 하는 것은 내담자가 자신의 신념을 재평가하고 수정할 수 있는 기회를 준다. 공감적인 탐색 및 두 의자 기법 또는 계약 체결하기 기법이 유용할 수 있다.

타인에게 정서를 공개할 때의 문제점

마지막으로 내담자들은 정서를 타인에게 공개하기에 적절한 시기가 언제인지를 판단하는 데 어려움을 느낀다. 정서를 과도하거나 부적절하게 공개하는 것은 타인과의 갈등을 야기할 수 있으므로 탐색이 필요하다. 더구나 어떤 내담자들은 타인들이 자신의 정서를 수용하고 싶어 하지 않으며, 심지어는 아무도 자신의 정서에 관심이 없다고 판단하고 있기도 하다. 따라서 이러한 태도는 탐색되어야 한다. 상담자는 내담자가 전체적인 감정을 확인하도록 도울 필요가 있다. 이차적 반응인 표면적 정서(예, 화)에 머물게 하는 것보다 내담자가 근원적으로 경험하는 일차적 정서(예, 슬픔)를 확인하도록 돕고, 더 나아가 이런 정서를 어떻게 표현하는지를 깨닫게 하여 타인에게 수용되도록 표현하게 도울 수 있다.

정서의 성공적이고 적절한 표현

내담자가 감정에 대한 감각을 발전시키고 탐색하도록 돕는 것은 항상 기분 좋은 일이다. 그러나 때로는 중요한 타인에게 감정을 표현하는 것이 가능하지 않은 환경을 가진 내담자도 있을 수 있다. 이런 경우 내담자는 자신의 정서를 최소한 상담자에게 또는 지지적인 다른 누군가에게 표현할 수 있다. 그리하여 감정이 이해되고 수용되어 검증되는 것을 경험하는 기회를 가질 수 있다.

더 읽을거리

이 장에 소개된 각 과제들은 문헌적으로 발달되었고, 숙달되기 위해서 시간과 노력이 필요하다. 공간 정리하기, 경험적으로 초점화하기, 정서 허용 및 표현에 대한 추가적인 탐색을 다음과 같이 제안한다.

공간 정리하기

공간 정리하기에 대한 유용한 추가적인 자료는 Grindler Katonah(1999)과 Leijssen(1996, 1998)을 포함한다. 또한 공간 정리하기에 대한 오디오 및 비디오테이프는 Focusing Institute(www.focusing.org)에서 이용 가능하다. 공간 정리하기 과제는 상담자가 초기에 배우기에 유용한 과제다. 왜냐하면 공간 정리하기는 무엇을 해야 될지 모르는 것과 같이 과정의 일반적인 어려움을 다루는 방법을 알려주기 때문이다. 일단 상담자가 공간 정리하기를 습득하게 되면 회기 중에 감정에 압도된 내담자와 갑작스럽게 대면할 때 화제가 없어서 상담자를 당황스럽게 하는 상황을 다루는 방법을 가지게 된다.

경험적으로 초점화하기

다행히도 현재 경험적으로 초점화하기에 대한 상당한 양의 연구 자료가 있다. 특히 초점화하기에 대한 추가적인 정보는 Cornell(1993, 1994, 1996)과 Leijssen(1990, 1996, 1998)의 저서들이 명확하고 유용하게 기술되어 있으므로 추천하고 싶다.

Gendlin(1996)은 광범위하게 초점화하기의 기원을 설명하고 있으며, 치료적 예시와 훌륭한 초점화하기 실례를 제공한다. 게다가 초점화하기 과정을 설명하고 실례를 드는 오디오테이프와 비디오테이프는 Focusing Institute(www.focusing.org)에서 이용 가능하다. Cornel(1996)의 『초점화하기의 힘(*The power of Focusing*)』이란 저서는 특히 좋은 자료라 생각된다.

정서 허용 및 표현

내담자가 정서를 경험하고 표현하는 것을 돕는 것에 대한 추가적인 정보를 얻기 위해서는 Kennedy-Moore & Watson(1999), Greenberg(Greenberg, 2002a; Greenberg & Paivio, 1997)의 최근 저서를 보라. Greenberg(2002a)는 그가 '정서 코칭'으로 언급한 것을 설명하고, 시도해 보기 위한 많은 활동을 제안할 뿐만 아니라 부모 역할 및 연인 관계에 대한 적용을 논의한다.

10

문제 경험의 재처리과정

이 장에서는 사건의 체계적인 기억회상(evocative unfolding), 트라우마의 재진술(trauma retelling), 의미창조(meaning creation) 이 세 가지 주제를 설명하고 있다. 모든 주제는 특정한 문제와 어려운 경험에 관한 것이다. 이 세 가지 주제는 삶에서 중요한 사건들을 재경험하게 하거나 내담자를 곤혹스럽고, 풀기 어렵고, 고통스럽게 하는 삶의 사건들을 재검토하게 한다. 이런 작업은 외상후 스트레스 장애(PTSD), 공황과 공포반응 혹은 경계선 성격 장애(14장 참고)와 같이 충격적인 삶의 사건들이나 갑작스러운 개인적인 반응들을 포함하는 문제를 가진 내담자들에게 도움이 된다. 하지만 이러한 과업들 사이에 주요한 차이점이 하나 있다. 체계적인 기억회상 기법과 트라우마 재진술 기법은 내담자가 자신의 감정으로부터 상대적으로 거리를 두고 있을 때 사용할 수 있으며, 반면에 의미창조 기법은 내담자가 강력하며 고통스러운 감정을 가지고 있을 때 사용된다.

모든 경우에서, 상담자들은 내담자들이 감정적으로 취약한 상태가 될 때 의미 있는 대인관계적 지지와 공감적 확언을 제공하는 데 매우 신중해야 한다는 점에 주목하는 것이 중요하다.

문제 반응을 끌어내기 위한 사건의 체계적인 회상

Rice가 개발한(예, Rice & Saperia, 1984) 체계적인 기억회상전개 기법(줄여서 '기억회상전개')은 내담자의 '문제 반응'이라고 일컬어지는 특정한 개인적 반응에 의해 당황스럽고 어리둥절할 때 특별히 적절하다.

사건의 체계적인 회상과 트라우마 재진술 같은 작업에는 그것들이 하나의 의미가 되기 위해서 인생의 과거 한 시점으로 조심스럽게 돌아가는 것을 포함한다. 그러나 트라우마 재진술의 목표는 좀 더 일반적이다. 이야기에서 잃어버렸던 요소들을 다시 찾기 위해서, 보다 일관성 있는 이야기로 묶기 위해서, 그리고 그 이야기에서 '요점'을 찾아내기 위한 것이다. '회상'의 목표는 자극상황과 내담자의 감정적이고 행동적인 반응 사이의 연결점을 찾는 것이다. 연결점을 찾는 것은 반응을 재확인하여 밑바닥에 깔려 있는 정서 도식에 접근하기 위해서다. 다른 말로 하면, 기억회상전개 기법은 트라우마 재진술하기처럼 시작하지만, 내담자가 자신과 타인에 대한 이해를 위해 곰곰이 생각하는 가운데 좀 더 의미창조 기법에 가깝게 끝을 맺는다(이 장의 마지막에 기술되어 있다).

'회상'에서 내담자와 상담자의 치료과정

'회상'에 대한 기본적인 접근은 '회상'의 방법이 그 상담 회기 안에서 구체적이고 다채로운 어휘력, 풍부한 표현을 사용하여 생생하게 떠오르는 사건들로 인해 고통 받는 내담자들에게 도움을 준다는 것이다. 이 접근을 하기 위해서 상담자들은 종종 Rice(1974)에 의해 개발된 회상을 돕는 반영을 사용한다(5장 참고). 이 아이디어는 내담자들의 내적 경험을 강조하고 그들의 감정을 떠올리게 하기 위해 사용된다. Rice는 마치 그들이 영화를 재생하는 것과 같은 방법으로 힘든 상황이나 경험들을 묘사하여 내담자들이 천천히, 신중하게 상담 장면 속을 걸어 들어갈 수 있도록 '회상' 방법을 개발했다. 상담자들은 내담자들에게 세부사항까지 고려하여 상세히 장면에 대해 묘사해 달라고 함으로써 내담자들이 단편적인 기억들을 회상하도록 도우며, 그 당시 내담자들이 느꼈던 감정들을 재경험하도록 허용해 준다(Bower, 1981; Bucci, 1997; Watson, 1996; Watson & Rennie, 1994). 회상 과정에서 회상하는 것의 목표는 두 참가자 모두에게 생생한 자신의 경험 속에 살아 있는 장면에 대해서 말로써 표현해 보는 것이다. 이 과정이 충분히 이루어졌을 때, 내담자는 그 회기에서 자신이 경험한 재회상과 재경험을 보고하며, 이에 대한 자신

〈표 10-1〉 문제 반응을 위한 사건의 체계적 기억회상

사건의 체계적 기억회상 단계	상담자의 반응
1. 표식: 내담자는 예측하지 못했고, 모호한 개인적인 감정들을 표현한다.	내담자의 표현을 확인하고 반영한다. 과제를 제시한다.
2. 사건의 재회상: 반응이 시작된 순간의 재경험과 회상	내담자가 문제 상황으로 다시 들어가서 재경험하도록 조력한다.
3. 두 가지 측면 따라가기: 내담자는 자극상황의 중요한 부분을 상기하며, 상황에 대한 자신의 내적인 감정적 반응과 상황의 의미에 대한 자신의 주관적인 해석의미를 탐색한다.	내담자가 외적 상황, 내적 반응 그리고 둘의 연결점에 대한 지각을 탐색하도록 돕는다. 필요에 따라 내담자가 외적 상황과 내적 반응 사이를 왔다 갔다 할 수 있도록 돕는다.
4. 의미의 연결(부분적인 해결책): 내담자는 문제 반응과 그/그녀 스스로가 자극상황에 대해 내린 해석 사이의 연결점을 발견한다.	듣고 가능한 의미의 연결점을 찾아준다. 계속되는 모호한 느낌에 접근한다. 가능한 의미 연결을 제시해 주기 위해 공감에 기초한 추측을 사용한다.
5. 자기 도식의 재인식과 재시험: 내담자는 자기가 취해온 방법의 광범위한 문제 양상의 한 측면을 인식하게 된다. 그리고 자기 도식의 대안들과 결과에 대해 탐색하게 된다.	내담자의 말을 듣고 자기 확장을 격려한다. 내담자가 더 넓은 의미와 새롭게 등장한 의미에 대해 탐색하도록 돕는다. 자기 도식의 대안을 찾도록 돕는다.
6. 새로운 선택의 고려(완전한 해결책): 내담자는 스스로의 기능과 바라 왔던 자신의 변화에 관한 중요한 부분에 대해 새로운 견해를 얻었으며, 변화를 만들 수 있는 충분한 힘을 느끼기 시작한다.	내담자의 말을 듣고 새로 얻게 된 이해와 변화가 의미하는 것을 탐색하게 한다.

의 반응을 보고한다.

기억회상 기법은 전통적인 인간중심적이며, 과정-경험적 치료법의 반응에서 벗어난다는 것에 주목하는 것이 중요하다. 기억회상 기법은 내담자의 내적 경험에 초점을 두는 것이 아니라 오히려 상황의 구체적인 세부사항을 나타내려고 노력한다. 첫 단계에서, 내담자는 문제 반응이 시작된 정확한 순간을 짚어 내기 위해 장면을 묘사하도록 요청 받는다. 그러나 상담자들이 내담자들의 문제 장면을 재조직해 가기 시작하면 그들은 내담자들의 감정과 상황 양쪽을 따라가며 반응과 감정을 반영할 필요가 있다. Rice와 Saperia(1984)는 내담자들이 문제 반응을 해결하기 위해 겪는 단계 모델을 개발했다. 이 해결 단계와 내담자를 촉진시키는 상담자의 반응은 〈표 10-1〉에 요약되어 있다.

1단계: 표식

고통스러운 반응을 설명하기 위해, 이전에 회계사였던 34세 케이트의 치료법 중의 어느 부분을 이용한다. 그녀는 몇 달 동안 우울증을 앓았지만 그 이유를 알지 못했다. 이후 그녀는 3년 전에 시작되었던 구조조정 때문에 직장을 잃게 되었고, 인류학을 공부하기 위해 학교로 돌아왔다. 왜냐하면 그녀는 회계사로서 만족감을 느끼지 못했고, 그 직업은 그녀의 아버지를 기쁘게 하기 위해 선택했던 것이기 때문이었다. 그녀는 이러한 변화를 경험하면서 자신이 새롭고 장기적인 도전을 하게 되어서 행복하다고 말했다. 케이트는 치료에 열심이었지만 자신의 기분을 좋은 상태로 고양시키기 위해서 현재에 초점을 맞추고 싶어 했다. 케이트와 그녀의 상담자가 상담해 가면서 케이트는 좀 더 표현력이 풍부해졌고, 그녀의 우울증도 경감되었다. 그러나 치료 중반쯤, 그녀는 한 회기를 시작하면서 이렇게 말했다.

케이트: 힘든 일주일을 보냈어요. 정말 우울했고, 왜 그랬는지는 잘 모르겠어

요. 그냥 정말 푹 가라앉는 느낌이었어요.

상담자: 힘든 한 주였고, 어떻게 우울한 기분이 시작되었는지 모르겠다는 말씀인가요?

케이트: 네. (침묵) 음, 제가 생각하기에 이번 주 목요일까지는 괜찮았어요. 이번 주에 제가 듣는 인류학 시험이 있었어요. 시험 문제에 제가 예상하지 못했던 문항이 있었어요. 그게 절 정말 화나게 했죠. 그 이후엔 계속해서 자신감이 떨어지고 있는 제 모습을 발견했어요. 저는 맥없이 주저앉아 버렸고, 그 감정에서 헤어날 수가 없었어요.

상담자: 아! 목요일에 있었던 시험 이후에 우울한 기분이 들었다는 거군요.

케이트: 네! 너무 충격이 커서 일주일 내내 잊혀지지 않더라고요.

이 예에서 말하는 것처럼, 문제 반응을 세 가지 특징으로 정의내릴 수 있다. ① 상황에 대한 묘사(자극), ② 감정 혹은 행동과 같은 상황에 대한 개인적인 반응에 대한 묘사, ③ 모호하거나 구분하기 어려운 문제 반응이다. 또 다른 한 내담자는 고통스러운 반응에 대해서 다음과 같이 표현했다.

전날 밤 저는 친구들과 외식하러 나갔는데, 친구들 중 한 명이 제 수영복을 두고 혹평을 하지 뭐예요. 나는 그 말을 심각하게 받아들이지 말았어야 했지만 어쨌든 그 말이 제 기분을 상하게 했고, 내 자신이 부끄러웠어요. 그때 이후로 저는 제 판단에 의문을 품기 시작했고, 제 자신이 형편없이 느껴졌어요. 저는 왜 제가 그녀의 말을 이처럼 심각하게 받아들이는지 제 자신을 이해할 수가 없어요.

케이트의 치료 회기에서 상담자는 문제 반응의 표시로써 그녀가 최근에 겪은 패배감과 화가 난 당혹스러운 감정을 알아챘다. 그러므로 그 사건의 기억들을 떠올리고 그녀의 감정들에 더 가까이 접근하기 위해서 상담자는 케이트에게 그 사건을 가능한 자제하고 세부적으로 묘사해 볼 것을 요청했다. 상담자와 내담자가 그 장면을 재구조화하는 것의 목적은 내담자가 자신의 감정을 재경험하기 위한 것이다. 내담자들에게 천천히 그 장면 속을 걷도록 하고, 내담자의 감정을 모니터링함으로써 치료사와 내담자는 내담자의 반응이 시작되었을 때 그 순간을 정확하게 알아차릴 수 있다. 내담자가 그 상황이 벌어지게 된 계기나 그 상황 속에서 무엇이 중요한지를 알아차리는 것은 지각과 감정, 그리고 내담자만의 독특한 상황에 따라 달리 반응하는 개성 있는 행동 간의 연계성을 알기 위한 것이다. 여기서 내담자들은 이 개성 있는 반응 방법에 변화를 주기 위한 지점에 도달하게 된다.

사건의 체계적인 회상에서 첫 번째 단계는 상담자가 내담자의 문제 반응을 확인하고, 그것을 반영하는 것으로 시작한다. 내담자가 자기 반응의 문제가 무엇인지를 정확히 확인한 후에 상담자는 내담자의 상황 깊숙한 곳을 탐색하기 위해 내담자의 동의를 얻는다. 예를 들어, 케이트가 그녀의 문제 반응을 묘사한 다음 상담자는 다음과 같이 말한다.

상담자: 우리가 더 잘 이해할 수 있도록 그 시간에 어떤 일이 일어났는지 자세히 이야기해 줄 수 있겠어요? 아니면 당신을 힘들도록 하는 어떤 상황이 더 일어났나요?

케이트: 아뇨, 더 이상 말할거리는 없어요. 이 문제 자체가 그 동안 절 많이 힘들게 했어요.

상담자: 알겠어요. 제가 올바르게 이해했는지 한번 확인해 볼게요. 당신을 힘들게 하는 건 시험 이후에 우울함에 빠진 자신의 모습을 발견했는데, 도대체 왜 우울하게 된 건지 자신은 이해하지 못하겠다는 말씀이시죠?

케이트: 네, 맞아요.

이 시점에서 상담자는 문제 반응을 확인했으며, 내담자 자신의 반응에 관해 내담자가 문제라고 발견한 것에 대해 확인하였고, 이에 관해 더 탐색할 수 있도록 내담자의 동의를 얻었다. 무엇이 문제인지에 대해 확인해 주는 것이 특별히 중요한데, 이는 때때로 내담자가 자신들의 반응에 의해 당혹스러운 것처럼 보이기 때문이다. 그러나 좀 더 깊이 상황을 분석해 보면, 내담자들이 불쾌해하며, 혹은 어떤 면에 있어서 문제라고 발견하는 면은 다른 사람들의 반응이다.

2단계: 사건의 재회상

두 번째 단계에서는 경험한 문제 반응 장면을 좀 더 자세하게 묘사할 것을 상담자가 내담자에게 요청한다. 이 작업의 한 가지 목적은 내담자와 상담자 모두 내담자가 마치 사건을 영화로 재생하는 것처럼 함으로써 그 장면에 대해 이해하는 것이다. 상담자는 문제 장면을 회상하도록 하고, 재경험시키기 위해서 내담자에게 그 문제 장면을 생생하게 현재로 가져오는 것을 돕는다. 두 번째 목적은 내담자들의 반응이 시작된 정확한 순간을 짚어 내는 것을 돕는 것이다. 이 작업은 반응을 촉발시키는 상황의 중요한 측면이나 촉발 시점의 확인을 촉진한다. 또한 내담자를 돕고, 상담자가 내담자의 반응을 따라가기 위해서 상담자는 내담자가 그 상황에 들어가는 것을 어떻게 느끼는지를 간간히 체크하는 것이 중요하다.

상담자는 내담자가 반응이 촉발된 상황으로 들어가기 바로 직전에 내담자가 어떻게 느끼는지에 관해 인식함으로써 이 단계를 촉진하는 것을 시작한다.

이 평가는 그 당시에 겪었던 내담자의 문제 반응을 다른 감정으로부터 차별화시키는 것을 돕고, 내담자의 문제 반응이 시작된 순간을 짚어 내도록 하는 것을 돕기 때문에 중요하다. 때로 내담자들은 앞서 일어났던 어떤 사람과의 상호작용이나 사건, 내담자 자신이 직면하게 될 것이라고 예상한 상황과 같은 것들로 인해 특정한 감정(흥분이나 슬픔)을 느낀다. 이러한 근원적인 감정은 다소간 문제 상황 동안 내담자의 지각에 영향을 미칠 수도, 그리고 그들의 반응에 기여할 수도 있다.

케이트와 그녀의 상담자가 문제 상황 장면을 탐색하기 시작했을 때, 상담자는 그녀의 하루가 어땠는지를 물었다.

상담자: 케이트, 이전에 당신이 그 상황이 더 나빠진다고 이야기했죠? 그럼, 당신이 그 상황을 만나기 전에는 어떤 감정이 들었는지 이야기해 주겠어요?

케이트: 네. 알았어요. 음, 잠시만요. (침묵) 퀴즈는 오후에 있었어요. 아침에는 수업이 있었고, 그 후엔 제가 쓴 노트를 보고 복습을 했죠.

상담자: 그럼, 아침에 기분은 어땠어요? 긴장했나요? 아님 편안했나요?

케이트: 아뇨, 전 약간은 자신 있었어요. 그래서 긴장하지 않았죠. 전 충분히 준비했고, 시험 치기만을 기다리고 있었어요.

이 상호 간의 대화를 살펴보면 상담자는 케이트가 시험 바로 직전에 어떤 감정 상태였는지에 관해 점차적으로 대화를 진행해 가고 있다. 케이트는 자신감에 차 있었고, 이 자신감은 그녀가 예상하지 못했던 문제로 인해 그녀가 받은 충격과 놀라움의 가능성을 높여 주었다고 보는 것이 중요하다.

여기까지 케이트의 시험 직전의 기분을 알아보았다. 상담자는 천천히, 심혈을 기울여서 그녀를 그 상황에 집중하도록 도왔다. 이 단계에서 내담자는 상담자가 상황에 집중하도록 유도하는 것과 같은 깊은 탐색이 어색하게 느껴질 수 있다.

어떤 내담자는 자신이 속은 것 같은 느낌을 이야기하는데 그 이유는 그 끔찍했던 사건을 자세히 들여다봐야 하기 때문이다. 만약 그들이 이 작업의 목적을 모른다면 이 일은 정말 이상하고 괜히 과거를 헤집어 놓는 꼴이라고 생각할 수 있다. 만약 상담자가 내담자에게 이 작업의 의도가 문제 장면을 재창조하기 위해서 진지하게 속도를 늦추는 것이고, 어떻게 그 반응이 일어났는지를 단순히 알아내는 것이 아니라고 알려 준다면 작업에 도움이 된다. 이 설명은 작업과 목적에 대한 동의를 이끌어 내기 때문에 치료적 동맹에 도움이 된다.

상담자: 케이트, 여기서부터 속도를 좀 늦추어서 당신의 반응이 일어난 순간에 무엇이 당신의 반응을 촉발시켰는지 알아보죠. 어때요?

케이트: 좋아요.

상담자: 네. 지금 당신은 강의실에 앉아 있어요. 어떻게 느껴지나요, 좀 긴장되나요?

케이트: 네, 전 약간 긴장된 상태지만 아직까진 괜찮아요.

상담자: 자, 당신은 시험을 치기 위해 자리에 앉아 있어요. 자신감도 조금 있고요. 기대감 같은 약간의 긴장감도 조금 느끼고 있죠?

케이트: 네!

상담자: 당신은 시험을 치르고 있어요. 그리고 저는 잘 모르지만, 당신은 나오지 않을 거라고 생각한 문제를 보고 있어요. 그러고는 어떻게 됐나요?

케이트: 글쎄요, 저는 시험 문제를 읽고 있었고, 그 후에 아무 생각이 안 났어요. 그래서 다시 문제를 읽어 보았는데, 도대체 무슨 문제인지 알 수가 없었어요. 그러고 나서 그 문제가 다른 파트에서 나온 것이라는 걸 깨달았어요. 너무 놀랐죠. 음, 예상을 못했거든요.

상담자: 자, 이 예상치 못했던 문제를 보고 깜짝 놀랐을 때 무슨 느낌이 들었어요? 불공평하다고 느꼈나요? (침묵) 잘 모르겠어요?

케이트: 예, 불공평해요. 그렇지만 그보다도 모든 도움이 끊어져 버린 것 같았어요.

케이트와 그녀의 상담자는 반응이 촉발된 순간과 그 상황 속에서 가장 핵심적인 사항을 파악했는데, 이 사례의 경우는 시험에서 예상치 못했던 문제에 맞닥뜨린 것이었다.

3단계: 두 가지 측면 따라가기

3단계에서, 상담자는 그 상황으로부터 받은 충격에 대해 이해하기 위해 내담자를 내담자 자신의 감정적인 반응으로부터 분리하기 시작했다.

상담자: 아, 그래서 아무것도 할 수 없는 것 같이 느껴졌단 말이죠……?

케이트: 네, 그건 교수님이 이때까지 있어 온 시험 관례를 바꾼 것 같았어요. 전 그 일이 일어났을 때 공포에 휩싸였죠. 전 너무 혼란스러워서 공포에서 벗어나지 못했어요. 미칠 지경이었어요.

상담자: 그래서 하여튼, 관례에서 벗어난 시험 때문에 당신이 정말 화가 났다는 거군요.

케이트: 네, 제가 아무것도 할 수 없었기 때문이에요. 만약에 그걸 교수님께 말했다면 교수님과 관계가 멀어지게 되었을 것 같아요. 그래서 그냥 가만히 있었죠.

여기서 내담자와 상담자는 내담자가 느낀 감정이 무엇이었는지에 대해서 조금 세분화하여 이해하기 시작하지만 아직까진 무언가 놓친 부분들이 있다. 이 전개 단계는 30초가 걸릴 수도 있고, 혹은 30분이 걸릴 수도 있으며, 또는 전개과정이 교착상태에 빠져서 전혀 문제를 해결하지 못할 수도 있는데, 특히 첫 번째 회기에 내담자가 그런 모습을 보였다(Lowenstein, 1985). 일반적으로, 상담자는 내담자의 내적 반응과 외적 상황에 대한 지각의 탐색을 돕는다. 만약 탐색의 어느 한 측면이 비생산적이 되면(예를 들어 내적 반응), 상담자는 내담자에게 다른 측면으로 돌아가 보라고 요청한다(즉, 외적 상황에 대한 지각). 예를 들어, 케이트가 그녀 자신의 감정을 탐색하는 과정에 실패했다면, 그녀의 상담자는 내담자의 외적 상황에 대한 자극을 탐색해 보라고 요청할 수 있는 것이다.

상담자: 그러면, 결국 당신이 교수님에게 말하려고 갔을 때, 교수님은 뭐라고 말씀하시던가요? 대답했던 것 중에 특별한 게 있었나요? 아니면 교수님의 어조는요?

만약, 케이트가 상황의 세부사항으로 들어가는 것에 어려움을 느낀다면 상담자는 그녀의 내적 반응을 탐색하도록 도울 수 있다.

> 상담자: 어쨌든, 당신이 매우 조심하지 않으면 교수님이 당신에게 화를 낼지도 모르겠다는 두려운 마음이 들었군요? 무엇이 그 감정을 느끼게 했나요?

내담자와 상담자가 내담자의 내적 반응과 지각된 외적 상황을 탐색할 때 그들은 두 측면 사이의 연결점을 찾고, 내담자의 감정을 세분화하는데, 이것은 그들이 좀 더 자극상황을 편안하게 받아들이고, 그것이 주는 감정적인 '몰입' 상태에서 더 깊이 자신을 탐색하기 위한 것이다. 이렇게, 내담자의 '두려움'이라는 감정을 세분화시키는 것은, 예를 들어 '지뢰밭을 걷는 것'과 같은 구체적인 표현을 하는 수준에 이르게 하는 것이다. 반면에, "그가 나를 힘들게 했어요."라는 수준에서 뜻을 탐색하는 것은 내담자 자신이 "그는 마치 내가 그의 시간을 낭비할 필요가 없을 정도의 사람인 것처럼 나를 잊어버렸다."고 느끼는 정도의 기억만 나게 할 것이다.

4단계: 의미의 연결(부분적인 해결책)

내담자의 반응과 자극 상황을 탐색할 때, 상담자는 이야기를 들으면서 그 속에서 가능한 의미의 연결점들을 내담자에게 반영하는데, 그것은 상황과 반응의 연결을 명료화하는 것이다. 때때로 의미의 연결은 복잡 미묘할 수 있는데, 이때 상담자는 내담자에게 그들이 아직 자신들의 반응이 모호한지, 특히 그들이 자신들의 반응에 집중하는 데 어려움을 겪는지 물어보는 것이 도움이 될 수 있다. 예를 들어, 상담자는 이렇게 물을 수 있다.

> 그래서 지금 당신은 우울 사건의 어디쯤에 있는가요? 지금은 그 우울함에 대해서 이해하는 것 같으세요, 아니면 여전히 당황스러운가요?

또한 내담자가 이러지도 저러지도 못할 때는 가끔은 상담자가 의미 연결의 본질에 대해서 내담자의 입장이 되어 추측하는 것도 도움이 될 수 있다. 예를 들어, 케이트의 상담자는 케이트의 감정을 반영하고, 그녀를 우울에 빠뜨렸던 기분들의 흐름을 다음과 같이 공감하며 추측했다.

상담자: 아, 그러니까 그날 그런 일이 발생한 거네요. 당신은 무언가 당신의 감정을 표현하는 일에 무기력하게 느꼈어요. 그래서 그 감정을 꾹 참았죠. 그런데 그 감정은 당신을 패배감으로 이끌어 갔어요.…… 우울한 감정이라 할까요?

케이트: 네, 맞아요. 바로 그거예요. 제 스스로 정말 취약하다고 느꼈어요. 저는 제 감정에 쉽게 압도되어 버리거든요. 이건 제가 아홉 살인가 열 살 때의 일을 기억나게 하네요.

이 시점에서 상담자와 내담자는 의미의 연결점을 확인할 수 있었다. 케이트에게 의미의 연결점은 그녀가 그녀 자신의 감정을 다루는 방법에 있었다. 그것은 감정을 완전히 제압당했던 그 사건을 설명하면서 분명해졌다. 그녀는 또한 그녀가 종종 자신의 감정을 표현하기보다는 꾹 참아 버렸고, 그것 때문에 우울해졌다는 것을 발견했다. 의미의 연결은 대개 내담자만이 가지고 있는 자극에 대한 독특한 반응 방식이나 개인적인 스타일을 드러나게 해 주고, 내담자가 자기 탐색 영역을 자발적으로 확장시키는 것으로 끝난다(Watson & Greenberg, 1996a).

5단계: 자아도식의 재인식과 재시험

내담자들의 개인적인 스타일을 확인하기만 하면, 그들은 자신을 다른 상황에서 재시험하고, 좀 더 만족스러운 대안적인 반응방법을 발전시키기 위한 탐색에 들어가게 된다. 이 독특한 방법은 내담자들이 어떤 시점이나 어떤 상황에 맞서거나 그것을 다루는 것에 도움을 줄 수 있다. 그러나 시간은 흐르고, 내담자들은 변화한다. 그리고 이전에 했던 방식이 아닌 새로운 방식으로 해결해야 하는 새로운 상황도 맞닥뜨리게 된다. 따라서 5단계에서는 내담자들이 행동하는 데 있어서 개인적인 스타일의 근원과 또한 그 근원이 어떻게 다른 상황에서 자신을 움직이는지를 탐색하게 된다. 케이트의 사례에서, 그녀는 자신의 어머니가 화내는 것을 보았던 어린 시절에 그런 증상이 시작된 것을 깨달았다. 어머니는 분노가 날 때 자주 물건을 집어 던졌고, 특히 그녀에게 상처를 주는 말을 하곤 했다. 케이트는 일찍부터 엄마같이 되지 않겠다고 결심했다. 그녀는 어려서부터 엄마가 자주 화내는 것을 보았고, 엄마처럼 끔찍한 방식으로 앙갚음 하고 싶지 않았기 때문에 자신의 감정을 꾹 눌러서 참는 것을 배웠다는 사실을 발견했다. 그녀는 또한 자신의 남자 친구 때문에 생기는 감정들 또한 억누르면서 그와의 관계에서도 우울함을 느끼기 시작했다는 것을 깨달았다.

6단계: 새로운 선택의 고려

마침내 내담자들은 자신들의 삶에서 무엇을, 어떻게 바꿀지에 대한 생각을 심화시키기 위해 그들이 반응하는 스타일에 대해 새롭게 이해하게 되었다. 예를 들어, 케이트와 그녀의 상담자는 남자 친구와의 관계를 포함하여 그녀가 좀 더 자기 감정에 대해 개방적이고 표현을 자유롭게 하기 위한 방법을 찾기 시작했다. 문제 반응에 대해서 완전히 해결되었다는 증거를 보여 주는 또 다른 한 가지 결과는 이미 자신이 스스로를 바꿀 수 있는 충분한 힘을 가지고 있고, 실상은 이미 바꾸기 시작했지만 깨닫지 못한다는 사실에 대해 자각하는 것이다(Rice & Saperia, 1984).

체계적인 기억회상 기법은 상황이 불러일으킨 경험에 대해 재창조하고, 재처리하기 위해 내담자의 삶 속에서 경험한 당혹스럽고 강렬한 경험에 대해 선명하고, 생생하며, 세부적인 설명을 구성하기 위해 상담자가 내담자를 어떻게 도울 수 있는지에 관해 보여 준다. 이런 방식으로, 내담자는 그들의 반응(생각, 감정, 행동)과 그들 삶의 상황 간에 연관성을 확인하는 것을 배울 수 있다. 공감이입적 탐색을 통한 내재적인 집중 또는 경험주의에 기반을 둔 이전의 두 장의 내용과는 대조적으로 상담자는 내담자의 감정에 대한 인식과 상황의 다른 중요한 부분들에 대한 인식을 깊게 하기 위해 구체적인 외부사건들에 대하여 생생한 기억을 구성하기 위해 시간을 들인다.

트라우마나 힘든 경험의 재진술

Rice가 문제 반응을 명료화하고 해결하는 것을 돕기 위해서 '회상' 을 개발한 이래로 관련 트라우마나 힘든 경험과 관련된 연구들이 이루어지고 있다(Elliott, Davis, & Slatick, 1998; Kennedy-Moore & Watson, 1999; Watson, 2002). 예를 들어, '회상' 과 같은 방법이 내담자가 문제반응에 의해서 혼란스럽지 않을 때라도 힘든 상황으로 생긴 강렬한 정서 반응이나 트라우마를 다루는 방법으로 사용될 수 있다. 우리는 이것과 관련된 작업을 '트라우마 재진술하기' 라고 한다.

트라우마나 트라우마와 관련된 이야기의 재진술은 외상 후 스트레스 장애를 위한 과정-경험적 치료에서 흔하게 이루어진다. 비록 '회상' 이나 트라우마의 재진술이 고통스러운 과정일지라도, 사건의 희생자들은 대개 자신들이 희생당했던 사건의 흐름을 묘사하는 것이 자신에게 필요한 작업임을 분명하게 느낀다. '회상' 처럼 '트라우마의 재진술'은 강하게 통제된 감정 표현을 보다 자연스럽게 표현한다는 대안적인 목표로 삼고, 내담자들이 상담 회기 동안 그들의 감정적 반응에 접근하고 재생하도록 돕는다. Horowitz(1986)가 주목한 것처럼, 과도 각성 시기에는 정보처리 과정을 평소보다 더 짧게 줄여서 하게 되는데, 위협적인 상황은 여전히 구분되지 않은 채 생생하고, 현저하게 두드러진다. 이것은 내담자를 언제 생길지도 모르는 위험에서 스스로를 보호하기 위해서 과도한 각성상태와 경계상태로 이끌어 갈 수 있다. 특별한 경우, 실제로 겪은 외상적인 사건과 비슷하지 않은 사건도 문제반응과 비슷한 감정을 일으킬 수 있다. 내담자들에게 트라우마 사건을 묘사하게 하는 것의 한 가지 목적은 사건에 관련된 특징들을 차별화시키고 분명하게 확인하기 위해서다. 이 접근은 사람들이 부적응적으로 감정에 반응하는 패턴을 반복하는 것을 중단하도록 도울 수 있다(Kennedy-Moore & Watson, 1999). 내담자가 사건에 대한 이야기를 할 때, 그들은 적어도 어떤 수준에서 사건을 재경험하게 된다. 재진술을 통해 내담자들은 지속적으로 자신을 혼란스럽게 하고 문제를 일으켰던 사건의 중요한 특징들이 보다 분명해진다. 치료 과정에서 트라우마와 관련된 이야기를 한 번 이상 되풀이 하게 하는 것은 때로 내담자에게 도움이 된다. 왜냐하면 내담자가 상담자를 더 신뢰할수록 더 많은 이야기를 기억해 낼 것이고, 이야기 속의 사건이 의미하는 바가 점진적으로 구체화되고 명료화되기 때문이다.

내담자와 상담자의 트라우마 재진술 과정

일반적으로, 트라우마 재진술하기에서 상담자는 이야기의 세부사항을 곰곰이 생각하며 내담자들이 충분히 이야기에 대해 인식(이해하도록)하면서, 때로는 내담자들에게 이야기의 내용에 대해 보완해 줄 것과 어떤 것은 다시 한 번 점검해 달라고 요청하면서 내담자가 자신의 이야기를 설명하는 속도를 늦추도록 한다. 동시에 우리가 공감적 지지에 대해 논의를 나누었다시피(7장 참고), 그들이 고통스러운 경험에 대해 깊이 작업할 때, 상담자는 부드럽고 따뜻한 태도로 내담자가 말하고 있는 주제에서 다른 주제로 옮겨가도록 할 수도 있다. 〈표 10-2〉는 내담자가 문제해결로 나아가는 단계와 그때 상담자가 할 수 있는 반응에 대해서 요약하고 있다.

〈표 10-2〉 트라우마나 힘든 경험의 재진술

트라우마 재진술 단계	상담자의 반응
1. 표식: 내담자는 외상적인 경험에 관한 이야기를 진술한다(예를 들어, 외상적인 사건, 붕괴되어버린 삶에 관한 이야기, 악몽 등). 변형: 내담자가 강렬한 반응을 보이기도 한다.	내담자의 말을 듣고 반영한다. 작업에 대해 제안하고 협의한 후 재진술을 하는 이유에 대해 이야기한다.
2. 상세화: 내담자는 상세하며, 구체적인 트라우마 이야기를 시작하고, 외면적인 혹은 사실에 기반을 둔 관점으로부터 무엇이 일어났는지에 관해 설명한다.	상황과 무엇이 상황을 그렇게 이끌어 갔는지, 사실에 관해 질문한다. 그/그녀가 상상하는 상황 속으로 내담자가 재진입하도록 격려한다.
3. 숙고: 안전함을 느끼는 동안 내담자는 트라우마의 중요한 순간을 재경험한다.	기억회상에 관한 반영을 제공한다. 내담자의 트라우마 이야기를 잘 듣고, 트라우마 상황의 통렬함에 대해 반영한다. 내담자의 즉각적인 경험에 관심을 기울인다. 내담자가 안전한 작동 거리를 유지하도록 돕는다. 필요하다면 작업을 중단한다.
4. 새로운 의미의 출현: 내담자들은 개인적이고 고유하며, 개인의 내적 관점으로부터 형성되는 트라우마의 의미를 기억하거나 차별화한다.	내담자의 말을 경청하고, 반영하며, 특히 자기 비난이 감소했을 때 지지하고 새로운 의미창조를 칭찬한다.
5. 대안적 관점: 내담자들은 곰곰이 생각해 보며, 그리고 트라우마에 대한 대안적이고, 구별된 관점을 잠정적으로 평가하고, 이전 경험의 상관없던 혹은 모순되는 관점을 하나의 합리적인 이야기 속으로 통합한다.	내담자의 반영을 돕고 대안적 관점을 탐색한다.
6. 재통합: 내담자는 자신과 타인 또는 세상에 대해 좀 더 넓고 통합된 관점을 표현하고, 자신의 안전을 보장하면서 행동할 새로운 방법을 생각한다.	내담자의 감정을 반영하고 새로 통합된 이야기를 강조한다. 새로운 방법으로 행동하는 것을 탐색하도록 격려한다.

1단계: 표식

재진술을 촉진하기 위한 단서는 트라우마와 관련된 '서술적인 표식'이라고 불리는 것으로, 내담자들이 말한 트라우마의 몇몇 측면을 보면 알 것이다. 예를 들어, "제가 강도를 만났을 때, 전 아무것도 할 수 없었어요." 피해자의 말에 덧붙여 사건 전 상황에 대한 또 다른 진술("강도를 당하기 전에는 언제나 조심성이 많았어요."), 그리고 사건 후에 대한 진술("강도를 당한 후, 전 가까운 동네 어디에도 나갈 수가 없었어요.")을 들 수 있다. 트라우마와 관련된 이야기에 대한 마지막은 직접적인 피해와 피해의 변형 형태를 의미하는 악몽의 형태로 나타난다.

만약 내담자가 자신들의 트라우마에 대해 치료받을 방법을 찾고 있었다면, 상담자가 상담 첫 회기에 하는 전형적인 과정은 트라우마 이야기에 대해 들어주는 것이다. 필요하다면, 상담자는 다음과 같이 트라우마 서술에 대해 첫 예행연습을 시킬 수도 있을 것이다.

> 당신이 지금 편안하다고 느끼는 만큼 트라우마에 대해 가능한 자세하게 이야기해 주실 수 있나요?

이런 멘트는 치료를 시작하는 데 유용한 방법이 될 수 있고, 내담자에게 상담자가 기꺼이 '내담자의 고통에 대해 경청하는' 느낌을 줄 수 있다(Egendorf, 1995). 비슷하게 상담자는 첫 두 회기에서 사건 전후에 대한 이야기를 듣는 것에 초점을 맞추고, 필요하다면 그것뿐만 아니라 내담자들이 트라우마를 재진술하는 작업에 들어갈 수 있도록 격려한다. 예를 들어, 상담자는 이렇게 이야기할 수 있다.

> 저는 당신이 성폭행을 당하기 전까지의 삶이 어땠는지 물어보고 싶네요. 그때 당신은 어떤 삶을 살고 있었나요?

정서적으로 격렬하고, 보통 때와 다른 반응은 내담자들이 특정한 경험을 처리할 필요성과 특정한 이슈가 중요하다는 것을 알리는 좋은 단서다. 이쯤에서 상담자는 반응의 격렬함을 알아차린 후 내담자에게 그들의 반응을 격렬하게 만들었던 그 사건의 치료과정을 통해 그 감정을 더 깊이 탐색하는 것에 동의하는지 여부를 물어보는데, 만약 내담자가 동의한다면 상담자는 무슨 일이 일어났는지에 대해 좀 더 자세히 물어볼 수 있게 된다.

예를 들어, 지나라는 30대의 젊은 여성은 자신이 아직 결혼하지 못했다는 사실 때문에 우울에 빠졌다. 그녀는 치료 받으러 자주 왔는데, 삶에서 일어난 사건들에 대해 강렬한 감정반응을 표현하곤 했다. 그녀의 이야기는 대부분 그녀가 데이트 후에 매우 화가 났거나 극심한 우울감에 빠진 스토리였다.

지나: 정말 진절머리 나는 주말이었어요. 빌에게 진짜로 화가 났어요. 그는 정말 못 믿을 사람이에요! 금요일 밤에 얼마나 상처받게 했는지……. (흐느끼기 시작)

상담자: (부드럽게) 정말 진심으로 상처받은 것처럼 느껴지네요. 정말 맘이 많이 상하셨을 거예요.

지나: 네! 정말 큰 상처였어요. 늪에 빠진 느낌이었어요. 나는 빌이 그런 바보 멍청이가 아니길 바랄 뿐이에요.

상담자: 그러니까 주말에 당신의 마음을 아프게 한 어떤 일이 발생한 거네요. 빌이 무언가 잘못한 일이 있었나요?

지나: 네! 빌이 저를 하찮게 취급했어요. 아, 왜 전 여태껏 남자는 얼간이라는 사실을 몰랐을까요?

상담자: 이 상황을 살펴보는 게 도움이 될까요? 당신이 그 일로 인해 마음이 무척 상한 걸 보니, 정말 중요한 문제처럼 들리네요.

지나: 네! 저는 항상 이런 일이 제게 일어나는 게 진절머리가 나요.

상담자: 그렇군요. 주말에 무슨 일이 일어났었는지 저에게 이야기해 주실 수 있나요? 빌이 뭘 잘못했나요?

지나: 음, 우리는 때때로 밖으로 놀러가곤 했어요. 그날은 기분 좋은 날이었죠. 금요일 밤, 제 친구와 저는 클럽을 갔는데, 빌도 그곳에 그의 친구들과

함께 있었어요. 저는 빌이 제게로 와서 춤을 신청할 거라고 확신했는데, 그는 그렇지 않았죠. 실제로는 다른 여자들에게 춤을 추자고 계속 요청하는 거예요. 빌은 그 곳에서 자신이 한 행동이 제게 얼마나 무례한 행동이었는지 깨닫지 못하는 걸까요?

2단계: 상세화

당시 사건의 순차적인 회상을 통해, 상담자는 내담자들이 구체적이고, 가시적이며, 완전하게 트라우마 사건을 묘사하도록 적극적으로 도울 수 있다. 내담자와 상담자는 함께 그 사건을 재구조화하기 위해서 트라우마 사건에 대한 시각적인 영화를 만드는 작업을 시작한다. 내담자들은 이러한 과정에서 감정에 숨어 있는 기억들을 언어정보로 코드화하고 그 당시에 그들이 보고, 듣고, 느끼고, 생각하고, 행했던 것들을 말로 표현할 수 있게 하기 위해 감각적인 세부정보를 제공하도록 격려된다.

나오미는 큰 자동차 사고 이후 외상 후 스트레스를 겪는 내담자였고, 앞서 일어났던 대부분의 일에 대해 해리 증상을 보였다. 그녀는 특별히 무슨 일이 일어났는지에 대해 회상하는 것을 두려워했다. 또한 그녀는 겪고 있는 끔찍한 악몽과 불안에 대해서 염려했다. 어쩌면 그녀는 자신을 완전히 압도할 만한 엄청나게 충격적인 무언가를 회상하고 있었는지도 모른다. 내담자와 상담자는 서술적인 재진술을 이용해서 사건 당일을 재구성하기 시작했다.

상담자: 사건 당일에 당신이 무엇을 했는지 기억하시겠어요? 그날 날씨는 어땠어요?

나오미: 그날은 춥고, 구름이 많았어요. 그러고는 곧 얼어붙는 비가 내렸어요. 제 남자 친구와 저는 오후 늦게 스케이팅 파티에 초대받았죠.

상담자: 자, 자세하게 이야기해 주세요. 아침에는 어땠나요?

나오미: 아침에 전 집 주변을 돌아다니고 있었어요. 그날 아침은 정말 추웠던 걸로 기억해요. 그래서 그 약속을 취소하는 게 맞았어요.

상담자: 그래요, 그날은 축축하고 음산했고, 나가기에는 무언가 꺼림칙한 부분이 있었다는 거군요.

나오미: 네! 그런데 밥(그녀의 남자 친구)이 집에 찾아왔고, 저녁 모임이 정말 재미있을 거라고 했어요. 그래서 포기했죠.

상담자: 그래서요? 두 사람 모두 가기로 결정했다는 건가요?

나오미: 네, 우리는 차를 타러 갔죠. 저는 제니와 함께 뒷좌석에 앉았고, 남자들은 앞에 앉았어요. 브루스가 운전했죠.

이 예에서 상담자는 사건에 앞서서 일어난 이야기를 말하게 하여 내담자를 트라우마에 점진적으로 접근하도록 돕는다.

3단계: 숙고

내담자가 트라우마 상황을 재창조할 때, 그들은 고통스럽고 힘든 사건들을 기억하고 재경험하기 시작한다. 상담자는 내담자의 기분에 대해 질문하고, 연상을 촉진하는 반응이나 경청, 이야기 속에서 가슴 아픈 요소들을 반영하면서 이야기를 다시 만들 수 있도록 도울 수 있다. 이렇게 하여 나오미의 상담자는 그녀의 경험에 대해서 질문하기 시작했다.

상담자: 그래서 그 상황에서 어떻게 느꼈나요? 여전히 꺼림칙했나요? 아니면 그날에 대해 기대하는 마음이 있었나요?

나오미: 저는 점점 더 그날의 분위기에 빠져들기 시작했어요. 그들은 웃고 서로 장난쳤죠. 그러나 여전히 마음 한편으로는 집에서 고객을 위한 제안서를 만들며 일을 하고 있는 편이 더 낫겠다고 생각하는 제 모습이 있었어요.

상담자: 그래요, 당신은 무언가 꺼림칙한 상태로 집을 떠났고, 그래서 무슨 일이 있었나요?

나오미: 우린 가는 중간에 맥주를 좀 사려고 했어요. 차를 멈추고 제가 남자들에게 트렁크 안에 스케이트를 넣자고 했는데, 남자들이 까먹었어요. 전 또 귀찮게 하기 싫어서 다시 말하지 않았어요. (한숨)

상담자: 잊고 싶은 기억을 다시 생각나게 해서 화가 나신 것처럼 보여요.

나오미: 네, 내가 내 고집대로 했다면 좋았을 거라는 생각이 들어서요. 만약 내가 집에 있었다면 그런 일은 일어나지 않았겠죠. 다치지도 않고요. 음, 스케이트가 차 안에 있어서 더 크게 다쳤어요. 전 제 자신에게 화가 나요. 그다음은 생각이 잘 안 나요.

여기서 상담자는 그 사건이 일어난 시간을 재구조화하는 것을 포기하고, 내담자의 자기 비난에 대해 생각하기 위해 두 의자 기법(11장 참고)으로 들어갈 것을 결정했다.

상담자는 현재 상담 회기에서 내담자가 느끼는 감정뿐만 아니라 그 사건이 일어난 시각에 느낀 감정들을 지속적으로 확인하는 것이 중요하다. 상담자는 이 과정에서 내담자가 자기 비난에 압도당하지 않도록 특별히 세심한 주의를 기울여 대응할 필요가 있다.

그리고 내담자 각자의 속도를 존중하고 천천히 진행하는 것도 중요하다. 때때로 내담자들은 특정한 세부사항이나 장면의 어떤 부분을 기억하는 것에 실패하는 경우가 있는데, 이럴 때는 내담자의 가로막힘 현상을 존중하고, 다음 회기까지 이후의 탐색을 포기하는 것이 낫다. 내담자 개인의 속도를 존중하고 그들이 겪는 절망감, 수치감을 처리하는 것을 돕는 일은 육체적 · 성적으로 학대당한 내담자들이 다시 트라우마를 겪는 것을 예방하도록 하기 때문에 특히 중요하다.

또한 상담자가 그 장면에 대한 재구조화를 진행하고 있을 때, 내담자가 예를 들어, 공포나 자기 혐오, 절망감을 느끼고 있다면 그들에게 트라우마 재구조화로 들어갈 것을 요구하기보다는 그 강렬한 감정에 대한 탐색을 중지시키는 편이 낫다. 내담자들이 자기 삶에서 상실한 것들을 슬퍼하고 그 감정을 흘려보낼 수 있도록 하기 위해서 강렬한 감정들은 천천히 처리될 필요성이 있다. 나오미는 자신이 당한 부상에 대해 비판하며 스스로를 나무랐다. 그래서 상담자는 그녀가 겪은 상해에 대한 그녀 자신의 책임감을 융화시키도록 돕기 위해 두 의자 기법으로 전환했다. 치료를 통해 내담자가 다른 사람의 필요와 요구에 쉽게 희생당하지 않도록 하면서 과거에 일어난 일에 대해 책임감을 지우는 그녀 자신의 비판적 자아에 대항할 수 있었다.

다음 몇 회기를 거치면서 나오미와 상담자는 사건을 재구조화하기 시작했다. 내담자는 차 안에 탔을 때 어땠고, 그 당시 그녀의 기분과 가게에 섰을 때 무엇을 보았고, 들었는지에 대해 진술했다. 사고 바로 직전에 나오미가 회상할 수 있었던 유일한 것은 차가 으깨지는 것처럼 박살나는 소리였다.

4단계: 새로운 의미의 출현

트라우마 사건에 머무르면서 내담자는 점차적으로 트라우마의 다른 면과 그것이 의미하는 바를 좀 더 알게 된다. 그동안 상담자는 새로운 경험과 의미의 출현에 대해 경청하고, 반영하며, 지지한다. 나오미의 트라우마 재구조화는 천천히 일어났고, 다른 사람의 진술을 발판삼아 그녀는 무슨 일이 일어났는지에 대해 좀 더 뚜렷이 설명해 내기 시작했다. 예를 들어, 그녀의 친구가 사고 순간에 '헉' 하는 소리를 냈던 것과 그녀가 정신을 잃기 전에 차가 방향을 갑자기 틀었던 것을 기억해 낼 수 있었다. 게다가 의사는 그녀가 어떤 물체에 세게 부딪혔다고 말했고, 그녀는 그 물체가 스케이트일 것이라고 생각했다. 그 후 그녀는 앞좌석의 뒷부분에 크게 부딪혔다.

5단계: 대안적인 관점

사건의 재진술은 내담자가 이야기의 분명한 관점과 전반적 의미를 이해함으로써 논리성과 명료성을 지닌 이야기로 재탄생되며 완성되었다(Wigren, 1994). 완성된 재진술은 내담자가 발전시킨 인식의 확장이나 내담자가 보이는 이야기에 대한 이해의 표식으로 확인할 수 있다. 나오미의 사례에서 사고 장면을 재창조하고 한 조각 한 조각 모아 가는 것을 통해 그녀의 공포감은 경감되었다. 그녀는 더 이상 사건에 대해 회상할 것이 없음을 인식하기 시작했고, 그녀가 그동안 시달렸던 악몽은 사고 시점에 대한 공포감을 적절하게 처리하지 못했던 결과였음을 깨달았다.

6단계: 재통합

내담자들에게 트라우마에 대한 그들의 감정적 반응을 탐색하도록 돕는 것의 또 다른 중요한 기능은, 그것이 내담자들의 현재와 미래에서 그들의 욕구와 목표를 충족시키는 것에 대한 대안 방법을 개발할 수 있도록 돕는 데 있다(Greenberg & Paivio, 1997; Greenberg, Rice, & Elliott, 1993; Watson & Greenberg, 1996a). 위협에 대한 일반적인 반응은 두려움으로 인해 몸이 얼어붙는 반응인데, 이로 인해 사람들은 위험한 상황에서 그들의 행동을 제한하게 된다. 비록 이것이 초기 트라우마 상황에서는 유용하게 생존기능을 수행할 수 있을지 몰라도, 이것은 종종 피해자를 약하고, 취약하며, 스스로 자신에 대해 비판적으로 느끼게 만들 수 있다. 따라서 내담자가 트라우마 시기 동안에 그들의 행동을 재검토하고, 재평가하도록 돕는 것이 중요한데, 이를 통해 그들이 자신의 인생에 대한 통제력을 회복하는 것을 시작할 수 있기 때문이다. 목표는 내담자들이 자신의 제한점에 대해, 그리고 그들이 직면한 가능한 위험성에 대해 좀 더 인식함으로써 그들 스스로를 돌보는 가운데 이 세상에서 안전지대를 개발하도록 그들을 돕는 것이다(Elliott et al., 1998).

이것은 나오미가 조금 덜 긴장할 뿐 아니라 지나친 염려나 공황상태 없이 영화나 TV뉴스를 시청하는 것처럼 사건 장면을 바라볼 수 있게 되었다는 것을 의미한다. 비록 그녀가 이전에 자신을 그렇게 많이 비관적으로 생각한 것은 아니었지만 미래에는 자신이 지금보다 좀 더 배짱 있고, 자신의 욕구에 관심을 기울일 수 있게 될 것이라고 확신했다. 그녀가 자신의 신체적 변화와 일반적으로 자신의 인생에 미칠 영향에 관해 직면하였을 때, 그녀는 자신의 신체적 한계에 대해 받아들이려 애쓰기 시작했으며, 또한 그녀의 새로운 환경에 적응하기 시작했다. 이러한 일의 일부분으로, 사고의 결과로 변해 버린 자신에게 좀 더 맞추기 위해 그녀 자신의 작업적 계획을 변경하는 것이 포함되었다(우리는 이 책의 14장에서 트라우마의 어려움과 관련된 과정-경험적 치료 작업에 대해 다시 한 번 검토할 것이다).

의미저항을 위한 의미창조

현재와 과거의 회상과 상실에 직면한 고통스러운 내담자에게 의미창조 작업은 중요한 도구다. 트라우마를 다룰 때, 내담자는 그들에게 일어났던 일의 의미에 대해서 실존적인 질문들을 하기도 한다. 때로 트라우마는 '제한된 상황'의 역할을 하기도 하는데, 이 상황에서 내담자는 주요한 존재론적 이슈와 직면하기도 한다(Yalom, 1980). 이 이슈는 그들 자신이나 다른 사람의 죽음에 대한 가능성이나 의미 있는 타인으로부터 버려지는 상황으로부터 오는 존재론적 고독에 관련된 것이다. 그렇지만 대부분의 경우에 사람들은 자신과 타인들, 세상에 대해 의심 없이 유지되고 있는 핵심적인 가정의 파괴와 함께 의미의 상실을 겪는다(Janoff-Bulman, 1992). Clarke(1989)는 핵심적인 가정들을 핵심 신념으로 간주했으며, 그리고 일련의 논문에서 의미창조 작업에 관한 분석을 했다.

의미창조 기법은 인지-행동치료 개념과 개입을 경험주의 치료로써 보기 좋게 외양을 꾸미는 것 같은 단순한 방법이 아니다. 핵심 신념은 인지상담자들이 말하는 역기능적 태도나 비합리적 신념을 재명명하는 것이 아니다. 핵심 신념은 세계가 이치에 맞게 돌아가거나 공정하다고 생각하는 것, 우리들이 안전하거나 가치 있다고 여기는 것, 타인들이 자신을 항상 지지하거나 보호해 주기 위해 항상 그 자리에 있어 줄 것이라는 이미 당연시 여긴 가정들을 암묵적으로 포함한다. 왜냐하면 이런 신념들은 익숙한 것이고, 그들의 삶을 사는 데 오랫동안 유용한 기초가 되었고, 정서적으로 그들이 의지해 온 것이기 때문이다. 사실상 그것은 사람이 외부 환경과 관계를 맺는 상황에 깊이 스며들어 있는 정서 도식으로, 그들이 신체적으로 경험하고 표현하는 것이다. 또한 언어와 종교, 법, 정치 체계로 상징화되어 있고, 인간의 기본적인 욕구와 인간을 행동할 수 있도록 하는 중요한 의미들로 묶여져 있다.

그러한 의미위기 해결은 내담자가 자신이 소중히 여겼던 믿음 또는 신념에 변화를 줄 때 발생하는데, 대개 그러한 신념은 완화되거나, 조건을 달거나 또는 그렇지 않을 경우 서로 모순되는 삶의 사건들을 통합시키기 위해 수정된다. 내담자가 이러한 과정을 진행함에 따라 이러한 변화들은 부정적인 감정에서부터 긍정적인 감정으로 감정상의 변화를 동반한다.

Clarke(1993)가 지적했던 것처럼, 의미 있는 저항의 징후는 미해결 과제와 밀접하게 관련되어 있는데, 왜냐하면 의미저항은 주로 학대나 의미 있는 타인의 상실과 관련되기 때문이다. 다른 점이 있다면 의미저항 상태에서 내담자는 정서적으로 각성되는 반면, 미해결 과제에서는 감정의 차단이나 자기 차단이 핵심이다. 다시 말해, 만약 내담자가 치유 받지 못한 상처나 분노를 대처하는 방식에 있어서 정서적으로 자유롭게 반응하지 못한다면 빈 의자 기법이 때로 유용하게 쓰일 수 있다. 그러나 만약, 그 내담자가 이미 강하게 정서적으로 각성되어 있다면, 빈 의자 기법은 너무 강렬하거나 위험한 경험이 될 수 있다. 그러므로 특히 어릴 때 학대받은 경험을 가진 성인들과 함께 작업할 때는 의미창조 작업과 빈 의자 기법을 함께 사용하는 것이 서로의 단점을 보완하는 방법이 될 것이다.

의미창조 작업에서 내담자와 상담자의 과정

일반적으로, 의미창조 작업에서 내담자들의 과제는 힘든 생활사건의 의미를 창조(또는 재창조)하는 것이다. 내담자는 이것을 하기 위해서 생활사건과 나쁜 조짐을 보이는 핵심 신념을 다시 떠올려 본다. 상담자들에게 주어진 중요한 임무들은 내담자들을 따뜻하게 돌보고, 안전한 환경을 제공하고, 보조적인 정보처리자처럼 행동하는 것이다. 어떻게 보면, 이것은 내담자의 말을 경청하고, 내담자의 핵심 신념에서 내담자의 경험을 잘 선별해 내는 것이다. 그 이상으로, 상담자는 내담자의 핵심 신념에 대해서 도전하거나 설득하려 들지 말아야 한다. 핵심 신념은

〈표 10-3〉 의미저항을 위한 의미창조

의미창조 단계	상담자의 반응
1. 표식: 내담자는 정서적으로 각성된 상태에서 핵심 신념과 모순된 경험을 묘사한다.	경청하고 내담자의 증상을 반영한다.
2. 핵심 신념의 상세화: 내담자는 핵심 신념의 본질을 명확히 하거나 상징적으로 표현한다.	공감을 통한 탐색, 기억을 돕는 공감, 비유 그리고 공감적 추측을 통해서 핵심 신념의 본질을 명시하고 명확히 한다.
3. 반응과 핵심 신념에 대한 자기-반영적 탐색: 내담자는 자신의 반응을 스스로 비추어 보고 핵심 신념의 근원이 무엇인지 찾는다. 그리고 가설을 발전시킨다.	탐색을 돕는 질문과 공감적 이해를 통해 근원에 대한 자기반영과 내담자의 삶에서 핵심 신념의 의미를 찾도록 돕는다.
4. 핵심 신념의 자기방어에 대한 탐색과 평가(부분적인 해결): 내담자는 핵심신념의 계속되는 방어를 현재 경험과 욕구의 표현이라는 측면과 관련하여 평가하고 판단한다.	핵심 신념의 '과거(원인)'와 '현재'를 비교하여 탐색한다. 내담자의 삶에서 계속되는 가치나 신념을 탐색하도록 촉진한다.
5. 수정: 내담자가 변하거나 핵심 신념을 제거한다.	내담자의 말을 경청하고 핵심 신념에 대한 대안적인 생각이 생겨날 때 이것을 반영한다.
6. 행동 계획하기(완전한 해결): 내담자는 자신에게 필요로 하는 변화의 본질을 설명하거나 미래를 위한 계획을 발전시킨다.	내담자가 잠재적인 결과를 탐색하게 하고 변화된 핵심 신념에 기초한 행동을 촉진한다.

마치 많은 삶의 도전들을 헤쳐 나온 내담자를 오랫동안 지켜본 친구처럼 존중해야 한다. 하지만 그것과 함께 새로운 관계가 지금부터 필요하다.

〈표 10-3〉은 내담자들이 의미저항을 성공적으로 해결할 수 있는 단계들을 요약한 것이다. Clarke(1991)는 상세화, 탐색과 자기 반영, 수정이라는 세 단계로 해결 단계를 설명하였다. 그러나 우리는 다른 과업들과 일관성을 유지하기 위해 여섯 단계로 나누게 될 것이다.

1단계: 표식

핵심 신념이 도전받을 때, 내담자는 우리가 다음의 요소들로 이루어져 있다고 언급한 의미저항의 단계에 들어선다.

- 생활사건에 도전하기: 내담자는 자신의 기대를 좌절시킨 생활사건을 묘사한다(보통 부정적이지만 가끔은 긍정적이다). 내담자는 이러한 삶의 사건에 위배되는 자신이 소중히 여기는 신념, 혹은 처음에는 오로지 간접적인 방법으로 암시되는 소중히 여기는 신념에 대해 이야기할 수도 있다.
- 정서적 저항: 내담자는 중요한 무언가에 위기가 닥칠 것이라고 신호를 보내는 생활사건 때문에 정서적으로 당황하게 된다. 일반적으로, 신념의 핵심이나 심층에 접근하게 되거나 신념과 생활사건이 불일치하면 커다란 정서적 각성을 불러오게 된다. 감정적인 어조는 생활사건에 맞서거나 저항하려는 것에 대한 표현이다.
- 혼란, 놀람, 이해의 결핍: 내담자는 도전적인 생활사건을 어떻게 설명해야 할지 막막해하거나 할 말을 잃어버린다. 보통 놀라거나 불신하거나 분노하는 어조가 나타난다. 내담자의 높은 정서적 각성 수준은 다른 사람의 도움 없이 경험 속에서 어떤 것을 제대로 파악(이해)하는 그 또는 그녀의 능력을 방해한다.

예를 들어, 내담자는 흥분하며 이렇게 말할 것이다.

> 내담자: 공평하지 않아요. 나는 좋은 사람이 되기 위해서, 그리고 타인들에게 공평하게 대하기 위해서 내 삶을 다해 노력했어요. 그런데 지금 결과를 보세요!
>
> 내담자: 이렇게 되면 안 되는 거예요. 나는 내가 은퇴했을 때, 아내와 여기저기 여행하고 우리가 미루어 왔던 모든 것을 할 수 있을 거라고 상상했어요. 하지만 지금 불가능하잖아요!

의미저항은 흔히 상실, 실망, 그 밖의 위기들에 관한 것이기 때문에 의미창조 작업은 외상 후 스트레스, 극도의 슬픔 또는 만성적인 질환에서 흔하게 사용된다.

엘렌은 임상적으로 우울증을 띤 백인 여성으로, 결혼생활이 불행하다고 호소했고, 낮은 자존감과 돌아가신 아버지에 대한 해결되지 않은 죄책감과 분노를 치료하기 위해서 왔다. 3회기에서, 그녀는 죄책감과 결혼생활에서의 신뢰의 문제를 탐색하기 시작했고, 그 후 그녀의 알코올 중독인 아버지와 그녀의 해결되지 않은 문제 사이의 연결점을 찾아냈다(더 자세히 알기 위해서는 Labott, Elliott, & Eason, 1992를 보라).

의미창조 작업의 첫 번째 단계는 내담자가 분명히 어떤 것의 특정 상황을 표시하는 것을 나타내도록 하는 전표시작업을 포함한다. 예를 들어, 엘렌의 의미저항의 표시에는 혼란스러운 감정을 표시하는 것이 선행되었다.

> 엘렌: 선생님도 아시다시피, 저도 이게 과거에 매여 있는 건지 궁금한데요. 아마도 아이처럼 제가 느끼는 걸까요……. 이걸 일으킨 원인이 제 부모님의 이혼인 것 같기도 하고, 혹은 다른 이유일까요? 왜냐하면 제가 아버지가 음주를 하신 것에 대해서 책임을 져야 하거든요. 그리고 저는 부모님이 이혼하신

것에도 책임이 있고, 비록 실제로는 그렇지 않더라도, 아버지와 함께 있으면 사랑이 사라져 버려요. 아니면, 처음부터 저는 사랑에 관해서 혼란스러운 걸 수도 있죠. 아마도 맨 먼저는 사랑에 관해서 혼란스러워하는 것 같아요.

상담자: (부드럽게) 그게 무슨 뜻이죠?

이 대화에서 내담자는 가능성 있는 다양한 의미나 연관성에 대해 혼란스러워했고, 그녀의 상담자가 그것을 명확히 밝혀 주길 원했다. 그리고 엘렌은 자신이 의미한 것을 분명하게 밝히기 위해 학대받았던 이야기를 짤막하게 했다.

엘렌: 만약 당신이 알코올 중독자인 부모를 둔 경우에라도, 그들이 취하지 않고 지극히 정상일 때가 있어요. 그들도 애정을 보여 줄 수 있고, 당신도 부모님과 함께 즐거워할 수 있겠죠. 그리고 모든 것이 괜찮게 보일 때도 있을 거예요. 하지만 그들이 술에 취하기면 하면, 모든 상황이 바뀌죠. 그리고 만약 부모님이 폭력적으로 변한다면, 당신도 알겠지만 집안은 시끄러워지고, 싸움판이 되죠……. 그럴 때 했던 게 이런 생각이었던 것 같아요. 만약 아버지가 폭력적이 되거나 화를 낸다면 집안에 사랑이란 것은 모두 사라진 거라고요. 아버지의 술주정 때문에 일어난 폭력과 분노가(울기 시작함, 이후 울면서 이야기한다) 집안에서 사랑이라는 것을 모두 빼앗아가 버렸다고요! 누군가를 사랑한다면 그들을 아프게 한다는 사실을 난 절대 받아들일 수 없어요.

상담자: 그래서 "아버지가 나를 사랑하지 않는 게 틀림없어요."라고 생각하는군요.

엘렌: 전 지금도 사랑한다는 사실을 받아들일 수 없어요. 심지어 이것은 남편과 내가 벌이고 있는 싸움의 주된 이유죠. 만약 남편이 절 짓궂게 괴롭히거나 서로 싸우거나 남편이나 또 다른 누가 나에게 상처를 준다면, 나는 극도로 화가 나요. 그건 사랑이나 애정을 보여 주는 방법이 아니란 말이에요! (흐느껴 운다) 그렇게 하는 게 아니라고요. (울음이 계속된다)

이 사례에서, 힘든 생활사건은 어린 시절 내담자가 아버지에게 받은 신체적인 학대였고, 그녀가 최근 남편과 예기치 못한 싸움을 하면서 받은 상처 때문에 어린 시절의 사건이 떠올랐다. 엘렌은 자신의 핵심 신념에 대해 명확하게 말했다. 누군가에게 상처를 주는 것은 당신이 사랑과 애정을 보여 주는 방법이 아니다. 또한 내담자는 그녀의 이야기가 듣기에 고통스러운 부분에까지 이르자 제정신이 아닐 정도로 힘들어했다. 결국 저항과 혼란은 그녀가 크게 흐느끼면서 말하는 것들을 통해 명백하게 드러났다.

상담자는 내담자의 탐색을 돕는 공감적인 반응을 통해서 의미를 창조하도록 도우며, 특히 내담자가 자신의 경험과 핵심 신념의 의미를 알아차리도록 반응한다. 이러한 반응에는 연상을 돕는 반영, 공감에 기초한 추측, 탐색을 돕는 질문이 있다.

연상을 돕는 반영에서 은유를 사용하는 것은 매우 중요한데, 내담자의 핵심 신념, 힘든 생활사건, 그리고 신념과 사건 둘 사이의 불일치를 상징화하기 때문이다. 상담자는 내담자가 말하는 그들의 경험을 듣고 이미지를 그리거나 이름을 붙이는데, 이것은 수많은 관련된 경험의 측면들을 하나의 상징으로 '압축' 또는 '요약' 한다(Clarke, 1991). (이것은 해석상의 연결이 아니며, 대신에 따로 떨어져 있고, 복합적이며, 현재 내담자의 경험을 표현하기 어려운 이질적인 요소들을 접촉시키는 시도다.) 이러한 상담자의 반응 사례는 엘렌의 회기 내에서 가져온 것이다.

> 상담자: (부드럽게, 존중하는 목소리로) 당신이 누군가를 사랑한다면, 당신은 그들에게 상처를 줄 수 없어요. [핵심 신념을 떠올리도록 돕는 반영]
>
> 상담자: "나는 모든 과거의 상처들을 지우고 처음부터 다시 시작해서 사람들을 신뢰하고 싶어요." [핵심 신념에 도전하기 위해 근본적인 욕구를 반영]

내담자 경험의 본질에 대한 공감적 추측은 내담자의 내적 참조 틀 안에 머무르기 위해 그것들이 확인되고 교정되는 한, 유용한 것이다. 상담자가 해결과정을 촉진할 수는 있지만 궁극적으로 문제를 해결하는 것은 상담자가 아닌 내담자다. 예를 들면, 다음 질문을 보자.

> 상담자: 무엇이 느껴지나요? "내가 아이였을 때는 그런 걸 다루지 않아도 됐었는데……."

탐색을 돕는 질문은 그 근원과 핵심 신념에 대해 옹호하는 입장을 탐색할 뿐만 아니라 내담자가 말한 것의 의미를 탐색하는 기회를 제공한다. 엘렌의 상담자는 비록 자신이 그것에 대해 알더라도 "그것이 무엇을 의미하는 거죠?"라고 의미에 대해 간단한 질문만 던질 뿐 구체적으로 묻지 않았다.

> 상담자: 그래서 당신이 다른 이들에게 정직하고 공정하다면, 그들도 당신에게 공정할 거라고 생각하는 거죠. 그 말이 당신 삶에서 맞을 때는 언제였나요? 그런 신념이 어디서부터 온 건지 알고 있나요?

어떤 유능한 상담자는 의미창조 작업을 할 때 공감적 반영, 공감적 확언 그리고 공감적 재초점 잡기로 반응한다. 예를 들어, 다음을 보자.

> 상담자: 당신은 다음에 일어날 일이 무엇인지 절대 알 수 없어요. [힘든 생활사건의 공감적 반영]
>
> 상담자: (앞으로 몸을 기울이면서, 휴지를 건네며) 다시 생각해야 하는 것은 정말 고통스러운 일이죠. 그렇죠? [공감적 확언]
>
> 상담자: 당신은 아직 화난 상태군요. [불편한 감정에 머물기 위한 공감적 재초점 잡기]

2단계: 핵심 신념의 상세화

의미저항의 증상을 명확하게 안 이후에, 내담자와 상담자는 핵심 신념의 정확한 본질과 의미, 어려운 생활사건에 대한 내담자의 정서적 반응에 대해 자세하게 설명하기 시작한다. 이 단계에서는 내담자에게 어려운 생활 사건에 대해 말하도록 촉진한다. 왜냐하면 이 작업은 내담자의 정서적인 반응과 핵심 신념을 위한 자연스럽고도 당연한 순서이기 때문이다(이 장 앞부분에 나온 트라우마 재진술에 관한 논의를 보라). 상담자가 내담자의 이야기를 들을 때, 상담자는 아까 설명한 경험적인 반응을 사용하여 핵심 신념의 본질과 생활사건을 명확히 하도록 돕는다. 엘렌과 작업하는 과정에서 그녀가 생활사건에 대해 차분하게 설명을 못할 정도로 화났을 때, 작업은 공감적 탐색과 더불어 공감적 지지를 주는 방식으로 진행되었다(7장 참고). 따라서 내담자는 힘든 생활사건에 대해 정서적인 반응과 핵심 신념에 대해 묘사하는 것을 번갈아가며 표현하며, 이때 상담자는 공감 확언반응을 할 수 있다.

엘렌: …… 그것은 사랑과 애정을 보여 주는 방법이 아니에요! 잘못하는 거라고요.

상담자: (부드럽게, 존중하는 목소리로) 만약 당신이 누군가를 사랑한다면, 당신은 그들을 아프게 하지 않을 거예요.

엘렌: (흐느껴 울며) 당신은 그 사람에 대해 관심을 쏟고, 그들을 돌보며, 친절하게 대할 거예요. [핵심 신념]

상담자: (몸을 앞으로 기울이고, 휴지를 건네며) 그때 일을 다시 생각해야 해서 정말 고통스러울 것 같아요.

엘렌: 나는 그의 사랑을 잃고 싶지 않아요. 난 그냥 다시 기분이 좋아지고 싶어요. [정서적인 반응]

상담자: 당신은 사랑을 잃고 싶지…….

엘렌: (흐느껴 울며) 그리고 난 사랑을 잃어버릴까 봐 언제나 두려웠어요. (울부짖으며) 이 모든 게 그의 잘못이에요! [정서적인 반응]

트라우마 작업에서, 대부분의 시간은 상세화 단계에 사용되었고, 해결에 실패한 의미창조는 더 이상 진행되지 않는다.

3단계: 반응과 핵심 신념에 대한 자기-반영적 탐색

의미창조 작업에서의 전환점은 내담자가 자기반영적인 탐색을 시작할 때 시작된다. 내담자는 이 과정에서 핵심 신념의 역사적인 근원과 자신의 삶에서 그것의 의미뿐만 아니라 정서적 반응의 근원과 의미, 경험적 기초를 곰곰이 생각하기 시작한다. 앞에서 언급한 것 같이, 상담자는 이 과정에서 탐색을 돕는 질문들, 공감적 이해, 그리고 공감에 기초한 추측을 사용한다. 엘렌은 이 단계를 빨리 지나가려고 하는 것처럼 보였지만, 적어도 한 가지의 자기 반영적 탐색은 다음처럼 나타난다.

엘렌: 제가 가지고 있는 죄책감, 분노, 그리고 모든 기대가 아주 오래전부터 살아남기 위해 저에게 들러붙어 있었던 것 같아요……. [근원에 대한 추측]

게다가 내담자는 아마도 관련된 또 다른 핵심 신념을 탐색할 것이다. 보통 핵심 신념은 실타래처럼 복잡하게 얽혀 있다. 어떤 것은 핵심적인 것으로, 변하기 어려운 자기-정의('나')일 수도 있고("당신이 누군가를 사랑한다면, 당신은 그들에게 상처를 주어서는 안 된다."), 어떤 것은 좀 덜 중요하고 따라서 변화 가능한 것일 수도 있다("나의 아버지는 좋은 분이다."). 서로 다른 핵심 신념을 탐색하고 평가하는 것은 엘렌의 탐색과정에서 주요한 과제였다.

엘렌: 예, 전 많은 시간을 낭비했다고 확신해요. 제가 스스로에게 이렇게 말하는 걸 여태껏 들어왔다는 뜻이에요. “저 사람은 내 아버지야. 나는 아버지를 사랑해야만 해. 저 사람은 내 아버지야.” 하지만 진심으로 아버지를 사랑했다고 생각하지 않아요.

그다음 얼마 있다가 다음과 같이 말했다.

엘렌: 그리고 아버지에게 화내고 싶어요. 여태 있었던 모든 것에 대해 아버지를 탓하고 싶어요. 하지만 아직 그렇게 하면 안 될 것 같다는 느낌이 들기도 해요. 옳지 않은 것 같아요. 이건 제가 생각해 온 정의의 관점에도, 그리고 마땅히 세상 일이 그렇게 돌아가야 한다고 생각되는 면에 있어서도 맞지 않아요.

이후에 그녀는 다음과 같은 말을 했다.

엘렌: 어른이 이 문제를 해결해야 해요. (떨리는 목소리로) 어린이들은 할 필요가 없어요.

상담자: 무슨 말이죠? “내가 아이였을 때 그 문제를 다루지 말았어야 한다.”는 말인가요?

엘렌: 그래요. (소리치며) 아이는 단지 아이로서 존재해야만 해요. 당신은 믿을 만한 사람이 되어야 해요.

4단계: 핵심 신념의 자기방어에 대한 탐색과 평가(부분적인 해결)

우리는 내담자가 현재 경험에서 핵심 신념을 지속적으로 방어하고 있는지 탐색하고 평가하기 시작할 때쯤 부분적인 해결이 일어났는지 판단한다. 때로, 내담자는 핵심 신념의 '지금'(근원)에 비해 '그때'를 탐색하고, 어떨 때는 핵심 신념을 변화시키고자 하는 갈망을 표현한다. 상담자는 공감적 탐색반응을 통하여 내담자가 자신의 삶에서 지속되고 있는 신념의 가치를 탐색하도록 돕는다. 엘렌의 의미창조 작업은 이 작업을 통해 두드러지게 나타난다.

엘렌: 그는 왜 그 순간에 떠날 수 없었던 거죠……. 그는 왜 그 순간에……. (오랫동안 흐느낀다) 맞아! (멈춘다) [의미저항의 증상을 되풀이 하며-단계 1] 전 항상 "왜 할 수 없었지?"라는 질문을 할까요? [방어를 평가하기-단계 4]

상담자: 뭐라고요?

엘렌: "왜 할 수 없었지?"라는 질문은 이미 일어난 어떤 일도 바꿀 수 없잖아요(웃음). 그 일은 그 일이고, 내가 변화시킬 수 있는 게 아닌데 말이죠. 이제 그 일과 함께 살아야 한다는 걸 알았고, 받아들일 수 있는 방법과 그런 생각을 멈출 수 있는 방법을 찾아봐야겠어요. 아버지는 아버지이고, 내가 그렇게 느낀 것이 그렇게 꼭 느껴야만 한다는 건 아니잖아요. 그건 아버지 잘못이고, 제가 항상 그렇게 느낄 필요는 없어요. 제가 잘못한 건 없잖아요. [핵심 신념을 변화시키고 싶은 욕구를 표현하기]

상담자: "사랑스럽지 않다는 말은 저에게 아무것도 아니에요. 단지 아버지가 제게 주었던 느낌 그 자체가 제가 사랑스럽지 않다는 것을 의미하지는 않아요. 제가 상처받거나 버림받을 거라는 걸 의미하지 않아요." [직접적인 기억 회상에 의한 반영]

엘렌: (울부짖으며) 아, 왜 난 내가 이런 말을 할 수 있다는 걸 믿을 수 없었을까요! [신념의 욕구 변화-단계 4]

상담자: 당신은 아직 이것을 믿지 않아요. 당신은 아직도 마음속으로는 전처럼 느끼고 있죠. [공감적 이해]

엘렌: 아, 왜 우리들은 이렇게 복잡하죠? 왜 우리들의 뇌는 단순히 이러한 정보들을 완전히 이해해서 'OK'라고 말하는 것을 하지 못할까요? (웃음)

이 부분에서 보여 주는 것과 같이, 앞서 엘렌은 어린 시절의 아동학대 경험에서 비롯된 핵심 신념을 명확하게 이해했고, 지금부터는 우선적으로 그런 신념들을 변화시키는 것에 초점을 맞추게 되었다. 이 과정은 그녀의 의미 있는 저항에 대한 몇 가지 해결책을 보여 주고 있다. 왜냐하면 그녀는 더 이상 자신의 핵심 신념과 그것과 관련된 정서적 고통에 단순히 얽매인 사람이 아니기 때문이다. 대신에 그녀는 중요한 두 가지 정서지능 측면에 비추어 자신의 정서적 고통을 진단하고 핵심신념을 반성해 볼 수 있는 힘이 길러졌다.

5단계: 수정

반영하는 과정은 핵심 신념의 변화를 자연스럽게 정서적 각성으로의 변화로 이끌어간다. 그러나 이 변화는 신념 그 자체의 단순한 변화를 의미하지 않는다. 대신에, 다양한 형태의 변화를 가져다준다. 예를 들어, 만약 내담자가 그 신념이 매우 중요한 신념('나에 관한 것')이라는 것을 발견한다면, 그 신념의 적용 범위를 제한('얼간이' 에게는 적용하지 않지만)시키거나 "~이다." 에서 "~해야 한다."라는 신념으로 변화시키는 것이다(세상은 불공평하다, 하지만 공평해야만 한다). 반면에, 만약 내담자가 그 신념이 중요한 것이 아니라는 것을 발견하면, 그들은 아마 그 신념을 간단히 포기할 것이다. 마지막으로, 내담자는 그들이 겪었던 생활사건의 의미를 재평가하는 선택권을 가진다. 상담자의 역할은 내담자의 말을 경청하고, 핵심 신념을 대체할 만한 것을 반영하는 것이다. 엘렌의 자기 반영적인 탐색과정은 그녀의 아버지가 친절하며, 사랑이 많으신 부모님은 아니었다는 것과 아버지의 행동은 그녀의 잘못이 아니라는 것과 같은 사항들을 결정하도록 이끌어 주었다.

엘렌: 아버지가 나쁜 사람이라는 건 아니에요……. 그는 정말 나쁜 사람은 아니에요. 그렇다고 완전히 좋은 사람이라는 것 또한 아니에요.

6단계: 행동 계획하기(완전한 해결)

의미위기의 완전한 해결은 내담자가 자신의 삶의 변화를 위해 실천 가능한 구체적인 방법을 탐색하고 계획한 후 수정된 핵심 신념을 그들의 삶에 적용하는 것이다. 엘렌의 경우, 그녀가 사용하는 은유적인 표현들을 변화시키는 것을 통해 그녀의 결혼생활에서 신뢰문제를 어떻게 다루어야 하는지를 이해하게 되었다(방을 깨끗하게 하는 것과 유사하며, 이 책 9장에 설명되어 있다)

엘렌: 그래요. 그(학대) 기억은 항상 남아 있을 거예요. 그렇기 때문에 "괜찮아."라고 말하느냐가 관건이에요. "그건 거기 있겠지만 우리는 그것을 매일 튀어나오지 못하도록 창고에 놓아둘 거예요." 그리고 "좋아, 넌 창고라고 하는 조그마한 상자 안에 있어."라고 말할 거예요.

상담자: 당신은 그걸 조그마한 상자에 넣을 거예요. 창고에 밀어 넣을 거예요.

엘렌: 그래요, 그리고 이제 내가 해야 할 것은 그것을 지켜보는 것이고, 그것을 끄집어내고 싶을 때, 막아 두었던 뚜껑을 열고 이렇게 이야기 하는 거죠. "그래, 너 여전히 거기 있구나." 그리고 " 안녕! (웃으며) 이제 널 위한 시간은 없어."라고 말할 거예요.

더 읽을거리

이 장에서 우리는 체계적인 회상, 이야기 재진술, 의미창조 작업의 요점을 요약했지만, 그 이외에 내담자의 힘든 경험을 재처리하도록 돕기 위해 중요한 각각의 과업에 대해 더 많이 배울 수 있었다.

사건의 체계적인 회상

사건의 체계적인 회상은 앞으로 설명될 과정-경험적 과업 중의 하나이며, Rice와 그녀의 학생들에 의해 수행된 연구는 그 주제의 핵심에 관한 것이다. Rice & Saperia(1984) 그리고 Greenberg, Elliott & Lietaer(1994)는 이 연구를 검토했다. 추가적인 예를 포함하고 있는 다른 유용한 논의들은 Rice & Greenberg(1991), Greenberg et al.(1993), Kennedy-Moore & Watson(1999), Rice(1974, 1984), 그리고 Rice & Saperia(1984)의 연구에서 찾아볼 수 있다. 회상에 대한 중요한 연구들은 Watson(1996), Watson & Rennie(1994), Wiseman & Rice(1989)가 수행하였다.

이야기 재진술

Elliott, Davis & Slatick(1998), Kennedy-Moore & Watson(1999)은 트라우마를 위한 과정-경험적 치료에서 서술적 재진술에 대한 개요를 제시했다. 추가적으로 서술과 트라우마에 대한 유용한 자료들에는 Fischer & Wertz(1979)의 연구가 있는데, 그들의 연구는 트라우마 이야기에 근거한 것으로 범죄로 인한 희생자에 대해 섬세하고도 영향력 있게 서술해 놓고 있다. 또한 Wigren(1994)의 트라우마 치료에서의 서술적인 과정에 대한 연구도 유용할 것이다. McLeod(1997)는 보다 일반적인 심리치료에서 사건 서술의 역할을 연구했다.

의미창조 작업

의미창조에 대한 Clarke(1989, 1991, 1993, 1996)의 논문은 이 과업의 다음 단계를 학습하는 데 도움이 된다. Clarke(1989, 1991)는 연구할 가치가 있는 추가적인 예들을 제시했다.

11

자아 간의 갈등을 위한 두 의자 기법

> 만약 내가 내 안에 갈등을 가져오는 두 가지의 충동을 꽤 오랫동안 견디었더라면 그 갈등을 일으키는 두 가지의 힘이 각각 무엇인가를 배웠을 것이고, 그것들을 통해 통찰을 얻었을 것이다(R. A. Johnson, 1991, p. 86).

린은 우울과 무가치감, 그리고 절망감에 대한 문제를 호소하며 상담을 받으러 왔다. 그녀는 상습적 게임 중독자인 남편과 어린 두 자녀 때문에 결혼이라는 올가미에 갇힌 것 같은 답답함을 느껴 왔다. 린은 두 번이나 별거를 하면서 결혼생활을 그만두려고 시도했었지만 두 번 모두 다시 가정으로 돌아왔다. 상담 과정이 진행되는 동안 린은 자신의 감정과 욕구의 가치를 인정하는 것을 어려워한다는 것을 알게 되었고, 그녀 스스로 어떤 것을 행동으로 옮기는 것을 어려워한다는 것을 발견했다.

그녀는 슬픈 기색을 띠고 불안해하며 9회기 상담과정을 시작했다. 린은 한 주 동안 거의 질식할 만큼 숨을 쉬기 어려운 상황을 몇 번씩 경험한다고 말했다. 감정을 탐색하면서 상담자와 내담자는 린 자신이 외로움을 느끼고 있고, 삶이 지금보다 나아질 것이라는 확신을 갖기 원한다는 것을 알게 되었다. 그녀는 또한 그녀 곁에 누군가로부터 그녀의 삶이 괜찮다는 확신을 받기를 원한다고 표현했다. 그녀는 여태껏 자신이 다른 사람에게 너무 많은 것을 퍼 주며 살았고, 결국 "내 자신을 잃어버린 채 살아온 것 같이 느낀다."고 말했다.

그러고 나서 린은 스스로에 대해 확신할 수 없다고 느끼는 상황에 대해 계속 설명해 갔다. 최근 린에게 물어보지도 않고 자주 그녀의 휴대폰으로 긴 시간 통화를 하는 동료에 대한 이야기가 한 가지 사례다.

린: 그래요. 얼마 전에 엄청난 전화 요금이 나왔는데, 난 이전에 그 정도로 전화를 쓴 적이 없었어요. 그런데도 선생님도 아시다시피 그것에 대해 전 어떤 말도 하지 못했어요.

상담자: 그렇군요. 그런데 당신은 이 문제가 잠재적 갈등이 될 수 있다는 걸 알고 어떤 해결방법을 찾기 원하잖아요. "내 전화를 사용하지 마세요."라고 말하세요. 물론 그렇게 말하는 것이 당신에게 쉽지 않을 테지만요. 당신이 느끼는 데로 말하는 건 힘든 일이죠.

린: 네, 나는 '내가 뭘 한 거지? 나는 소심한 사람이야.' 이런 식으로 내 자신에 대해 생각했어요. (울면서) 사실, 나는 내 자신을 그대로 인정하는 것에 대해 어려움이 있어요. 왜 나는 느끼는 대로 행동할 수 없을까요?

린의 예는 자기 자신의 두 가지 측면 사이의 갈등을 나타내는 좋은 예다. 그리고 두 의자 대화 기법은 이 갈등을 다루는 데 적절한 작업 방식이다. 린은 어떻게 좀 더 적응적인 자아(무엇이 옳은 것인지 아는)를 표현할지에 대해 고군분투하고 있다. 이 부분은 그녀 자신을 '비열' 하며, 인정할 수 없는 사람이라고 판단하는 좀 더 부적응적 자아와 계속해서 부딪힌다. 이러한 갈등은 절망감을 불러일으킨다. 두 의자 대화는 자아의 한 측면이 공격당했을 때나 자아에 대해 더 적합하고, 핵심적인 표현을 찾지 못했을 때와 같은 두 자아의 갈등 문제를 해결하기 위해 고안되었다.

두 의자 기법은 '과정-경험적 치료' 와 같은 계통인 게슈탈트 치료를 대표한다.

게슈탈트 치료의 창시자인 Fritz Perls는 원래 자아의 극단적 측면과 건강한 유기체 경험이 방해받는 것에 대해 기술했다(Perls, 1969; Perls, Hefferline, & Goodman, 1951). 지난 20년간 Greenberg와 그의 동료들은 다양한 갈등 상황에서 작업하는 두 의자 대화 기법을 적용시키고 발전시켰다(예, Greenberg, 1979, 1980, 1983, 1984a; Greenberg, Rice, & Elliott, 1993).

갈등하고 있는 자아 측면은 자주 언어화되어 다음과 같은 두 갈등의 충돌로 표현된다. '원하긴 하지만 두려워요.' 또는 '하고 싶지만 내 자신이 막았어요.' 이와 같은 갈등들은 개인의 발달적 경험으로부터 시작된다. 갈등은 자아 형성이 시작되는 시절에 만들어진 내면화된 규범을 나타낸다. 어떤 면에서 보면 갈등은 습관과 두려움에서 발생한다. 어떤 사람은 자신의 내면에서 나오는 가장 강력한 욕구를 충족시키는 삶을 살아가기보다는 내면에 병합되어 있는 이미 어떻게 해야만 한다는 내재화된 규범과 명령, 판단에 따라 살아가게 된다. 결과적으로 중요한 욕구들은 무시되고 축소되는 것이다.

Perls(1969)는 강제성이나 평가적인 자아를 '강자(top dog)'로 칭하고 자아의 강압적이거나 당위적인 측면을 설명했다. 이 자아는 적대감, 역겨움, 절망감이나 무력감, 그리고 뒤따라오는 우울과 염려를 내포한다. 또한 이 자아는 사람을 꼼짝달싹 못하게 하고, 걱정과 우울, 불확실한 상태에 빠져들게 하는 부정적인 자기평가의 특징을 나타낸다. 동시에 이러한 과정들이 습관적이고 때로는 자각하지 못한 상태에서 일어난다는 것을 아는 것이 중요하다. 사람들을 괴롭히는 사건에 대한 자각, 그것만으로 상담을 받도록 동기화하기에는 부족하다. 중요한 것은 그 사건에 대한 개인의 주관적인 느낌이다.

자아 간 갈등의 임상적 지표

내담자 집단에서 자아 간의 갈등은 특징적인 형태로 자주 나타난다. 예를 들어, 임상적 우울에서 적대감이나 역겨움과 같은 강렬한 감정을 포함한 부정적 평가들은 완벽주의와 감정을 차단하는 모습으로 나타난다고 연구는 밝히고 있다 (Greenberg, Elliott, & Foerster, 1990; Whelton & Greenberg, 2001a; 14장 참고). 게다가 자아 간의 갈등은 외상 후 스트레스 장애를 가진 내담자와 범불안 장애와 같은 불안장애를 가진 내담자에게 흔히 나타난다. 이러한 불안장애에서 비판적 자아는 계속해서 취약하고 나약한 경험적 자아를 보호적 전략으로써 놀라게 만든다. 그리고 자아 간의 갈등은 물질 남용과 다른 습관성 장애의 중심에 있다. 갈등은 고통 받는 약한 자아와 건강한 자아 사이에 흔하게 일어나는데, 약한 자아는 감정적인 고통(부적응적인 자기 위로 전략)으로부터 자신을 분리시키기 위해 계속적으로 자해적인 행동을 한다. 그리고 자기의 더 건강한 자아 측면은 자해 행동에 대해 염려는 하지만 그런 생각을 하는 것을 더 이상 멈출 수 없게 된다. 이 갈등은 물질 남용에 효과적인 접근인 Miller와 Rollnick(2002)의 동기강화 상담을 기반으로 한 것으로, 이 치료 접근법은 과정-경험적 치료에서도 많이 쓰인다. 결과적으로, 경계선 성격장애와 다른 성격장애를 가진 내담자들은 강렬한 분열 상태에 빠져 있다고 볼 수 있다. 이런 조심스러운 내담자들에게는 깊이 있는 작업이 필요한데, 그 이유는 이런 작업들이 과거의 경험들을 불러일으킬 수 있기 때문이다. 의자 기법은 상담자와 내담자 모두가 내담자가 이 작업을 해낼 수 있을 만큼 안정적이고 준비가 된 상태라고 판단할 때 치료에 중점을 두고 시작되어야 한다.

이 장에서 우리는 자기 평가에 대한 갈등을 해결하기 위한 두 의자 대화 기법을 강조하면서 어떻게 두 의자 기법을 과정-경험적 치료에 쓸 수 있을 것인지 말하려고 한다. 뿐만 아니라 기본 감정, 욕구와 자기 표현을 차단해서 생기는 갈등을 위한 두 의자 기법의 시연 방법에 대해 간단하게 언급할 것이다.

자기 평가에 대한 갈등을 해결하기 위한 두 의자 대화

다음에 나오는 내용은 내담자와 상담자가 문제를 확인하고 대화를 시작하며 갈등을 해소하는 과정에 대해 이야기하고 있다.

두 의자 대화에서 상담자와 내담자의 상담과정

두 의자 대화는 게슈탈트 치료 전통에서 나왔고, 과정-경험적 치료법에서도 사용되었는데, 과정-경험적 치료법에서는 갈등해결을 촉진하기 위해 수용, 가치인정, 그리고 공감적 현존과 같은 인간 중심적 관계가 기본이 된다. 그러한 자세는 개인 경험의 인식과 수용이 변화의 핵심요소라는 견해에 필수적이다. 두 의자 대화의 목적은 내담자의 태도를 수정하고 통제하거나 부정하는 것이라기보다 내담자의 완전한 변화에 두고 있다. 그 과정은 기법 훈련보다 깊이 있는 경험을 촉진하는 것으로 이루어진다. 이 방법을 통해서 내담자는 적절하고 적응적인 분노와 기본 욕구 같은 그들이 세상을 살아갈 때 거의 영향을 주지 못했던 자기의 건강한 측면에 접근할 수 있게 된다. 그러한 정서적 접근은 사람들을 인생이라는 비행에서 더 나은 방향으로 조종할 수 있게 하고, 자신의 목표를 향해 스스로의 삶을 더 잘 이끌어 가는 항해를 할 수 있게 한다. 〈표 11-1〉에서 이 작업과 단계를 요약했다.

1단계: 표식 확인

두 자아 간의 갈등을 표현하는 고통스러운 과정은 두 의자 대화가 효과적일 것이라는 구두 표식이 될 수 있다. 두 의자 기법은 변화를 위한 중요한 기회를 준다. 예를 들어, 린은 다음과 같이 말한다.

〈표 11-1〉 **자기 평가 갈등을 위한 두 의자 대화**

두 의자 대화 단계	상담자 반응
1. 표식 확인: 내담자는 두 자아(비판적이고 위압적인 자아와 그렇지 않은 자아) 사이의 갈등을 표현한다. 대체로 내담자는 갈등의 원인을 상대방 탓으로 돌리든지, 신체적인 증상으로 표현하는 방식으로 자아 간의 갈등을 표현한다.	내담자의 징후를 확인한다. 작업에서 내담자의 협력을 이끌어 낸다.
2. 두 의자 대화의 시작: 내담자는 분명하게 자기 비판과 기대, 또는 해야만 하는 것에 대해 구체적이고 세부적으로 표현한다.	대화를 구조화한다. 분리와 접촉을 형성한다. 고유한 경험을 촉진한다. 내담자의 각성을 강화한다.
3. 분리 심화: 기본적인 일차적 감정과 욕구는 비판에 대한 반응으로 나타나기 시작한다. 비판자는 가치와 규준을 구별한다.	내담자의 갈등에 대한 접근을 돕고, 경험자의 기본 바탕이 되는 감정을 구별하고, 비판하는 면에서 가치와 규준을 구별한다. 정체성, 표현, 유기체의 욕구에 따라 행동하는 것을 촉진한다. 적절한 마무리를 한다. (해결책 없이 끝내는 회기)
4. 새로운 경험하기와 자기 주장(부분적 해결): 내담자는 새롭게 경험한 감정과 연관된 욕구와 소망을 분명하게 표현한다.	새로운 유기체적 감정이 발생하도록 촉진한다. 의미 있는 관점을 만든다. (과정)
5. 비판자의 약화: 내담자는 진실되게 자신의 감정과 욕구를 받아들인다. 자아를 불쌍히 여기며 관심을 보이고 존중하는 모습을 보일 수도 있다.	비판을 완화하도록 격려한다. (두려움이나 동정의 감정을 느낀다)
6. 협상(완전한 해결): 내담자는 다양한 감정과 욕구들이 어떻게 수용될 수 있는지, 이전에 있었던 자기 내부의 적대적인 면들이 어떻게 화해하는지에 대해 분명하게 이해하게 된다.	실제적인 화해가 일어나도록 자아의 갈등적인 측면 사이의 협상을 촉진한다.

린: 나는 내 자신이 되어서 내가 느끼는 것을 표현하고 싶어요!

이런 말을 하면서 린은 경험하고 있는 자기(축약해서 경험자)라고 일반적으로 말하고 있는 자아의 적응적인 면을 표현했다. 경험자는 최근에 그녀 자신을 '소심한 사람' 으로 믿도록 한 자아의 다른 측면 때문에 혼란스러워했다. 이 자아의 다른 측면이란 일반적으로 '비판적인 자아' 또는 '내부 비판자' 라고 불린다. 린에게 있어서 이 징후는 슬픔으로 나타났고, 이 감정은 그녀 자신에게 고통스럽고 의미가 있는 것이었다. 일반적으로 갈등에 대한 징후는 두 반대되는 자아에 대해 내담자가 언어로 표현할 때 명백하게 드러난다. 반대되는 자아의 두 가지 측면은 내담자가 받고 있는 고통과 압력에 대한 언어적이거나 비언어적인 단서를 통해 나타난다.

그러나 때때로 비판자와 경험자의 두 가지 측면은 린의 사례보다 갈등 징후가 명백하지 않다. 그러한 갈등은 "나의 한 부분은 이것을 원하지만 다른 부분은 저것을 원해요." 라고 표현할 것이다. 예를 들어, 한 내담자는 "나의 한 부분은 나의 결혼생활을 유지하기를 원하지만 다른 한 부분은 이것에서 벗어나 자유롭기를 원해요. 이것이 너무 혼란스러워요." 와 같이 어떤 결정을 해야만 하는 갈등을 경험할지도 모른다. 의자에 두 가지 갈등이 놓여지고 대화를 시작하면 한 부분은 다른 부분보다 분명히 더 위압적이고 평가적인 모습으로 나타난다.

비판자 대 경험자의 갈등은 "나는 이것을 해야만 하지만 할 수 없어요." 라는 말에서 더 분명하게 나타난다. "~을 해야 한다." 는 말은 자기에 대해서 부정적으로 평가하는 측면을 나타내고, 대부분 종종 내면의 비판으로써 나타나는 경향이 있다. "이것을 하기를 원하지만 ~하기에 부적합한 사람이에요." 라는 말은 부정적인 자기 평가 과정의 한 형태다. 이러한 것들은 갈등의 가장 흔한 유형이다.

어떤 갈등은 내담자의 말 안에 함축되어 있지만 실제로 상충되는 두 측면 사이의 갈등으로 나타나지는 않는다. 갈등들은 종종 "나는 실패자야. 나는 가치가 없어. 나는 나쁜 사람이야. 나는 자신감이 없어." 와 같은 부정적인 자기 평가의 형태로 나타난다. 이러한 말들은 자기의 한 부분이 부정적으로 다른 부분을 평가하고 있다는 것을 보여 준다. 정서 상태에 대한 어떤 진술은 겉으로는 드러나지 않지만 내재된 갈등을 나타내고 그 가능성에 대해서 탐색해야 한다. "나는 죄책감이 들어요." (또는 우울해요. 희망이 없어요)와 같은 말은 자아의 한 부분이 부정적으로 다른 부분을 평가하고 있다는 것을 나타낼 수 있다. 또한 "나는 두려워요." (확신이 없어요. 불안해요)와 같은 말은 미래에 큰 재앙이 닥칠 것이라는 공포 예측이나 지나간 과거를 위협적으로 해석하는 내적 틀을 가졌다는 한 예로 볼 수 있다. 결국 '낮은 자존감'을 가진 것에 대해 불평하는 것은 내재된 갈등의 확실한 지표라고 볼 수 있다.

예를 들어, 린의 상담자는 긴급한 갈등 징후를 알고 있을지라도 성급하게 적절하지 않은 의자 작업을 제안하기보다는 징후들 밑바닥에 깔려 있는 내담자의 긴장과 몸부림을 계속적으로 반영한다. 이때 두 가지 다른 자아의 측면을 알아차릴 수 있다.

상담자: (부드럽게) 그래요, 그 말은 내가 내 자신 그대로가 되고 싶다는 말 같군요. 그런데 당신은 당신이 원하는 대로 되는 것이 정말 어렵다고 느끼는 것 같아요.

린: 네, 선생님 말이 정확하게 맞아요. (흐느끼면서)

상담자: 그래요, 잠깐 심호흡을 해 보세요.

린: 선생님이 "내 자신이 되었다."는 말을 했을 때 무엇인가 정말 마음에 와 닿았어요.

상담자: 린 스스로 차단시키는 감정이 있는 것 같은데, 맞나요?

린: 네, 그래요. 그것도 제가 정말 걱정하는 부분이에요. 저에겐 자기 존중감이라곤 전혀 없는 걸까요?

상담자: 그것은 다른 주제의 이야기인 것 같지만, 당신이 느끼는 것을 인정하는 것을 용납하지 못하는 것에 대해 좀 더 이야기할 게 있을 것 같아요.

린: 그래요. 저는 제 생각을 말하는 것이 옳지 않다고 생각해요. 왜냐하면(코를 훌쩍이며) 제가 이런 것은 제 부모님과 남편 짐 때문이니까요. 선생님도 아시다시피 전 힘든 시간을 겪고 있어요. 표현하고 싶은 생각이 제 마음에 있

고, 표현하고 싶지만……. (침묵) 나는 그럴 수가 없어요.

내담자가 자기 자신을 비난("나는 자존감이 없어요.")하며 내적 갈등을 시작했을 때 상담자는 이것이 그녀를 더 깊은 경험 속으로 들어가지 못하게 하는 이차적 반응 갈등이라는 것을 깨닫는다. 그리고 상담자는 내담자가 좀 더 일차적인 갈등에 중점을 두도록 한다. 상담자의 의도는 내담자가 자신을 의심하도록 하고 있는 비판적인 목소리에 대해 스스로 비추어 볼 수 있도록 여지를 남겨두면서 낮은 자아존중감의 경험이 어떻게 생겨나는지를 풀어놓도록 하는 것이다. 이때 내담자는 자발적으로 그녀의 삶에서 중요한 관계를 맺고 있는 이웃들과 겪은 특정한 상황으로까지 갈등을 일반화하고 넓힌다. 이것은 자아의 두 부분들 사이의 갈등을 해결하기 위해 두 의자 대화를 시작하는 것이 적절하다는 신호다.

2단계: 두 의자 대화의 시작

내담자와 상담자가 진행할 두 의자 대화의 구조화와 시작은 다음과 같이 설명할 수 있다.

두 의자 대화 소개

두 의자 대화에 대한 소개는 내담자의 현재 경험을 즉각적으로 표현하도록 하고, 내담자가 갈등을 진술하는 것에 대해서 어떤 전략을 써야 할지 명확성을 부여해 준다. 린의 상담자는 아래와 같이 두 의자 대화를 시작했다.

상담자: (부드럽게) 우리가 무엇인가 시도해 보는 게 어떨까요? 린! 잠시만 여기로 와 줄 수 있나요? (상담자는 내담자 맞은편에 놓아 둔 의자를 가리킨다)

린: 물론이죠. (비판자 의자로 이동한다)

상담자: 린, 이것은 당신이 얼마나 스스로를 묶어 두고 제한하고 있는지를 말

해 주는 것이에요. 당신이 어떻게 하든지 우리는 함께할 거예요. 린, 실제로 당신을 억누르는 사람은 누구든지 이리로 데려다 놓아 볼래요? 린이 자기 자신이 되는 것을 어렵게 하는 사람이 당신의 부모이거나 남편이거나 아님 당신 자신일지라도 이리로 데려와 보는 거예요. 옳다고 느끼는 것은 무엇이든지 해 보는 거예요. 그녀를 억누르세요. 그녀 자신을 그대로 받아들이지 못하도록 하세요.

린: (비판자 같이) 음, 네. 그런 말들을 하지 마. 그런 말을 해서 사람들이 너를 비웃게 하지 마.

내담자가 의자 기법에 동의했을 때, 상담자는 내담자의 의자와 마주보게끔 다른 의자를 옮긴다. 상담자는 두 의자와 상담자 사이가 편안한 공간이 되도록 하고, 의자를 약간 바깥쪽을 향하도록 하지만 상담자와 두 의자가 같은 거리를 두고 있도록 해야 한다. 신체의 위치는 중요한데, 상담자는 한 쪽 또는 다른 쪽 의자에 나란히 있어서는 안 된다. 상담자들은 자아의 '약자' 인 면을 지지하기 위해 그 측면의 의자 옆에 상담자의 의자를 놓아야 한다. 이렇게 상담자가 자신의 의자를 '약자' 의자 옆에 두는 것이 힘을 북돋워 주는 태도라고 할 수 있다. 하지만 그러한 행동은 비판적인 자아가 담고 있는 내담자의 중요한 경험을 수용할 수 있는 능력이 부족함을 의미한다. 내담자는 상담자가 다른 자아 부분보다 어느 한 쪽 부분을 더 편애한다는 믿음을 끌어낼 수도 있으며, 혹은 비판적 자아가 없어져야 한다는 메시지를 들을 지도 모른다. 어쨌든 일반적으로 해결을 하기 위해서 자아의 두 측면이 함께 작업할 것을 요구한다.

대화를 시작하는 다른 방법은 갈등에 대해 요약하고 나서 내담자에게 물어보는 것이 될 수 있다. "지금 당신의 감정에 가장 와 닿은 부분은 자아의 어떤 측면입니까?" 또는 "어떤 측면이 당신이 살아 있다는 것을 가장 많이 느끼게 합니까?" 그러고 나서 상담자는 내담자에게 "이 측면부터 이야기하자."라고 요청하면서 상담을 시작할 수 있다. 내담자가 어느 측면부터 시작해야 할지 확신하지 못한다면 상담자가 한 관찰을 기초로 하여 가장 생생한 부분부터 시작하도록 결정할 수 있다. 우리가 "비판은 힘이 있다."라고 말하는 것과 같이 대개 내담자들은 비판적인 성격을 띤 자아의 측면을 먼저 발견한다.

앞의 예와 같이 상담자는 먼저 린이 냉정하고도 비판적인 자아를 알아차리도록 지시했다. 그 후에 상담자는 린에게 그녀가 자신이 느끼는 대로 행동하는 자아와 그것을 하지 못하도록 금지하는 자아 중 한 가지를 선택하여 상상할 수 있도록 기회를 주었다. 내담자가 타인으로부터 평가당하거나 강압당하는 경험을 할 때, 그들은 투사된 갈등이나 귀인 갈등을 겪을 수 있다. 그런 억제 당하는 감정은 자신이 스스로 만든 것이기보다 다른 사람에게 책임 소재가 있는 것으로 느껴질 것이다. 외부의 비판에 초점을 맞추어 시작하는 것이 때론 더 쉽기 때문에 상담자는 내담자가 생각하기에 비판을 선동한 사람의 이미지를 떠오르게 하고, 다른 사람의 관점에서 말하기를 시작하도록 하는 것이 좋다. 그 후에 내담자는 자기 탐색을 통해 자발적으로 외부적인 요인에서 자기 내적인 요인으로 관점 이동을 하게 되고, 그들이 자신을 비판하고 규제하고 있다는 것을 깨닫게 된다.

내담자가 대화 속으로 들어갔을 때 상담자는 내담자에게 비판자가 경험자를 어떻게 붙들고 있고, 비판하고 있는지를 가능한 구체적으로 표현하도록 격려한다. 그러고 나서 내담자와 상담자는 어떻게 내담자 내면의 비판과 명령이 내담자의 표현을 억제하거나 침묵하게 하는지, 혹은 역으로 어떻게 내담자를 특정 방식으로 행동하도록 유혹하는지 알아내기 위해 함께 작업한다. 두 의자 대화의 목적 중 하나는 어떻게 그들이 그들 스스로를 통제하고 비판하는지 직접적으로 경험하도록 하는 것을 돕는 데 있다. 그러나 상담자가 내담자를 비난하거나 판단한다고 느끼는 언급을 직접적으로 하는 것은 내담자에게 불필요하고 바람직하지 않다. 먼저 상담자는 내담자가 연기하듯이 자아의 두 가지 측면을 상상하도록 지시한다.

그녀의 경험과 관련된 정서에 의미를 부여했을 때, 린은 그녀의 비판과 관련된 감정을 쉽게 느꼈다. 그녀는 비판자로 말하기를 시작했다.

린: 그런 말 하지 마. 사람들이 너를 비웃게 하지 말란 말이야. 네가 그렇게 말하면 사람들은 너를 보고 비웃을 거야. 넌 아무것도 몰라!

상담자: "너는 네가 말하고 있는 것이 무엇인지 잘 모르지."라고 그녀에게 말하세요.

린: 네, 너는 나쁜 놈이야. 너의 입에서 나오는 말은 다 어리석고 바보 같아. 너는 멍청하고 말이 안 되는 말만 할 뿐이지.

상담자: 좋아요. 자리를 바꿔 볼까요? (내담자는 경험자 의자로 이동한다) 그녀가 말할 때 어떤 느낌이었나요?

린: (경험자로써) 너는 틀렸어.

접촉의 분리와 형성

린의 예를 보면 그녀는 즉시 대화에 참여한다. 린은 이 단계에서 혹독한 비평이라는 특징적인 작업에 들어가게 된다. 그녀의 말에 대한 상담자의 분명하고도 직접적인 반영은 그녀가 비판을 좀 더 완전하게 떠올릴 수 있도록 한다. 분명하게 비판했을 때 혹독한 비판에 의해 활성화되는 내담자가 정서적인 반응에 다가갈 수 있도록 다른 의자로 이동해서 대화의 긴장을 유지하는 것이 중요하다. 자아의 두 측면을 분리하고 접촉을 유지하는 원칙은 대화를 촉진하는 내내 마음에 새겨두어야 한다. 상담자의 직접적인 지도 없이 과거 경험에 대해 이야기하고, 어떤 주제에 대해 이야기하는 것은 쉽게 두 의자 작업을 실패로 이끌고 회복 불가능 상태로 만들 수 있다. 사람들이 그들 스스로 갈등을 해결하지 못하는 이유도 여기에 있다. 두 의자 대화가 주제에서 벗어나면 내담자는 다른 주제를 이야기하는 데 걷잡을 수 없이 정신이 팔려 버릴 것이고, 상담자는 흐트러진 대화 초점을 다시 모으기가 어렵다는 것을 깨달을 것이다.

초점 유지하기

대화 초반에서, 때때로 상담자들은 이런 과정에 친숙하지 않거나 관계에 중점을 둔 내담자들이 대화 밖으로 빠져나오려고 하거나 상담자와 개인적인 관계를 맺으려고 한다는 것을 발견한다. 그들은 자신의 몸이나 의자를 반대편 의자로부터 돌려 앉아 상담자와 이야기하려고 할지도 모른다. 이런 상황이 발생했을 때 상담자는 대화의 주된 흐름을 잊지 않으면서 동시에 내담자의 반응을 인정하고 공감해 주는 것이 중요하다. 끈끈하고 지지적인 유대를 유지하는 것이 중요하지만 정서적인 과정이 활성화됐을 때 대화의 흐름을 계속적으로 해 나가는 것이 필수적이다. 내담자는 성공적인 대화를 통해 그들의 문제 해결을 향해 상담자와 함께 작업한다는 것을 느낄 수 있으므로 성공적인 대화는 치료적 동맹을 단단하게 강화시킨다는 것을 기억하는 것이 좋다.

이 규칙에 대한 한 가지 주의 사항은 의자 작업은 내담자가 가상으로 만들어 낸 자아 간의 갈등을 견디기 위한 충분한 자아 강도를 지니고 있다고 상담자가 판단할 때 시작해야 한다는 것이다. 만약 작업 도중에 내담자가 감정에 압도당하거나 상처를 받는다고 판단하기 시작한다면 상담자는 따뜻하게 지지하고, 부드러운 관계를 맺는 작업으로 돌아가는 것을 선택해야 한다. 그러나 이 반응은 규칙이라기보다는 예외사항이라고 볼 수 있다.

3단계: 분리의 심화

내담자와 상담자가 문제를 생생하게 체험하고, 두 의자 대화에 깊이 있게 들어가는 과정은 이번 단계에서 설명하고 있다.

정서적 반응에 대한 작업

린의 대화에서 "당신은 못됐어–당신은 틀렸어." 같은 말들은 이 단계의 의자 작업에서 흔하게 일어난다. 경험자 의자에서 말한 내담자의 이 첫 반응은 Perls(1969)가 '약자'라고 표현한 것으로 내담자의 방어적인 태도를 나타낸다. 상담자의 귀에 그것은 표면적 표현을 넘어 내담자의 이면에 이전에 여러 번 갈등하고 싸웠던 내면의 소리가 있음을 알리는 것으로 들린다. 상담자는 내담자가 비판자의 정서적 반응 밑바닥에 깔려 있는 감정에 접근하는 것을 도움으로써, 경험자가 더 나은 위치에 놓이도록 해야만 한다.

상담자: 당신은 그녀가 틀렸다고 느끼는군요. 버림받았다는 감정이 남고 상처받은 것 같아요. (침묵) 내면에서 무슨 일이 일어나든지 간에 그대로 머물러 보세요.

린: 나는 내가 어떻게 느끼는지 말하기를 원해요.

상담자: 당신은 당신이 느끼는 대로, 원하는 대로 말하기를 원하고 있어요. 당신이 느끼는 것을 그녀에게 말해 볼래요?

린: 나는 가치가 있는 사람이야.

성장하고 있는 자아와의 작업

그녀가 가치 있다고 말했을 때, 린의 목소리는 가늘었고 그녀의 문장은 그녀가 자기 자신을 확신할 수 없다는 것을 암시하듯이 끝이 길게 늘어졌다. 그녀가 "나는 가치가 있어요."라고 말했을 때 그녀의 목소리는 떨렸고, 그것은 그녀가 핵심적인 슬픔에 접근하기 시작했다는 것과 두려움을 경험했다는 것을 의미했다. 성장을 가로막는 위기가 닥쳐 옴에도 불구하고, 자아의 건강한 측면은 그녀의 욕구를 인지하고 그 욕구에 권리를 주기 시작했다. 상담자는 린이 욕구를 표현하는 새롭고도 중요한 색다른 경험을 하고 있다는 것과 그녀가 이 새로운 위치를 불안해한다는 것을 알아차렸다. 그러므로 상담자는 공감적이고 지지적인 의사소통을 하는 데 주의를 기울이는 동시에, 그녀가 여태껏 힘들여 해 온 작업과 비판자와 연관된 감정의 표현과 노력을 격려해야 한다.

상담자: 그래서 당신은 그녀에게 "나는 가치가 있어."라고 말하고 있군요. 당신이 이걸 말할 때 느낌이 어땠나요?

린: 음, 나는 슬프고 두려웠어요.

상담자: 음, 두려웠다고요?

린: 나를 좋아하지 않거나 싫어하는 것이 두려워요.

상담자: 당신이 두려워하는 것을 그녀에게 말해요.

린: 나는 네가 나를 좋아하지 않거나 싫어할까 봐 두려워. (침묵) 넌 내 기분을 더 상하게 하고 무시하잖아. 만약 내가 조용히 아무 말 하지 않게 되면 너는 내가 어떻게 느끼는지를 말할 때만큼은 나를 싫어하지 않을 거라고 생각해.

상담자: "나는 네가 나를 좋아하기를 원해."

린: 난 네가 내가 누구인지, 그리고 내가 무엇을 느끼는지를 알고, 좋아해 줬으면 좋겠어.

상담자: 당신이 이런 말을 하니까 기분이 어떤가요?

린: 슬픔이 사라진 것처럼 느껴져요. 내가 느끼는 것을 그녀에게 조금 더 말할 수 있다는 힘이 느껴져요. 나는 가치 있는 사람이에요.

상담자: 그녀에게 말해요.

린: 나는 중요하고 가치가 있어. 나는 내 자신과 나의 느낌을 무시하지 않고 돌볼 거야.

감정과 욕구 기저에 있는 표현의 격려

상담자는 린이 자신의 두려움과 욕구에 대해 말하도록 격려했다. 욕구의 언급은 종종 사람들에게 힘을 북돋워 주고 그들이 목적을 향해 방향을 잡을 수 있도록 한다. 게다가 내담자는 자신의 두려움을 인정했지만 무시당하는 느낌을 원하지 않는다는 것을 깨달았다. 이때 상담자는 내담자가 깨달음을 넘어서 스스로 설 수 있도록 돕는 역할을 해야 한다. 다시 말해서 그녀는 무시당하는 것보다 그녀의 욕구를 분명히 표현하고, 위험한 것에 대해 거절하고 싶어 한다고 볼 수 있다. 지금까지의 경험에서 가장 중요한 것은 마치 그녀가 경험자로써 이때까지 살아 왔었던 것처럼 그녀에게 중요한 것이 무엇인지를 알아내도록 하는 것이다. 그녀가 원하는 것이 무엇인지 깨달음으로써 그녀는 그녀가 가진 힘을 모을 수 있다. 게다가 상담자가 린의 두려움과 욕구 둘 다를 정당하다고 인정해 주는 것은 그녀가 자신을 수용하는 데 힘이 될 수 있다. 슬픔은 가라앉고 주체할 수 없이 마음이 들뜰 것이다. 린은 다른 자아 측면에 의해 무시되어 생긴 고통이 무엇이든 상관없이 직면할 수 있도록 더 준비되어 갔다. 격려를 받으며 그녀는 이제 "나는 내 자신을 돌본다."는 성장의 싹을 틔우는 단계에 들어갈 수 있게 된다. 비록 명백하게 대화가 해결 경로로 흘러가고 있을지라도, 흔히 대화는 다시 한 번 더 빙빙 돌게 된다. 내담자와 상담자는 좀 더 깊은 수준에서, 무대에서 한 번 더 연기를 한다. 경험자가 처음으로 자신의 의견을 주장한 이후, 상담자는 비판자의 반응을 듣기 위해 다른 의자 쪽으로 내담자에게 이동시킨다. 비판자의 반응은 내담자의 감정을 상하게 하고 사랑받지 못한다는 느낌을 남긴다.

린: 그래. 나는 네가 내 자신이 가치 있다는 것을 깨닫기를 원해. 그리고 난 어리석지 않아. 난 네 사랑이 필요해.

상담자: 좋아요. 여기로 자리를 바꾸세요. (내담자는 비판적 의자로 이동한다) 당신은 뭐라고 말하나요?

린: (침울한 목소리로) 무슨 말 하는 거야? 가식적으로 굴지 마. 너도 지금 네가 무슨 소리를 하고 있는지 모르고 있잖아.

상담자: 좋아요. 이제 이쪽으로 다시 오세요. (내담자는 경험자 의자로 이동한다) 당신은 그녀가 당신이 어리석고 우습다고 느끼게 할 때 어떤 느낌이었나요? 어땠나요?

린: (울고 흐느끼면서) 내가 살아 있다고 느끼지 못했고 외로웠어요.

상담자: 당신은 존재해야 하는 이유를 찾을 수 없었군요. 고통스러워 보여요. (침묵) 할 수 있다면 사랑받지 못하는 그 느낌에 머물러 봐요.

린: 난 마치 조그만 아이처럼 정말 외로워요. 나는 여기에 꼼짝없이 갇힌 느낌이 들어요. 나는 가치 없는 사람이고, 그냥 내 안에 갇혀 버린 것 같아요.

상담자: 이리로 와서. (내담자는 비판자 의자로 이동한다) 그녀가 갇혀 버린 느낌이 들게 해 줄래요? 당신은 어떻게 했나요?

분리된 자아 사이의 갈등이 일어날 때를 알아차리기

린의 내면 비판자가 린을 무시하기 시작할 때, 경험자는 다시 슬픔, 절망, 체념이라는 고통스런 감정에 깊이 빠지기 시작했다. 그녀의 경험을 탐색하는 동안 그녀는 꼼짝없이 갇혀 버린 느낌을 받기 시작했다. 이 시기는 경험자가 갇혀 버린 느낌을 알아차리는 것을 촉진하기 위해 다른 의자로 움직이도록 하기 적절한 때다. 이 개입은 그녀를 비판하고 훼방놓는 내적 과정이 그녀를 불안하고 외로운 상태로 남겨 두었다는 사실을 알아차리도록 하기 위해서 필요하다. 역설적이게도 이 작은 개입은 내담자에게 더 큰 통제감을 주고, 그들이 궁극적으로 자기 경험의 주체라는 인식을 증진시킨다. 이 개입은 그들의 자아를 비난하고 방해하는 과정과 그에 따른 연속적인 부정적 정서 반응 사이를 직접적으로 연결하고 그것을 인식하기 위해 필요하다. 그러나 그러한 개입은 내담자가 자신이 비난받거나 이해받지 못했다고 느끼게 할 위험 부담이 있다. 그러므로 이러한 개입은 비난하는 느낌을 전달하지 않도록 강한 유대관계가 형성된 상황에서 행해져야만 한다. 이 단계에서 린은 비판자 의자가 자신을 곤경에 처하게 한 것에 대해 다음과 같이 대답했다.

린: 당신은 가치가 없는 인간이야. 당신은 어떤 위로도 받을 만한 자격이 없어. 그냥 거기에 머물러서 누구에게도 아무 말 하지 마.

상담자: 좋아요. 여기로 오세요. (내담자는 경험자 의자로 이동한다) 당신은 저 말에 대해 어떻게 생각하나요?

린: 그녀가 맞아요. 난 어떤 것도 받아서는 안 돼요. 나는 위로를 받을 만한 자격도 없어요.

붕괴된 자아와의 작업

앞선 대화들은 핵심단계가 중요하고 어렵다는 것을 보여 준다. 린 속에 있는 비판자와 경험자는 마치 양쪽이 결탁한 것처럼 통합되었다. 우리는 이것을 "내 비판자가 옳다."는 입장을 고수하는 붕괴된 자아 상태로 보는데, 그 이유는 비판자 홀로 지배적인 목소리를 내고 있고, 성장하고 있던 건강한 자아의 새싹은 사라져 버린 것 같기 때문이다. 우리의 관점으로 볼 때, 이것은 임상적 우울에서 핵심적인 과정이다.

비록 초보 상담자들은 이 지점을 매우 어렵게 찾아내거나 공황상태에 빠지기 시작했을 쯤 돼서야 발견하지만 그렇다고 절망할 필요는 없다. 대신에 숨을 깊게 들이쉬고 행동을 위한 준비를 해야 한다. 붕괴된 자아를 처리하는 것은 치료적 기회이며, 이 교착 상태를 성공적으로 이끌어 내는 것은 대화에서 중요한 해결의 열쇠가 될 수 있다.

상담자의 목표는 내담자가 비판적 자아에 "네 말이 맞아."라고 반응하는 경험자의 기저에 깔린 감정에 접근하는 것이다. 붕괴된 자아 상태에서 내담자는 비판적 자아에만 접근할 수 있는데, 이것은 수치심, 우울 그리고 다른 고통스러운 감정을 일으킨다. 사람들은 무력감과 체념 상태에 자주 빠지는데, 이런 상태가 오래 지속되다 보면 이런 증상들이 그들의 삶의 주체가 되어 버린다. 그러나 내담자의 힘은 생각보다 강하다. 일차적 적응정서와 욕구에 접근할 수 있는 유일한 방법은 무력감과 체념의 이차적인 경험을 현재에 가져와서 느끼게 하는 것이다. 그러므로 상담자는 내담자의 절망감, 무력감을 반드시 탐색하고 접근해야 한다. 이 단계에서는 내담자가 진실이 말하는 "네가 옳아."라는 음성으로부터 한 발짝 떨어져서 "넌 가치 없는 놈이야."라는 말에 주의를 기울이도록 도와주는 것이 중요하다. 이 단계에서 취할 수 있는 두 가지 방법이 있는데, 한 가지는 붕괴된 자아를 받아들이고 그것에 대해 작업하는 것이고, 다른 하나는 비판적 자아의 특수성을 확장시키도록 돕는 것이다. 지금부터 이 두 가지를 설명할 것이다.

붕괴된 자아의 수용과 작업. 첫 번째 행동으로 상담자는 현재 상태에 머무르고

상담 단계를 따라 가도록 하는 'what is' 라는 원리를 연습하도록 한다. 상담자의 목표는 내담자가 자신이 가진 힘의 근원을 찾을 수 있도록 하기 위해서 안정감을 제공하고 주어진 환경을 수용하도록 하는 것이다. 상담자는 다음과 같이 반응할 수 있다.

상담자: 그래서 그녀는 당신에게 편안할 자격이 없다고 말했어요. 당신의 내면에는 어떤 감정이 드나요? '늘 이런 식이야.' 라는 무력감을 느낄 것 같은데요.

린: 음, 불쾌하네요. (의자에서 등을 구부림) 그녀가 한 말이 진실이고, 나는 할 수 있는 것이 없을 뿐만 아니라 편안해질 자격도 없다는 기분이 들어요.

이 시점에서, 핵심 경험을 활성화시키기 위해서 내담자의 지각을 고조시키는 것을 목표로 두고, 상담자는 다음 대화에 나타난 것처럼 내담자의 현재 상태에 대한 비언어적 · 준언어적인 지표를 가지고 공감적인 태도로 상담과정을 관찰할 수 있다.

상담자: 네, 그 말은 당신이 우울한 기분을 느끼고 있다는 것 같네요. 나는 당신이 의자에 앉아 등을 구부리는 모습과 목소리가 점점 작아지는 것을 봤어요. 패배감을 느끼는 것 같아요.

다른 방법은 내담자는 거의 인식하지 못하는 내담자의 경험 속으로 '이입' 하여 내담자의 감정을 추측하는 것이다. 이것을 하기 위해서 상담자는 내담자가 그때 당시에 어떤 것을 느꼈는지를 상상하기 위한 상담자 자신의 경험자를 사용한다. 예를 들면, 다음 대화를 보자.

상담자: 네, 당신은 아무 자격이 없기 때문에 할 수 있는 것은 어디에도 없다고

느끼는 것 같네요. 이런 감정들이 결국 당신을 슬프게 하지 않나요?

또한 상담자는 왜 내담자에게 '무력감을 느끼는 채로 머무르기'를 요구하는지를 자신의 경험에 비롯된 충고나 비언어적인 의사표현을 해서라도 말하길 원할 것이다. 어쨌든 이런 요구에 대해 내담자는 이상하게 느끼거나, 무기력함에서 벗어나고 싶어 하는 내담자의 욕구에 상담자가 무감각한 것으로 생각할지도 모른다. 상담자는 무력감이 걱정을 불러일으키고, 절망감은 우울을 불러일으킨다는 것을 설명할 수 있다. 무력감은 내담자가 피하고 싶은 매우 고통스러운 감정이지만 또한 그것은 매우 사실적이고 많은 어려움의 원천이라는 사실을 인정할 수밖에 없다. 게다가 상담자는 내담자가 슬픔과 분노 같은 감정에 앞서 무력감이라는 감정에 휩싸이는 것을 발견하는데, 이 감정은 표현해 내는 것이 중요하다. 표현해 내는 방법을 찾을 때, 그들은 자기와 문제에 대한 새로운 관점을 발견할 것이다. 상담자는 이렇게 말할 수 있다.

상담자: 그래서 당신은 무력감을 많이 느끼는군요. 마치 할 수 있는 것이 아무것도 없는 것 같군요. 이렇게밖에 할 수 없고, 이러지도 저러지도 못하는 것 같아요. (침묵) 그리고 결국 낙담했을 것 같아요.

린: 네, 맞아요. 나는 정말 그럴 만한 자격이 없는 것 같고……. 쓸모없는 인간처럼 느껴져요.

상담자: 그래요. 쓸모없다는 느낌이군요. 그러나 그 절망감은 우리가 앞으로 좀 더 다뤄야 할 부분이에요. 왜냐하면 그 절망감은 당신을 억누를 뿐 아니라 우울한 감정을 일으키기 때문이죠. 당신에게서 절망감 아래에 깔려 있는 진짜 슬픔과 고통도 느껴지네요.

이 작업의 목적은 붕괴되거나 체념해 버린 감각의 기저를 이루는 정서 반응에 접근하는 것이다. 기저 감정(예를 들어, 슬픔, 분노)에 대한 충분한 공감적 확인은 분명히 내담자의 자기 주도성을 향상시키고, 자기가 건강해질 수 있는 방향성을 제시해 줄 것이다. 왜냐하면 기본 적응 정서 속에는 자기 긍정과 성장 경향성이 자연스럽게 내포되어 있기 때문이다(공감적 확인에 대해 논의한 7장을 참고).

비판자의 특수성 확장. 무력감이나 패배감을 수용하기 위한 다른 방법은 린의 상담자가 실제로 했던 것이다. 상담자는 내담자를 비판 의자에 앉도록 하고, 더욱 구체적으로 비판하도록 촉진한다. 이런 행동은 내담자가 체념해 버린 절망감이라는 밑바닥 감정을 표현하도록 하는 경험적 자기와의 '싸움'을 역설적으로 자극한다.

상담자: 좋아요. 이리로 돌아오세요. (내담자는 비판 의자로 이동한다) 당신은 그녀가 쓸모없고 가치 없다고 말하는군요. 그녀의 나쁜 점이 무엇인지 그녀에게 말해 보세요. 또 왜 그녀가 가치 없는지 말해 보세요.

린: 음. 너는 네 사랑을 다른 사람들과 나누지 않아. 그들이 너를 필요로 할 때 너는 그들 옆에 없었어.

상담자: 당신은 충분한 시간적 여유가 없었군요.

린: 네, 그들의 필요를 채워 주거나 시간을 함께 보내는 것, 사람들의 말을 들어주거나 그들을 위로하는 것……. 이런 걸 못했어요.

상담자: 그래요. 당신이 필요한 사람이 누구든지 간에 그 사람을 위해서 그 자리에 있어 볼래요? 어떻게 할까요?

린: 나는 그냥 집에 있거나 집안 청소를 하거나, 필요한 것은 무슨 일이든 할 거예요. 음…….

상담자: 좋아요. 지금 그걸 해요. 그리고 당장 경험자를 제쳐 두세요. 그건 마치 당신이 그녀를 박스 안에 가두는 것 같아요. 지금 당장 하세요. 그녀를 가둬요.

린: 좋아요, 네. 그냥 집에 있어. 밖에 나가지 마. 아무도 보지 마. 너는 너희 가족을 위해 집에 머물러야만 해. 머리 굴리지 마. (내담자는 손을 불쑥 내밀고

멈춘 자세를 취한다)

상담자: 음, 그리고 손으로 무엇을 하는 건가요?

린: 나는 그녀를 옆으로 밀어내고 있어요.

상담자: 그것을 좀 더 해 보세요. 그녀를 옆으로 밀어내요.

린: (조소 띤 목소리로) 그래, 벽장으로 가. 네 방에 그대로 있거나 집 안에 그대로 있어! 그리고 머리 굴리지 마. 그저 아이들을 위해 거기에 있어. 그거면 됐어. 너는 친구를 만들 필요도, 좋은 시간을 가질 필요도 없어. 너는 가치가 없어. 너는 네 자신을 위해 너무 많은 시간을 보내고 있고, 이기적인 사람이야.

내담자가 비판 의자에 앉아 있을 때, 상담자는 그녀가 신체 언어를 포함한 표현을 하도록 지시함으로써 가능한 구체적으로 자신의 감정을 표현하게 하고, 또한 그녀가 자신의 정서를 자각하는 시도를 격려하는 것이 중요하다. 또한 상담자는 내담자가 직접 표현한 것을 통해 상징과 의미 만들기를 도와준다.

4단계: 새로운 경험하기와 자기 주장(부분적 해결)

갈등의 첫 번째 해결 징조는 깊은 치료 단계로 들어갔을 때 만나는 새로운 경험이다. 이 경험은 주로 경험 의자에서 일어나고, 부분적인 해결을 의미한다. 의견 차이는 여전히 존재하지만 변하기 시작한다. 린에게 이 경험은 자기 조롱, 자기 비하, 자기비판에 대한 반응으로 생겨났다.

상담자: 좋아요. 이리로 돌아와요. (내담자는 경험 의자로 이동한다)

린: 나는 동의하지 않아요. 나는 내 느낌 그대로 느낄 거예요. (잠시 동안 운다) 나는 내가 옳다고 생각하는 대로 느끼고 싶어요. [부분적인 해결(결단)의 표시]

상담자: 그녀가 그렇게 당신을 비판할 때 정말 상처가 되었을 거예요. 그녀가

당신에게 어떻게 상처를 주었는지 그녀에게 말할 수 있겠어요?

이 시점에서 상담자는 내담자에게 시작된 경험들을 공감적으로 지지하는 것이 중요하다. 내담자가 경험 의자에 앉았을 때, 그녀는 상처 받고 슬픈 감정을 느꼈다. 모든 기본 감정은 욕구와 연합되어 있다. 욕구는 행동 경향과 관련이 있으며, 종종 내담자들을 그들의 안녕감과 매우 관련성이 높은 목표를 달성하도록 이끈다(Green berg, 2002a, 2장 참고). 내담자의 기저 감정을 인식하고 지지하는 것이 필수적이긴 하지만 상담자는 내담자의 연합된 욕구들에 주목하고, 이런 욕구들의 다른 측면을 직접적으로 표현할 수 있도록 지도하는 것도 필수적이다. 이 시점에서 상담자는 내담자가 욕구를 말하도록 하고, 정서적인 각성을 고조시키도록 유도한 후 내담자가 자기 자신에게 힘을 부여하도록 도와준다. 이런 격려는 자기 내적인 힘을 길러주고 변화를 촉진시킨다.

상담자: 그녀에게 "나는 네가 내 기분을 받아들이길 원해."라고 말해요.

린: 나는 네가 내가 옳다고 생각하는 것과 내가 원하는 것을 그대로 받아들이길 원해.

상담자: 그녀에게 강력하게 요구할 수 있겠어요? 그녀에게 무엇을 원하나요?

린: 나를 무조건 수용해 주길, 그리고 음……. 내 뒤로 물러나고 나를 있는 그대로 봐 주기를 바라요.

상담자: 음, 네, 그녀에게 말해요. "뒤로 물러나. 나는 너의 수용을 원하지, 비판을 원하지 않아."

린: 네, 그냥 내가 살고 싶은 대로 살도록 내 인생을 내버려 둬.

상담자: 그래서 그녀에게 그렇게 말하고 나니 무엇이 느껴지나요?

린: 그녀의 힘이 약해진 것 같아요.

상담자: 네. 그녀에게 "넌 힘이 약해졌어."라고 말해 줘요.

린: 너는 지금 힘이 약해졌어. 나는 내 힘이 강해졌기 때문에 이전보다도 더 내

힘이 커졌다는 것을 믿어. 나는 옳고 그름 사이의 차이를 알아. 그리고 네가 말한 그대로 받아들이지 않을 거야. 그건 불공평하기 때문에 싫어.

상담자는 내담자가 욕구에 대한 주장을 강하게 하도록 격려한 다음, 내담자가 자신의 비판을 견디는 체험을 하는지를 체크한다. 특히 이 단계는 이전보다 좀 더 뚜렷하게 자기주장을 하기 때문에 상담자는 내담자가 새로운 감정을 느끼는지를 확인하는 동시에, 내담자가 이 단계에서 느낄 것이라고 예상하는 감정들을 알아차리도록 촉진하는 것이 중요하다. 다음 대화에서는 경험적 자기가 강해지기 시작하는 시점이 나온다.

상담자: "나는 네가 나를 깎아 내리게끔 두지 않을 거야." 그녀에게 원하는 것을 그녀에게 다시 말해 주세요.

린: 내가 못난 사람이 아니라는 것과 나는 최선을 다할 거라는 것, 그리고 내가 그녀의 위로와 사랑을 필요로 한다는 것을 그녀가 알기 원해요.

상담자: 그러면 "나는 너의 위로를 원해."라고 말해요.

린: 네. 나는 너의 위로와 사랑과 이해를 원해.

5단계: 비판자의 약화

경험 의자에서 생겨나는 새롭고 능동적인 경험은 종종 자기 비난을 완화시켜 주기도 한다.

상담자: 네, 자리를 바꾸시기 바랍니다. (내담자는 비난하는 의자에 옮겨 앉는다) 그녀가 지금 당신으로부터 이해를 원한다고 하는데, 이에 대해 뭐라고 말씀해 주시겠어요?

린: 어……. 음……. (코를 훌쩍거리며) 그래, 네 말이 맞아. 음……. (침묵) 미안

해……. (운다)

상담자: 어떤 마음이 드시나요?

린: 슬퍼요. (5초간의 침묵) 그래. 넌 사랑 받고 위로 받을 자격이 있지. (코를 풀며) 그런 얘기해서 미안해.

상담자: 그녀가 마땅히 그러한 대우를 받아야 한다고 생각하시는군요. 그렇다면 그녀를 위로해 주시겠어요?

린: 나는 너에게 관심이 있고, 넌 참 소중하고 좋은 아이야. 음……. 네 감정은 나에게 참 소중해. 그래, 넌 참 가치 있는 아이야. 일부러 너를 짓밟으려 했던 건 아니었는데 미안해. 네가 정말 사랑 받길 바라.

두 자아의 만남은 새로운 것이다. 경험하는 자아의 한 부분인 위로와 사랑에 대한 욕구를 강력하게 표현하는 것과 비판자가 내면에 깔려 있던 고통을 목격함으로써 비판자는 그녀가 어떤 상처를 받았는지와 자기 자신을 어떻게 억압했는지에 대해 발견하기 시작한다. 상담자는 비난의 저변에 있는 감정의 탐색을 강화한다.

상담자: 미안하다는 말에는 어떤 의미가 담겨 있나요?

린: 많은 것들을 요구해서 미안해. 그저 널 보호해 주려 했을 뿐이었는데 그냥 내버려 두기가 두려웠어.

상담자: 그녀에게 당신이 어떤 것을 두려워했는지 말씀해 보세요.

린: 당신이 날 떠날까 봐 두려웠어요.

상담자: 그러면 당신은 혼자 남겨지겠군요.

비난을 완화시키는 데는 두려움이나 불안을 탐색하고, 잘못을 뉘우치는 것, 배려나 연민의 감정을 탐색하는 것과 같은 다양한 방법을 사용할 수 있다. 린의 반응은 그 몇몇 방식을 보여 주고 있는데, "널 보호해 주고 싶어."와 같은 자아를 향한 따뜻한 태도가 자주 나타났다. 비판자의 불안 기저에 깔려 있는 근본적인 욕구와 가치가 인정받고, 관심 받고자 하는 욕구와 연합하여 보호하고 싶어 하는 형태로 표현된 것이다. 이 단계의 대화에서는 비판자가 자신의 기준과 가치 그리고 두려움을 말하면, 내담자는 경험하는 의자에서 감정을 표현하게 된다.

린: 네, 혼자 남겨지기 싫었어요. 난 네가 그 어떠한 상황에서도 날 떠나지 않길 바랐어.

상담자: 그렇다면 그녀에게서 무엇을 바라시나요?

린: 그녀가 행복하길 바라고, 그녀 자신만의 삶을 찾길 바라요. 하지만 그녀를 보호하기 위해 그녀는 항상 내 곁에 있어야 해요.

상담자: 네, 바꿔 앉으시고요. (내담자는 경험하는 의자로 옮겨 앉는다) 그녀는 뭐라고 말할까요?

한 가지 규칙으로, 둘 중 한 입장에서 진심 어린 욕구가 이야기되었다면, 나머지 입장의 반응을 들어보기 위해 자리를 바꿔 보는 것이 중요하다. 린의 경험 자아는 새롭게 발견한 힘을 보호하고 구체화한다.

린: 아니. 난 내 자신이 어떤 삶을 원하는지를 알아. 내 삶을 그대로 경험하기 원하고, 만약 실수했을 때라도 그것이 다른 누구의 것이 아닌 내 책임이라는 것도 알아.

상담자: 그렇죠. "그래서 실수에서 자유로워졌으면 좋겠어."

린: 맞아요. 나를 좀 그냥 내버려 둬. 참견하지 마. 스스로 살아갈 수 있도록 내버려 둬. 나는 소중한 사람이니까. 날 좀 그만 깎아내려. 그리고 또……. 내 자신에 대해 가치도 없고, 멍청하고, 사람도 아닌 것 같다고 느끼게끔 만들지 마.

상담자: 그래요. 마치 "내가 어떤 실수를 하든지 무조건적으로 날 수용해 달라."는 것 같네요.

린: 네, 내가 실수를 한다 해도 그냥 이해해 줘. 당연한 일이잖아. 일에 대한 결과는 내가 견뎌내야 할 거고, 설령 엎어져 아픔이 따른다 하더라도 그냥 놔둬.

상담자: 좋습니다. 자리 바꾸시고요. (내담자는 비난하는 의자로 옮겨 앉는다) "고통을 견뎌 내고, 스스로 살아가도록 놔둬라."는 말에 어떤 말씀을 해 주고 싶으세요?"

린: 그래. 네 말이 맞아. 미안해……. (운다)

상담자: 린, 방금 그 말을 했을 때 어떤 느낌이 들었나요?

린: 음……. 내가 작아진 느낌이에요. 작게……. 일부러 그런 말들을 한 건 아니었는데. 그저 보호해 주려 했고, 도움이 되고 싶었을 뿐이었어.

6단계: 협상(완전한 해결)

비난이 완화되고 나면 고통스런 감정과 두 자아 간의 대립은 사라지게 되고, 상호 간의 협상을 통해 문제를 해결하는 과정으로 들어서게 된다. 내담자는 자주 "정말 그녀가 옆에 있는 것 같았어요."(의자를 가리키며) 또는 "두 의자가 만나는 것과 같은 기분이 들었어요."와 같은 새로운 일체감을 자발적으로 말하게 될 것이다. 상담자는 비판자와 경험자 두 부분이 서로 평등하며 또한 상호협력하고 있다는 강한 느낌을 받을 것이다. 상처받기 쉬운 감정과 함께 비판자와 경험자의 욕구가 표출된 후에야, 두 부분은 서로에 대해 좀 더 공감하고 함께 일하기 위해 동기화 될 수 있다. 이 시점에서 상담자는 두 자아가 함께 작업하는 것에 대해 좀 더 통합된 방식을 찾을 수 있도록, 전보다는 개입을 적게 하면서 내담자의 자기 탐색과 비판자와 경험자가 감정과 욕구를 표현하도록 촉진한다.

상담자: 도움이 되기 위해 어떤 노력들을 하셨나요?

린: 이해하려 했어요. 그녀가 원하는 것들을 이해하려 했어요.

상담자: 당신이 이해했던 것들을 그녀에게 말해 보세요.

린: 네가 많이 아프다는 거 알아. (운다) 음……. 슬프고, 속았다는 기분도 들겠지. 외로울 거란 것도 알아. 이젠 스스로를 놓아 주어야 할 때인 거 같아. (운다) 네가 실수를 저지른다고 해도, 그저 멀찌감치 떨어져서 바라만 봐야겠지. 물론 많이 아프겠지만, 그것만이 유일한 방법일 거야.

상담자: 마음이 많이 아프시군요. 맞나요?

린: 널 붙잡고 있었던 거 미안해. 놔주고 싶지만 아직은 널 잃게 될까 봐 두려워.

상담자: 그렇죠. 두려우시죠. 그녀에게 무엇을 바라시나요?

린: 절 떠나지 않았으면 좋겠어요. 절 버리지 않았으면……. (경험하는 의자에게) 날 잊으면 안 돼. 난 네가 필요해.

비난 저변에 있던 연약함과의 만남은 깊은 고통의 표출로 연결된다. 상담자는 비판자의 아픔을 확인하고, 탐색하도록 허락하는 이 시점에서는 조심스레 발을 내딛어야 한다는 것을 반드시 염두에 두고 있어야 한다. 상담자는 이 연습이 내담자에게 긴 시간 동안 지속되어 오던 고통스러운 감정의 고리를 풀어 낸다는 것을 인식하게 된다. 내담자는 고도로 자동화된 생존기술을 사용하여 세상에서 그들이 어떻게 살아가고 있는지에 대해 배우게 된다. 내담자는 자신의 욕구를 부분적으로 알고 있거나 해소를 경험하기도 하겠지만, 그들 밑바닥에 깔린 욕구에 직면하는 것은(예를 들어, 사랑, 위로, 인정, 존중과 같은) 이전에 충족시키지 못했던 욕구들로 인한 고통을 견뎌내는 것을 필요로 한다. 때로 내담자는 상담자가 주는 지지와 인정으로 인해 잃어버린 자아와 상실감에 대한 슬픔을 맛보기도 한다.

린의 두 의자 기법은 자아의 두 부분이 서로 개방하고, 서로에 대한 수용을 표현하는 것과 같은 통합이 일어날 때 마무리된다. 상담자는 공감적 탐색을 통해 내담자를 가볍게 촉진하고 격려하며, 다음 대화는 자아의 두 부분에 대해 새롭게 바라본 시각을 반영하고 있다.

린: (계속해서) 난 네가 내 옆에 있어 줬으면 좋겠어. 내 말 좀 들어줬으면 좋겠어.

상담자: 당신이 그녀를 위해 할 수 있는 것이 무엇이라 느끼시나요?

린: 한 발짝 물러서 있겠어요. 거리를 유지할 거예요. 그녀를 위한 공간을 만들어 주고, 문은 항상 열어 두겠어요. 내 곁에 두고 싶거든요.

자기 차단 갈등을 위한 두 의자 실연

지금부터 우리는 자기를 차단하는 어려움을 겪는 사람을 위한 두 의자 실연(Greenberg et al., 1993)이라고 불리는 색다른 형태에 대해 살펴보겠다. 자기 차단의 갈등 중에는 감정표현이 중단되거나 억압된다. 개인이 체험하는 경험자는 일차적 적응감정 또는 그와 관련된 욕구나 행동을 표현하도록 한다. 하지만 그것은 행동으로 옮기는 것을 차단하는(차단자) 자체검열로 인해 방해받는다. 자기 비난 갈등과 다르게 자기 차단 갈등은 대체로 비언어적 신체적 양상을 보이며, 가끔 갑작스런 두통이나 숨이 막힐 것 같은 느낌과 같은 심한 비언어적 방식으로 표현되기도 한다.

자기 차단 과정(self-interruptive processes)은 핵심 발달 단계에 시작되고 일반적으로 감정과 욕구를 완전히 표현할 수 없었던 환경에 대한 반응으로 형성된다. 이러한 과정들은 더 이상 적응적이지 않지만, 그것들은 성인이 된 삶 속에서도 지속되며, 자동적 수준이 되어 온전한 경험과 표현을 차단한다. 자기 차단 과정은 안전하지 않은 환경이나 자기 권리의 박탈에 대처하기 위해 학습된 이미 내면화되어 버린 반응들이다. 자기 차단 갈등은 때로 그것이 형성된 시점의 시간과 장소의 이미지를 포함한 단편적인 기억을 떠오르게 한다.

자기 차단 갈등의 임상적 지표

자기 차단 갈등은 내담자 스스로에 의해 발생하거나 어떤 과업을 수행할 때 발생되지만, 특히 빈 의자 기법에서 내담자가 가상의 의미 있는 타인에게 자신의 감정과 욕구를 완전하게 표현하고자 시도하는 과정 중에 있을 때 장벽에 직면하는 경우에 흔하게 볼 수 있다(12장 참고). 이런 경우에 내담자는 감정 표현이나 감정이 격렬하다는 것을 감추거나, 욕구에 접근하거나 진술하는 것에 어려움을 겪는다. 예를 들어, 남성들은 종종 이성을 잃고 타인을 해칠 것 같은 두려운 감정을 격렬한 분노로 표출해 내는 것을 두려워하곤 한다. 그렇지 않으면 큰 상처를 받고 절망의 감정을 느끼는 것 자체에 대한 두려움 때문에 욕구 표현을 아예 차단한다. 더욱이 통제력을 상실하거나 파멸할 것 같은 부적응적인 두려움 때문에 내담자는 감정과 욕구의 완전한 표현을 스스로 방해할 수 있다.

미해결된 과제로 인한 트라우마에서 회피나 정서의 과잉 통제는 매우 흔하게 일어난다(Paivio & Nieuwenhuis, 2001). 사건에 대한 죄책감이나 극단적 사고, 경험에 대한 죄책감, 철수, 마비, 무감각, 분리 같은 과정이 충격적 사건 당시에 일어나는 것은 적응적이지만, 그것은 현재 하고 있는 과거의 충격적인 경험을 통합하는 과정을 방해한다. 특히나 연약한 내담자들에게는 무엇보다도 공감적 태도로 이러한 과정을 먼저 탐색하게 하는 것이 최선책일 것이다. 어쨌든 성공적으로 자기 차단 과정을 경험하게 하는 것은 결국 내담자가 그동안 회피해 오던 고통스러운 소재들을 탐색하도록 하고, 이러한 고통을 인내하는 것을 가능하게 한다.

자기표현을 차단하게 하는 것은 종종 내면화된 금기사항과 계속되어 온 신념들, 명령들과 연관되기도 한다. 예를 들어, 수년간의 강압적이고 폭력적인 아버지로부터 학대의 고통을 견뎌 온 이탈리아인이며, 가톨릭 신자였던 한 내담자는 빈 의자 기법 도중 "부모님께는 제가 그들을 싫어하고 있다고 말할 수 있기는커녕 말대답조차 하면 안 돼요."라며 아버지에 대해 느끼는 혐오감을 이야기하기 거부했다. 또 다른 내담자는 자신이 관심과 사랑과 애정을 필요로 한다는 것을 어머니에게 말하기를 거절했는데, 이는 열세 살 때 "내가 바라는 것을 얻지 못할 것이 뻔하기 때문에, 차라리 그 누구도 의지하지 않는 것이 낫다."라고 결심했던 것과 관련이 있었다.

자기 차단의 표식

내담자는 상담 장면 이외에서 자기 차단이 일어난다고 보고하기도 하지만, 보통 자기 차단은 상담을 받고 있는 실제 상황에서 발생되곤 한다. 내담자들이 얼마나 자기 차단을 솔직하게 표현하느냐에 따라 상담의 깊이가 달라질 수 있다. 자기차단은 주로 다음과 같은 세 가지 특성이 나타날 때 쉽게 알아볼 수 있다. ① 그가 자신의 감정이나 욕구 또는 행동을 표현하기 시작하거나 이야기할 경우, ② 자신의 감정이나 욕구 또는 행동을 제한하거나 차단하는 것에 대해 내담자가 언급하거나 상담 회기 중 그런 증거가 발견되는 경우, ③ 내담자가 차단의 결과로서 신체적 통증을 포함한 고통이나 불만을 표현할 경우, 자기 차단은 뒤틀리고 막혀 있거나 멈춰 있는 느낌의 내면적 경험이 뒤따른다. "어제 엄마 때문에 화가 나기 시작하다가 갑자기 괜찮아졌어요. 그러고는 저녁 내내 이유를 알 수 없는 두통에 시달려야 했죠."와 같은 예를 들 수 있다. 상담 중, 내담자가 장벽에 가로막힌 듯한 느낌이 든다고 얘기할 때나 가슴이나 목의 조여 옴 또는 두통의 시작을 호소할 때, 또는 감정이나 욕구 표현이 불가능하거나 그 표현을 완전히 할 수 없을 때 자기 차단 갈등이 일어났다고 볼 수 있다. 빈 의자 기법의 또 다른 예시가 다음에 제시되어 있다.

상담자: 할아버지께 얼마나 보고 싶었는지 말씀 드려 볼 수 있나요? 어떻게 말씀하시겠어요?

내담자: 할아버지, 저는……. (멈춘다. 내담자는 고통스러워하는 표정을 짓는다)

상담자: 할아버지께 말씀 드리려 했을 때 어떤 감정이 들었나요?

내담자: 말을 할 수가 없었어요. 목 안의 문이 꽉 닫혀 더 이상 말이 나오지 않

는 것 같았어요. 갑자기 제가 보잘것없이 느껴졌어요.

때로는 억압이나 부담, 막힘, 가슴의 조임 또는 목의 통증과 같은 감정적 또는 신체적 증상이 자기 차단의 첫 번째 징후일 수 있다. 이러한 사례들을 보면, 내담자의 기본적인 감정이나 욕구는 누가 봐도 알 수 있을 정도로 철저히 억압되어 왔다. 그 예로, 제시카는 19세였을 때, 그녀의 소극적인 성격 때문에 우울증을 겪었다. 그녀는 대인관계에서 그녀의 욕구를 충족시키지 못했고, 결국 우울한 감정에 지배당했다. 그녀는 이전 상담이 끝난 후, 큰 짐을 짊어진 듯한 어깨의 무거움과 목의 통증을 호소하며 7번째 회기에 참석했다. 그 후 이어진 두 의자 기법에서 이것은 그녀 자신을 습관적으로 억압해 오던 자기 차단 과정임이 밝혀졌다.

자기 차단을 위한 두 의자 실연 과정

차단의 근원이 되는 일이 무엇이든지 차단이 일어날 때, 상담자의 목표는 내담자가 자신의 차단 과정을 의식하도록 격려하고, 차단되거나 부인해 온 내면의 경험에 접근하고, 인정하게끔 도와주는 것이 되어야 한다.

이것을 하기 위해서 내담자는 자기를 괴롭히는 자아를 의자에 앉히고, 내담자가 놓지 못하고 있는 지난 경험을 연기하게끔 하는 것이 최선의 방법이다. 〈표 11-2〉에서는 과업을 해결하는 단계와 어떻게 반응을 촉진시키는지에 대해서 알려 주고 있다.

예를 들어, 제시카와 상담자는 그녀가 겪고 있는 부담감과 어깨 통증에 대한 느낌에 대해 심도 있게 탐색한 후, 그러한 증상들이 그녀의 우울증과 연관되어 있었다는 것을 명확히 알게 되었다. 상담자는 두 의자 실연을 제언했다.

상담자: 이리로 나오셔서 '부담감'이 되어 보겠어요?

〈표 11-2〉 **자기 차단을 위한 두 의자 실연**

두 의자 실연 단계	상담자 반응
1. 표식 확인: 내담자는 상담에 참여하고 한 부분이 어떻게 다른 부분을 차단하는지에 대해 설명한다.	반영하거나 징후에 주목한다. 협력관계를 수립한다. 대화를 구조화한다.
2. 들어가기: 내담자는 적극적이고 가능한 구체적인 태도로 자기 차단 과정을 보여 준다.	접촉을 분리하기도 하고 만들어 낸다. 내담자 자신의 경험을 촉진시킨다. 내담자의 신체 인식을 증대시킨다. 자기 차단 활동에 대한 인식을 촉진시킨다.
3. 심화: 내담자는 자신의 소극성이나 체념과 같은 감정과 접촉하고 이것을 서로 구별한다.	자기 차단자를 구별해 낸다. 자기 차단 활동을 의식하도록 돕는다. 내담자의 소극성에 대해 내담자의 인식을 증진하도록 하지만 생물학적으로 적응적인 측면도 함께 탐색한다.
4. 부분적 해결: 내담자는 차단했던 감정을 명확히 표현한다.	차단했던 표현을 확인한다.
5. 자기 주장: 내담자는 감정과 관련된 욕구를 명확하게 표현한다.	감정과 욕구 측면에서 나타나는 자기 주장을 촉진하고 지지한다. 욕구에 대해서 적절하게 서로 간에 표현하도록 연습한다. (두 의자 대화)
6. 전체 해결: 내담자는 내면의 힘을 얻고, 욕구를 충족시키기 위한 미래의 새로운 행동을 예상하거나 계획한다.	내면의 힘을 기르도록 격려한다. 대화를 따라가고, 의미가 균형을 유지하도록 촉진한다.

앞에서 언급하였듯이, 자기 차단 과정은 종종 신체적 증상을 동반한다. 신체 표현을 함께하는 것은 관련된 정서 도식들을 더욱 자극하고, 감정의 완전한 표현을 촉진시킨다(Greenberg et al., 1993). 제시카의 상담자는 상담을 이어갔다.

상담자: 좋습니다. 당신은 제시카를 짓누르는 부담감입니다. (상담자는 다른 의자를 돌려 내담자의 맞은편에 놓는다) 이 의자는 제시카예요. 그녀를 슬럼프에 빠지도록 해 보세요.

덧붙여 감정 표현에 반대되는 감정을 가정하는 것과 파멸적 결과를 예상하고 극대화하도록 격려하는 것은 자기 내면에서 하는 명령과 장애물의 실제적인 영향력에 대한 인식을 높이는 데 도움이 된다. 예를 들면, 상담자는 다음과 같이 말할 수 있다.

상담자: 그녀를 두려워하게 해 보세요. 그녀가 해야 할 일을 할 때 일어날 위험에 대해 말해 주세요. 정말로 겁을 먹게 하는 거예요. 자, 어떻게 말하실 건가요?

어떤 의미에서 이런 기법들은 내담자가 파멸적인 두려움은 훗날 현실이 될 것이라 상상하는 것이 어떻게 불안을 스스로 만들어 내는가에 대한 인식을 고조시키게 한다. 긴장감, 고립감 또는 무기력감을 인식하는 것은 감정 표현을 통해 불편을 완화하고자 하는 욕구에 대한 인식을 증가시키고, 내담자가 그들 스스로 자립하는 것을 촉진시킬 수 있다. 이번 기술을 통해 내담자들은 그들이 어떻게 자신들의 감정을 차단하는지와 스스로에게 어떤 것을 하라고 지시하는지에 대해 배우게 된다. 또한 어떤 자기 차단이 우울감이나 죄책감, 불안감, 신체적 긴장 또는 고통과 같은 형태에 이르게 하는지 직접적으로 관찰하게 된다.

상담과정 중, 내담자들은 더욱 큰 힘과 통제감을 느끼고, 그들이 감정적이고 신체적인 불편을 스스로 만들어 내고 있다는 것을 알아차리게 되며, 이러한 감정을 변화시킬 수 있게 된다.

한 내담자 줄리가 상담이 막히기 시작한 때는 그녀의 엄마에 대한 미해결된 과제에 대해 다루고 있을 때였다(12장 참고). 다음과 같은 과정이 일어났다.

상담자: 당신의 어머니에게 분노를 표현하려 할 때, 어떤 일들이 일어나나요?

줄리(경험자로서): 빠져나올 수 없는 상자 안에 있는 것 같아요. [1단계: 표식 확인]

상담자: 좋습니다. 이리로 와서 (옆의 의자를 가리키며) 상자 안으로 들어가시는 거예요. 줄리를 안에 넣을까요? (내담자는 차단의자로 간다) 상자가 되어서 말씀해 보시겠어요?

줄리(차단자로서): 난 박스야. 넌 내 것이고, 넌 절대로 밖으로 나갈 수 없어. [2단계: 들어가기]

상담자: 그래요. 박스의 입장에서 줄리를 빼앗기지 않으려는 이유를 말씀해 보시겠어요?

줄리: 이 안이 안전하니까. 그녀가 다치지 않도록 내가 보호해 줄 거예요.

상담자: 좋습니다. 그러면 당신이 어떻게 그녀를 보호해주고 있는지에 대해 말씀해 주세요.

줄리: 그 안에 있으면 안전할 거야. 나오면 안 돼. 내가 보호해 줄게. 머리카락 하나라도 밖으로 나오는 날엔 큰일나는 거야.

상담자: 자, 이제 이리로 나오셔서 줄리가 되어 어떤 느낌이 드는지 박스에게 말해 보세요.

줄리: 음. 이 안에 있으니까 폐쇄공포증이 시작되는 것 같아요. 누군가 날 비틀어 짜는 것 같아요. 숨 좀 쉴 수 있는 여유가 생겼으면 좋겠어요. [3단계: 심화]

상담자: 당신을 도와주려 한대요. 이에 대해 어떻게 말씀하시겠어요?

줄리: 밖으로 조금만 나가보고 싶어요. 전 그렇게 두렵지 않아요. 저도 이제 어느 정도 성장했고, 어떤 일이 일어나든지 스스로 해결할 수 있을 거 같아요. [4단계: 부분적인 해결]

상담자: 좋아요. 그렇다면 이제 박스에게 뭐라고 말하고 싶나요? 원하는 것을 말해 보세요.

줄리: 밖으로 나가고 싶어. 분노를 자유롭게 표현해 보고 싶어. [5단계: 자기주장]

앞의 짧은 예에서 줄리는 그녀의 과거 장애물들에 접근하기 위해 빈 의자 기법을 사용해서 자기 차단을 부분적으로 해결할 수 있었다. 자기 차단을 해결하는 작업은 항상 이처럼 빠르게 진행되는 것은 아니다. 어쨌든 자기 차단 문제를 다루는 작업을 통해 줄리와 상담자는 빈 의자 기법의 핵심과정으로 돌아올 수 있었다. 그녀는 자기 차단을 완전히 해결하고 그녀의 어머니에 대한 분노를 조금씩 표출하기 시작했다. 빈 의자 기법에서 자기 차단은 내담자로 하여금 문제해결에 접근하는 것을 막는 주요한 걸림돌이다. 따라서 차단의 해결은 다음 장에서 배울 미해결된 과제 해결에 핵심적인 열쇠가 될 수 있다.

두 의자 기법 실연은 빈 의자 기법의 부수적인 기법으로 사용하기보다 하나의 독자적인 기법으로 사용될 수 있다(〈표 11-2〉 참고). 예를 들어, 자기 차단이 줄리의 우울증에 가장 핵심적 요소였을 경우, 그녀와 상담자는 각 단계에 좀 더 많은 시간을 투자했을 것이며, 과업에 반복적으로 참여하도록 하고, 내담자의 힘을 북돋워 주기 위한 형태로 문제해결을 향해 상담을 진행해 나갔을 것이다.

더 읽을거리

두 가지 형태의 두 의자 기법은 과정-경험적 치료법의 중심이지만 숙달하기에 까다롭다. 이러한 기술들에 대해 좀 더 알기를 원한다면, Perls(1969), Greenberg(1979, 1980, 1983), Greenberg et al.(1993)의 연구를 참고하길 바란다. 두 의자 대화의 연구는 Greenberg(1984a), Greenberg, Elliott & Lietaer(1994), Elliott, Greenberg, Lietaer(2003)에 기재되어 있다. 과정-경험적 치료법에서 두 의자 대화에 관한 두 비디오테이프도 참고할 수 있다(American Psychological Association, 1994; Psychological & Education Films, 1989). 영화 〈Dawn〉은 붕괴된 자아를 위한 좋은 사례들을 담고 있다(Psychological & Education Films, 1989).

12

미해결된 대인관계 문제를 위한 빈 의자 기법

린은 11번째 상담 회기를 거치면서 자신의 삶이 보다 희망차고 덜 우울하며, 이전보다 더욱 자신을 수용할 수 있게 되었다(11장 참고). 그녀의 남편은 도박 중독의 문제를 해결하려 하지 않았지만 그런 남편의 문제에 책임감을 훨씬 적게 느끼고 중독의 문제는 남편이 자초한 문제라고 이야기했다. 그녀는 자신이 원하는 대로 살아가고 있고, 다른 사람을 기쁘게 하기 위해 힘들게 노력하지도 않는다고 말했다. 그녀는 아르바이트 자리를 구했고, 세상으로 나가는 것에 대해 보다 긍정적인 감정을 갖게 되었다. 하지만 이런 새롭고 긍정적 느낌에 대해 이후 계속된 확인과 탐색을 하자 그녀는 자신의 과거에 대해 후회하고 있음이 드러났다. 그녀는 그러한 감정을 느끼기까지 오랜 시간이 걸린 것이 슬프다고 말했다. 그녀는 이 문제에 대해 이야기할 때, 부모님에 대한 이야기를 꺼내기 시작했다.

린: 나는 절대 독립된 한 사람이 될 수 없었어요. 나는 부모님에게 화를 내거나 비판할 수 없어요. 왜냐하면 (한숨) 저는 뭐든 “무슨 쓸모가 있을까?” 라는 관점으로 세상을 봐요. 그것이 부모님이 자라온 방식이기도 하죠. 부모님은 그들이 할 수 있는 최선의 일을 했죠. 이건 변할 수 없어요.

이것은 부모와의 미해결 과제를 나타내는 좋은 예로서 빈 의자 기법이 유용하게 적용될 수 있음을 나타낸다(Greenberg, Rice, & Elliott, 1993). 내담자는 부모에 대해 불만을 표현하고 있지만 동시에 그녀의 감정이 변하지 않을 것이라고 절망감을 느끼고 있었다. "부모님은 그들이 할 수 있는 최고의 일을 했죠."라는 그녀의 생각은 확신이 없었고, 상처와 분노를 덮기 위해서 사건에 대해 무관심한 태도로 계속적으로 이야기했다.

미해결 과제를 위한 빈 의자 기법은 충족되지 않은 중요한 욕구가 지각에서 완전히 사라지지 않는다는 게슈탈트 원리에 근거한다(Perls, Hefferline, & Goodman, 1951; Polster & Polster, 1973). Greenberg 등(1993)에 따르면, 중요 타인과 연관된 특정한 정서 도식이 자극될 때, 사람들은 해소되지 않은 감정적 반응을 다시 경험한다. 특히 빈 의자 기법은 상대방을 마주할 수 없는 상황에서 미해결 상황을 상상해 보는 치료기법이다(Perls et al., 1951). 그 사람이 내재된 감정을 지각하지 못하고, 충족되지 않은 욕구를 표현하지 않고, 중요한 타인에 대한 어떤 종류의 수용이나 이해를 하지 못하는 경우에 미해결된 관계의 내용은 자주는 아닐지라도 무의식적으로라도 현재의 관계를 계속해서 방해할 것이다.

미해결 과제의 임상적 지표

빈 의자 기법은 ① 무관심과 방임으로 인한 문제, ② 학대와 트라우마라는 두 가지 종류의 미해결 과제에 사용된다. 두 가지 종류의 작업에서 의자에 있는 상대방을 묘사하는 것은 해결에 있어서 필수적인 역할을 수행한다. 그러나 해결은 또 다른 방식으로 나타나기도 한다. 이 장에서 우리는 첫 번째 종류의 미해결 과제에 초점을 맞출 것이다. 그것은 정신적 발달에 중요한 역할을 했던 타인의 무관심과 방임에 의해 생겨난 문제를 말하는 것이다. 무관심과 방임으로 인한 문제의 영향은 현재의 부모, 직장 상사, 권위적인 인물 등 현재의 중요한 관계 상황에서 나타날 것이다. 현재의 관계에서 드러나는 미해결 과제는 종종 상징적으로 과거의 미해결 과제와 연관되어 있다.

우리가 다루는 두 번째 종류의 미해결 과제는 학대와 대인관계에서 입은 트라우마에 관한 것이다. 가해자는 친구, 연인, 양육자 등이며, 피해자는 단 한번이라도 트라우마 사건을 경험하거나 가해자로부터 몇 년이 넘도록 계속해서 학대를 당한 사람일 수 있다(Paiviao & Nieuwenhuis, 2001). (트라우마와 관련한 빈 의자 기법에 대해서는 14장에서 다룰 것이다.) 우리가 묘사하는 미해결 과제의 모델은 낯선 사람이 저지른 범죄에 의한 피해나 전쟁 후유증 등 낯선 사람과 관련된 충격적 상황에는 적용되지 않는다는 것을 알아야 한다.

또한 트라우마와 관련된 사례들의 경우에는 미해결 과제에 대한 대화는 자제되어야 한다. 구체적으로 트라우마를 다시 일으킬 위험이 있을 때나 자해적 행동, 자살 경향성, 극단적인 공격적 행동에 관련해서는 과거의 일을 연상시키는 방법은 그다지 적절하지 않다. 이러한 상황이나 내담자가 이미 높은 강도의 자극을 받았을 때는 공감이나 의미 만들기 같은 덜 연상적인 방법을 쓰는 것이 최선이다(Clarke, 1993; 10장 참고).

빈 의자 기법에서 내담자와 상담자의 치료과정

경험-과정적 치료 버전에서 사용하는 빈 의자 기법은 두 의자 기법의 대화처럼 진정한 공감을 통한 내담자 중심적인 인간관계적 태도를 필요로 한다. 상담자의 친절하고 따뜻한 톤의 목소리를 통해 친밀한 소통을 한다. 〈표 12-1〉은 내담자가 문제를 해결해 가는 단계와 각각의 단계에 대한 상담자의 바람직한 응답과 같은 세부적인 단계를 요약한 것이다. 중요한 미해결 문제를 다루는 것은 일반적으로 몇 번의 회기를 거치고, 그 과정은 느리고 더딘데 그 이유는 내담자와 상담자는 상담의 장애물과 정체 지점에 직면하여 그 문제를 다루어야 하며, 어떤 때는

〈표 12-1〉 **미해결 과제를 위한 빈 의자 기법**

빈 의자 기법 단계	상담자의 반응
1. 표식 확인: 내담자가 중요타인에 대해 비난, 불평을 하거나 상처, 열망 등을 표현	미해결 과제를 나타낼 수 있는 단서에 대해 주의 깊게 듣고 반영함(두 의자 대화와 같은 다른 과제들을 수행할 때도)
2. 준비와 시작: 내담자가 상상 속의 타인에게 이야기하고, 해결되지 않은 감정들(분노, 상처 등)을 표현	본격적으로 과제를 시작한다. 과제와 관련된 경험적인 가르침과 경험적인 공식을 주고 내담자의 동의를 얻는다. 내담자가 타인을 나타내는 표상의 실재와 정신적으로 접촉하거나 그것을 떠올릴 수 있게 돕는다. 내담자가 과제와 관련된 어려움을 다룰 수 있도록 경청하고 돕는다.
3. 의미 구분과 일차적인 정서 표현: 내담자는 일차적인 감정 이면에 놓인 불평을 구분해 내고 고조된 감정으로 이중적인 정서를 표현(슬픔, 분노, 두려움, 수치심 등)	공감적 탐색 반응을 사용한다. 일인칭 언어를 사용하도록 격려한다. 일차적 감정과 이차적 감정들을 인식하고 구분한다. 새로 나타난 자기 차단 과정을 해결하기 위해 내담자를 돕고, 경청한다.
4. 충족되지 않은 욕구의 인정과 표현(부분적 해소): 내담자가 충족되지 않은 욕구를 경험하고 확실하게 그것을 표현	내담자가 충족되지 않은 욕구들을 탐색하고 표현하도록 돕는다. 새롭게 나타나는 충족되지 않은 욕구에 대해 공감적인 지지를 한다.
5. 상대방에 대한 표현의 변화: 내담자는 타인을 이해하게 되고 타인도 문제를 가진 연약한 사람이라는 긍정적이고 새로운 관점을 갖게 됨	타인에 대한 가상적인 관점에 대해 생각하도록 격려한다.
6. 자기 확신과 해방(완전한 해소): 내담자가 상대방을 이해, 용서하거나 타인에게 책임이 있다는 것을 알게 됨으로 해소되지 않은 감정에 대해 자기확신과 해소가 이루어짐	대화를 격려하고 상대방을 용서, 이해하거나 다른 사람에게 책임을 전가할 수 있도록 지지한다. 내담자가 자신을 탐색하고 자기 긍정적인 반응이 나타나는 것을 지지한다.

같은 문제에 대해 한 번 이상 다루어야 할 때도 있기 때문이다.

1단계: 표식 확인

비록 다양한 형태와 표현들이 있지만, 미해결 과제를 나타내는 단서의 중요한 특징들은 다음과 같다. ① 분노와 상처 같은 오래 지속되고 해소되지 않는 감정들을 가지고 있다. ② 그러한 감정들이 내담자의 삶에서 중요한 역할을 했던 사람들과 연관되어 있다. ③ 그러한 감정들을 최근에 경험하고 있다. ④ 이러한 감정들에 대한 표현이 현재 방해 받고 있고 중단되고 있는 징후가 있다. 예를 들어, 린이 자신의 부모님은 그녀를 절대 독립된 한 사람이 되도록 내버려 두지 않았다고 말했을 때, 그녀는 과거의 중요한 타인에 대한 현재의 감정을 내비쳤다. 그러나 그녀는 분노를 부정하고 대신 가벼운 슬픔을 표현했다. 감정은 표현 속에 제한되었고 그녀는 2차 반응 감정인 체념과 절망을 표현했다.

미해결 과제의 단서로 특별히 타인에 대한 불평과 비난 같은 2차 반응적인 감정 표현이 나타나는 것은 매우 흔한 일이다. 예를 들어, 한 내담자는 아버지에 대한 분노와 강한 체념과 같은 감정을 표현했다.

> 내담자: 아버지와 나는 그냥 가깝지 않았어요. 전혀요. 아버지는 항상 내게 아무것도 하지 못할 거라고 말했어요. 지금은 아버지에게 할 말이 없어요.

분노와 같은 억제된 주요 감정들은 또한 미해결 과제의 단서에서 드러난다. 예를 들어, 다음 대화를 보자.

> 내담자: 아버지는 항상 저를 비판하고 깎아 내렸어요. 그걸 참을 수 없었어요. 그때 저는 그걸 그냥 받아들였어요. 하지만 지금은 너무 화가 나요.

이러한 예들처럼, 내담자가 미해결 과제에 대해 직접적으로 진술할 때 상처와 분노가 표현되겠지만 억제된 상태로 표현될 것이다. 마지막 예에서처럼, 상대방은 종종 비난의 대상이 된다. 미해결 과제를 찾는 데 중요한 간접적인 예로, 전 배우자에 대해 말할 때 나타나는 그리움이나 불만, 고인이 된 부모에 대해 말하면서 눈물이 고이는 경우와 같은 것이 있다.

다른 문제의 맥락에서 미해결 과제가 나타나는 것도 가능하다. 예를 들어, 미해결 과제는 내담자가 현재 특별한 어려움을 겪고 있는 관계에 대해 이야기하는 도중에 나타날 수도 있는데, 이것은 과거의 관계로부터 비롯된 감정이 촉발되어 내담자가 고통 중에 있는 것이기 때문이다.

다음은 하나의 예가 될 것이다.

내담자: 아버지가 고함을 지르거나 찬장을 쾅 닫았을 때, 나는 이렇게 풀이 죽어 버려요. 그리고 이런 느낌은 어머니가 내게 짜증낼 때 어떻게 했었는지를 생각나게 해요.

이런 상황에서는 현재 자신에게 영향을 주는 사람을 의자에 두고 대화를 시작하는 것이 최선의 방법인데, 그 사람이 현재 내담자에게 가장 큰 의미가 있기 때문이다. 만약 과거의 중요 타인이 대화 중에 강하게 나타나면, 그때는 상담자가 의자에 있는 사람을 바꿀 것을 제안한다. 대안으로, 상담자는 대화의 시작 단계에서 현재에 가장 중요한 사람이 누군가에 대해 내담자에게 질문할 수 있다.

트라우마 또는 학대와 관련된 미해결 과제의 단서도 위에 서술된 것과 같은 요소를 포함한다. 또 학대 관계와 트라우마는 과거의 고통스러운 기억들이 계속해서 한 사람이 완전하게 기능하는 것을 방해한다는 점에서 '미해결된' 문제다. 그러나 트라우마에 기초한 미해결 과제는 일반적으로 더 격렬하다. (그것은 현재 생활에 심각한 어려움을 가져다주고 더 많은 원치 않는 기억들, 감정적인 고통을 가져오고 내담자를 외상에 취약하게 만든다). 그러므로 이런 종류의 미해결 과제를 가진 사람들은 가끔 트라우마의 근원으로 가기 원하는가에 대한 물음에 이중적인 태도를 보인다. 그들은 고통스러운 기억들 속에 있는 스스로의 모습에서 벗어나기 위해 문제들에 대해 이야기한다. 그러나 다른 한편으로는 다시금 엄청난 충격을 겪게 될 것에 대해 두려워한다. 그렇기 때문에 빈 의자 기법은 강력한 치료적 관계의 형성이 이루어지고, 내담자가 가해자를 표상하는 것과 마주할 준비가 되어 있다고 느낀 후에 제안해야 한다.

미해결 과제의 단서는 두 의자 기법과 같은 또 다른 과업 속에도 내포되어 있을 것이다. 이론적으로 어떤 사람은 미해결 과제를 더 근본적이고, 어린 시절의 애착과 관련된 문제의 근원으로 보기도 한다. 두 의자 대화에서 비판자의 자리에서 이야기할 때 어떤 내담자는 자신의 감정을 무시했는데, 이것은 어린 시절에 부끄러움이나 분노와 같은 감정을 절대로 표현하지 못하게 했던 어머니의 양육방식과 관련되어 있었다. 두 의자 작업에 대해 내담자는 아마 위험 부담에 대해서 스스로에게 위험하다고 경고할 것이다. 이러한 것은 어렸을 때의 관계에서부터 발전해 온 것이다. 이런 명령은 위험부담에 대처하기 위한 것이기는 하지만 결국 내담자에게 미해결 과제를 남긴다. 그러나 이것이 모든 갈등에 대한 미해결 과제를 찾아 헤매야 한다는 말은 아니다. 두 의자 기법은 대체로 그 한 가지 과제만으로도 충분하다.

우리가 1장의 과제완성 원리에서 보았듯이, 다른 과제를 다루는 상담 중에 문제 증상이 나타나면 상담자는 현재의 과제를 계속해서 다룰 것인지 아니면 더 중요한 과제로 넘어갈 것인지에 대한 선택의 문제에 직면하게 된다. 그때 상담자는 내담자와 상의하여 내담자에 대한 정보와 현재 상태에 대한 사전 지식을 바탕으로 무엇이 가장 의미 있는 것인지 판단해야만 한다. 예를 들어, 두 의자 대화에서 내담자에게 중요한 타인의 성격 중 비판이 강력한 특징으로 나타나면, 상담자는 내담자에게 "비판이 당신에게 누군가를 생각나게 하나요?" 라고 물을 것이다. 만일 내담자가 "네, 마치 우리 어머니 같아요." 라고 말한다면 상담자는 내담자가 어머니가 되어 보도록 한 후 빈 의자 작업으로 넘어갈 것을 제안할 것이다. 하지만 상담자는 비판에 관련된 대화가 정체되고 중단될 때만 이런 결정을 해야 하고, 이때는 풀리지 않은 감정들이 문제의 핵심이 된다. (단순히 비판을 내재화한 현상이 겉으로 드러난 것이라고 하기보다) 만일 이런 상황이라면, 미해결 과제는 더욱 근본적으로 해결해야 할 문제일 것이다. 대안적으로, 미해결 과제에 대해 해소나 부분적 해소가 이루어질 때, 치료적 초점은 내담자 자신이 어떻게 부모의 비판을 내재화했는지에 대한 책임을 분명히 하기 위해 자기 비판에 대한 것으로 바뀌어야 할 필요가 있다. 그러고 나서 자기 내부에서 일어나는 갈등에 대해 다루어 주어야 한다.

상담자가 대화의 방향을 바꾸기로 결정했다면, 상담 과정에 대해 내담자와 비언어적 의사소통 방법을 사용하는 것이 좋을 것이다. 예를 들어, 다음 대화를 보자.

> 내담자: (의자에 앉아 있는 상사를 연기하며) 당신이 말하는 것은 중요하지 않아. (쫓아내려고 하거나 무시하는 듯 손을 저으며) 당신은 아무 것도 아니야.
>
> 상담자: 네, 이제 바꿔 보죠. 이 의자로 돌아오세요. (내담자가 의자를 바꾼다) 그가 당신을 그렇게 쫓아내려고 했을 때 당신은 기분이 어땠나요?
>
> 상담자: 나는 완전히 무시당한 기분이 들었어요. (어깨를 구부리며 울기 시작한다) 예전에 우리 어머니가 나에게 하던 일들이 생각났어요.
>
> 상담자: (부드럽게) 네, 어머니에게 무시당했던 일을 생각나게 했다니 정말 마음이 아프네요. (침묵) 당신의 마음을 상하게 한 어머니에 대해 해결되지 못한 감정이 있는 것 같네요. [경험적 공식] 우리가 어머니를 이곳에 데리고 오는 건 어떤가요? (의자를 가리키며) 그리고 어머니에게 그 일에 대해 당신이 어떻게 느꼈었는지 말할 수 있을 거예요. 어떤가요? 한번 시도해 보고 싶으세요? [과제 구조화]

2단계: 빈 의자 기법을 위한 준비와 시작

트라우마와 관련된 미해결 과제를 다룰 때, 내담자가 빈 의자 기법을 위해서 속도를 조절하는 것은 특히 중요하다. 만약 처음에 내담자가 대화에 참여할 것을 거절한다면, 과정-경험적 상담자는 놀라지 않고 즉시 내담자의 두려움을 확인할 것이다. 상담자는 내담자가 시간이 어느 정도 지난 후에 미해결 과제로 돌아가길 원한다고 생각할 수도 있는데, 그때 치료의 속도와 방향을 결정하는 것은 내담자라는 사실을 그들에게 말해야 한다. 상대방에 대한 감정 표현이 다시 시작될 때, 내담자는 단계적으로 타인에게 접근하게 된다. 처음부터 의자를 사용하는 것은 좋은 방법이 아니다. 내담자가 상담자에게 이야기하도록 한 후에 내담자는 몇 피트 앞에 놓여 있는 빈 의자에 대해 편안함을 느끼게 되고, 그다음엔 방 바깥에 내버려 두었던 상대방을 상징하는 표상에 대해 편안함을 느끼고, 결국엔 쓰레기통 속에 들어 있는 타인을 상징하는 표상에 대해 편안함을 느낄 것이다. 미해결 과제를 다루는 작업 첫 부분에서는 학대를 한 상대방으로부터 내담자를 지켜주지 못한 사람을 내담자가 다루게 될 가능성이 있다.

린의 치료로 돌아가서, 그녀가 처음 그녀의 부모에 대한 감정을 이야기하기 시작했을 때 상담자는 이러한 감정들을 확인했고 탐색했다. 그리고 대화를 준비하기 시작했다. 이 시점에서 상담자의 과제 중 하나는 의자에 있어야 할 사람이 아버지인지, 어머니인지 결정하는 일이었다. 내담자가 미해결 과제와 관련해 양쪽 부모에 대해 동시에 이야기할 때, 대화를 만들어 낼 수 있는 많은 방법이 있다. 한 가지 방법은 내담자에게 누가 더 강하다고 느끼는지 묻는 것이다. 또 다른 방법은 양쪽 부모 모두를 의자에 두고 시작하는 것이다. 대화를 통해서 일반적으로 한 부모가 다른 부모보다 더 특징적으로 나타난다. 이 상황에서 린과 그의 상담자는 다음과 같이 상담을 진행했다.

린: 네, 그게 우리 부모님이 하는 방식이었어요. (울음) 슬퍼요.

상담자: (부드럽게) 당신은 자신이 실제로 무언가 잃어버렸다고 느끼는군요.

린: 네, 억눌린 감정을 갖고 살았던 많은 시간들이요. 왜 그 많은 에너지를 내 모습대로 살지 않으려고 쏟아 부었는지를 이해하는 게 너무 힘들어요.

상담자: "내가 어떻게 내 모습대로 사는 것에 대해 편안함을 느끼지 못했을

까?"에 대해 궁금해하고 있군요. (침묵) 부모님에게 많은 감정을 가지고 있는 것 같네요. 당신이 억압 받고, 제한당하고, 방해 받는다고 느낄 때 부모님 중 누가 떠오르나요?

린: 음, 아버지는 일을 하고 계셨어요. 그리고 어머니도 그랬죠. 나는 동생들을 돌보기 위해 학교가 끝나면 곧장 집에 돌아오곤 했던 게 기억나요. 그리고 (울음) 내가 끔찍하게 무거운 책임감을 지고 있었던 게 기억나요. 나는 가족을 부양하는 사람 같았어요. 부모님을 위해 거기 있어야만 했죠. 집안일을 해야 했고, 밥을 해야 했어요.

상담자: 가족들은 당신이 엄청나게 많은 책임을 지길 기대했군요. 누구에게서 이런 부담감을 가장 많이 받았다고 느끼세요?

린: 어머니요.

상담자: 그렇군요, 그러면 반대편 의자에 앉아 있는 어머니께 당신은 그때 어떤 느낌을 받았는지, 그러한 기대에 대해 어떤 감정이 들었는지 이야기해 보는 게 어때요?

린: 알겠어요.

대화를 준비할 때 상담자는 반드시 내담자의 동의를 얻어야 한다. 빈 의자 대화의 감정적인 격렬함 때문에 처음에 하는 빈 의자 기법을 소개하는 것은 특히 중요하다. 이 시점에서 경험적 공식("당신은 어머니에 대해 분노와 슬픔을 많이 가지고 있는 것이 들리는군요.")과 과제 구조화("아마 우리는 당신의 그러한 감정들을 표현할 수 있도록 무언가 할 수 있을 거예요."), 경험적 가르침("안전하다고 느껴지는 곳에서 중요한 사람에 대한 해결되지 않은 감정을 표현하는 것은 그것을 해소할 수 있게 도울 수 있어요.")과 같이 치료 진행을 돕는 반응을 보이는 것 또한 도움이 될 것이다.

초기 빈 의자 기법 사용에 따른 어려움과 그에 대한 반응

내담자는 두 의자 대화보다 빈 의자 기법에 참여하는 것을 더 주저할 것이다. 여기에는 다양한 이유가 있는데, 첫째 부모에 대해 '말대꾸 하는 것'이 문화적으로 금기시되는 경우다. 이런 현상은 아프리카, 아시아, 히스패닉의 전통 문화에서 많이 나타난다. 실제로, 유대교의 십계명 중 '네 부모를 공경하라.'라는 계명이 있다. 사람들은 비판적인 감정을 드러내는 것이 무례한 일이라고 생각한다. 이러한 감정을 표현하는 것은 그들이 어렸을 때부터 배워 왔고, 훈련 받아 온 것들을 어기는 일이 될 것이다. 이런 상황에서 상담자가 내담자의 걱정을 확인하고, 그와 관련된 문제들을 탐색하고, 내담자에게 대화에 참여하는 것은 선택적인 문제라고 알려 주는 것이 중요하다. 반면에 내담자는 여기서 이루어지는 대화가 실제가 아니며, 빈 의자 기법은 감정의 표현과 재처리의 기회만 제공할 뿐 실제 삶에서의 영향은 없다고 생각할 수 있다. 상담자는 내담자에게 이러한 감정들과 함께 살아가야만 하는 것은 내담자 자신이고, 분노의 감정이 이미 존재하고 있기 때문에 그러한 감정들을 해소하는 것과 부모를 용서하는 것이 무엇보다 중요한 일이라고 알려 줄 것이다.

둘째, 가끔 내담자는 치료의 강력한 긴장감에 대해 걱정한다. 예를 들어, 내담자는 자신이 여섯 살 때 돌아가신 아버지에 대해 말하며 이런 감정을 표현할 것이다. "나는 머릿속에서 아버지와 수없이 많은 대화를 했어요. 나는 그에 대해서 적어보기도 했지만 비록 상상이라고 해도 이곳에 아버지가 계신다고 생각하는 건…… 전 꿈도 꿀 수 없어요." 이러한 상황에서 상담자는 환기 기술(evocative technique)의 힘을 인정하고 내담자가 스스로 속도를 조절할 수 있도록 해 주어야 한다. 내담자가 속도를 조절할 수 있다는 것을 강조하는 것이 연약한 내담자에게 특히 중요할 것이다. 상담자는 아마 몇 회기에 걸쳐 빈 의자 기법에 참여하는 것에 대해 이야기할 것이고, 내담자가 준비되었다고 생각될 때 시작할 것이다. 때로 내담자들은 자신의 현 상태에 대해 오랫동안 단념해 왔기 때문에 대화에 참여하기를 거절할 것이다. 예를 들어, 내담자는 이렇게 말할 것이다.

내담자: 난 내가 하고 싶은 말을 다 했어요. 아버지(또는 어머니)는 절대 변하지 않았죠. 나는 단념했어요.

이런 상황에서 상담자는 이렇게 반응할 것이다.

상담자: 겉으로 보기에는 그 문제를 포기한 것 같고 많은 좌절감을 느낀 것 같지만 실은 아주 강렬한 감정을 느끼고 있네요. 하지만 이 대화는 그런 감정들을 표현하고 당신의 삶을 발전시키는 데 도움을 줄 수 있을 거예요.

셋째, 내담자는 현재와 과거의 문제 사이에서, 그리고 현재 중요 타인과의 관계에서 발생하는 갈등과 과거의 미해결 과제 사이에서 혼란스러워한다. 이런 상황에서 상담자는 내담자에게 과거의 관계가 실제로 현재의 갈등을 악화시키고 있으며, 빈 의자 기법이 이런 과거의 관계를 다루고 있다는 것을 명확하게 알려야 한다. 오랜 갈등을 해소하는 것은 현재의 갈등을 경감시키는 데 도움을 줄 것이다. 만일 내담자가 과거의 타인에게 말하는 것을 어려워한다면, 상담자는 내담자에게 '여섯 살 꼬마와 같은 과거의 자신' 의 모습으로 이야기해 보라고 제안할 수 있다.

초보 상담자들은 대화의 초기 도입에서 특별한 어려움을 느낄 것이다. 가끔 그들은 미해결 과제에 대한 단서를 발견하고도 내담자가 분노나 소외감을 느낄까 두려워 개입하기를 주저한다. 어떤 상담자들은 빈 의자 기법을 제안했을 때 내담자들이 오해 받고 버림 받았다고 느끼고 상담을 포기할까 걱정한다. 보통 상담자들의 생각과 달리 내담자들은 버림 받았다고 느끼지 않는다. 대신 그들은 상담자가 자신과 함께 문제를 해결하기 위해 노력하고 있으며, 보살핌을 받고 있다고 느낀다.

시작 단계에서 상담자가 내담자에게 불안을 줄여 주고, 확신을 심어 주는 말을 해 주는 것이 도움이 된다. "많은 사람이 이런 감정을 표현하는 것이 도움이 된다는 사실을 알게 되었어요. 그리고 결국 이전보다 더 나은 느낌을 갖게 되었죠. 그들이 관계를 수용하는 데 도움이 되는 것 같았어요." 이런 조언은 내담자가 끝이 보이지 않는 깊은 구렁 속으로 들어가는 듯한 느낌을 받지 않도록 도와준다. 이것은 미래에 대한 긍정적인 마음과 대화의 결과가 긍정적일 거라는 느낌을 주고, 고통스러운 감정을 표현하는 것이 바람직한 결과를 가져다줄 것이라는 확신을 다시 갖게끔 해 준다.

일반적으로 내담자는 상담자에게 직접적이지 않게 그들과 문제를 갖고 있었던 사람들에게 자신의 감정을 자유롭게 표현할 수 있는 기회를 가진 것을 오히려 감사한다. 또한 상담자가 주는 적절한 지지와 이해로 인해 내담자의 미해결 과제가 해소될 때 그들이 많은 안정감을 느낀다는 것을 기억해야 한다. 그들은 억눌려 있던 감정의 부분적인 표현만으로도 상당한 안정감을 느낀다. 훈련 중에 있는 상담자는 지속적인 내담자의 상태를 확인하고 지지하는 것이 필수적이며, 이것이 버림 받은 것 같은 감정을 감소시킨다는 점을 기억해야 할 것이다. 마지막으로 우리는 상담자들이 작업 방법에 대한 강한 확신을 가지고 의사소통하며, 명확하고 자신감 있게 설명하고, 작업과정에 대한 근거를 알고 있을 때 이러한 것들이 내담자들이 작업에 참여하는 자발성을 상당히 높여 준다는 것을 발견했다.

대화가 시작될 때 내담자는 종종 그들이 왜 그런 식으로 느끼는지에 대해 궁금해할 것이다. 지식적인 이해가 내담자에게 지식과 통제감을 주겠지만, 이러한 특별한 상황에서 정서적인 명료성이나 중요한 관계의 변화를 가져오지는 못한다. 미해결 과제 속에서, 사람들은 중요한 일차적 감정이 억눌려 있는 상태와 충족되지 않은 욕구에 대한 반응으로 부정적인 생활양식에 묶여 있으며, 이런 부정적인 반응은 계속해서 현재의 대인관계와 개인의 기능에 영향을 미친다. 상담자는 이런 점을 이해하고, '왜'에 대한 분석적 탐색을 하기보다는 이런 형태의 반응을 일으키는 감정적으로 엉켜 있는 것을 탐색하기 위해 노력해야 한다. 예를 들어, 내담자는 이렇게 말할 것이다.

내담자: 엄마가 왜 이렇게 내 신경을 거슬리게 하는지 모르겠어요. 엄마의 목소리나 행동하는 것에 뭔가 절 짜증나게 하는 게 있어요.

상담자는 이렇게 대답할 수 있다.

상담자: 그래서 이런 것들이 당신을 혼란스럽게 하는군요. 어머니에 대해 격한 감정을 갖고 있는 것 같네요. 어머니가 저기 앉아 있다고 상상할 수 있나요? 어머니를 저 자리에 앉히고, 어머니가 당신을 얼마나 화나게 했는지 말해 봐요.

이와 같이 상담자는 의문들을 확인하는 것뿐 아니라 타인을 향한 숨겨진 감정에 초점을 맞춰야 한다.

중요한 타인과 함께하는 것을 떠올리기

린이 대화에 참여하기로 했을 때 상담자는 그녀가 의자에 앉아 있는 어머니의 이미지를 떠올리도록 도와주었다.

상담자: (의자를 내담자가 마주할 수 있도록 가져다 놓고) 좋아요, 저기 앉아 있는 엄마의 모습이 실제로 보이세요? 그녀는 지금 어떤 표정이죠?
내담자: 네, 볼 수 있어요. 엄마는 지금 탐탁치 않아 하시는 것 같아 보여요.

대화의 시작에서 상담자는 반드시 내담자가 상상 속의 타인과 접촉하고 있다는 사실을 분명히 확인해야 한다. 접촉이란 현재 어떤 사람이 누군가의, 또는 무엇인가의 실재를 상상 속에서나 현실에서나 직접적이고 즉각적으로 경험하고 있는 것을 뜻하는 게슈탈트 치료의 용어다. 과정-경험적 치료의 관점에서 타인에 대한 정서 도식이 떠오르면 이와 관련된 감정이 되살아난다. 만일 접촉이 이루어지지 않으면, 대화는 중단되거나 정체될 것이다. 이 단계에서 접촉을 촉진하기 위해 고안된 방법들은 내담자에게 타인이 무엇을 입고 있는지 묻는 것, 타인의 표정이 어떤지 말해 보고, 그 표정에 대해 반응하도록 요청하는 것 등이 있다. 예를 들어, 상담자가 말할 것이다. "지금 그의 얼굴이 어떤가요? 그를 볼 때 어떤 느낌이 드나요?" 이러한 질문들은 자신과 타인을 연결하고, 감정적 반응을 유발할 것이다. 내담자가 타인을 떠올렸을 때 주로 그 사람은 상징적으로 내담자가 최근에 묘사하거나 반대했던 습관이나 행동을 하고 있을 것이다. 내담자가 타인이 탐탁치 않아 하고 있다고 묘사했다면, 상상 속의 타인은 아마 근엄하고 비판적인 표정을 하고 있을 것이다. 내담자가 타인을 무관심하다고 표현했다면 상상 속의 타인은 아마 고개를 돌려서 내담자를 외면하고 있을 것이다. 예를 들어, 내담자는 이렇게 말할 것이다.

내담자: 엄마는 고개를 돌려 나를 외면하고 있어요.

상담자는 이렇게 대답할 수 있다.

상담자: 그러면 엄마는 지금 당신을 무시하고 있군요. 당신은 이것에 대해 어떻게 느끼나요? 엄마에게 당신이 어떻게 느끼는지 말할 수 있나요?

때로 내담자들은 특정한 방식으로 상대방을 묘사하는데, 상대방의 의자에 있는 상대방이 보통 때와는 극적으로 반대되는 행동을 보이기도 한다. 내담자가 상대방의 부정적인 특징에 대해 불평하는 것은 드문 일이 아니지만 내담자가 타인이 의자에 앉아 있다고 상상할 때 긍정적인 사랑의 감정이 나타나기도 한다. 상담자는 타인에 대한 내담자의 반응이 어떠하든 그것을 따라가야 하고, 내담자가 그 행동이나 태도에 반응하도록 격려해야 한다. 상담자의 신중하면서도 적절한 따라가기와 반영이 계속 되면 결국 타인과 관련된 감정들이 나타날 것이다.

이 시점에서 내담자는 때때로 어려움을 겪기도 한다. 그들은 아마 이렇게 말할 것이다. "음, 나는 엄마(또는 아빠)가 이 상황에서 실제로 어떻게 행동하거나 어떤 말을 할지 확실하게 모르겠어요." 이것은 내담자가 실제로 타인에게 감정을 표현하는 것에 대해 두려움을 느끼는 것과 같이, 대화에 참여하는 데서 오는 혼란스러움과 이중적인 감정의 결과일 것이다. 이런 시나리오에서 상담자는 내담자에게 이 대화가 현실 세계에서의 행동들을 의미하는 것이 아니며 단순히 내담자 자신을 위해 관계를 재처리하고 탐색할 수 있는 기회라는 것을 강조해야 한다. 그러면 내담자는 대화 속에서 부모님이 했던 말들을 똑같이 따라할 필요가 없다는 것에 대해 확신을 가질 수 있다. 예를 들어, 상담자는 이렇게 대답할 것이다.

> 상담자: 만일 당신의 어머니가 실제로 여기 있었다면, 어머니는 아마 완전히 다른 말을 했을 거 같군요. 하지만 우리가 알아보고 싶은 것은 당신의 감정과 당신이 생각하는 어머니의 모습이에요. 당신이 저기 앉은 어머니를 볼 때, 어머니가 당신이 무시당한다고 느낄 만한 어떤 행동을 하고 있나요?

대화의 시작부터 끝까지 상담자는 타인을 의자에 재현시키는 일과 내담자가 자신의 구체적인 경험과 감정을 표현할 수 있도록 격려하는 일에 집중해야 한다. 대화는 추상적이고 지능적인 수준에서는 일어나지 않는다. 일반적으로 대화가 진전되지 않는 것처럼 보일 때, 상담자는 접촉이 일어나고 있는지, 내담자의 감정이 활성화되었는지 평가할 필요가 있다. 일반적인 실수는 다음과 같은 논쟁이나 다툼을 허용하는 것이다. 내담자는 "당신은 거기 없었어요."라고 말한다. 부모는 "나는 거기에 있었다."라고 응답한다. 그러면 대화는 모순되는 주장 가운데서 짧게 끝나 버리고 만다. 대안적인 시나리오는 분노를 직접적으로 표현하지 못하는 내담자가 이렇게 묻는 것이다. "당신은 왜 나를 위해 거기에 있지 않았죠?" 부모는 사실적인 정보를 주며 대답한다. 그러면 상담자는 내담자에게 이런 변명들을 듣고 어떤 감정을 느끼는지 물어볼 수 있다. 타인의 부정적인 반응을 이끌어 내는 것의 목적은 해결되지 않은 감정들이 나타나도록 해서 내담자가 그것을 탐색하고 재구성하도록 하는 것이다.

3단계: 의미 구분과 일차적 정서 표현

타인과의 대화가 준비되기 시작되고 내담자가 상대방과 심리적 접촉을 하게 되면 그다음 단계는 내담자가 상대방에게 슬픔이나 분노와 같은 일차적 감정을 표현하고, 그 의미를 구별하면서 접촉을 유지하는 것이다. 한쪽 자아에 대한 첫 반응은 대체로 광범위하고 외부적이거나 이차적 정서 반응에 초점이 맞추어져 있다. 한쪽 자아의 경험이 충분히 회상되기만 하면, 대화의 목표는 첫 반응을 넘어서 밑바닥에 깔린 의미의 감정들을 분별해 내고, 일차적인 감정 상태를 표현하는 것을 촉진하는 것으로 바뀐다. 불평은 항상 좀 더 근본적인 부분들(분노와 슬픔)로 구분될 수 있다.

린이 반대편 의자에서 가상의 엄마와 접촉한 이후, 상담자는 그녀의 엄마에 대한 그녀의 감정들을 구별해 내고 표현하도록 하였다.

상담자: 음, 어머니는 뭔가 못마땅해 보이네요. 어머니가 못마땅해 하는 것을 보면서 어떤 감정을 느끼시나요?

린: 음, 엄마를 실망시킬까 봐 두렵네요. 전 엄마가 요구하는 모든 것을 하기가 싫었어요.

상담자: 엄마에게 엄마의 많은 기대에 맞추어 행동하는 것이 얼마나 힘든 일이었는지 이야기해 보세요. 예를 들어, 집안 청소를 하는 것, 형제들을 돌보는 것에 대해서 말이에요.

린: 엄마는 나에게 너무 많은 것을 기대했어요. 엄마는 언제나 엄마가 옳다고 믿는 것을 나에게 강요했어요. 그리고 엄마는 내가 사회성을 개발하거나 친구를 사귀는 것을 시간낭비라고 생각하도록 만들었어요.

상담자: 지금 어떤 감정이 느껴지는지 말해 줄래요?

린: 어딘가 묶여 있는 것 같고, 뭔가 옳지 않은 일을 한 것 같아서 겁나요. 기분이 엉망이네요.

여기서 상담자는 린이 이미 벌어진 일에 대한 경험을 분별해 내는 것을 도와주기 시작했다. 상담자의 적절한 지도 없이는 내담자는 상대방에게 직접적으로 말하지 못하고 대신에 상담자에게 그들이 받는 부당한 대우에 대해서만 연달아 이야기할 것이다. 가끔 그들은 상대방에게 혐의를 덮어씌우기도 한다. 상담자들은 내담자들이 경험한 상대방을 그대로 내면에 그리도록 촉진하고, 감정을 직접적으로 상대방에게 표현하도록 격려해야 한다. 다음에 나오는 대화들은 상담자가 내담자에게 하는 반응의 한 예로 내담자는 알코올 중독인 아버지로부터 받은 학대를 막아주지 못한 엄마에 대해 분노의 감정을 가지고 있었다.

내담자: 엄마는 이기적이에요! 엄마는 한 번도 집에 없었고, 엄만 아빠가 술에 취해 폭력을 휘두르는 걸 피하기 위해 우릴 남겨두고 떠났죠. 난 날라 오는 것들을 잡아야 했어요. 말 그대로 아빠가 던지는 걸 잡아야 했죠. 날아오는 꽃병, 접시 같은 것 말이에요.

상담자: 네, 정말 힘들었겠어요. 얼마나 무서웠을까! (침묵) 엄마에게 당신이 그때 어땠는지 말해 줄 수 있겠어요?

내담자: 음, 싫었어요. 난 엄마가 우릴 거기에 버려 두고 갔다는 사실을 믿을 수 없어요!

상담자: 네, "난 너무 무서웠어요." (침묵) "난 엄마가 우릴 남겨두고 가서 분노했어요."

상담자가 질문한 내담자의 어머니에 관한 경험에 대해 내담자가 한 첫 번째 반응은 여전히 표면적이다. 그녀는 자신의 경험에 대해서 "싫었어요."라고 말함으로써 객체화시키고 있고, 그녀의 어머니의 행동에 대해 비난조로 불신을 토로하고 있다. 따라서 그녀의 초점은 자신의 경험 외부에 머무르고 있고, 그녀의 말에서 그녀가 어머니보다 약한 위치에 있음을 알 수 있다. 이 표현이 나타났을 때, 상담자는 내담자의 말을 재반영하고, 그들의 경험을 인정하며, 그들의 첫 번째 사람에게 '나' 중심 언어를 사용하도록 함으로써 내담자에게 힘을 실어 주도록 노력해야 한다. 예를 들어, 내담자는 다음과 같이 말할 수 있다.

내담자: 난 엄마가 그렇게 인색하고 상처를 많이 줬다는 사실을 믿을 수 없어요.

상담자는 이렇게 대답할 것이다.

상담자: "내가 상처를 받았다." 라고 이야기할래요?

부정적인 자아의 실연을 촉진하기

대화의 초기 단계에서 상담자는 내담자가 상대방의 입장이 되어서 실연하도록 돕는다. 일반적으로, 상대방은 부정적이고 내담자에게 힘든 감정을 일으키게 하는 역할을 맞게 된다. 이 시점에서 상담자의 목표는 내담자가 상대방의 특징을 완전하게 표현하도록 하고, 감정적인 경험이 나타나는 것을 촉발하도록 돕는 것이다. 린의 상담자는 그녀에게 그녀의 어머니에 대한 내면적 표상을 이용하도록 격려한다.

상담자: 네, 자리를 바꾸세요. 여기 와서 당신의 어머니가 되어 보세요. 무슨 대답을 하고 싶어요?

내담자: (어머니가 되어) 난 바빠. 할 일이 산더미야. 나를 성가시게 구는 넌 필요 없어. (잔소리하는 식으로 손가락을 흔들며) 내가 말한 걸 똑바로 하기나 해! 네 남동생들이나 잘 돌보라고. 그리고 네 친구들과 어울려 다니는 짓 같

은 건 하지도 마. 그런 나쁜 종자들이랑 어울려 다니는 것보다 학교 마치고 곧장 집으로 돌아오는 게 훨씬 나을 거야.

상담자: 음, 엄마로서 당신은 그녀를 꼼짝 못하게 가두어 버리고, 꾸짖고, 그녀의 관심을 무시했군요. 당신은 당신 손짓이 무엇을 의미하는지 알아차리고 있나요?

내담자: (손가락을 다시 흔들며) 네, 아마 "난 옳고, 넌 틀렸어. 그리고 내가 말한 대로 행동해."라고 말하는 것 같아요.

이 과정에서 상담자는 상대방의 부정적인 반응에 대해 표현하도록 촉진한다. 비록 상담자는 내담자가 불필요한 고통을 초래하고 있다고 느낄지라도, 반대편의 특징을 잡아내는 것은 그 단계에서 매우 필수적이다. 내담자가 부정적 경험에 대해 시연하는 것은 내담자가 상대방의 입장을 경험하게 한다. 그리고 이 체험은 타인의 의자를 통해 반드시 표현된다. 내담자가 상대방의 특정한 목소리의 톤이나 신체적인 습관을 따라 하며 실제 경험한 상대방을 표현하는 것은 흔하게 일어나는 일이다. 그리고 상담자는 상대방의 습관을 알아차리고 관찰하며, 내담자가 자신의 감정을 알아차리고 표현할 수 있도록 촉진한다. 만약 내담자가 반응할 때 자의식에 빠지게 되면, 상담자는 그들의 의도가 내담자를 불편하게 만들기 위한 것이 아니라, 감정의 자각을 강조하기 위함임을 반복하여 말해 주어야 한다. 목표는 매일 매일의 내담자의 삶 속에서 계속해서 삶의 궤도를 벗어나게 하는 관련 있는 부정적인 정서반응을 활성화하는 것이다.

가끔씩 상대방은 긍정적으로 나타나지만 결국 서서히 부정적인 모습으로 변해 간다. 예를 들어, 한쪽 부모는 자애로운 태도로 자식을 통제하려고 하거나 숨이 꽉 막히게 할 수 있다. "널 위해 네가 최선을 다했으면 좋겠어." 이런 말에 대해서 내담자가 강한 죄책감이 없다면 부정적인 감정을 느끼기 어려울 수 있다. 따라서 상담자는 상대방 반응의 특성에 대해 잘 포착해야 하고, 부모의 긍정적인 측면을 알아차리고, 인정해야 하지만 내담자의 행동에 대한 부모의 입장이 함축하고 있는 전체적인 의미를 탐색하도록 격려하는 것 또한 필요하다. 예를 들어, 상담자는 경험적인 공식을 가지고 반응할지도 모른다.

상담자: 내 생각에 당신은 어머니가 당신에게 최선을 다하고 싶어 했다는 것을 알고 있어요. 그리고 한편으로는 당신은 엄마가 당신을 정말로 사랑한다는 것을 알고 있고, 그 사실이 당신에게 중요하죠. 하지만 어쨌든 그 사실이 당신을 혼란스럽게 만들 거예요. (침묵) 당신은 결국 억압 받고, 질식할 것 같은 답답함을 느꼈을 거예요. 그리고 엄마를 실망시킬 것에 대한 두려움 때문에 당신이 진짜로 원하는 것이 무엇인지 말할 수 없었을 거예요. 맞나요?

이 반응에서 상담자는 내담자 부모의 행동 방식의 긍정적이고 부정적인 면들을 탐색하고 혼합되어 있는 죄책감과 분노, 슬픔과 같은 감정들을 수용하는 추가적인 작업을 한다. 때로는 공감에 기초한 상담자의 추측도 사용하였다. 그런 후, 내담자에게 일차적 감정이나 경험이 나타난다면, 상담자는 재빠르게 그것의 표현을 지지하고 격려한다.

의미 탐색하기

이 중요한 관계에서 내담자들이 경험하는 것의 의미를 탐색하고 구분하는 것을 돕기 위해, 상담자는 현재 기분에 대한 공감적 조율을 비롯하여 주관적 경험과 공감적 탐색 반응, 탐색을 돕는 질문, 회상을 불러일으키고 탐색을 돕는 반영들, 공감에 기초한 상담자의 추측, 상담과정의 관찰, 그리고 적절한 질문들을 사용한다. 린과 나눈 다음 대화에서 린은 어머니에게 대답하였고, 과정 제안을 어떻게 사용하는지에 대하여 보여 준다.

린: 난 엄마가 지시한 대로 안 할 거예요. 엄마는 제 말을 절대 듣지 않아요! (울음)

상담자: (부드럽게) 엄마에게 당신이 하고 싶었던 것들 중에서 하지 못한 것이 무엇인지 이야기해 보세요.

린: 난 엄마가 날 사랑한다고 하는 말을 듣고 싶었어요. 난 외로웠고, 혼란스러웠고, 언제나 엄마를 기쁘게 하기 위해 살았어요. 하지만 한 번도 엄마는 날 사랑한다고 하지 않았어요.

상담자: 정말 상처를 받았겠네요. 엄마는 사랑을 표현하지 않았고, 얼마나 당신이 엄마에게 의미 있는 존재인지 말해 주지 않았군요. 그걸 엄마에게 말해 보세요.

앞의 예에서, 상담자는 내담자에게 자신이 원했던 것을 어머니에게 직접적으로 표현하도록 할 뿐만 아니라 자신이 잃어버린 것에 대해서도 분명하게 표현하도록 도왔다. 내담자가 "엄마는 내 말을 절대 듣지 않아요!"라고 말하며 애처롭게 울 때, 상담자는 그 안에 내포된 욕구를 들었고, 내담자가 그것을 상징화하고 분명하게 표현할 수 있도록 도왔다.

의미를 구별하는 것은 일반적으로 앞의 예와 같은 방식으로 내담자만의 특수한 경험을 불러일으키고, 내담자가 자신의 특수한 고통을 탐색하도록 돕는다. 예를 들어, 한 내담자는 자신이 12세 때 살인을 저지른 어머니로 인하여 고통 받고 있었다. 상담자는 다음과 같이 반응했다.

내담자: 내 삶 속에서 당신 같은 분이 정말로 제 주변에 있었으면 좋았을 것 같은 시기가 있었어요.

상담자: 그녀에게 당신을 위해 옆에 있어 준다는 것이 어떤 의미인지 이야기해 주세요. 당신이 무엇을 원했고, 잃어버렸는지를 말하세요.

내담자: 크리스마스에 집에 올 수 있는 기회를 잃어버렸어요. 난…….

상담자: 난 가정을 잃어버렸어요.

내담자: 난 소속감을 잃어버렸어요. (침묵) 난 지금 다른 가족이 있죠. 숙모와

삼촌이 있어요. 언제나 난 왜 숙모, 삼촌과 사는지에 대해 사람들에게 설명해야 했어요. 정말 골치 아팠죠.

상담자: "난 모든 면에서 엄마의 보살핌이 필요했어요."라고 말하는 것 같네요.

내담자: 네.

일차적 감정의 표현 촉진하기

이 단계에서의 또 다른 목표는 내담자가 이차적 감정인 절망감, 불평, 분노나 이와 비슷한 부정적 감정을 슬픔, 분노, 두려움, 부끄러움과 같은 일차적 감정으로부터 구분해 내는 것을 돕는 것이다. 일차적인 슬픔과 분노를 순수하게 표현하는 것은 반드시 상징화되고 구분되어 표현될 필요가 있다. 상담자의 과제는 감정적인 표현에 대해 정확하게 접근하고 초점을 맞추는 것이다. 상담자는 반드시 상담자 자신의 즉각적인 감정을 충분히 표현하면서 내담자들을 따라가야 한다. 이것을 하기 위해서 감정 밑바닥에 깔려 있는 일차적 감정으로부터 파생된 이차적 감정을 인식하고 알아차릴 수 있어야 한다. 과정-경험적 상담자들은 2장에서 표현된 다양한 유형의 정보들을 이용한다. 이 정보들은 친밀한 공감적 조율, 비언어적 단서들, 정서의 구체적인 특성들에 대한 지식, 그리고 내담자의 개인사와 감정표출 스타일에 관한 지식들이 포함된다.

전형적인 이차적 감정들(절망감, 체념, 우울, 염려)은 빈 의자 작업에서 표현된다. 이런 감정들은 때로 바깥으로 표현되고, 비난조로 표출되기도 한다. 상담자들은 이차적인 감정들을 통해서 내담자들을 있는 그대로 인정하고 도와주지만 일차적 감정을 '순수하게' 표현하도록 격려하는 목표를 유지한다. 처음에는 이차적 · 일차적 감정들이 때때로 뒤섞이고 서로 혼합된 방식으로 경험되고 표현된다. 예를 들어, 불평은 분노와 슬픔과 함께 결합될 것이고, 내담자들은 '슬프고 화나고…… 혼란스러움 같은' 이라고 자신의 느낌을 이야기할 것이다. 학대와 연합된 부적응적인 공포와 부끄러움, 혐오의 경우에는 내담자가 일차적인 분노와 슬픔에 접근할 준비가 되었다고 판단되었을 때 상담자가 그 감정에 접근하고, 확인하며, 재처리해야 한다(Greenberg, 2002a).

내담자들은 독특한 감정 스타일과 표현방식을 가지고 있고, 그 진행에 있어서도 모두 다르다. 어떤 내담자는 자신의 감정에 대해 이야기하는 것이 다른 사람보다 빠르다. 어떤 내담자들은 일관성 없는 방식으로 감정을 표현하는데, 이 경우 내담자들은 하나의 감정에 초점을 맞추기 어려워한다. 예를 들어, 분노를 마구 표현한 다음에 갑자기 슬픈 감정에 빠져들기도 한다. 여전히 어떤 내담자들은 분노와 같은 특정한 감정에 초점을 맞추도록 요구하면, 빠르게 슬픈 감정에 빠져든다. 상담자는 내담자의 특정한 감정 스타일에 대한 이해를 확실하게 해야 하고, 슬픔, 분노, 그 밖에 관련된 일차적 감정을 분리하고, 구분하고, 표현하기와 같은 임시적인 목표를 통해 모든 관련된 감정들을 인정함으로써 그들을 도울 수 있다. 게슈탈트에서 상담자는 내담자의 접촉 작업에 관여한다(Strümpfel & Goldman, 2002). 그들은 내담자들의 순간순간 경험에 근거하여 내담자의 모든 감정이 나타날 때까지 함께한다.

내담자(엄마로서): 내 눈 앞에서 사라져. 아무것도 아닌 게. 네가 이야기하는 건 안 들을 거야. 네가 말하는 건 다 바보 같고 들을 가치가 없어. 그냥 조용히 암말 말고 저기 구석에 가서 앉아 있어!

상담자: 좋아요, 여기 와서 앉아요. (자기 의자를 가리킨다) (내담자는 자기 의자로 간다) 엄마가 내 눈 앞에서 사라지라고 하면 어떤 기분이 드나요?

내담자: (어깨를 구부리며) 그때는 얼어붙고, 감각이 없어지는 것 같고, 좌절감에 사로잡혀요. "이런 느낌이 무슨 의미일까요?"

상담자: 음, 절망감이죠. 그런 느낌에 좀 더 집중해 볼 수 있겠어요? 당신 몸에는 어떤 느낌이 드나요? 가슴이라든지…….

내담자: 음, 고통스럽네요. 목을 조여 오는 것 같기도 하고, 심장이 쿵쿵 뛰어요. (침묵) 좌절감도 느껴지고, 슬프고, 갑자기 짜증이 나고 그러네요.

상담자: 음, 동시에 화도 나면서 슬프단 말이죠. 지금 느낌은 어떤가요?

내담자: 정말 아프네요. 너무 고통스럽고 배를 얻어맞은 것 같아요.

상담자: 정말 고통스럽겠어요. 엄마가 얼마나 당신을 아프게 했는지 이야기해 주세요.

독자는 이 대화를 통해 신체 감정에 집중함으로써 어떻게 이차적인 감정인 절망감이 일차적인 감정인 상처와 고통으로 분리될 수 있는지를 알 수 있을 것이다. 여기서 상담자는 내담자가 충분히 자신의 슬픔을 탐색하고 표현하는 작업을 하도록 시작할 수 있다.

슬픔을 다루는 작업은 공감적 조율과 가치인정을 해 주며, 내담자를 고통에 직면하게 하고, 그들에게 일정한 형식이 없는 경험을 하나의 상징으로 표현하도록 돕는다. 때로 이것은 단순하게 슬픔이라는 감정에 호기심을 두고 따뜻한 관심을 보이며, 공감해서 내담자가 그 감정을 충분히 표현할 수 있도록 허용하는 것을 의미하기도 한다. 따라서 상담자들은 자신이 이렇게 말하는 것을 발견할 것이다. "이 문제에 대해 정말 고통스러워하는 것 같아 보이네요. 그리고 그것을 당신 어머니에게 말씀 드리는 것이 중요할 것 같아요." 때때로 상실의 슬픔을 다룰 때 상담자는 '고통으로부터 들려오는 소리를 듣는 것'(Egendorf, 1995)과 같은 간단한 공감적 반응을 해야 한다. 그리고 그들이 슬픔을 표현하기 이전에 슬픔을 느낄 수 있는 여지를 허락해야 한다. 예를 들어, 열두 살 때 엄마를 잃은 한 내담자가 슬픔에 직면할 때, 상담자는 그저 내담자 옆에 앉아 고개를 끄덕이며 "그래요."라고 대답하는 것이다.

상담자: 눈물이 나면 울어요. 거기엔 슬픔의 샘이 있고, 많은 고통이 들어 있을 거예요.

결국 내담자가 충분히 자신의 고통과 눈물을 표현하고 수용하도록 기회를 주며, 상담자는 다음과 같이 말했다.

상담자: 엄마에게 슬픔에 대해서 이야기해 봐요.

학대의 경우에 상담자는 학대자들에게 내담자의 슬픔에 관해 이야기하도록 촉구해서는 안 된다. 왜냐하면, 학대자로부터 내담자는 따뜻함과 포근함을 원하지 않기 때문이다. 실제로, 그런 요청 자체가 내담자에게 폭력과 같이 느껴질 수 있다. 이런 사례에서는 내담자에게 안전한 대상이나 상담자에게 슬픔을 표현하도록 하는 것이 최상의 방법이다.

분노를 다룰 때는 이차적 분노와 일차적 분노를 구별하는 것이 중요하다(2장 참고). 공격에 대한 반응인 일차적 분노 혹은 그냥 분노는 필수적이고, 인정되어야 하며, 표현하도록 허락해야 한다. 미해결된 과제로서 이 분노는 계속 부인되어 왔을 것이다. 왜냐하면 그것은 중요한 관계 속에서 표현하기가 위험하기 때문이다. 일차적 분노에 접근하는 것이 불가능할 때, 사람들은 적응적인 행동을 촉진할 수 있는 건강한 자원에 도달하는 길을 잃어버리게 된다. 따라서 분노를 표현하고, 상대방과 대치할 때 다음과 같이 말할 수 있다. "당신이 그렇게 나를 상처 주는 것은 분명히 잘못했고, 정말 지긋지긋했어요. 그리고 난 그런 대접을 받을 사람이 아니에요!" 이것은 내담자에게 힘을 실어 주고 치료하는 효과를 준다. 이차적 분노로부터 일차적 분노를 구분하기 위해, 상담자는 그 분노가 폭력에 대한 반응이며, 자기주장이 포함되어 있는지에 대한 기준을 사용한다. 반대로 이차적 분노는 좀 더 거칠고, 불평과 다른 사람을 제거하려는 의도를 띠며, 상처 받은 감정을 표현하는 것을 모호하게 만든다. 이차적 분노를 표현하는 것은 내담자의 고통을 경감시키지 않으며, 한 사람의 경험에 있어서 발전된 행동을 취할 수 없게 한다.

트라우마와 관련하여 아직도 끝나지 않은 고통을 겪고 있는 내담자들을 다룰 때, 상담자는 이차적인 분노와 부적응적인 분노로부터 일차적인 적절한 분노를 구분하는 것을 배우는 것이 매우 중요하다. 이차적인 분노와 부적응적인 분노를 표현하는 것은 고통을 완화시키지 않고 트라우마를 재경험하도록 내담자를 위협할 수 있다. 트라우마를 다루는 작업에서 Paivio와 Greenberg(1995)는 일반화된 분노와 만성화된 부적응적 분노를 구분했는데, 만성화된 부적응적 분노는 특정한 타인을 향해 특수한 공격방법으로 분노를 표현하는 반면, 억압된 일차적 분노는 극대화될 필요가 있고, 자기에게 힘을 북돋워 주며, 자기를 보호하기 위한 행동을 증진시키는 역할을 한다.

결국, 정서를 다루는 이 단계에서 상담자는 일단 감정이 완전하고 자유롭게 표현되기만 하면 감정은 빠르게 움직인다는 것을 아는 것이 필요하다. 더욱이 분노와 슬픔은 시간의 흐름에 따라 서로 따라가는 경향이 있다. 따라서 일차적 슬픔이 충분히 표현될 때, 일차적인 적응적 분노가 나타나기 시작하고, 경계선이 만들어진다. 다음 차례로 적응적인 분노가 충분히 표현되면 내담자들은 상실과 배신의 고통을 인정하게 되고, 그들이 잃어버린 것에 대해서 충분히 슬퍼할 수 있게 된다.

빈 의자 기법으로 자기 차단 다루기

우리가 11장에서 알아보았듯이, 내담자가 감정이나 욕구를 충분히 표현하려고 시도할 때, 때때로 장벽이나 자기 차단에 직면할 수 있다. 그런 장벽들은 빈 의자 기법에서 매우 흔하고, 두 의자 기법에서도 흔하게 일어난다. 특히 두 의자 실연은 빈 의자 기법에서 부수적으로 행해지는 작업이다(11장 참고). 이렇게 상담에서 행해지는 두 의자 기법은 내담자가 스스로의 자아나 경험적 측면을 타인에게 표현하는 것이 준비되었다고 생각될 때 실행된다. 상담자는 아마 이렇게 말할 것이다. "좋아요, 그러면 당신 어머니를 이 의자에 앉히고 당신이 어떤 것을 느꼈는지 이야기할 수 있겠어요?" 이 작업은 현재 미해결된 과제를 체념한 채 살아가고 있는 장기적 미해결 과제 경험자에게 특히 중요하다.

4단계: 충족되지 않은 욕구의 인정과 표현(부분적인 해결)

다음 단계의 대화에는 애착이나 분리 또는 자존감과 같은 기본적인 내면의 욕구를 표현하고 인정하는 것이 포함된다. 내담자들에게는 중요한 관계에서 절대로 표현되지 못한 욕구들이 있는데, 내담자들은 표현할 수 있는 자격이 없다고 생각한다. 내담자들은 상담의 결과가 좀 더 생산적으로 되기 위해서 자신이 가진 그런 감정을 반드시 표현해야 하고, 타인의 비난이나 박탈에 대한 것보다 자기의 생각이나 권리부여에 관한 느낌들을 표현해야 한다. 이 단계에서 상담자는 단순하게 내담자를 따라가고 감정과 욕구에 대한 표현을 촉진한다. 또한 상담자는 내담자가 타인의 침범에 대해 "싫어."라고 말하도록 하거나 내담자들의 권리를 재확신시킴으로써 자기 영역을 상징화하고 확신할 수 있도록 돕는다. 상담자들은 내담자들이 그들의 초기 경험 시절에 자신의 기본적인 욕구를 부인할 필요가 있다는 사실을 발견하는 것에 대해 인식하게 된다. 그 결과 그들은 자동적으로 자신의 욕구를 표현하거나 표현하는 작업에 참여하는 것을 거부하게 된다. 그러므로 상담자는 내담자들에게 생겨나고 있는 욕구를 듣고, 또한 그 욕구를 빠르게 인정하며, 내담자가 그것을 표현할 수 있도록 격려해야 한다. 상담자의 지시에 따라 그녀가 어머니에 대한 반응을 했을 때, 린은 계속해서 그녀의 밑바닥에 깔려 있었던 어머니에 대한 감정들을 표현했고, 마침내 욕구들이 나타나기 시작했다.

상담자: 어머니에게 바랐던 것을 이야기해 보세요.
내담자: 내가 누구든지 나를 한 인격체로 봐 주세요.
상담자: 그래요, 어머니에게 요구해 보세요.
내담자: 난 엄마가 나 자신을 있는 그대로 인정해 주길 바랐어요. 나는 내 자신을 표현하고 싶었고, 그게 나에게 어떤 의미인지 말하고 싶었어요.
상담자: 음, 수용 받고 싶었군요.
내담자: 네, 수용 받고 싶었어요. (운다) 사랑한다는 말을 듣고 싶었어요.

최근 정서 이론에 따르면(2장 참고), 감정과 욕구는 매우 긴밀하게 연결되어 있고, 한 사람의 행동은 상대방에게 단서를 제공할 수 있다. 따라서 감정을 탐색하는 것은 전형적으로 관련된 욕구들을 수반한다. 내담자들이 쉽게 욕구를 말하지 않을 때, 과정-경험적 상담자들은 관련된 욕구를 알아내고, 내담자들이 그것을 표현할 수 있도록 탐색적인 질문이나 공감에 기초하여 추측한다. 결국 충족되지 못한 욕구들을 표현하는 것은 때로 일차적인 감정을 더 깊이 지각할 수 있도록 한다.

상담자: 매우 슬픈 감정을 느끼고, 심한 고통을 느끼고 있네요. 사랑받지 못하고, 혼자라고 느끼고, 제지당했을 때를 기억해 보세요. 당신이 듣고 싶었던 말을 엄마에게 이야기해 보세요.

내담자: 전 엄마가 날 사랑한다는 말을 듣고 싶었어요.

상담자: 그것이 당신에게 어떤 영향을 미쳤는지 말해 보세요.

내담자: 외롭고……. 음, 혼란스럽고 (코를 훌쩍인다) 그리고…….

상담자: 당신은 너무 슬프고 외로웠군요. 엄마에게 원했던 걸 말해 보세요.

내담자: 난 엄마가 날 사랑한다는 것을 그 자리에서 보여 주길 원했어요.

내담자가 항상 자신의 욕구를 알아차리는 것은 아니고, 때로는 욕구를 알아차리는 능력을 상실하기도 한다. 내담자들이 욕구를 알아차리지 못할 때, 이전에는 알지 못했던 욕구들을 발견하기 위하여 상담자는 경험적 초점화하기(9장 참고)를 사용하는데, 이것은 내담자의 지각을 증대시키거나 공감적 탐색(7장 참고)을 촉진시킬 수 있다. 만약 내담자들이 자신의 욕구를 말하는 것에 거부감을 느낀다면 우리가 11장에서 논의했던 것처럼 그들의 거부감을 자기 차단으로 보고 충분히 다루어 주는 것이 도움이 될 것이다. 따라서 이러한 빈 의자 작업단계는 시간이 걸릴 수도 있으며, 여러 회기로 상담 기간이 길어질지도 모른다. 왜냐하면 내담자는 종종 자부심과 자신의 욕구에 대해 언급하며, 그렇게 함으로써 실망을 감수해 내는 데 필요한 용기를 키울 시간을 종종 필요로 하기 때문이다.

욕구가 상대방에 의해서 채워질 수 없거나 채워지지 못할 상황에서도 내담자는 자신의 욕구가 상대방에 의해 충족될 권리가 있다는 것을 인식해야 한다. 이 인식은 때때로 충족되지 못한 채 방임된 욕구에 대한 중요한 처리를 시작하게 한다. 이 시점에서 상담자는 내담자의 충족되지 못한 채 방임되었던 기대들을 지지하고 촉진한다. 방임된 욕구들이 일차적인 감정을 표현하면서 자연스럽게 흘러나오지 못할 때, 상담자는 내담자의 충족되지 못한 기대들이 상대방에게 충족되거나 혹은 충족될 수 있는지를 탐색하고 평가하도록 돕는다. 또는 상담자는 내담자들이 학수고대 하고 있는 기대에 대해 탐색하도록 돕는다. 이런 상황에서 상담자는 내담자에게 중요한 타인에게서 "나는 내 욕구를 만족시키는 것을 절대로 포기하지 않을 거야."라고 표현하도록 도울 수도 있다. 결과적으로, 방임된 욕구들은 자신의 필요를 채워 줄 가능성이 있는 애착 대상을 상실한 것에 대해 애도하는 또 다른 슬픈 작업에 들어가게 된다.

5단계: 상대방에 대한 표현의 변화

내담자의 감정이 고조되면서 그 감정을 직접적으로 표현하고, 그들의 욕구를 정당하게 느끼게 되면서 내담자는 이전에 중요했지만 너무 위축되었던 인식을 자유롭게 풀고 상대방에 대한 그들의 관점을 확장시키기 시작한다. 관점의 이동 방향은 내담자의 사람들과의 관계 경험뿐만 아니라 가해자에 대해 상담 초기에 어떻게 반응했느냐에 따라 달라진다. 이전의 트라우마나 학대가 없는 경우에는 내담자의 권리를 박탈하거나 가혹하게 굴었던 상대방을 좀 더 긍정적으로 평가하고, 후회의 감정을 표현한다. 상대방이 자신으로부터 분리되며, 그들도 자신만의 어려움을 가지고 있고, 좋은 면과 나쁜 면 모두를 가지고 있다는 것을 알게 된다. 학대나 트라우마와 관련된 시나리오에서 상대방은 내담자를 이전보다 덜 괴롭히고, 덜 지배적인 모습을 보인다. 그리고 힘이 좀 더 약해지고, 내적 결점들을 보이기 시작한다. 내담자는 상대방에게 그들의 행동에 대한 책임을 돌리며, 그들이 내담자의 부정적인 감정을 느껴야 마땅하다고 생각하기 시작한다. 양쪽의 예에서, 내담자는 상대방에 대하여 이전보다 좀 더 많은 힘을 느끼고, 관계에 의미를 부여하며, 자신의 감정에 대해 권한을 가지기 시작한다.

엄마에 대해 린이 표현하는 '거부'와 '비하'는 자신을 지지 받을 곳이 없는 연약한 사람으로 약화시켰다. 그리고 린은 엄마에 대한 연민을 느끼기 시작했다. 상담자는 그 감정을 반영하고 대화를 촉진했다.

린: 엄마가 그때 어떤 시간을 보냈는지 알아요. 엄마는 아빠의 도박 때문에 혼란에 빠졌었죠.

상담자: 여기로 올 수 있겠어요? 좋아요. 엄마가 되어 볼래요? (내담자가 다른 의자로 이동한다) 그리고 린에게 사랑을 보여 줄 수 없었을 때 어떤 심정이었는지 이야기하세요.

린(엄마로서): 그땐 네 아빠의 도박 때문에 여력이 없었구나.

상담자: 네, 그게 당신에게 어떤 의미인지 이야기하세요.

린(엄마로서): 엄마로서 너와 네 남동생을 잘 키우려고 노력했는데, 난 혼자였고 무서웠어. 그리고 그때 난 정말로 혼란스러웠고, 우리가 잘 살아갈 수 있을지도 확신할 수 없었어.

상담자: 당신은 아이들 곁에 있어 줄 수 없어서 미안했군요.

린(엄마로서): 네, 그때 난 내 작은 세계에 갇혀 있었어. 그냥 절망적이었지. 그때 네 아빠에게 가족의 중요성을 깨닫게 해 주고 싶었어. 정말 여력이 없었고, 내 자신조차 사랑할 수 없었단다. 나의 그런 감정들을 너에게 표현하기가 그땐 너무 어려웠어.

상담자: 당신 남편에게 무엇이 중요한지를 깨닫게 하기 위해서 정말 필사적인 노력을 했었군요.

린(엄마로서): 네, 음……. (침묵) 네가 다른 것을 하지 못하도록 하고, 친구들을 사귀지 못하게 해서 미안해. 난 네 도움이 필요했어. 난 일을 했어야만 했고,

이 시점에서 상담자가 할 일은 상대방에 대한 관점의 이동을 알아차리고 지지하는 것과 상대방의 관점을 정교화하고 통합하는 것이다. 결국 이 과정은 내담자가 자기와 다른 사람을 위해 새로운 정보를 그들의 내면에서 진행 중인 정서 도식에 통합시키는 것을 돕는 것이다. 따라서 상담자는 중요한 타인의 관점을 정교화하도록 촉진하고 반영한다. 이 단계에서는 상대방이 사과하고 이해를 위한 질문을 하는 것이 일반적이다. 내담자는 학대나 트라우마와 관련한 상황이라면, 내담자는 다른 상처나 역기능을 보일 수 있지만 부끄러운 행동의 책임에 대해 기꺼이 받아들일 것이다.

6단계: 자기 확신과 부정적인 감정으로부터 해방(완전한 해결)

빈 의자 기법에서 완전한 해결은 내담자가 자신이 가치 있다고 생각하기 시작하고 미해결된 부정적인 감정들로부터 떠나기 시작할 때 일어난다. 이 떠나보내는 작업은 세 가지 방법들로 이루어진다. ① 경험한 폭력의 책임을 상대방에게 전가하기, ② 상대방에 대한 이해 증진하기, ③ 상대방의 과거의 잘못을 진정으로 용서하기, 학대와 관련되지 않은 내담자는 상대방에 대해 좀 더 이해하게 되었고 상대방을 공감하고, 동정하며, 때로 용서하는 관점을 보이기도 했다. 모욕을 당했거나 트라우마와 관련된 상황에서 이것을 떠나보내는 것은 그 사건에 대한 책임을 상대방에게 전가한 후 그 주제에 더 이상 머무르지 않는 것을 말하지만 이 작업을 하면서 공감과 용서 또한 같이 일어난다. 이런 다양하고 성공적인 결과는 다음 부분에 각각 설명될 것이다. 결국 내담자는 부정적인 감정들을 떠나보내고 자신을 확신할 수 있게 된다.

상대방에 대한 이해 또는 용서

이어 나오는 대화에서 린은 과거에 상실했던 것에 대해서 슬퍼하고, 상대방에 대한 관점을 변화시킨다. 상담자는 이때 내담자가 공감적으로 상대방을 이해할 수 있도록 도와주고, 용서의 형태를 사용하여 상실했던 것을 보상하도록 도와준다. 상담자는 내담자를 괴롭게 했던 상대방이 이해받기 원하거나, 그들이 내담자가 상실한 것에 대해 충분히 이해하기를 원할 때, 내담자에게 새롭게 나타나는 감정들을 확인한다. 상담자는 또한 새로운 감정 정보를 통합하는데, 이것은 낡은 관계와 부정적 감정들을 좀 더 확실하게 떠나보낼 수 있게 하고, 내담자가 앞으로의 삶에 충실할 수 있도록 한다.

상담자: 좋아요, 여기로 오세요. (내담자는 자기 의자로 간다) 엄마는 당신이 바깥세상으로 나가는 것을 막았었다고 말하고 있네요. 무슨 말을 하고 싶나요?

린: 엄마를 용서해요.

상담자: 엄마에게 말하세요.

린: 엄마를 용서해요. 그것이 엄마가 그 당시 나에게 할 수 있는 최선이었을 거예요. 비록 내가 원한 건 아니었지만 (운다) 엄마를 이해해요. 음, 엄마가 날 사랑하고, 나에게 관심을 가지고 있다는 걸 알아요.

상담자: (부드럽게) 그렇게 말하는 걸 보니 슬픈 것 같네요.

린: 네, 난 엄마가 날 사랑한다는 말을 듣고 싶었어요. 엄마가 그 말을 하는 걸 듣고 싶었어요. 난 외로웠고, 내가 어떤 사람이든지 이해 받고 싶었어요. 난 내 자신을 방임한 채로 살았고, 너무 고통스러웠어요. 날 위해서라도 엄마를 좋아했어야 했어요.

상담자: 엄마한테 말하니 기분이 어떤가요?

린: 강해진 느낌이에요. 내 자신을 한 인격체로 존중할 수 있게 된 것 같아요.

상담자: 좋아요, 여기 와서 엄마가 되어 보세요. (내담자가 다른 의자로 간다) 뭐라고 이야기하고 싶나요?

린(엄마로서): 나는 내가 잘못된 친구로부터 널 보호하고 있다고 생각했어. 너에게 중요한 것을 잃어버리게 해서 미안해. 널 그렇게 아프게 해서 미안해.

넌 나에게 중요한 존재란다. 그건 내가 할 수 있는 최선이었어. 내가 알고 있었던 전부였단다.

상담자: 네, 여기 린의 의자로 와 보세요. (내담자는 자기 의자로 이동한다)

린: 그리고, 음, 엄마를 용서해요. (운다)

상담자: 슬프군요. 엄마에게 이야기하세요.

린: 난 많은 걸 잃어버렸어요. 엄마와 나 사이의 좋은 관계를 잃어버렸어요. 난 엄마가 나 그대로를 좋아해 주고 바라봐 주길 바랐어요. (침묵) 말하고 나니 기분이 좋아졌어요.

상담자: 엄마에 대해 어떤 감정이 드나요?

린: 난 엄마를 용서해요. 네, 엄마에 대한 분노나 억울함도 사라졌어요. 엄마가 할 수 있는 최선이었던 거죠.

린은 그녀가 과거에 잃어버렸던 것을 표현하였는데, 이것은 동시에 분리감을 수용하고 지각의 확장을 가져왔다. 그녀는 자신의 욕구가 정당했지만 엄마는 그녀가 원하는 것을 채워 주지 못했다는 것을 인식하였다. 여기서 내담자들은 때로 상대방에 대한 자신의 힘과 이루어 놓은 성과에 대해 자랑스러워하기도 한다. 이것에 대한 반응으로 상담자는 단순하게 그 말을 따라가고, 내담자가 상세하게 표현하도록 격려한다.

책임 돌려주기

학대나 트라우마의 경우, 미해결된 과제에 대한 해결이란 잘못을 했던 다른 사람에게 책임을 돌려주고, 자신에 대해서 비난하지 않는 것을 의미한다. 내담자들은 잘못을 저지른 사람에게 책임을 전하지만 용서하지는 않을 수 있다. (또한 이해도 하지 않는다). 예를 들어, 폭력적이고 교활한 어머니를 둔 한 남자는 어머니에게 이렇게 이야기했다.

내담자: 내가 어린 아이였을 때, 난 엄마에게 "그만해요. 하지 마요. 가까이 오지 마세요."라는 말을 하지 않았어요. 하지만 이제는 분노할 수 있어요. 그리고 엄마를 용서하지 않을 거예요. 난 엄마를 더 이상 보호하지 않을 거예요. 그런 사건들이 일어났을 때, 더 이상 주제를 바꾸려고 하지 않을 거예요. 날 위해서 더 이상 참지 않을 거예요. 이제 그럴 시간이 된 것 같아요.

이 단계에서 상담자는 내담자가 자신의 새로운 행동을 위해 다른 사람에게 책임을 전하는 것을 지지한다. 내담자들은 자신이 새롭게 발견한 힘과 부당하게 부과된 책임의 위치를 재배치시키는 일에 대해서 지지가 필요하다. 내담자가 이전에 학대에 관해 자신들이 비난 받아야 한다는 입장과는 대조적으로, 과정-경험적 상담자들은 내담자가 자신들이 비난 받아야 하는 것이 아닌, 반대로 잘못을 한 상대가 비난 받을 필요가 있다는 생각에 스스로가 자신의 감정을 토로할 수 있도록 상담자는 내담자를 도와준다.

내담자가 다른 사람에게 책임을 돌려주거나 상대방을 이해하고 잃어버린 것들을 보상받는 것과는 관계없이, 상담은 문제를 해결해 나가는 경험적 감각과 미해결된 과제의 완성이라는 결과물을 남긴다. 이때 내담자는 때로 힘이 솟아오르고, 삶에 대한 낙관적인 감정, 자신에 대한 확신을 느끼게 되는데, 상담자는 내담자가 자신을 탐색할 수 있도록 도와주면서 지지와 인정을 해 주어야 한다.

더 읽을거리

우리는 대인관계에서 생긴 상처와 트라우마를 다루는 주제로 13장에서 다시 돌아올 것이다. 빈 의자 기법에 대해 더 알고 싶으면, Greenberg 등(1993)과 Greenberg & Paivio(1997), Paivio & Greenberg(1995)의 연구 결과(Paivio, Hall, Holowaty, Jellis & Tran, 2001; Paivio & Nieuwenhuis, 2001)도 참고하라. 좀 더 빈 의

자 기법에 관한 연구에 대해 알고 싶으면, Elliott & Greenberg(2002); Elliott, Greenberg & Lietaer(2003), 그리고 Greenberg, Elliott & Lietaer(1994)가 연구한 리서치 리뷰뿐만 아니라 Grennberg & Foerster(1996); Greenberg & Malcolm(2002), 그리고 McMain, Goldman, & Greenberg(1996)의 연구를 찾아보라. 미국심리학연합회(1994)는 상처 받은 내담자를 빈 의자 기법을 통해 다루는 Greenberg의 시연 비디오테이프를 상업적으로 이용하도록 만들었다. 무엇보다도, 이 테이프는 과정-경험적 치료 의자 작업이 어떻게 게슈탈트 의자 작업과 다른지를 보여 주고 있다.

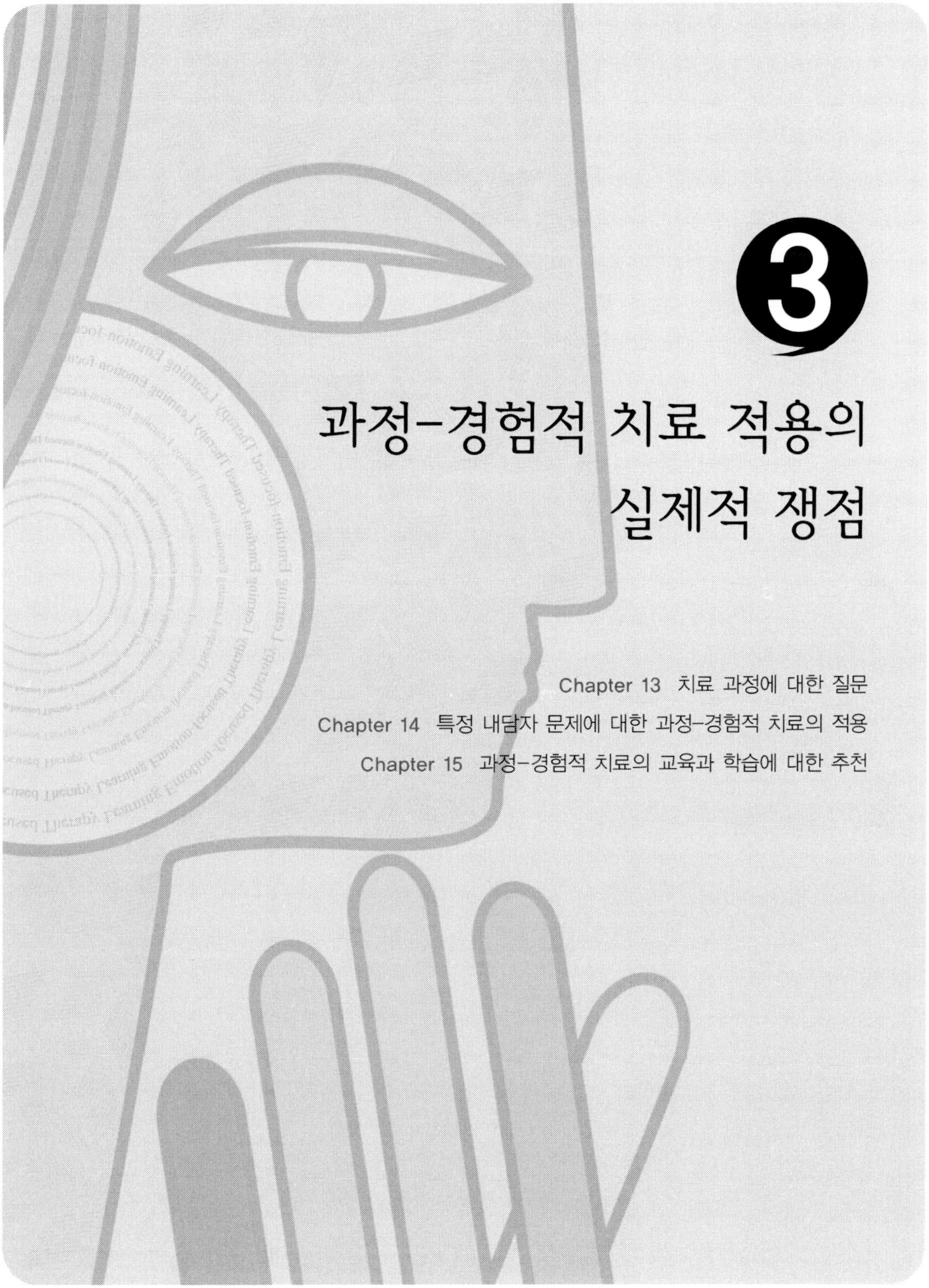

3

과정-경험적 치료 적용의 실제적 쟁점

13

치료 과정에 대한 질문

이 장에서는 우리는 과정-경험적 치료에서 겪게 되는 여러 가지 실제적인 질문을 다루고자 한다. 이러한 질문들은 내담자들과 수퍼비전을 받는 상담자들이 제기한 내용을 포함하고 있다. 여기서 실제적 주제, 딜레마 그리고 위기들을 모두 다루기는 어렵지만 대부분의 필요한 내용을 담고 있다고 볼 수 있다(과정-경험적 치료에 대한 다른 질문들은 www.process-Experiential.org를 참고하라).

과정-경험적 치료에 적합한 내담자와 치료 적용에 관한 질문

과정-경험적 치료에 관한 질문 중 상당히 빈번한 것들에는 어떤 내담자가 치료에 적합하며, 어떤 내담자들이 적합하지 않은지, 그리고 일반적인 적용과정에 관한 질문들이다.

어떤 내담자가 과정-경험적 치료에 적합한가

3장에서 언급되었던 연구들은 과정-경험적 치료가 주요 우울장애 및 심리적 외상을 경험한 내담자에게 효과적이었음을 지지하고 있다(Elliott, Greenberg & Lietaer, 2003). 더 일반적으로 말하면, 이러한 임상적 경험과 연구자료의 결과에 의하면 중증도의 임상적인 어려움과 증상을 가지고 있는 내담자에게도 적합하다고 볼 수 있다. 어떤 내담자는 치료가 시작되자마자 즉시 자신들의 경험적 과정을 탐색해 보고, 매우 적극적으로 이 과정-경험적 접근에 참여하는 경우가 있다. 이러한 내담자의 경우는 빨리 자신의 내면에 대한 공감적인 탐색작업을 진행하게 한다. 내담자들은 적응장애, 낮은 자존감, 내면적 갈등, 그리고 후회 등에 휩싸여 있거나 대인 관계적 문제를 가지고 있는 등 다양한 진단과 문제를 지니고 있다. 그러므로 어떤 내담자가 이 과정-경험적 치료로 인해 도움을 받을 것인지에 관해서는 개방적으로 생각해 볼 필요가 있다. 우리는 전혀 도움을 받지 못할 것 같이 여겼던 내담자들의 변화를 보고 놀란 경험이 많이 있다.

어떤 내담자가 과정-경험적 치료에 적합하지 않은가

자신의 내면을 탐색하는 것에 대하여 부정적인 견해를 가진 내담자를 과정-경험적 치료에 참여하도록 강요하는 것은 자기 자신에게 향하도록 돕는 과정-경험적 치료의 가치에 반하는 것이다. 이러한 사례들의 경우에는 다른 치료적 접근을 하는 상담자에게 의뢰하는 것이 더 바람직할 것이다.

과정-경험적 치료는 이 책에 아주 간단하게만 설명되었다시피, 다음과 같은 내담자에게는 썩 맞지는 않다. 현재 주요한 사고장애가 있거나 정신분열증이 발병된 경우, 반사회적 성격장애의 행동 패턴, 충동조절 문제에서의 어려움, 자살 충동이 빈번한 경우, 부랑자들, 심한 물질남용 사례 또는 가정폭력이나 기타 다른 학대 상황에 처해 있는 상태 등이다. 이러한 상황에 처해 있는 내담자들의 경우에는 보다 적극적이면서 즉각적인 위기개입이나 사례관리와 같은 적극적인 개입이 더 적절하다는 것이 우리의 입장이다. 동시에 보다 인간에 대한 민감성을 가지고 현재 내담자의 선택 및 자율성을 최소한으로 제한하면서 직접적으로 다룰 수 있는 그 분야의 전문적 서비스와 연결되도록 하는 것이 보다 바람직할 것으로 보인다. 위험에 관련되어 있는 일부 내담자와 작업하기 위해서 때로는 과정-경험적 치료의 원리와 일치하지 않는 어떤 치료적 개입을 감행해야 할 수도 있다.

외부적인 것에 초점을 두는 내담자에게 과정-경험적 치료를 어떻게 적용해야 하는가

우리의 경험에 의하면, 모든 내담자가 경험의 끝에서 멈추어 서서 자신에 대하여 탐색을 시작하게 되지는 않는다는 점이다. 사실상 내담자가 각각 다른 과정의 경험 스타일을 갖는다는 점이 과정-경험적 치료의 도전적인 면이다. 예를 들어, 어떤 내담자는 상담자가 지속적으로 자신의 내면을 바라보도록 갖은 애를 씀에도 불구하고, 줄기차게 비지지적인 타인들이나 경제적 · 의료적 문제 등 외부적 요소들에만 초점을 맞추기도 한다. 이러한 내담자는 삶의 특정 문제를 해결하기 위해 지도나 조언 등을 구한다. 다른 말로 하자면 이들은 문제해결을 위해 치료에 참여하고 있는 것이다. 이런 내담자는 상담자가 전문성을 가지고 게임을 하고 있다고 보거나 치료를 보류하고 있는 다른 이유가 있을 것이라 생각하기도 한다.

일반적으로 과정-경험적 치료는 외향적이고 대인관계에 있어 독립적인 내담자에게 성공적으로 사용될 수 있다. 이러한 내담자는 상담자가 내면적 경험에 대한 공감적 탐색을 제공하며, 지속적으로 정서-중심적 작업에 대한 분명한 논리적 근거를 제시함으로써 점차적으로 내면적 초점을 생성해 낼 수 있게 된다.

문제를 해결하고자 하는 내담자가 비경험적 반응, 특히 조언을 구할 때, 과정-경험적 상담자는 이따금 궁지에 몰린 느낌을 받게 될 수도 있다.

- 부인이 제게 너무 비이성적 요구를 계속 한다면 어떻게 해야 할지 말해 주세요.
- 내가 그를 이해시켜야 할지 정말 모르겠어요.
- 저도 치료가 조언을 구하는 자리가 아니란 것은 알아요. 그러나 제가 이러한 공황상태에 처할 때 어떻게 해야 좋은지를 좀 알려 주세요.

또한 문제를 해결하고 싶어 하는 내담자의 요구를 부적절한 방식으로 그냥 무시하거나 거절해서는 안 된다. 사실 그렇게 한다면 상담자는 내담자를 공감하는 데 실패하게 된다. 상담자는 내담자와 문제를 해결하기 위하여 이렇게 시도할 수 있다.

그 일을 해결하는 것이 어떤 답도 없는 상황에서 상당히 어렵게 느껴지셨겠네요. 저 역시 그런 상황이라면 어떻게 해야 할지 모를 것 같습니다. 그러나 제가 당신과 함께 일할 수 있다는 점은 매우 기쁩니다.

더 나아가 과정-경험적 치료에서 문제해결을 강조하는 내담자에게 사용할 수 있는 치료적 과제가 세 가지 정도 있다. 첫째로, 상담자는 공감적 탐색(7장 참고)을 통해 내담자를 도울 수 있다. 행동 및 이와 관련된 정서가 수반된 상황에서 공감적으로 탐색하기 위해 "이러한 행동은 어떤 생각으로 하셨나요?" "이 상황에서 무엇을 가장 필요로 하는지요?" "정말 무엇을 하기 원하시나요?" 그리고 "이를 정리하기 위해 어떻게 하고 싶습니까?" 등의 질문을 활용할 수 있다.

둘째로, 초점화하기의 관점에서(9장 참고), 가능한 행동의 과정은 그 문제에 관한 불명확한 정서의 또 다른 상징화된 방식이 되는 것이며, 상담자는 이러한 불명확한 정서를 내담자가 사용했던 말이나 이미지를 똑같이 사용하여 검증하거나 확인할 수 있다.

만약 이런 것을 상상하셨다면(예를 들어, 당신의 부인에게 당신의 욕구가 너무 비이성적이라고 말하는), 내면적으로 어떤 정서를 느끼시겠습니까? 그 정서는 당신이 문제에 관해 느끼는 것과 연관이 있습니까, 혹은 무엇이 더 필요하다고 생각하시나요?

셋째로, 때로는 상담자에게 조언을 구하고자 하는 내담자의 요구는 실제적으로는 갈등을 분리해 버리고 싶은 욕구를 반영하는 것일 수 있다(11장 참고). 의사결정에 있어 도움을 받고 싶으나, 상담자를 그들의 갈등 불화(conflict split) 상황, 즉 가족치료 이론에서 소위 말하는 '삼각화(triangulation)' 에 끼도록 하고자 하는 것이다. 이러한 상황에서 상담자는 갈등 분열을 반영하고, 다음과 같은 공감적 개념화를 해야 할 것이다.

자, 당신은 나에게 당신은 집이 있었어야 했다고 생각하는지 아닌지를 질문하고 있군요. 저는 당신의 상황에 처해 있지 않았습니다만, 이는 아마도 당신에게는 상당한 갈등상황이었을 것 같고, 당신은 중간에 끼어 어찌할 바를 모르는 것처럼 느끼셨겠군요. 그러면서 '아마 상담자가 뭔가 해결방안을 알려 줄 거야.' 라는 희망을 가지신 것 같은데요. 그런가요?

만약 치료적 동맹이 충분히 이루어졌다면, 상담자는 갈등의 해결을 위한 대안방법으로서 두 의자 기법을 활용할 수 있다.

또한, 외부적인 것에 초점을 맞추는 내담자들과 함께 작업할 때는 상담자가 치료적 동맹을 구축하기 위해 내담자의 불평을 사려 깊게 경청하는 것과 치료과정 및 활동에서 가질 수 있는 어떤 종류의 어려움에 대해서도(8장 참고) 관계적인 대화로 지지하는 것이 매우 중요하다. Sachse(1998)가 말했듯이, 외부적 관심을 가지거나 매우 신체화 증상에만 몰입된 내담자는 20회기 이하 정도의 단기치료로는 해결하기 어려울 수 있고, 과정-경험적 치료로 작업하기 위한 능력을 발전시키기 위해 추가적인 치료적 회기가 필요할 수도 있다.

내담자에게 과정-경험적 치료에 대하여 어떻게 설명할 것인가

2장에서 우리는 과정-경험적 치료의 이론을 개괄적으로 살펴보았다. 언제, 그리고 어떻게 이러한 개념들을 내담자에게 전달할 수 있을까? 지난 몇 년간 내담자들과 함께 일해 오면서 우리는 인간에게 있어서 정서의 기능 및 역기능, 그리고 사람들의 정서 지능을 발달시킴으로써 변화에 도움을 줄 수 있다는 점에 대해 내담자들에게 구체적인 정보를 제공하는 것은 매우 유용하다는 것을 확인했다. 많은 내담자들에게 이러한 정보를 제공해 주는 것은 그들이 매우 고통스러운 정서를 경험하는 것의 가치를 인정하거나 의자 기법에서 대화를 하는 것과 관련된 의심을 불식시키는 데 도움이 됨을 알았다. 또한 번번히 이러한 경험에 대해 지지받고 있다. 우리는 이런 교육을 따로 분리하여 교육과정에서 다루기보다는 치료적 동맹을 맺고 유지하는 과정에서 치료에 가장 적절한 수준으로 상황에 맞게 제공하는 것이 좋다고 생각한다.

정서적 작업에 관한 경험적 교육과정은 치료 과정에서 여러 가지 방법으로 또는 여러 장면으로 이루어질 수 있다. 일반적으로 중요한 것은 치료의 초기에 자연스럽게 치료의 본질을 설명해 주는 것이다. 예를 들어, 첫 회기에 상담자는 내담자에게 이 치료가 정서-중심적이라고 말할 수 있다. 그러나 초기에는 내담자가 너무 많은 정보를 다룰 수 없음을 명심해야 한다. 상담자는 단지 말한 모든 내용을 내담자가 다 흡수했으리라 생각하면 안 된다. 이러한 이유로 상담자는 주어진 상황 안에서 내담자가 받아들이기에 가능한 정도만 강조하도록 하며, 나중에 이러한 주제가 다시 수면 위로 떠올랐을 때, 특히 내담자가 자신의 고통스러운 정서 및 기억들과 직면하여서 빈의자 기법 등과 같은 방법으로 이를 다루어야 할 시점에 다시 다루는 것이 도움이 된다.

어떤 사례라도 초기든지 혹은 후기에든지 이러한 내용을 다루어 주는 것은, 특히 내담자가 정서적 작업의 목적이 무엇인지에 의문을 가지고 있을 때는 더욱 더 유용하다. 〈표 13-1〉은 정서 이론들을 매우 간략하게 요약하여 내담자에게 설명하기에 좋은 내용들을 담고 있다. 이러한 설명은 정서의 세 가지 주요 기능과 정서문제의 세 가지 타입, 그리고 상담자가 나중에 경험적 치료를 교육할 때 도움이 될 내용들을 포함하고 있다. 다음은 상담자가 경험적 치료에 관하여 설명을 할 때 내담자로 하여금 정서적 작업이 잘 이루어지도록 돕는 몇 가지 예다.

• 치료의 매우 중요한 목적 중 하나는 내담자가 자신의 정서를 받아들이고, 자

〈표 13-1〉 내담자에게 사용하기 위한 정서 이론의 간략한 개요

정서가 왜 중요한가?	
정서는 세 가지의 기본적 기능을 한다.	정서를 다루는 이유는……. 1. 정서는 무엇이 중요한지를 말해 준다. 2. 정서는 필요한 것 또는 원하는 것을 말해 주고, 무엇을 해야 할지를 알아내도록 돕는다. 3. 정서는 일관성과 일체감을 준다.
그러나 사람들은 그들의 정서와 관련하여 세 종류의 문제가 있다.	1. 때로는 관찰되는 정서가 가장 중요한 정서가 아니다. 중요한 정서는 관찰되는 정서의 아래 또는 내부에 있다. 이러한 사례에서는 가장 중요한 정서를 찾아내야 한다. 2. 때로는 정서의 정도가 적절하지 않다: 정서의 정도가 너무 크거나 너무 가까워 우리를 압도한다. 또한 정서의 정도가 너무 적거나 너무 멀어서 우리를 돕도록 이용할 수 없다. 이러한 일이 발생하면 정서가 올바르게 '작동하는' 정도 또는 거리로 조정할 필요가 있다. 3. 때로는 신체 내에서 정서가 무엇에 관해서인지 또는 느낌이 어떤지에 대한 중요한 부분을 놓치거나 말로 표현할 수 없거나 무엇을 해야 되는지에 대하여 연결할 수 없기 때문에 정서가 막힌다.
그러나 추상적으로 정서에 관해 작업하는 것은 어렵기 때문에 상담자는 내담자들이 특정 문제 또는 과제를 가져오는 것을 필요로 한다. 그리고 그 후에 내담자들을 돕기 위하여 정서를 문제와 관련하여 더 효율적으로 사용하도록 작업한다.	

신의 욕구를 충족시키고 해결하고자 하는 데 이를 정보로써 어떻게 사용할 수 있을지를 깨닫도록 돕는 것이다.

- 성장하면서 많은 사람은 자신의 정서를 회피하도록 길러져 왔는데, 그 결과 자신이 원하는 것이 무엇인지를, 특히 관계에서 찾는 것을 더욱 어렵게 만들었다.
- 정서는 학대나 외상 경험 등과 같은 이전 상황으로부터 남겨져 있을 수 있다.

치료 과정에 관한 질문

이 장에서 언급된 질문들은 내담자가 치료 과정을 경험함에 따라 의문점을 가지게 되는 것들을 대략 시간적 순서에 따라 기술하였다. 그리고 특히, 초보 상담자들이 치료에 대한 지침을 숙지하는 데 유용할 수 있다.

치료를 시작하기 전에 내담자의 어떤 점을 알아야 할까

상담자는 공감적으로 탐색하기 위해 내담자에 대하여 확정적인 진술을 하기보다는 잠정적인 관점을 가지고 내담자의 모든 정보를 살펴보는 것이 중요하다.

접수면접 정보

확실히 상담자는 모든 가능한 접수면접 정보를 알고 있는 것이 좋다. 즉, 내담자가 평가 과정에 소요한 시간이 낭비였고, 새로운 사람과 모든 것을 다시 시작해야 한다는 불만스러운 감정을 가지지 않도록 하는 것이 중요하다. 따라서 상담자는 첫 번째 회기에서 다음과 같이 말할 수 있다.

> 당신이 접수면접에 작성한 내용을 읽었습니다. 그래서 당신의 배경과 왜 당신

이 여기에 왔는지에 대하여 알고 있습니다. 그러나 당신에게 직접적으로 듣는 것과 똑같을 수는 없습니다. 왜 지금 치료를 받기 위해 오게 되었는지 주된 이유를 말씀해 주실 수 있을까요?

진 단

정신질환 진단 및 통계 편람 4판(DSM-IV; American Psychiatric Association, 1994)에 근거한 진단은 전문성을 기반으로 한 비공감적인 접근으로 진행된다. 따라서 과정-경험적 치료에서 추구하는 치료적 관계와는 불일치한다. 이것은 과정-경험적 치료에서 내담자의 진단이 무시되어야 한다는 것을 의미하는가? 비록 20년 전에는 그러하기도 했지만(예: Rice & Greenberg, 1984), 그동안 내담자들이 경험하는 어려움의 유형에 대하여 상담자가 아는 것이 내담자와 더 효율적으로 작업하는 것에 도움이 된다는 것이 입증되고 있다. 특히 DSM-IV에서 기술된 주요우울장애, 외상 후 스트레스 장애, 공황발작, 물질 남용 문제, 그리고 만성적인 기분부전 또는 경계선 성격장애 환자들이 자살 시도 등 치료에 유용한 도움을 준다. 이 부분은 14장에 기술할 것이다.

동시에 과정-경험적 상담자들은 내담자의 진단을 가능한 같은 범주로 묶기를 시도하고, 이 진단을 한쪽 편으로 보류해 둔다. 이는 내담자가 진단명 자체는 아니기 때문이다. 상담자는 자신과 내담자 사이에 진단명을 놓지 않는 것이 중요하다. 과정-경험적 치료에서는 상담자가 내담자의 진단에 대하여 알지만, 공감적 조율을 위해 치료 순간에는 한편으로 치워 놓는다. 이것을 생각하는 또 다른 방법은 진단을 단지 출발점으로 여기는 것이다. 임상적으로 우울한 내담자들마다 우울해하는 것이 다르고, 다른 방식으로 그들의 우울을 경험하며, 동반되는 어려움은 내담자에 따라 다양하다. 결국에는 이러한 다른 점과 미묘한 차이는 내담자가 주요 우울 장애의 진단기준을 충족한다는 사실보다 더 중요하다. 상담자의 본질은 내담자가 경험하는 고유한 우울감을 해결하도록 돕는 것이기 때문이다. 과정-경험적 치료는 치료적 관계의 발달을 방해하는 치료 회기 외의 어떤 광범위한 진단적 평가도 필요로 하지 않는다.

일반적인 실제 상황에서의 정보 수집

치료 장면에서 과정-경험적 상담자는 광범위한 검사 또는 진단적 면담을 하지 않는다. 그러나 내담자에게 증상 체크 리스트-90(Symptom Checklist-90)(Derogatis, Rickels, & Roch, 1976)과 같은 자기 보고식의 면담지를 작성하도록 요구하기도 한다. 또한 간단한 인구학적 정보 양식도 유용하고, 처음 두 회기의 일부분을 개인적인 질문지(Barkham et al., 1996; Elliott, Mack, & Shapiro, 1999)를 작성하는 데 할애하기도 한다. 이렇게 함으로써 짧은 시간 내에 치료적 동맹을 방해하지 않으면서 유용하고 효율적인 방식으로 정보를 수집할 수 있다. 자살 및 약물 남용, 여타 자해적 행동에 대한 항목을 포함한 설문지를 사용하는 것이 좋다. 추가적으로 사실을 기반으로 한 정보가 필요하다면 첫 번째 회기 후반부에 수집할 수 있다. 중요한 평가 또는 진단 작업이 필요하다면 다른 전문가에게 요청하거나 내담자와 논의하여 다른 장소에서 진행하도록 함으로써 과정-경험적 치료에서 분리시킬 수 있다.

치료의 첫 회기에서 어떤 일이 있을 수 있나

8장에서는 일반적이고 관계적인 관점에서 치료의 시작을 기술하였다. 이 장에서는 상담자가 첫 번째 회기를 어떻게 수행할 수 있는지 구체적이고 세부적으로 기술하겠다. 그럼에도, 상담자의 첫 번째 과제는 항상 내담자가 문제를 탐색하는 것을 시작하도록 도우면서 공감적 조율을 촉진하고, 진실한 공감적 지지를 전달하며, 그리고 치료의 목표와 과제를 탐색하도록 격려하는 일반적인 치료 원칙을 시행하는 것이다. 이러한 원칙은 내담자에 대한 정보를 모으거나 내담자에게 치료의 특성에 대한 정보를 제공하는 것보다 중요하다.

최초의 상황 점검

때로는 내담자에게 그 순간에 무엇을 경험하였는지에 대하여 질문하는 것으로 시작하는 것은 좋다. 이것은 특히 내담자가 불안이나 불편함을 나타낼 때 더욱 그렇다.

상담자: 그래요, 치료를 시작하는 이 순간에 당신이 어떤 기분인지 궁금하네요.

개방적 선택

첫 번째 회기를 시작하는 유용한 방법은 내담자에게 어떻게 시작할지에 대한 선택권을 주는 것이다.

상담자: 오늘 해야 되는 주요한 두 가지가 있어요. 함께 치료의 특성에 대한 대화를 하고, 당신의 주된 문제가 무엇인지에 대하여 당신이 제게 말하는 거예요. 어디에서 시작하고 싶나요?

만약 내담자가 선택하기를 거부한다면 상담자는 어디에서 시작할지에 대한 상담자의 직관을 이용할 수 있다.

작업의 시작

내담자가 치료 받게 된 주요한 것을 기술하는 것으로 시작하기를 원한다면 내담자와 상담자는 상담자가 내담자의 내부에서 기인한 문제를 이해하고, 내담자가 치료에서 행해지길 원하는 작업이 무엇인지를 명확히 하기 위해 내담자의 주요 문제를 공감적으로 탐색하는 것으로 시작할 수 있다. 내담자의 경험에 대한 시작점은 치료에 대한 내담자의 주요 과제 또는 목표를 포함한다. 내담자가 치료에 대해 염려하는 것 또는 걱정, 내담자의 어려움으로 인해 위협받거나 방해받고 있는 중요한 인생의 과업 그리고 가장 압박받고 있거나, 중요하거나 강렬한 어떤 정서 등을 탐색하게 된다.

치료에 대한 논의

첫 회기의 어느 시점에서는 내담자와 함께 치료 구조와 과정을 논의하는 것이 중요하다. 초반에 언급한 바와 같이 만약 내담자가 이것을 선택하였다면 이것이 치료 회기 초반에 행해질 수 있다. 그렇지 않으면, 이것을 하기 위해 첫 번째 회기의 후반부에 5~10분 정도를 사용하는 것이 좋다. 몇 가지를 이 부분에서 다룰 필요가 있다. 첫 번째로 상담자는 내담자에게 치료가 정서에 초점화한다는 것을 설명한다. 설명만으로 충분하지만 필요에 따라 교육과정이 추가될 수 있다. (404쪽의 "내담자에게 과정-경험적 치료에 대하여 어떻게 설명할 것인가?"를 참조). 두 번째로 상담자는 내담자가 경험에 대하여 전문가라는 이 치료의 가정을 내담자에게 알려 준다. 예를 들어,

상담자: 주로 상담에서 당신이 원하는 것에 대하여 말하시면 돼요. 그리고 전 당신이 스스로에 대한 이해와 당신의 문제에 대한 해결책을 발전할 수 있도록 돕기 위해 당신과 적극적으로 작업할 거예요.

상담자: 모든 내담자는 각기 다르고 고유하지요. 따라서 저와 당신은 함께 어떤 작업이 당신에게 적용되고 어떤 작업이 당신에게 적절하지 않은지를 찾아볼 거예요. 이 모든 것은 모험과 같지요.

세 번째로, 상담자는 내담자에게 치료에 대해 어떤 염려나 어려움을 느끼는지 말해 달라고 요청해야 한다. 상담자는 어렵더라도 내담자가 상황을 이해하고 자신에게 어떤 작업이 적절한지 또는 어떤 작업이 적절하지 않은지를 상담자에게 알리도록 격려하는 것과 내담자에게 언제 개입을 해야 될지를 알아차리는 것이 힘들다는 것을 종종 경험할 수 있다. 네 번째는 상담자와 내담자는 치료가 얼마나 오랫동안, 얼마나 자주, 그리고 얼마나 많은 회기가 될지에 대하여 논의해야 한다

(417쪽 '얼마나 많은 회기? 얼마나 자주? 얼마나 오래?'를 참고). 이후에 다섯 번째로 이러한 정보들은 내담자가 이해하고 있는지 그리고 내담자가 어떤 의문을 가지고 있는지 내담자의 반응은 어떠한지에 대하여 질문해야 한다. 이러한 질문은 치료적 동맹을 강화시킨다.

마무리: 상황 점검 및 회기의 마무리

회기의 거의 마지막에, 즉 끝나기 5분 전에 내담자에게 회기가 곧 끝날 것임을 상기시켜 주는 것이 좋다. 다음과 같이 탐색적인 질문을 사용하여 상황 점검을 정검하는 것도 유용하다.

상담자: 우리는 몇 분 내로 끝낼 겁니다. 지금 어떠세요?

상담자: 오늘 회기를 미치기 전에 제게 말하고 싶거나 질문하고 싶은 것이 있나요?

치료의 두 번째 회기에서 어떤 일이 있을 수 있는가

상담자들은 종종 앞에서 언급한 것과 같이 치료의 첫 회기가 비교적 쉽게 진행된다는 것을 보고한다("치료의 첫 회기에서 어떤 일이 발생하나요?"). 그러나 치료가 진행되기 위해 실제적으로 언제 시작해야 하는지와 어떤 것이 불명확할 때 상담자는 종종 두 번째 회기에서 스스로 무엇을 할지를 모른다는 것을 깨닫게 된다. 그러므로 두 번째 회기에서 다루어야 할 핵심적인 문제를 기술하겠다. 두 번째 회기는 이후 회기들과 같은 방식으로 시작하게 된다(이 장 후반부의 FAQ "일반적으로 회기를 어떻게 시작하는가? 그들은 그곳에서 어디로 가는가?"를 참고).

주요 과제

두 번째 회기에는 주요한 세 가지 과제가 있다(8장 참고). 첫째, 첫 회기에서 내담자의 반응을 탐색한 것이 만약 의미가 있었다면 초기 치료 동맹의 어려움에 관한 작업을 포함하여 치료 동맹을 형성하는 과정을 지속하라. 두 번째로 치료의 초점을 명확히 하는 것이 핵심이며, 잠재적인 치료 목표를 결정하면서 내담자가 동의하거나 수정할 수 있게 선택적으로 반영한다. 게다가 좌절된 인생 계획 및 희망을 포함하여 내담자의 삶에서 치료 목표가 될 수 있는 시작점을 탐색할 수 있다. 세 번째로 치료의 주요 초점에 대한 진지한 공감적 탐색 작업을 시작하여 회기의 대부분을 할애한다.

보통은 치료 동맹이 충분하게 형성되지 않았기 때문에 두 의자 기법(10장 참고)과 같이 적극적인 표현 과제는 일반적으로 3회기 또는 4회기까지는 제안하지 않는다. 즉, 보통은 내담자가 치료과정의 초기에는 상담자를 충분히 알거나 신뢰하지 못하기 때문에 강렬한 정서를 촉발하는 작업을 진행하거나 의자에게 말하는 것과 같이 이상한 작업을 진행하기에는 충분하지 않다. 실제적으로 의자 기법을 성급하게 제안하는 것은 내담자가 이후에 의자 기법이 필요할 경우에 이는 어렵게 하거나 불가능하게 하는 '알레르기' 를 유발할 수 있다. 그럼에도, 모험적인 내담자 또는 이미 치료를 경험했던 내담자들의 경우, 예외적으로 사용할 수도 있다. 특히 만약 명백한 표식이 있다면 초점화하기, 공간 정리하기, 의미 창조하기 같은 탐색적인 작업을 두 번째 회기에서 사용할 수도 있다(9장, 10장 참고).

두 번째 회기의 일반적인 쟁점과 문제

두 번째 회기에 나타나는 일반적인 상황은 종종 회기 초반부에 나타날 수 있다. 내담자가 1회기 이후에 매우 좋아졌다고 보고하는 초반 진척지표가 나타날 수 있다. 그 결과로 인해 내담자와 상담자 모두 어떤 작업이 이루어져야 할지에 대하여 확신하지 못하게 되기도 한다. K. I. Howard와 동료들(K. I. Howard, Kopta, Krause, & Orlinsky, 1986; K. I. Howard, Lueger, Maling, & Martinovich, 1993)은 첫 회기 이후에 내담자는 아마도 자신의 문제에 대하여 어떤 것을 시작할 수 있다는 의욕 및 동기부여가 심지어는 증상을 일시적으로 개선할 수 있음을 발견하였다. '신혼여행 효과' 와 같이 보통은 (항상은 아님) 일시적이지만 내담자를 놀라게 하고, 이러한 조건하에서 어떻게 치료를 진행시킬지에 대하여 불확실하거나 만약 상담자가 여전히 필요한가 하는 생각이 드는 초보 상담자는 당황하게 된다. 초반 진척을 다루는 유용한 전략은 다른 것을 명확히 하기 위하여 각 상태를 이용하여 ('그때와 지금의 탐색') 이전과 현재의 내담자 상태 사이에서 앞뒤로 이동하며 공감적 탐색을 진행하는 것이다(7장 참고). 만약 작업이 적절하지 않거나 막힘과 텅 빈(blank) 표식이 두드러진다면 상담자는 공간 정리하기 문제를 확인하는 단계에 이용할 수 있다(9장 참고).

두 번째 회기는 또한 초기 치료적 동맹의 어려움 표식이 나타날 수 있는 환경이다(8장 참고). 예를 들어, 내담자가 첫 회기에 대해 부정적인 반응을 보고할 수 있다. 부정적 반응은 정신적 외상을 상기시켜 내담자에게 강렬한 부정적 정서를 불러일으키고, 종종 외상 기억을 재활성화시켜서 악몽 및 플래시백 효과를 야기하기 때문에 특히 외상 후 스트레스 장애가 있는 내담자에게 흔하다. 또 다른 내담자들은 첫 회기를 거치고, 이후에 그것을 반영할 때 치료의 초점을 보는 것에 실패하고, 치료의 목표 또는 과제에 대하여 질문할 수 있다. 이러한 표식은 동맹 대화 과제의 표식으로 다루는 것이 좋다.

일반적으로 회기를 어떻게 시작하는가 어디를 향해 가게 되는가

다른 종류의 치료와 유사하게 과정-경험적 치료의 회기도 전형적으로 다음과 같이 일반적인 구조적 장면을 가진다(항상 예외는 있다). 시작, 예비 작업, 한 가지 이상의 주요한 작업 장면, 그리고 작업의 진척과 마무리. 이 부분에서는 처음의 두 가지 장면, 즉 시작과 예비작업을 기술하고, 다음 부분에서는 마지막인 작업의 진척과 마무리를 기술하도록 하겠다(주요 작업 장면은 7장에서 12장까지 기술되어 있다).

시 작

모든 전문적 서비스가 그러한 것처럼 내담자는 상담자에 의해 과정-경험적 회기가 시작될 것이라고 기대한다. 회기에 대한 내용과 과제를 제공하여 내담자가 이끄는 것을 돕는 방식으로 상담자가 회기를 시작하는 것이 좋다. 상담자는 전형적으로 다음과 같이 시작한다.

- 오늘은 어디에서 시작하고 싶은가요?
- 오늘은 어떤 것에 대하여 대화하고 싶은가요?
- 어떤가요?
- 어떤 일이 있었나요?

상담자는 두 종류의 시작 지표에 주의를 기울인다. 즉시적 상황 표식과 내담자의 동맹 표식이다. 첫 번째로 즉시적 상황 표식으로는 내담자가 속상함, 중압감을 느낌, 숨이 가쁘고 또는 내담자가 치료실에 들어올 때 강한 정서적 각성상태에 있음을 나타내는 표식들을 말한다. 이러한 표식을 알아차렸을 때는 "지금 이 순간 당신에게 어떤 일이 일어나고 있는지 궁금하네요?" 또는 "지금 현재 무엇을 경험하고 있나요?"와 같은 질문을 부드럽게 하면서 상황을 점검하는 것이 좋다. 두 번째로 긍정적이거나 부정적인 내담자 동맹 표식은 회기의 장면을 시작하고 마무리하는 동안 가장 자주 발생한다. 예를 들어, 내담자가 다음과 같이 말할 수 있다.

- 나는 이 치료에 대해 계속 생각해 봤어요. 그런데…….
- 이 치료가 어디로 가고 있는지 확신할 수가 없어요.
- 내가 오늘 여기에 있기를 원하고 있는지 잘 모르겠어요.

8장에서 기술한 바와 같이, 이러한 반응들은 치료의 다른 과제들보다 우선적으로 다루어야 하는 치료 동맹을 위한 대화 과제에 대한 표식이다. 혹은 긍정적 동맹 표식으로 내담자는 이렇게 말할 수도 있다. “나는 지금까지 이것을 기다려 왔어요.” 혹은 “이건 정말 도움이 되네요!”

예비 작업

첫 회기 이후에 어떤 일이 일어날까? 내담자는 회기의 대부분에서 일반적으로 다음 중 하나의 행동을 보인다.

- 예비 작업이 없었던 경우, 주요 과제에 바로 뛰어듦: 상담자는 단순히 내담자가 이끄는 대로 따라가게 된다.
- 지난주의 정보를 알려 주거나 서술해 주는 것: 이것은 필수적인 것은 아니지만, 많은 내담자가 이것을 선호한다.
- 회기를 위한 주요 주제의 안건을 제시하거나 열거하는 것
- 상담을 진행하기 위한 선택을 돕도록 요청하는 것: 예를 들어, “내가 무엇에 관해 이야기할까요?” (9장의 공간 정리하기 참고)
- 압도된 감정에 대한 표식을 보고하는 것(9장의 공간 정리하기 참고)

주요 치료 장면으로 이행

초기와 예비 작업 이후에 내담자는 일반적으로 완료를 나타내는 침묵을 보일 것이다. 이쯤에서 만약 내담자가 시작하지 않는다면 상담자는 대개 회기를 위한 내담자의 주요 과제에 대해 묻게 된다. “그래서 오늘 상담을 진행하기 위해서 무엇을 하길 원하나요?”

어떻게 이 회기를 끝낼까

과정-경험적 치료에서 일반적으로 약 5분 정도를 남겨 두었거나 상태 점검으로 마무리에 진입하게 될 때 내담자에게 회기가 끝남을 상기시키는 것이 좋다.

상담자: 자, 오늘 회기를 곧 끝내야 할 것 같아요. 그런데 그전에 우리가 잠시 멈추어서 살펴보면 어떨까 하는 생각이 드네요. 당신이 오늘 가져온 걱정(혹은 당신의 아버지에 대한 분노)에 대해 지금 어떤 상태에 있나요? 우리가 상담을 끝내기 전에 더 말하고 싶은 것이 있나요?

과제가 활발하게 진행되고 있는 중에 있다면, 상담자는 일시적 종결의 방식과 같은 표식을 제공할 수 있다.

상담자: 이것은 중요해요. 만약 그 문제에 대해 다른 시간(혹은 다음 시간)에 다시 다루기 원하신다면.

상담자: 당신이 지금 이것(분노, 우울, 갈등)과 함께 있어요. 나는 이것이 중요한 주제이고, 작업이 좀 더 필요할 거라고 생각해요.

자각하기를 숙제로 제안하는 것 또한 회기를 마무리하는 방식 중 하나다.

상담자: 당신이 원한다면, 주중에 당신이 당신 자신을 공격하려고 할 때 주의를 기울이도록 시도할 수 있어요. 당신이 그것을 어떻게 하고, 내면에서 그것에 어떻게 반응하는지 주의를 기울이는 거예요. 이해가 되나요?

치료 주제를 꺼내도 괜찮은 때인가

상담자는 일반적으로 다음의 내용에서 지시한 형식처럼 치료의 주제를 꺼내지는 않는다. 그러나 만약 지난 회기에 긴급한 임상적 혹은 치료적 동맹상의 문제가 있었다면, 상담자는 그 문제를 진전시킬 필요가 있다. 문제를 적절하게 진척시키기 위한 예시를 다음에 기술하였다.

- **동맹의 어려움** "당신은 지난 시간에 X에 대한 우려를 나타내었어요." (예: 당신이 받게 될 이 치료에 대해 나는 상담자에게서 충분한 지시를 받지 못했다).
- **치료적 위기** 만약 내담자에게 자살충동이 지속되고 있거나 수술 혹은 법정 소송 절차와 같은 생애 주요 사건을 겪는 중이라면, 이것에 관해 묻는 것은 적절하다("X와 어떤 일이 있었나요?").
- **지난 회기에서의 격렬한 작업** 지난 회기에서의 치료적 돌파구 혹은 강한 정서적 표현에 대한 다른 반응을 묻는 것은 좋은 생각이다("당신은 지난 시간에 어떤 일이 있었는지에 대해 어떤 생각이나 느낌이 더 생겼는지 궁금하군요.).
- **지난 회기에 대한 합의** 한 주제에 대한 작업을 시작하거나 진행시키기로 한 지난 회기의 약속을 따르는 것 역시 중요하다(지난 회기에 X에 대해 작업하기로 동의했었어요. 당신은 여전히 그것을 원하나요. 아니면 다른 것을 하길 원하나요?").
- **지난 시간에 합의된 주요 치료적 주제의 방치** 지난 회기에 다룬 주요 주제를 방치("당신이 X에 대한 주제가 지금은 어떤 상태에 있는지 궁금하군요.").

내담자에게 문제에 대한 선택권을 주는 것은 중요하다. 제시된 주제는 반드시 다루어야 할 필요성이기보다는 하나의 가능성이다.

얼마나 많은 회기? 얼마나 자주? 얼마나 오래?

다른 경험적 치료들과 마찬가지로 과정-경험적 치료에서 50~60분 정도의 치료 길이 및 한 주에 한 번 정도의 횟수가 일반적이다. 치료의 지속성을 유지하기 위해, 특히 단기 개입에서는 치료 회기가 일반적으로 주 단위로 진행된다. 그럼에도, 상담자는 융통성이 있고, 일정에 의해 정해진 한계 내에서 내담자의 자기결정을 허용할 수 있다. 특히 치료 과정에서 상담자는 한 달에 한 번 정도 '유지' 회기를 포함하여 치료 회기에 대한 선택을 유연하게 조정할 수 있다. 또는 내담자가 위기에 처해 있거나 격렬하고 복잡한 작업의 중간에 와 있다면, 더 자주 혹은 더

'집중적인' (예: 90분) 회기가 제안될 수도 있다.

시간 제한에 관하여 선호되는 관례는 치료의 시작 즈음에 내담자들에게 그들에게 얼마나 많은 회기가 필요하다고 느껴지고, 매 10회기 혹은 그 밖의 회기에서 과정과 목표를 검토하는 것이 어떤지 물어보는 것이다. 만약 내담자가 치료 혹은 상담자에 대한 의구심을 가지고 있는 것 같으면, 초기에 세 회기를 시험해 보도록 제안하는 것도 유용하다. 내담자가 상담자의 의견을 묻는다면, 하나의 전략으로 내담자와 상담자가 과정을 검토할 수 있고, 내담자가 치료를 더 하는 것이 효과적일지 아닐지를 결정할 수 있도록, 처음 10회기를 진행해 보도록 권하는 것이다. 저자들은 시간 제한적인 치료 환경이 치료에 대해 집중하게 하고, 치료가 발전적으로 진행되도록 유지하는 데 효과적이라는 것을 발견했다. 내담자가 비교적 분명하게 우울증상 혹은 외상 후 스트레스의 어려움을 겪고 있다면, 16~20회기가 일반적으로 적절하고 타당하지만 좀 더 제한된 회기도 가능할 수 있다는 것이 이전 연구에서 지지되었다. 그러나 외부적 제한이 허용하는 만큼, 내담자가 자신의 치료를 끝낼 준비가 되어 있을 때 판단을 내리도록 격려하는 것도 중요하다.

시간 제한이 관리 의료, 대리인 정책, 연구 프로토콜 혹은 상담자나 내담자의 이사에 의해 정해지게 되면, 이 요인은 시작부터 내담자와 함께 논의될 필요가 있다. 이러한 상황에서 때때로 얼마나 많은 회기가 남아 있는지, 특히 치료의 마지막이 얼마나 남았는지 등을 내담자에게 상기시켜 주는 것은 매우 중요하다. 내담자를 위해서 자신이 원하는 치료 주제에 대한 우선순위를 매기도록 하는 것이 필요할 것이다. 심지어 상황적 한계가 주어진 경우라 하더라도 융통성을 가지는 것은 중요하다. 왜냐하면 때때로 시간 제한은 내담자에게 마취 효과를 갖게 하기 때문이다. 시간이 제한된 과정-경험적 치료에서 우리의 경험에 따르면 내담자에게 2~4번의 추가적인 회기를 제공하는 것이 유용하였다.

최종적으로, 단기 치료(20회기 미만)와 유사하게 과정-경험적 치료는 장기치료(40회기 이상)에서보다 과제를 조율하는 것이 강조된다. 만성적인 성격적 혹은 대인관계적 어려움을 경험하고 있는 내담자와 함께하는 장기치료에서 관계적 요소가 비교적 큰 부분을 차지하게 된다. 그러나 동시적 관리 의료 체계의 제한된 맥락에서 과정-경험적 치료는 짧은 기간 동안 진행하게 되고, 필요할 때만 연장할 수 있다는 관점에서 시작하는 것이 최선이다.

어렵거나 특이한 상황에 대한 질문

빈번하게 질문되는 것들에는 상담자가 처리하기 어렵다고 느껴지는 상황을 포함하여, 초보 상담자가 시도하게 되는 관련 상황들이 있다.

과정-경험적 치료에서 위기개입에 적용하는 일반적인 원칙은 무엇인가

일반적으로 위기를 다룰 때 내담자의 피해를 예방하거나 상담자 혹은 그 외의 사람을 보호하는 내용-지시적 개입(5장 참고)이 효과적일 수 있다. 내담자는 치료 모델보다 더욱 중요하다는 것을 숙지하는 것이 필수적이다. 그럼에도, 온전히 내용 지시적 개입에서 대비책에 의한 '긴급 피난 명령'은 일반적으로 필수적인 것이 아니다. 특히 대립은 역효과를 낳을 가능성이 많다(Miller & Rollnick, 2002). 대신에, 상담자는 반드시 지원과 수퍼비전을 구해야 한다.

1장에서 설명한 기본적 과정-경험적 치료 원리들을 위기 상황에 적용하기 위해서 상담자는 반드시 다음을 기억해야 한다.

- 위기 상황 혹은 위기 행동과 결합된 내담자의 내적 경험에 정서적 공감을 시작하라.
- 명확하고 확실한 경계를 유지하고, 이것에 대해 개방적으로 탐색하면서 공감적이고 진실되게 배려하는 의사소통을 하라.

- 양쪽 모두 이해관계를 가지고 있을 때 문제를 분리하는 것과 같은 위기에 대한 대화를 통해 내담자와 협력하라.
- 적절하게 내담자의 주요 주제를 명확히 구분하는 기회를 놓치지 말고, 내담자가 위기에 대응하는 특정한 행동 및 기본적 입장을 수정함으로 균형을 유지하라.
- 다음 회기에서 위기 주제를 진척시켜 더 탐색하고, 해결될 때까지 위기에 대한 작업을 계속하라.
- 위기를 해결하고 과잉행동과 지나침을 피하기 위해 내용 지시나 전문가적 자세 혹은 권위 등을 최소한 필요한 만큼만 사용하라.

이러한 일반적인 원리들을 숙지하면서 우리는 이제 위기의 평범한 유형들을 논의할 것이다(Margison et al., 1999으로부터 적용).

자살 의도가 있거나 혹은 자기-파괴적 내담자들을 어떻게 다루어야 하는가

심각한 자기 손상 행동에는 (한계가 정해지지 않은) 자살 시도, 자살에 대한 표현 그리고 자살사고, 위험한 성적 행동, 심각한 약물 남용 등이 포함된다. 내담자가 이러한 행동 중 하나를 적극적으로 행한다면, 상담자는 적극적인 자세를 가지는 것이 필요하다. 몇 가지 유용한 지침들은 다음과 같다.

- 즉시 의논하거나 수퍼비전을 받아라.
- 내담자가 죽고 싶어 하고, 자신을 해치려 하거나, 다른 종류의 탈출을 바라는 마음에 공감하면서 그러한 정서의 근원을 이해하도록 노력하라.
- 죽고 싶거나 탈출하고 싶은 욕구는 위험하지만 가능해 보이는 상황을 극복하려는 내담자의 능력에 기초한 기대라는 것을 고려하라.

- 만약 내담자가 자신을 죽이는 것에 대한 근본적인 도덕적 권리(그것이 불법이라도)를 가지고 있다고 인정하더라도, 자살하고 싶어 하는 내담자의 상태에서도 죽음에 대한 양가감정이 있고, 살고 싶고 도움을 받고 싶거나 최소한 고통으로부터 벗어나고 싶은 욕구를 가지고 있다고 추정하라.
- 내담자가 계획을 가지고 있는지, 계획된 방법이 실행 가능한 것인지, 내담자가 자신이 그것을 실행하는 것을 어떻게 느끼고 있는지, 그리고 내담자의 방법에 정보가 되는 것은 무엇인지에 관해 질문함으로써 내담자의 치사율을 살펴보고 평가하라.
- 내담자가 위기를 벗어나도록 돕기 위해 상담자와 함께 협력적으로 문제 해결에 참여하도록 내담자에게 요청하라.
- 자살 행동 또는 자신을 해치려는 행동들을 심각하게 받아들이되 그러나 과잉적으로 받아들이지 말라. 예를 들어, 자살 생각을 자살 시도로 다루어서는 안 된다(Nietzsche, 1886, 1980). "자살하고 싶은 생각은 크나큰 위로다. 그것으로 인해 헤아릴 수 없이 많은 끔찍한 밤을 성공적으로 보내는 것이다."(p. 100)라고 니체는 언급하였다.
- 더 자주 치료 회기를 제공하라.

내담자가 지속적인 적개심을 가진 경우 어떻게 다룰 것인가

상담자가 당면하는 더 어려운 상황은 상호간의 협력 안에서 내담자의 불만을 해결하기 위한 초기 시도가 이루어진 후에도 반복되는 상담자에 대한 적개심을 내담자가 표현할 때다. 내담자의 적개심은 상담자도 동일하게 대응하도록 영향을 미칠 수 있다. 그러므로 상담자는 개인적 취약성과 발생된 반응에 대한 이해를 함께 고려하기 위해 수퍼비전이나 자문 등의 개인적 작업을 하는 것이 필수적이다. 예를 들어, 적대적인 내담자에 대한 반응에서 상담자의 분노는 일반적으로 이차적인 분노 반응이다. 상담자는 때때로 내담자에게 도움이 될 수 없을 것이라는 공포나 슬픔을 포함한 근본적인 주된 적응적 정서를 명확히 하기 위해서 이러한 정서를 살펴볼 필요가 있다.

상담자가 자신의 주된 정서를 알아차리고 나면 내담자의 정서에 주의를 돌릴 수 있게 된다. 지속적인 적대심은 종종 내담자의 부적응적인 분노의 표현인 경우가 많다(2장 참고). 그러므로 상담자는 어쩌면 이전의 정신 건강 전문가를 포함한, 내담자의 중요한 사람들에 의한 상처와 침해의 일반적인 감정에 공감하려고 시도할 필요가 있다. 그다음에 상담자는 내담자가 상처 혹은 수치심과 같은 더 적응적인 주된 감정들을 명확히 하도록 돕기 위해 노력할 수 있다.

어떻게 내담자의 경계 침해를 다룰 수 있을까

내담자가 상당히 거슬리는 태도로 행동할 때 또 다른 중요한 위기가 발생한다. 상담자들 사이에서 내담자의 침입에 대한 인식은 다를지라도, 내담자의 거슬리는 행동, 위협적인 행동은 거의 대부분의 상담자가 원치 않는 것이다. 여기에는 지나치고 끈질긴 개인적 질문, 끈질긴 성적 메시지 그리고 빈번한 전화와 빈번한 요구 등이 포함된다.

경계 침해를 다루는 것에서 첫 번째 주제는 상담자가 자신의 경계 주제를 고심해 봄으로써 대비하는 것이다. 상담자는 다음과 같은 질문들을 반드시 살펴보아야 한다.

- 내가 다른 사람들이 볼 때 지나치게 융통성이 없거나 엄격하다고 여기는 개인적 경계를 가지려고 하는 경향이 있었던 상황에서 배운 것이 있는가?
- 반대로 내가 지나치게 엉성한 경계를 가지려는 경향이 있는가, 가끔씩 내가 꼭 해야 하는 상황이 아닌데도 내 자신을 혼란스럽게 하지 않는가?
- 내 삶에서 위기 혹은 다른 현재의 민감하거나 해결되지 않은 주제 때문에 개인적으로 취약한 면을 가지고 있지 않은가?

자신의 고유한 경계 이슈를 알아차리는 것은 개인적 작업을 필요로 하지만, 상담자가 더 정확히 상황을 판단할 수 있도록 도울 것이다. 다른 말로 하자면, 준비된 상담자들은 침해받는 것에 대한 자신의 감각이 내담자와는 별개로 자신의 이슈일 수 있음을 파악하는 민감성을 가질 수 있다. 상담자가 명확해지면, 경계가 혼란스러워질 때 자신만의 내적 감각을 신뢰할 수 있게 될 것이다.

이러한 과정을 준비한 과정-경험적 상담자는 내담자의 거슬리는 행동 혹은 명백하게 드러나는 성적인 대화에도 내담자와의 초기 동맹적 대화가 가능해진다. 이 논의에서 상담자는 고유한 경계를 유지하면서 친밀감에 대한 내담자의 욕구를 존중하고 공감하는 것이 필수적이다. 상담자의 일반적인 자세는 부드럽고 공감적이지만 확고하고 명확해야 한다. 결국 상담자는 확실한 경계를 유지하는 것이 필요하다.

> 상담자: 나의 주제가 될 수 있겠지만, 당신을 돕기 위해 이러한 경계가 필요해요. 나는 당신이 나와 개인적이거나 친밀한 관계를 갖기 원할 수도 있다는 것을 이해해요. 그러나 당신을 돕기 위해 나에게는 이 경계가 필요해요. 당신에게 이해가 될지 모르겠지만, 이게 내가 느끼는 거예요.

이런 상황에서, 이러한 대화는 어렵고 고통스럽지만 필수적인 것이다. 과거에 인도주의적-경험적 전통을 따르는 소수의 상담자들은 그들의 환자와 성적이거나 다른 종류의 친밀한 관계를 갖는 것은 진실과 선택에 대한 그들의 가치와 일치한다는 생각으로 그들 스스로를 기만했다. 그 결과, 상담자와 내담자 모두 개인적으로 그리고 전문적으로 손상을 입었다. 강한 공감적 조율과 진실된 지지는 내담자와 상담자 간에 확고하고 명확한 경계가 있을 때만 가능하다.

어떻게 다른 전문가들과 보험회사에 과정-경험적 치료를 설명할 수 있을까

소수의 의료 보험 혹은 관리 의료 계획이 경험주의적 지지 치료의 실증적인 자료 목록을 강조하면서 검증되지 않은 심리치료를 제한하려고 했던 것이 사실이다. 그러나 상담자가 치료 계획을 위해 제공한 목록이 있고, 내담자의 진단을 제공하기만 하면 대부분의 경우 치료의 종류가 크게 문제시되지 않는 것 같다. 이 장에서 이미 논의한 바와 같이, 과정-경험적 상담자들은 진단에 대한 건강한 회의론을 늘 숙지하면서 다룬다면 공식적 진단 범주를 사용할 수 있다. 게다가 몇몇 보험회사는 세부적인 측정 가능한 목표와 체계적으로 검증할 수 있는 절차를 요구한다. 이것을 위한 한 가지 방법은 내담자가 치료에서 해결하기 위한 문제들의 목록을 구성하도록 돕는 것이다. 만약 필요하다면, 상담자는 이따금씩 이러한 문제들을 평가할 수 있다(예: Elliott et al., 1999). 일반적으로 과정-경험적 치료의 과제 집중적 본질은 관리 의료 회사를 다루기 위하여 스스로 부여한 것이다(이 주제에 대한 정보를 제공한 Ken Davis에게 감사를 전한다).

14

특정 내담자 문제에 대한 과정-경험적 치료의 적용

정/서/중/심/치/료/의/이/해/

과정-경험적 상담자들이 다양한 호소 및 개인적인 욕구를 가진 각기 다른 상황에 처한 내담자들에게 적용할 수 있는 방법은 여러 가지가 있다. 예를 들어, 우울증과 외상 후 스트레스장애, 공황 발작, 약물 남용 문제, 만성적인 기분 불안장애, 자기 파괴성을 가진 내담자들(이후 경계선 과정이라고 지칭하겠다)은 각기 다른 필요 및 욕구를 가지고 있다. 각기 다른 진단이나 문제를 가진 내담자들은 다양성 및 공통성을 가지고 있으며, 각기 다른 표식을 보이는 경향이 있다. 예를 들어, 우울한 내담자들은 비교적 두드러진 문제 행동이 적지만, 마찰이 많거나 업무를 끝내지 못하는 등의 표식을 많이 보인다. 반면, 외상 후 스트레스의 어려움을 겪고 있는 내담자들은 외상에 대하여 항변하거나 외상에 관련된 서술이 많은 등의 표식이 나타난다. 이러한 표식들을 일반화하기보다는 정도의 차이를 고려해야 하는데, 가령 우울한 내담자들이 가끔씩 의미 있는 항변을 하고, 외상을 입은 내담자들 또한 마찰을 보이긴 하지만, 진단은 종종 상담자에게 공감적인 민감성을 증진시키기 위해 어떤 이야기를 주의깊게 경청해야 하는지 알려 준다.

비슷하게, 특히 두 의자 대화와 같은 특정한 기법은 각기 다른 문제들의 맥락에서 강조점을 찾게 해 준다. 임상적 우울증상에서 분열은 비판을 받았을 때 자아가 무너지는 것을 경험하는 것으로 나타나지만(11장 참고), 외상 후 스트레스장애에서 나타나는 분열은 종종 조심스럽고, 재앙적인 특징을 갖는데, 지속적으로 내담자에게 과활성이나 불안 수준을 높이는 등의 잠재적인 위험에 대해 상기시킨다. 하지만 우울증 및 외상 후 스트레스 장애를 가진 내담자의 분열은 활성기보다 훨씬 덜 위협적이며, 명백한 분열 양상은 경계선 과정을 가진 내담자들에게서 흔히 나타난다. 평상시의 문제 관련 표현들을 포함하는 이러한 (일반적이지는 않지만) 보통의 경험이나 기법들을 아는 것은 상담자로 하여금 잠재적인 경험이나 표식, 해결을 위한 단계들에 민감해지도록 돕는다.

이 장에서는 정신장애 진단 및 통계 편람 4판(DSM-IV, American Psychiatric Association, 1994)에 근거해서 임상적으로 중요한 내담자들의 3가지 문제인 우울증(지금의 주요우울장애), 대인 관계 외상이나 상처(외상 후 스트레스 장애), 경계선 과정들(경계선 성격장애)에 대한 대응으로서의 과정-경험적 접근을 개관하겠다. 저자는 우울증과 대인 관계 외상과 상처에 대해서 다루겠는데, 그 이유는 그 장애들이 아주 흔하고, 과정-경험적 치료를 받은 내담자들에게서 중요한 경험적 지지를 얻었기 때문이다(3장 참고). 과정-경험적 치료에 대한 경계선 과정들에 대한 연구가 거의 전무함에도 저자들은 경계선 과정을 다뤘는데, 이는 임상적으로 중요하기 때문이고, 이들이 상담자들에게 특정한 문제를 보여 주기 때문이다. 〈표 14-1〉은 상대적 중요도와 각 내담자들의 분포에 대한 서로 다른 과정-경험적 기법들을 요약한 것이다.

하지만 다른 경험적 인본주의의 전통과 마찬가지로, 과정-경험적 상담자들도 정신과적 진단을 경시하는 경향이 있는데, 진단에 집중하는 것은 상담자들의 공감 및 치료적 행동을 방해하기 때문이다. 즉, 진단은 도움이 될 때도 있지만 내담자들에게 해가 될 수도 있는('경계선 성격장애' 진단의 낙인적 특성에서 보듯이) 사회적인 해석들로 간주된다. 그러므로 상담자는 진단을 내담자에게 강요하지 않기 위해 주의해야 할 필요가 있고, 특이하거나 예상치 못한 내담자의 상태에 대해 진지하게 들어줄 필요가 있다. 어떤 우울증상(아니면, 외상들, 경계선 과정들)도 같지 않고, 어떤 내담자는 어떠한 표식도 나타나지 않을 수 있다. 그것이 언제가 되든지 말이다!

우울증

우울증의 과정-경험적 치료는 내담자로 하여금 감정적인 경험을 처리할 수 있게 도와줌으로써, 폭력을 당했을 때의 분노나 누군가를 잃었을 때의 슬픔을 서로 나누는 것과 같은 사건에 대한 최초의 적응적 정서 반응에 접근할 수 있도록 해 준다. 과정-경험적 상담자는 또한 내담자로 하여금 무력감이나 절망감, 모욕감, 수치심을 느끼게 하는 우울한 방법들에 대한 대안들을 찾고 탐색하는 것을 도와준다. 이러한 의도된 치료 과정들은 감정 조절 능력을 향상시켜 준다. 이것들은 모두 감정 지능의 중요한 요소들이다. 우울한 내담자에 대한 연구에서, 저자들은 치료 중 높은 정서 각성을 경험하는 것과 그것을 알아차릴 수 있는 정서 반영이 치료 경과를 예측하는 중요한 요인이라는 것을 발견했다(Warwar & Greenberg, 2000; Watson & Greenberg, 1996a). 또한 핵심적인 사건들에 대해 감정적인 재구조화를 충분히 진행한 내담자들이 18개월 후 추후 조사에서 경과가 더 좋고, 재발도 덜한 것으로 밝혀졌다(Greenberg & Pedersen, 2001). 사실 과정-경험적 치료는 원래 우울증을 치료하기 위해 개발되었으며(Elliott et al., 1990; Greenberg, Elliott, & Foerster, 1990), Greenberg와 Watson에 의해 우울증에 대한 대규모 연구와 치료 개발이 진행 중이다(Greenberg, Watson, & Lietaer, 1998; Kennedy-Moore & Watson, 1999).

우울증의 과정-경험적 치료 공식

과정-경험적 치료의 관점에서 보면, 우울증을 이해하기 위한 첫걸음은 내담자가 경험하고 있거나 경험의 원천이 되는 특징적인 형태들을 기록하는 것이다.

우울증에서 내담자의 경험

우울증은 편협하고 부정적인 경험의 만성적 상태다. 사람들은 우울할 때 점점 더 반추하게 된다. 그들은 이전에 흥미로웠던 것들에 대한 관심을 잃고, 대부분의 시간에 기력이 없거나 우울해진다. 게다가 잠자는 패턴도 방해 받고, 식욕에도 변화가 생기며, 집중도 안 되고, 극도로 불안하고 예민해지며, 자살 사고 및 자살 충동이 일어나고, 무가치감이나 죄책감에 휩싸이기도 한다. 우울한 내담자는 호기심, 기쁨, 행복, 사랑, 만족과 같은 긍정적이고 힘을 북돋는 감정들과 멀어진다. 우울한 내담자는 전형적으로 스스로에게 가혹하고 비판적이며, 스스로를 동정하거나 돌보는 능력이 부족하다. 동시에 그들은 다른 사람들과 어울리지 않고 거절이나 비판에 매우 민감하다. 우울한 내담자의 철수와 민감성은 대인관계에 악영향을 미치고, 더욱 고립되게 만든다.

우울한 내담자들은 일반적으로 감정이나 경험에 온전히 접촉하지 못한다. 이들은 부정적인 기억들을 회상하고, 주변의 부정적 단서에 집중하며, 종종 전체적이거나 추상적으로 사물을 경험한다(만약 기분이 어떠냐고 물으면, "나쁘다"라고 말하는 것 이상으로 자신을 표현하지 못한다). 하지만 가장 충격적인 부분은 우울한 내담자가 자신을 대하는 가혹하고도 엄격한 모습이고, 이러한 자기 공격성의 무게에 스스로가 압도되어 버린다는 점이다. 즉, 우울한 내담자들은 그들 스스로에게 하는 부정적인 말의 내용 때문에 고통 받기보다는 그들의 가혹하고 성난 비판적 자아가 스스로에게 하는 행동과 성나고 비판적인 자아를 대면했을 때 나약하고 못난 자아가 붕괴되기 때문에 더 고통을 받는다(Whelton & Greenberg, 2001a).

우울의 근원

우울에 관한 경험적 모델(Greenberg et al., 1990, 1998; Kennedy-Moore & Watson, 1999)에서는 영향력을 빼앗긴 자아의 취약성에 초점을 두었다. 생의 초기에 학대

〈표 14-1〉 내담자의 분포에 따른 과정-경험적 기법

작 업	우울증 내담자	트라우마 내담자	경계선 과정 내담자
공감적 탐색: 주요 정서 도시고가 관련된 경험(7장)	기저 작업 (치료의 절반가량)	기저 작업 (치료의 절반가량)	기저 작업 (치료의 절반가량)
공감적 지지(7장)	가끔 (나약하고 못난 자아)	중요한 (취약한 자아)	중요한 (미치거나 악한 자아)
동맹 형성(8장)	가끔 (정서적 차단)	중요한 (상담자를 도움이 안 되는 남으로 여김, 감정이 위험하다고 느낌)	중요한 (친밀함을 위험하다고 느끼는 것, 안전한 조건 만들기)
동맹관계 대화작업(8장)	가끔	가끔	중요한
공간 정리하기(9장)	가끔	중요한	중요한(일찍)
초점화하기(9장)	중요한	가끔	가끔
정서 허용 및 표현(9장)	보통	보통	가끔
재진술하기(10장)	가끔 (학대 경험)	중요한 (첫 회기 이후)	보통 (극도의 스트레스에 대한 어려움)
의미 창조 작업(10장)	가끔	중요한	가끔
사건의 체계적 기억회상(10장)	가끔	가끔 (플래쉬백, 악몽)	중요한 (자기 파괴성이나 충동적 행동)
두 의자 대화(11장)	중요한 (내적 비판과 우울성 분열)	보통 (재앙화와 불안 분열)	중요한 (극도의 분열자위적 변수)
두 의자 실연(11장)	보통 (정서적 차단)	가끔 (정서적 마비 회피)	가끔
빈 의자 작업(12장)	중요한 (상실, 학대)	중요한 (특히 도움이 안 되는 사람)	가끔 (치료 조기 회피, 정서 조절 실패의 위험)

주) '중요한' 작업이란 모든 내담자에게 핵심적 과제임을 의미하며, 모든 유형의 내담자에게 상당히 번번히 그리고 매우 중요하게 적용된다.
'보통' 작업이란 대부분의 내담자에게 자주 적용되며, 중요한 과제임을 의미한다.
'가끔' 작업이란 일부 내담자에게 중요하게 적용되며, 표식들이 가끔 나타날 수 있음을 의미한다.

나 방임, 오해를 계속 당하는 것은 정서적 처리 과정에 문제를 일으킬 수 있고, 부적 정서에 압도되어 적응적인 반응을 위한 기초로 정서를 효과적으로 사용할 수 없게 만든다. 결과적으로, 상실이나 실패 사건들은 자아의 핵심적인 내적 정서 스키마를 매우 부적절하고, 위태롭고, 비난받아 마땅하다고 생각하게 만들고, 사건과 관련된 정서 기억들과 함께 이차적 반응과 부적응적 정서를 야기한다. 이러한 것들이 경험을 취약하게 만들고, 대처할 수 있는 자원들을 부족하게 하며, 자아로 하여금 무기력하고, 덫에 걸리고, 패배하고, 스스로를 경멸하며, 부끄러운 느낌을 가지게 해서 붕괴되도록 만든다(Gardner & Price, 1999; Gilbert, 1992). 이 결과 우울증이 생긴다. 이렇게 되면 자신감과 접촉할 수 없게 되고, 감정 경험을 처리하는 자신의 힘과 원천, 좀 더 희망적이고 긍정적인 방법으로 대처할 수 있는 능력을 잃게 된다. 탄력성을 잃고, 자신을 무기력하고 부끄럽게 여기게 되는데, 이것은 곧 약하거나 못났다고 느끼게 만든다.

우울을 극복하는 데 있어서의 일반적인 변화 원칙

1장에서 언급한 과정-경험적 치료의 원칙들은 모든 내담자에게 적용되겠지만, 우울증 내담자에게는 이들 조항들을 특히 신경 써서 적용하는 것이 유용하다.

내담자의 우울한 경험에 참여하여 좇아감

상담자는 내담자를 이해하는 데 있어서 사용 가능한 기초로서 1장에서 서술한 우울의 일반적 조합을 염두에 두어야 하지만, 이러한 관점을 내담자에게 강요하지 않고, 내담자가 가진 특수한 우울 상황이 표준 서술에서 벗어난다 할지라도 그들을 이해하려고 애써야 한다. 한 가지 중요한 도전은 진실이 어떻든지 간에 내담자의 절망감이나 무가치감에 대해 공감을 유지하는 것이다. 다른 말로 하면, 내담자의 절망에 상담자가 함께 빠져들거나 내담자를 더 좋은 방향으로, '현실적인' 시각으로 전환시키기 위해 설득하는 것을 피하는 것이 중요하다. 내담자의 성장

능력에 대한 믿음을 갖는 것은 상담자가 우울한 경험들에 도전해야만 한다는 것을 의미하는 것이 아니다. 여기서의 기술은 내담자가 자신을 돌아볼 수 있도록 하고, 공감적 조율을 잃지 않으면서 우울한 경험들을 바꿀 수 있도록 도와주는 것이다.

공감, 관심, 내담자와 함께함을 전달하기

우울한 내담자들은 종종 과거나 현재의 삶에서 고립되거나 오해받았거나, 다른 사람들에게 관심 받지 못한다고 느낀다. 우울증의 경험적 치료는 진실한 칭찬과 공감적 관계를 쌓는 것이고, 상담자는 내담자의 경험을 공감하고 존중해 주는 것이다. 이러한 태도는 동맹의 발전을 촉진시킬 뿐 아니라, 더욱 중요하게는 감정 조절 과정의 핵심이다.

과제 협력 촉진하기

상호 동의한 치료적 목표를 발전시키고, 우울증과 관련된 회기 내 작업을 통해서 상담자는 우울증 내담자들과의 협동 작업을 촉진시킬 수 있다. 우울증의 과정-경험적 치료에 있어서 중요한 작업은 내담자로 하여금 내적으로 주의를 둘 수 있도록 도와서 스스로를 어떻게 대하고 있고, 이것이 어떤 감정을 느끼게 하는지 알아차릴 수 있도록 하는 것이다. 우울한 내담자들은 종종 능동적으로 자신의 감정을 표현하는 데 도움이 필요하다. 상담자는 내담자의 감정 조절 과정에 도움을 주어 자신의 정서적 경험을 알아차리고, 명명하고, 반영하고, 환경에 대해 대안적으로 반응하는 방법을 알아낼 수 있게 한다. 이를 통해 내담자는 스스로를 안심시키고 정서를 완화하여 압도적이고 어려운 정서적 단계를 잘 다루는 데 도움을 받는다.

정서적 자각과 규칙을 증진시키기

상담자는 우울한 내담자가 정서적 자기 인식을 높이고 보다 효과적인 방법으로 표현할 수 있도록 도울 수 있다. 과정-경험적 치료에서의 중요한 과업 중 하나는 내담자가 자기를 어떻게 대하고 있으며, 치료에 대해 어떤 감정을 가지고 있는지에 대하여 인식할 수 있도록 내적 각성을 돕는 일이다. 이런 경우, 내담자는 적극적으로 정서를 표현할 필요가 있다. 상담자들은 내담자가 감정 경험을 인식하고, 명명하고, 반영하고, 또 상황에 맞게 표현하는 방법을 개별화할 수 있도록 정서 규칙을 스스로 만들어 가도록 돕는 것이다. 간혹 내담자가 매우 격렬한 견디기 어려운 감정 상태를 경험할 경우, 스스로를 달랠 수 있는 기술을 발전시켜야 할 필요도 있다.

치료를 수행하기 위한 작업 촉진하기

상담자는 내담자가 자신을 대하는 핵심적인 우울 유발 방법들을 다룸으로 치료적 작업이 완성되도록 촉진할 수 있다. 여기서 초점은 내담자가 절망감을 조절하는 것을 돕고, 자신의 경험이나 스스로를 대하는 방법에 대한 대안들을 발전시키도록 하는 것이다. 이러한 조절은 내담자가 현재 상태에서 심리적 자원을 늘리고, 장기적으로는 우울증에 덜 취약하도록 돕는다. 우울의 잠재 요소들에 치료적으로 집중하는 것과 이러한 요소들과 관련된 해결 작업들을 돕는 것이 성공적인 결과를 위한 중요한 기여 요소다.

자아 발전 강화하기

상담자는 차이, 숙달, 자기 확신을 늘리는 것으로 우울한 내담자의 자아 발전을 돕는다. 우울한 내담자들은 성장이 지연되거나 차단되어 있으며, 무력감과 절망감으로 고통 받고 있기 때문에, 상담자가 인생의 과업들을 진척시킬 수 있도록 힘을 불어 넣고, 당면한 정서를 구분하여 처리하도록 도와주지 않는다면 치료는 성공적이지 못할 것이다. 상담자는 내담자가 확신을 가지고 선택할 수 있도록 그리고 성장 지향적 목표를 가지도록 회기 중에 부드럽게 격려하고, 내담자가 얼마나 자신을 김빠지게 하고 성장을 차단하고 있는지를 알아차릴 수 있도록 도와줌으로써 내담자가 성장의 방향으로 움직이도록 유도한다. 즉, 우울한 내담자는 좀 더 확고하고 자신감 있는 느낌을 찾을 수 있도록, 스스로에 대해 더 양육적이고 보호적인 방법으로 반응할 수 있도록 대안적 대응 방법을 발전시킬 수 있도록 격려 받는 것이 중요하다.

우울증의 치료에 있어서 핵심적인 치료적 작업

우울증에 대한 과정-경험적 접근의 핵심은 핵심적인 정서 경험 및 정서 기억에 접근하여 그것을 인식하고, 명명하고, 반영하며, 반응의 대안적 방법을 발전시켜서 새로운 방법으로 경험을 이해하는 것이다. 이 접근은 대안적인 정서 반응을 발전시켜 제대로 기능하지 못하는 반응을 바꾸도록 돕는 것을 포함한다(정서를 이용하여 정서를 변화시키기). 우울증 내담자와 함께 작업하는 가장 핵심적인 것은 더 깊은 경험에 집중하는 공감적 탐색, 자기 비판적 분열을 위한 두 의자 대화법, 그리고 상호관계 문제들을 위한 빈 의자 기법이다(〈표 14-1〉을 보라).

우울의 원천에 대한 공감적 탐색

공감적 탐색의 기저 작업은 자발적으로 대화하며 이해하고, 내담자를 불확실하거나 곤두서 있는 경험으로 옮겨갈 수 있도록 돕는 상담자의 반응들에 의존한다(7장 참고). 우울증 내담자에게는 이 작업이 일반적으로는 치료의 절반 정도를 차지하고, 첫 회기부터 우울의 원인들에 대한 경험을 탐색하는 것을 시작한다. 상담자는 내담자의 우울한 경험이 주는 느낌 및 신체의 반응에 공감하면서 주도적으로 무엇 때문에 우울이 생겨났는지에 대해 빠르게 탐색하고, 그 밑에 숨은 정서와 의미를 구별해야 한다. 우울한 경험들은 종종 전체적이고, 관념적이고, 부정적이기 때문에 내담자는 각각의 정서의 다양한 뉘앙스를 구별하여 경험을 상징화하고, 대안적인 정서 또는 반응에 접근할 수 있도록 격려 받는 것이 필요하다.

지나친 관념화나 차단된 경험에 집중하기

우리는 이미 Gendlin(1981, 1996)의 경험적 집중 작업이 우울증에 매우 유용하다는 것을 발견했는데, 그 이유는 우울한 내담자가 종종 경험을 처리할 때 순전히 관념적이거나, 이제껏 자신이 살아온 경험이나, 자신의 신체에 맞는지 아닌지를 고려하지 않은 채 외부적 방법을 사용하기 때문이다. 이들은 종종 스스로의 경험에서 동떨어져 있어 다른 작업들에 관여하는 것을 어려워한다. 즉, 내담자로 하여금 속도를 줄이고, 자신의 내부를 들여다보며, 관념적인 것과 감정적인 요소들을 하나로 합할 수 있게 도와주는 데 집중하는 것이 중요하며, 공감적 탐색과 다양한 형태의 의자 작업이 도움이 된다. 우울한 내담자에게는, 치료 초기에 스스로 설 수 있는 작업에 초점이 맞추어질 수 있지만, 내담자가 막혀 있는 경우에는 다른 작업들과도 함께 이루어지는 경우가 더 흔하다.

우울성 분열을 위한 두 의자 대화 기법

많은 방면에서, 두 의자 대화(11장 참고)는 우울증을 다루는 데 대표적인 작업이다. 이 작업은 자기 평가적 분열, 특히 자기 비판적인 우울 과정들의 핵심적인 과정에 직접적으로 적용할 수 있다. 우울성 분열은 전형적으로 가혹하고 완벽주의적인 방법을 가진 또 다른 측면으로 나타나는 자아의 비판적 측면과 연관된다. 이런 종류의 분열의 중요한 특성은 자아의 경험적 측면이 전형적으로 비판을 받았을 때 수동적으로 동의하거나 심지어 절망에 빠져 무너진다는 것이다. 게다가 우울한 내담자는 종종 자신의 분열을 외부적인 상황에 귀인하여, 지각된 비판, 통제, 우울증의 원인이라고 여겨지는 사람이나 상황에서의 박탈감에 집요하게 집중한다[예를 들어, "만약 내 상사(부모님, 자녀들)가 내 험담을 하지 않는다면" "사람들이 무엇을 해도 모두 나를 막고 비난만 하는데 시도해 봤자 무슨 소용이 있어."]. 이것은 자신이 비난을 받았거나 통제를 받았다고 하는 측면과 내담자의 환경 내에 있는 다른 사람들에게 귀인된 내담자 비판 사이의 갈등으로 이해할 수 있다.

이러한 자기 비판적 과정이 우울증에서 중요한 역할을 하기 때문에, 확장된 두 의자 대화 기법은 종종 치료적 동맹이 충분히 굳건해지고, 자기 비판적 과정이 치료적 작업을 위한 중요한 목표라는 것을 인식하게 되는 3~4회기에 시작한다. 이 작업에서는 자신의 비판적 부분이 한 쪽 의자에 앉게 되고, 자신의 나머지 부분에 대해 비판을 한다. 그리고 나서 내담자가 비판을 경험하는 쪽의 반응을 하는 역할을 맡는다. 내담자가 앞뒤로 비판을 가하는 사람과 비판을 경험하는 사람이 되면, 이 과정이 더 현실화되고, 절망감과 좌절감으로 무너지는 일반적인 측면의 경험을 고조시킨다(11장 참고). 이 작업의 목표는 비판을 견디는 것이 얼마나 괴로운 일인가를 느끼게 함으로써 내담자가 자기 비판 과정과 그 영향에 대해 알아차리도록 돕는 것이다. 동시에 내담자들은 비판적 측면에 내재되어 있는 중요한 가치와 기준을 확인하고, 이러한 가치들을 실행하기 위한 대안적인 방법을 찾는 것을 격려받는다(예를 들면, 비판적 측면들은 종종 경험적 측면들이 더 나아지거나 강해지기를 소망한다). 즉, 내담자는 스스로를 좀 더 지지적으로 대하는 방법을 찾을 수 있도록 도움을 받는다. 이러한 깊은 정서적 과정은 보통 매우 고통스러운 정서 경험을 통해 일어난다. 초기에 보였던 정서에 대한 경험과 표현은 내담자의 욕구에 대한 인식과 강력한 표현으로 이어지고 비판을 약화시킨다.

미해결된 대인관계 문제에 대한 빈 의자 기법

끝나지 않은 문제를 위한 빈 의자 기법(12장 참고) 또한 우울증 내담자에게 매우 흔한 작업이다. 내담자를 방임하거나 학대했던 초기 양육자와의 관계를 유지하고 있는 경우 또는 아동기에 상실을 경험한 내담자에게 매우 핵심적인 작업이다. 우울이 강력한 2차적 분노 반응과 과잉 일반화, 부적응적인 수치심, 공포, 슬픔의 요소를 가지고 있기 때문에, 빈 의자 기법은 우울한 내담자에게 지금의 부적응적인 정서적 반응을 넘어서 상실에 대한 최초의 적응적인 슬픔이나 폭력에 대한 분노와 접촉하고 표현하게 도와주는 데 특히 유용한 방법이다. 이 과정은 내담자로 하여금 내재된 적응적 정서를 이용해서 적응적 행동을 만들어 낼 수 있게 도와주고, 그로 인해 적응적 대처방법을 동원하고 문제를 해결하게 해 준다. 적응적 분노와 접촉하고 표현하는 것 또한 종종 내담자로 하여금 힘을 북돋워 주고 우울증을 이겨낼 수 있다는 느낌을 다시 가지도록 돕는 데 중요한 역할을 한다.

기타 작업

방해 분열도 우울한 내담자에게 흔한데, 이들은 주로 감정적 · 경험적 · 인지적으로 동떨어진 자아의 측면 사이에 내재된 정서 과정의 분열로 인해 고통 받는다. 이러한 과정적 분열은 감정 차단이나, 절망감이나 단념과 같은 이차적 감정반응으로 나타나는 꽉 막힌 느낌을 야기한다. 사실 우울한 내담자가 종종 버겁다고 느끼거나 잘못되었다는 느끼는 것은 방해 분열로 이해할 수 있다. 내담자에게 자기 방해의 과정에 대한 역할을 해 보라고 하면 이 작업을 촉진시킬 수 있다. 게다가 정서를 받아들이고 표현하는 것에 대해 9장에서 언급한 여러 가지 전략들 역시, 정서가 인식되는 것으로부터 차단하거나, 부분적으로 인식하거나 부정확하게 오해하거나, 정서를 위협적인 것 또는 받아들일 수 없는 것으로 평가하거나, 다른 사람에게 정서를 드러내게 되면 문제가 더 심각해진다는 여러 다양한 원천에서 비롯되는 문제를 가진 우울한 내담자와의 작업에도 도움이 된다(Kennedy-Moore & Watson, 1999).

과정-경험적 치료에 적합한 우울증 내담자의 상태

과정-경험적 치료는 마음의 동요와 자기 분열의 심각성이 높지 않아서 안전한 치료 장면에서 고통스러운 정서에 접촉하고 경험하는 것을 참아내는 것이 그렇게 어렵지 않은 내담자에 유용하다. 이 책에서 언급해 온 과정-경험적 치료의 형태는 내담자의 기능 수준이 충분하여 병원 밖에서의 일상생활이 가능한 내담자에게 적용될 수 있다(하지만 좀 더 심각한 수준의 우울증을 앓고 있는 입원 내담자에 대한 과정-경험적 치료를 공부하고 싶다면 Mestel & Votsmeier-Röhr, 2000을 보라). 주된 정서적 상태에는 슬픔, 분노, 수치심, 죄책감, 공포, 절망이 있다. 다음에서 다룰 주제들과 관련된 외상이나 남용, 상실, 아동기 학대 등과 관련된 우울감도 이 책에 언급한 과정-경험적 치료에 적절하다.

일반적으로 이 책에 소개된 과정-경험적 치료 접근법은 기능을 유지할 정도로 대처 전략은 충분하지만, 비이성적 신념에 대한 문제 제기나 부정적 자기상을 위한 증거들을 모으고 평가하는 것과 같은 절차들을 이용하여 핵심 문제를 바꾸어 나가는 것에 어려움을 가진 내담자를 위해 설계되었다. 과정-경험적 치료는 대인 관계 문제로 인해 슬퍼하거나 생각을 주장하거나, 자신의 정서나 욕구를 다른 사람들에게 표현하는 데 있어서 문제를 겪고 있는 내담자에게 매우 유용하다는 점이 밝혀져 왔다.

미해결된 대인관계적 상처와 외상 후 스트레스 문제

이 절의 대부분은 Elliott, Davis 그리고 Slatick(1998)과 Greenberg, Paivio(1997), Fischer와 Wertz(1979)의 연구에 기초하고 있다. 대인관계적 외상과 관련된 미해결 과제에 대한 연구에 대해 더 자세히 알고 싶다면, Paivio의 연구를 추천한다 (Paivio & Greenberg, 1995; Paivio, Hall, Holowaty, Jellis, & Tran, 2001; Paivio & Nieuwenhuis, 2001). (정신과적 진단에 대한 낙인을 없애기 위해 우리는 '장애' 라는 단어 대신, 외상 후 스트레스 '문제' 라고 하겠다. Elliott et al., 1998.)

외상 후 스트레스 문제의 과정-경험적 치료 공식

외상을 입은 내담자를 대할 때, 과정-경험적 상담자는 특히 내담자의 경험에 대한 보편적인 정서 도식을 맞추기 시작한다.

내담자의 경험

외상적 사건 이후에, 내담자는 종종 감정을 느끼지 못하게 되거나, 압도당하거나, 공포와 두려움과 같은 정서에 빠져버리거나 하게 된다. 외상적 사건은 매우 강력하고 접근성 높은 일련의 정서 도식을 만들어 내는데, 이는 특히 광범위하고, 개인을 소진하게 만드는 공포와 수치심, 분노와 같은 외상과 관련된 빈번한 부적응적 정서 과정들을 형성한다. 동시에 외상이나 상처가 너무나 고통스럽기 때문에, 내담자는 자동적으로 외상을 재경험하는 것을 회피하고 꺼려한다. 이는 외상과 비슷한 상황을 피하게 하는데, 이로 인해 대인 관계적 고립이나 감정적 마비로 진행된다. 적응적인 정서 과정들이 방해 받으면서 내담자는 불충분한 상태에 놓이게 된다('미해결된 과제').

외상적 문제(예를 들어, 악몽, 플래쉬백, 외상적 단서)를 재경험하는 것은 외상이나 상처의 미해결된 측면을 끝내기 위한 시도의 일부로 보여진다(예를 들어, 왜 그 일이 벌어졌는지 이해하려고 하거나, 누구의 책임인지, 그런 일이 다시 일어나지 않으려면 어떻게 해야 하는지). 이러한 관점에서 보면, 이러한 재경험의 어려움은 외상을 극복하기 위해 회피하지 않으려는 스스로의 노력을 반영한 것이지만, 항상 다시 방해 받기 때문에 절대 해결되지 않는다(Horowitz, 1986). 게다가 자아의 경험적 측면 또한 광범위하고 다양한 상황에서 다시 일어날지도 모르는 위험을 끊임없이 상기시킴으로 인해 앞으로의 피해를 막기 위한 방편으로써 명백하게 관여하게 된다.

이 뿐만 아니라, 감정적 상처나 트라우마는 내담자의 이야기 과정을 방해한다(Wigren, 1994). 희생양이 되었다는 것은 개인의 인생 경험담과 의미를 만들어 내는 과정에서 막대한 단절을 초래하고(Clarke, 1989, 1991), 이전의 단일한 인생 경험담을 피해 당한 전후 이야기로 나누게 된다. 게다가 외상적 이야기는 그 자체로 설명적 단절이나 기억 공백과 같은 '서술적 결점들'을 포함하는 경향이 있다(Wigren, 1994). 결과적으로 외상적 경험담은 그 자체로 하나의 이야기로 합쳐지지 않을 뿐 아니라 희생양이 되기 전 이야기와 맞지 않다.

대인관계적 상처나 트라우마에 관한 좀 더 복잡한 치료적 작업은 대다수의 트라우마를 입은 개인의 도식적 과정이 매우 자동적이라는 점인데, 부분적으로는 신체적 통합성에 대한 위협들이 매우 빠르고 전언어적인(즉, 몸으로 표현되는) 특징을 가진 초기 반응 체계를 자극시키기 때문이다(Zajonc, 1980).

일반적인 트라우마 관련 내적 정서 도식

피해를 당했을 때, 사람들은 '가슴 속에 품은 믿음'이라 불리는 핵심 정서 도식들에 중대한 도전을 받는다(Clarke, 1989와 이 책의 10장을 보라). 이러한 정서 도식들은 Janoff-Bulman(1992)뿐 아니라 Fischer와 Wertz(1979), Wertz(1985)가 범죄 희생양에 대해 진행한 탁월한 연구에서 생생하게 기술한 것처럼, 자신과 타인과 세상에 대한 특정한 경험들을 포함한다. 외상과 관련된 핵심 믿음은 다음과 같다.

- 취약한 자아: 희생양이 되면 나약하고, 무력하고, 파편화되고, 심지어 미래에 일어날 더 심한 희생을 받아 마땅하다는 것이 지배적인 자아가 구성된다. 이러한 정서 도식들은 '특별함'이라고 불리는 개인의 힘과 자기 효능감, 자신감, 덕목 등의 정상적인 정서 도식들을 압도한다(Yalom, 1980).
- 위험한 세상: 희생양이 되고 나면 세상이 안전하다는 정서 도식이 세상은 원래부터 불안전하고 위험하며 예측 불가능하다는 과도하게 일반화된 정서 도식으로 대치된다.
- 위험한 타인: 대인 간의 폭력이나 위해는 강력하고, 악의적이고, 해로우며, 약탈적 가해나 학대적인 타인에 대한 정서 도식을 활성화시킨다. 희생을 당한 후에는, 예전에 해롭지 않았고 심지어 도움을 주었다고 생각했던 다양한 사람들이 잠재적으로는 위험한 타인이라고 생각한다.
- 도움이 되지 않는 사람들: 희생된다는 것은 이웃이 보호와 도움과 지지를 제공하는 의존할 수 있는 안전한 공동체를 제공한다는 개인의 믿음을 파괴한다. 희생양이 되고 나면, 도움이 된다고 생각했던 사람들(친구들, 가족, 법조인, 상담자)이 애초에 피해가 일어나지 않게 막을 수 없어서 그 일이 있는 동안 존재

하지 않던지 숨어 있었다고 여겨지게 되면서 이들이 충분하지 않거나 자신에게 도움을 주지 못한다고 여겨지게 된다.

Fischer와 Wertz(1979)의 대인 간 희생양 경험에 대한 연구는 외상과 그 밖의 다른 미해결된 대인간 상처에 대한 과정-경험적 치료의 기본을 제공한다. 앞서 설명한 정서 도식들은 대인간 외상이나 상처에서 매우 흔히 나타나는데, 이 도식에 대한 이해가 상담자에게 외상을 입은 내담자들의 경험에 대한 공감적 민감성을 제공할 수 있다. 과정-경험적 치료의 관점에서 보면, 외상 후 스트레스 문제는 일단의 정서 도식들의 경쟁과 관련된다. 평범함이 경험을 지배하고, '평온한 안정감' 이라고 알려진 정서 도식은 피해를 당하기 이전 세상의 특징이고, 이는 어려움을 초래한다. 왜냐하면 외상적 사건이 이전 경험과 일치되지 않고, 이유 있는 항변의 광범위한 경험을 이끌어 내기 때문이다(10장 참고). 또 다른 정서 도식('두려운 나약함')은 외상의 경험 중에 활성화되며, 정확하게 외상적 사건 자체의 희생양이 된 세상을 대변한다. 이러한 정서 도식들은 두려움이나 수치심, 분노, 이와 관련된 지각들(예를 들어, 위험함)이나 행동 경향(예를 들어, 도망가거나 회피함)과 같은 정서 안에 깊게 자리잡게 된다.

트라우마와 관련된 정서 도식은 사람에 따라 다양하고, 피해를 당한 경험의 특징에 따라 다르다. 이러한 도식들은 때로 매우 내재적이어서 회기 중에는 활동적인 표현(예를 들면, 의자 작업)이나 재경험(예를 들어, 외상 경험 다시 이야기하기) 작업의 방법으로만 간접적으로 접근할 수 있을지 모르겠다. 또한 현재 경험한 외상은 일반적으로 개인의 초기 삶에서 얻은 외상과 독특한 방법으로 상호 작용하기도 한다. 어떤 내담자는 어떻게 양아버지가 자신에게 저지른 성폭력을 그만두게 했는지에 대해 흔쾌히 이야기를 시작했지만, 오히려 가해자가 자신의 집에 쳐들어와서 그녀를 거의 죽게 만든 첫 번째 피해 경험에서 자신이 그 가해자를 멈추기에는 얼마나 무력했는지만을 강조하였다. 가장 중요한 점은 상담자가 각 내담자들이 가지고 있는 고유한 형태의 정서 도식을 이해하는 것이다.

대인관계에 관련된 트라우마와 상처의 극복에서 일반적인 변화 요인

대인관계에서 희생된 경험에 대한 Fischer와 Wertz(1979)의 연구를 기반으로, 우리는 내담자가 성공적으로 외상과 관련 문제들을 해결하도록 돕기 위한 네 가지 요인들을 제시하고자 한다.

1. **보살펴 주는 타인의 존재를 제공하라** 도움이 되고, 보살펴 주고, 공감해 주는 타인은 무신경하고, 부족하거나 악의적인 타인에 대한 부정적인 이미지에 대해 대안적이고, 잘못된 것을 바로잡는 정서적 경험을 제공한다. 이것은 보통 치료의 첫 번째 과제이고, 종종 정신적 충격을 받은 내담자에게 상담자는 진실로 이해하고 보살펴 준다는 믿음을 발전시키기 위해 여러 회기에 걸쳐 쓰여진다.
2. **스스로 다시 능력을 부여하도록 도와라** 앞에서 언급한 것과 같이, 과정-경험적 상담자는 인간은 신체적이고 정서적인 상처를 포함한 어려운 상황들에 적응하고 대처하는 기본적인 능력을 가진 존재로 본다. 대인관계와 관련된 정신적 충격과 상처를 극복하기 위해서 내담자는 의미 있는 선택을 하여야만 하고, 자신의 희생으로 인해 위태롭게 된 중요한 인생 계획으로 돌아가도록 하는 능력 및 감각을 회복해야만 한다. 이러한 다시 능력 부여하기는 전형적으로 내담자의 중단된 인생 계획의 본질을 명확히 하도록 돕고, 내담자를 조력하여 성장하려는 기본적인 동력을 지원하는 것이다. 덧붙여 내담자의 잠정적인 방해 요소를 살펴 적극적인 자기 보호 태도를 발전시키도록 돕고, 특히 분노와 같은 강한 정서를 탐색하고 표현하도록 돕는 것 역시 중요하다.
3. **부분적으로 신뢰할 수 있는 세계를 회복하도록 격려하라** 피해 이후의 세상은 절대로 피해 이전의 세상에 대해 느껴왔던 것처럼 안전해질 수 없다. 그러나 얼마간의 안전은 개인이 웬만한 삶으로 돌아가고 중요한 생애 계획을 계속하기

위하여 반드시 회복되어져야만 한다(Wertz, 1985). 안전 혹은 신뢰는 치료적 관계의 맥락에서 가장 먼저 회복된다. 그러나 내담자가 환경에 직면할 수 있고, 적어도 적절한 상황에서는 경계가 느슨해질 수 있다는 것을 발견하도록 하는 것 역시 필수적이다. 그럼에도 내담자 스스로가 외부 세계의 일부분을 언제, 어디에서부터 믿기 시작할 것인지 결정하도록 결정권을 주어야 한다.

4. **트라우마를 재처리하도록 도와라** 정서적 수축과 침입의 고통스런 악순환을 깨뜨리기 위해서, 상담자는 치료 환경 속에서 내담자에게 조절된 정서 표현을 격려하고 촉진한다(Briere, 1989; Courtois, 1988; Elliott et al., 1998; McCann & Pearlman 1990; Winn, 1994). 한 가지 일반적인 방식은 충격적인 상황을 재현하게 하거나, 외상 경험에 대해 진술하게 하고 재경험하게 하는 것이다. 이 방식은 각성의 수준이 조심스럽게 조절되고, 안전한 작동 거리가 유지될 수 있는, 줄어든 위험의 상황에서 내담자가 본래의 정서적 반응을 처리하도록 허용한다. 자신의 정서적 반응과 충격적 상황 기억을 처리하도록 함으로써, 상담자는 내담자의 정서에 대한 균형과 조절을 복구하도록 도울 수 있다. 이 정서 조절 능력이 회복되면, 내담자는 더 이상 고통스런 정서에 의해 수축되거나 압도될 필요가 없어지게 된다(2장 참고).

외상 회복 작업에서 주요 치료적 과제

몇몇 주요 치료적 과제들은 대인관계적인 외상이나 상처와 관련된 작업에서 다루어진다. 이것들 중 일부(예: 외상을 이야기하는 것)는 치료의 초기에 다루어지고, 상담자가 도움을 주는 타인으로서 입지를 확고히 할 수 있게 도와준다. 하지만 외상 관련 대상(예: 해결 중인 끝내지 못한 주제와 관련된 중요한 타인)을 다루는 것은 치료적 동맹이 단단히 자리 잡을 때까지 기다려야 한다.

트라우마 그리고 관련된 이야기를 재진술하도록 촉진하는 것은 과정-경험적 치료에서 대인관계적 외상 혹은 상처를 위해 매우 일반적인 과정이며(더 자세한 설명을 위해 10장을 참고), 주로 첫 회기에 시도된다. 트라우마 사건을 재진술하는 것이 일반적으로 고통스러울지라도 피해를 받아 온 사람들은 대부분 그것을 말해야겠다는 강한 필요를 가지고 있다. 트라우마와 관련된 표식은 말하여지기를 기다리고 있는 정신적 외상, 외상 전, 외상 후, 그리고 악몽 이야기들을 포함한다(예: "내가 강간당한 이후 이제까지 나는 그 지역 근처에도 갈 수 없었어요."). 이 과제는 대인관계적 충격 혹은 상처를 치료하는 데 핵심이기 때문에 만약 내담자가 치료의 첫 번째 회기에서 외상과 관련된 이야기를 꺼내지 않는다면 상담자는 초기에 내담자가 그것을 이야기하도록 격려할 필요가 있다. 이것은 내담자가 외상과 관련된 다른 이야기들을 말하도록 촉진하기 위해서 중요하므로 치료가 진행되면서 여러 번 시도하는 것보다 초기 회기에 강력하게 추진하는 것이 유용하다.

공간 정리하기(9장 참고) 작업 또한 일반적으로 치료의 초기에 진행되며, 트라우마를 경험한 내담자가 다른 외상 치료 상담에서 사용되고 있는 안전한 장소를 발달시키도록 돕는 방법과 유사하다(예, Herman, 1992). 만약 신속하게 이야기되지 않는다면 내담자의 불안 및 압도된 상태는 치료적 동맹의 발전, 특히 상담자와 고통스러운 기억을 재처리하기 위한 내담자의 의지와 대립될 수 있다. 상담자는 내담자가 평화를 유지하기 위해 혹은 스스로 진정시키기 위해 찾아갈 수 있는 안전한 내적 공간의 필요성에 공감하고, 그것은 내담자가 힘든 경험을 탐색하기 위해 사용할 수 있는 홈 베이스로 자리 잡을 수 있다. 게다가 내담자는 이 정리되고 안전한 공간을 충분히 경험하고, 강렬한 정서에 압도됨을 느끼기 시작할 때 사용할 수 있도록 격려 받는다. 어떤 내담자의 경우, 숨겨진 공간은 완전히 가상의 형태를 띠기도 하고, 또 다른 내담자의 경우는 안전한 공간이 집 주변 공원의 햇빛이 잘 들고 깨끗한 현실적인 장소이기도 하다.

개인적인 수치심, 무가치감, 취약성, 체념 그리고 절망의 강력한 느낌과 싸우고 있는 상태 등은 내담자와의 작업에서 다루어야 할 일반적 과제이며, 공감적 확인(7장 참고)이 중요하다. 게다가 다른 과제들을 촉진시키는 동안, 상담자는 취약성 표식에 민감해야 한다. 이때 핵심적인 부분은 상담자가 "자신의 고통을 통해 내담자가 듣게 하기(Egendorf, 1995)" 위한 것이고, 내담자가 보유하고 있는 잠재적인 적응적 정서를 상담자가 믿어 줌으로써 내담자가 고통의 한가운데서 가장자리로 빠져나오도록 조력하게 된다. 정말로, 내담자가 취약성에 깊이 잠겨서 탐색하기에 충분히 안전하다고 느끼도록 돕는 것은 외상 후 문제에 대한 과정-경험적 치료에서 주요 변화 과정이 될 수 있다.

트라우마를 다루는 데 있어 도전이 되는 것은 소중히 무엇인가를 신뢰하는 것에 대해 내담자는 지속적으로 의문을 제기하기 때문에 의미를 창조하는 작업은 외상 혹은 대인관계적 상처를 다루는 또 다른 매우 중요한 과제다(Clarke, 1989, 1991; 10장 참고). 이의(protest) 표식의 의미는 종종 충격적 사건과 결합된다. 의미 창조 작업의 의미는 내담자가 높게 각성된 정서 상태에 빠져 있거나 최근의 충격적 사건에 매우 강하게 반응할 때 특히 유용하다.

대인관계적 외상 혹은 상처에 대한 공감적 탐색은 내담자의 정서 도식, 즉 약한 자아, 쓸모없거나 해로운 타인들, 위험한 세상 및 도움이 되지 않는 타인과 같은 중요한 외상과 관련된 정서 도식을 표현하는 것에 가까워지도록 할 수 있다. 그러나 상담자가 다른 중요한 정서 도식의 표현에 대해 기민해지는 것은 필수적이다.

미해결된 대인관계적 주제를 위한 빈 의자 기법은 어릴 때 성적 학대를 경험한 내담자와의 작업에서 널리 사용되어 왔다. 앞서 기술한 바와 같이, 대부분의 외상 경험에서 주요 요소는 희생되는 동안, 그리고 그 후에 해롭고 도움이 되지 않는 타인의 역할을 지각하는 것이다. 그러나 빈 의자에 가해자 혹은 해로운 타인을 앉히는 것의 치료적 가치에 대해 어느 정도의 논란이 있고, 이것은 일부 내담자들에게는 정서적으로 지나치게 강렬할 수 있다. 이것과 관련해서 우리는 두 가지 세부적인 제안을 하고자 한다. 첫째, 학대를 무시하거나 허용했던 비학대 부모와 같이 도움을 주지 않았던 타인과 함께 빈 의자 작업을 시작하는 것이 일반적으로 최선이다. 학대자와의 직접적인 작업은 차후에 다루는 것이 좋고, 몇몇 내담자들은 이 직접적인 작업을 진행하는 것을 절대 원하지 않기도 한다. 둘째, 빈 의자 기법은 강렬하게 정서를 촉발시킬 수 있다. 만약 내담자가 이미 높은 정서적 각성 상태에 있다면, 빈 의자에 있는 대상에게 말하도록 제안 받는 것에 의해서도 압도된 느낌을 가질 수 있음을 유념해야 한다. 그러므로 우리는 정서적 각성이 높을 때, 내담자가 고통스러운 정서를 상징화하고 견디도록 돕는 의미 창조 작업을 진행하는 것이 일반적으로 더 낫다는 Clarke(1993)의 의견에 동의한다.

극도의 스트레스와 경계선 과정의 문제

장기간 성적 학대를 받거나 여러 종류의 층층이 쌓인 '층화된' 외상 경험들을 가진 내담자들은 정체성이나 감정 조절, 대인 관계에 있어서 경계 범위에서 어려움을 겪게 된다(예를 들어, Herman, 1992). Elliott과 그의 동료들(1998)에 따르면, 이러한 내담자들은 자기 도식에 영구 손상을 가지고 있고, 이러한 도식들은 "만약 내가 무관심하거나 차갑게 되면, 성폭행범에 덜 취약하게 될 것이다."라는 공고한 요소들을 포함하고 있을 수도 있다. 연속적인 외상들은 이러한 믿음들에 타당성을 제공하고, 개인에게 내재된 상처받고 취약한 느낌을 강화시킨다. 이러한 상처 받은 자기 도식은 감정적 마비의 시점에서, 성적 문란, 약물 사용, 해로운 관계를 선호하거나 "아무렴 어때?"라는 식의 행동을 야기하며, 취약성을 증가시킨다. 이러한 이유로, Herman과 같은 사람들(예를 들어, Ford, 1999)은 다양하고 복잡한 외상의 효과를 설명하기 위해 '극도의 스트레스 장애' 진단을 제안하였다. 사실 이러한 내담자들은 현재 경계선 성격장애 판정을 받고 있는 환자들과 많은 점에서 유사하다.

극도의 스트레스 장애 진단은 흔히 경계선 성격장애라고 알려진 진단에 대한 낙인을 없애기 위한 시도(Herman, 1992) 중 하나로 볼 수 있다. 경계선 성격장애 진단은 모든 정신 장애 진단 중 가장 심한 낙인으로 여겨지고 있고, 사실상 상담자에게 공감과 칭찬과 영향력을 불러일으키는 것이 쉽지 않음이 확실시되고 있다. '분열' 의 '증상' 이나 '혼란스러운 자아 경계' '자기파괴적 행동' 등의 언어적 렌즈를 통해 내담자의 말을 듣는다면, 내담자의 경험에 깊게 들어가는 것이 어렵다. 이런 경우, 수용과 칭찬은 얻기 어려워지고, 상담자는 심지어 스스로가 위험하다고 느낄 수도 있다.

이러한 낙인 때문에 우리는 정체성과 관련된 광범위하고 복잡한 문제들—복잡하고 빠르게 변화하고, 매우 상충되는 감정들을 경험하며, 문란한 성 행동, 충동적 구매, 자해, 약물 남용, 자살 시도와 같은 자기 파괴적 행동들—을 설명할 때 경계선 과정이라는 용어를 선호하게 되었다. 우리는 내담자들이 "경계선 성격장애다."라고 말하지 않는다. 대신 우리는 내담자가 "경계선 과정들을 가지고 있다"고 한다. 이러한 구별은 이것을 정도의 차이로 만들어 주고, 내담자들을 정상적 경험의 연장선상에서 바라볼 수 있게 만든다.

즉, 저자들은 모든 사람이 어느 때라도 경계선 과정을 가질 수 있다고 말할 수 있다. 그것은 많은 사람이 자신이 누구인가를 고민할 때나, 기쁨과 우울 사이의 정서 변화를 다루어야 할 때나, 사랑과 분노를 빠르게 오가는 감정을 갖게 된 타인이나 자신이 버려질 것 같다는 강렬한 두려움을 갖게 하는 타인과 깊은 관계를 맺을 때를 말한다. 더 나아가서는, 많은 사람이 경험했던, 아니면 지금도 경험하고 있을지 모를, 적어도 경미하게 해롭거나 충동적인 행동(예를 들어, 건강에 좋지 않은 음식을 먹는 것, 크리스마스에 돈을 너무 많이 쓰는 것)이나 죽고 싶다는 생각을 가끔씩 하는 것도 포함된다. 이러한 것들이 경계선 과정들이다. 여느 다른 사람들과 유사하게, 상담자도 가까운 관계의 사람들에게서 어느 정도 이러한 경험을 하기도 하며 하고, 이를 통해 자신과 비슷한 경험이지만 그 정도가 더 심한 내담자들을 대할 수 있게 된다.

외상에 관련된 문헌에서 제안된 '극도의 스트레스 장애' 분류는, 경계선 문제를 다른 스트레스나 외상의 어려움과 한 영역으로 분류하여 경계선 성격장애의 낙인을 감소시키는 데 대안을 제공하고 있다. 이러한 표현은 개인의 문제에 대한 더 넓은 맥락을 내포하는 것으로, 상담자의 공감이나 수용, 존재를 위한 보다 명백한 발판을 제공한다. 그럼에도, 우리는 이러한 문제가 복잡하고 다양하다고 보기 때문에 장애라는 획일적 표현보다는 어려움이라는 단어를 선호한다. '극도의 스트레스로 인한 문제' 비슷한 맥락에서, '경계선' 이라는 용어에서는 여러 다른 종류의 경험적인 과정이 연결되어 있다는 뜻에서 경계선 과정이라는 표현을 선호한다.

경계선 과정들과 극도의 스트레스로 인한 문제의 과정-경험적 치료 공식

경계선 과정을 가진 내담자와 작업한 우리의 개인적인 경험과 내담자 중심, 경험적 치료 전통에 기반하여 쓰인 Bohart(1990), Eckert와 Biermann-Ratjen(1998), Eckert와 Wuchner(1996)의 저서에 기반하요 기술하고자 한다. 매우 복잡하게 얽혀 있는 내담자의 문제들에 관한 이번 논의에서, 우리는 단지 몇몇 핵심 부분과 지침들을 살펴볼 것이다. 좀 더 심도 있게 공부하기 위해서는, 앞서 언급한 문헌들과 Santen(1990), Swildens(1990), 그리고 Warner(1998)를 적극 추천한다.

이러한 문헌들은 대인관계적 외상 및 상처와 경계선 과정이 밀접하게 연관되어 있다는 것을 반복적으로 보고하고 있다. 상처는 양육자나 중요한 타인으로 인한 심각한 신체적 또는 성적 학대의 과거력을 포함하고 있을 수 있다(극도의 스트레스). 하지만 만성적인 정서적 학대, 공감적 조율의 실패(이해받지 못함), 아니면 공감적 조율의 부재(양육자가 무가치하게 봄)와 같은 미묘하고 경미한 수준의 외상과 유사한 과정들 또한 포함될 수도 있다. 또한 기질적인 요인들도 상처에 대한 개인의 민감성을 증가시키므로 분명한 역할을 하기도 한다. 결과적으로 다음과 같은 일련의 기본적인 정서 처리 과정상의 어려움 및 정서 도식이 나타난다.

- 대인관계에 대한 강한 불신을 포함하는 과도한 부적응적 분노
- 감정, 특히 분노감을 지각하고 받아들이는 데 있어서의 어려움
- 자신이 상처 받았고, 미쳤거나 악하다고 단정하는 강한 내적 자기감

이러한 정서 처리 과정상의 어려움은 내적 공허감, 각기 다른 자아 요소들 사이의 심각한 파편화, 자신의 감정을 달래지 못하는 무능감을 포함하여 감정 조절에 어려움을 유발한다. 우리는 이러한 감정 조절 실패는 경계선 과정들에서 다양하고 광범위하게 나타나며, 특히 극적이거나 명백한 불안정한 분열 양상 및 충동적인 자해 행동에 기저하는 핵심요소로 여기고 있다.

경계선 과정과 극도의 스트레스로 인한 어려움에 대한 치료의 일반적인 변화 원리

경계선 과정을 다룰 때의 과정-경험적 치료 작업은 5가지의 일반적인 법칙이 있는데, 이는 공감적이고 지지적인 관계를 유지하는 것, 초기부터 정서 조절 문제를 다루는 것, 자해에 대해 탐색하는 것, 외상을 다루는 것, 내담자의 자존감을 키우는 것이다.

공감적이며 지지적인 치료적 관계를 유지하기

상담자는 진실한 공감과 지지로 치료적 관계를 유지하는 것을 치료의 최우선 순위에 두어야 한다. 경계선 과정을 가진 내담자들은 자주 상담자의 인내심이나 관용을 시험하여, 관대한 칭찬(아니면 무조건적인 긍정적 관여)을 관계 요소의 핵심으로 만들고, 이를 달성하거나 유지하기 어렵게 만든다(Eckert & Biermann-Ratjen, 1998). 저자의 경우를 예로 들자면, 내담자 중 한 명은 각 회기를 종료하는 획기적인 능력을 보여 주었는데, 이는 즉흥적이고 교묘하게 상담자와 자신을 떼어놓는 것이었다. 예를 들어, 특히 초기 회기가 원활하게 진행된 후, 그녀는 떠나면서 이렇게 말했다. "만약 내가 내 감정을 더 잘 표현했다면, 당신이 그렇게 완전히 동떨어지게 반응하지는 않았을 거예요." 이때 상담자는 내담자가 자신을 이해하는 능력에 대해 비판하고 있다는 것을 알아챘고, 내담자는 상담실을 떠났다. 이러한 말을 여러 번 들었을 때, 상담자는 혼란스러움과 좌절감을 극복할 수 있게 되었으며, 내담자의 능숙한 깔아뭉개려는 말에서 유머도 찾을 수 있게 되었다. 그 후, 상담자는 자신의 경험에 대해 그녀에게 털어놓을 수 있게 되었고, 내담자와 함께 웃어넘기기도 했다. 결과적으로 내담자는 자신의 행동에 대해 인식하게 되었고, 치료 관계는 증진되었다(그녀는 그러한 발언을 더 이상 하지 않았다).

초반에 다루기

상담자와 내담자가 정서 조절 문제를 치료의 초반에 다룰 것을 권하고 싶다. 특히 경계선 과정을 다루는 과정-경험적 치료에서는 정서 조절 실패의 문제를 시작으로 치료를 시작한다. 내담자가 고통스럽거나 무서운 감정을 상담자와 탐색하는 것이 안전하다고 느껴지기 전까지, 진정한 치료적 관계는 시작될 수 없다. 안전하다고 느껴질 수 있도록 촉진하기 위해서, 상담자는 내담자가 위협적으로 느낄 수 있는 감정을 통제할 수 있다는 감각을 기르도록 도와주는 것이 필요하다. 즉, 상담자는 내담자가 약물 남용, 문란한 성적 행동, 자해와 같은 충동적이고 위험한 행동을 하기 보다는 스스로를 달랠 수 있는 효율적인 방법을 찾을 수 있도록 도와주어야 한다. 공간 정리하기(9장 참고)는 이에 대한 유용한 방법 중 한 가지다.

자기-파괴적 행동을 탐색하고 이해하도록 돕기

내담자가 정서를 인식하고 수용하기 시작하도록 돕기 위해 경험적으로 증명된 관계의 맥락 안에서 보살피고 수용함으로써, 상담자는 내담자의 혼란스럽고 자기 파괴적인 행동들을 모두 드러내어 탐색하는 것이 필요하다. 예를 들어, 엘리자베스는 정체감 해리(다중 인격)를 포함한 경계선 과정을 가진 내담자였는데, 매 회기마다 각기 다른 혼란스럽고 자기 파괴적인 행동을 보고했다. 한 주는 굶어서 기아 상태였고, 그다음 주에는 가게에서 드레스를 훔쳤고, 그다음에는 다리에 자해를 했고, 그다음에는 쥐약을 먹었으며 급기야는 10층 건물에서 뛰어내리려 했다(하지만 그녀를 따라서 급하게 계단을 올랐던 학급 동료에 의해 저지당했다)고 보고하였다. 치료 회기의 대부분은 각각의 사건에 대해 듣고, 엘리자베스로 하여금 계속적으로 그러한 행동을 하게 만드는 것이 무엇인가에 대해 알아차리도록 돕는 데 할애되었다.

미해결된 트라우마 및 부적응적 정서 다루기

상담자는 내담자의 해결되지 않은 외상 문제와 이와 연합된 부적응적인 정서에 대해 작업을 진행한다. 점차적으로 내담자와 상담자의 작업은 현재 당면하고 있는 자기 파괴적인 행동과 정서 조절 실패에서 해결되지 않은 학대나 외상 문제, 이와 관련된 부적응적인 분노 감정으로 과거로 역행하여 가게 된다. 어떤 경우에는, 오랫동안 지속되었으나 알아차리지 못했던 외상을 가진 내담자가 처음으로 그러한 문제를 다루는 자신을 발견하게 되기도 한다. 점차 진행되면서 상처투성이인 자기상, 미쳤거나 악한 자기상을 다루게 되며, 너무나 확고해서 자신의 일부가 서로를 파괴하려고 하는 갈등적 분열을 다루게 된다.

내담자의 자기-방향설정 및 자기 역량강화 촉진하기

내담자가 자신의 내적 경험과 자신이 누구인지, 자신이 필요한 것이 무엇인지에 접촉하기 시작하면서 자존감과 자기 관리 능력이 계발되기 시작한다. 이러한 작업을 통해 점진적으로 나타나는 새롭고 강력한 자기감은 낡고 약하며 상처받은 자아상의 수정을 가져온다. 이것은 예전의 자기로 돌아가는 것이 아니라 새롭고 놀라운 자기로 발전하는 것이다.

경계선 과정과 극도의 스트레스로 인한 문제를 다루는 주요한 치료적 작업

이미 살펴봤듯이, 경계선 과정이나 극도의 스트레스로 인한 문제의 복잡성은 광범위하고 다양한 과정-경험적 작업과 연관된다. 이 중 으뜸은 공감적 확인, 동맹 형성, 공간 정리하기, 동맹 대화법, 공감적 탐색, 정서를 점진적으로 불러일으키기, 두 의자 대화기법이다(〈표 14-1〉을 보라).

공감적 확인

내담자의 취약한 경험에 대한 공감적 지지(7장 참고)는 경계선 과정 내담자의 작업에서 가장 중요한 요소인데, 이러한 내담자들은 전형적으로 자신이 상처 받았고, 미쳤거나 악하다고 보기 때문이다(Herman, 1992). 신뢰가 돈독히 성립된 다음에서야 더욱 탐색적인 작업이 뿌리를 내릴 수 있다. 물론 이러한 내담자가 상담자와 함께 자신의 취약성에 대해 충분히 나눌 수 있으려면 시간이 좀 걸리지만, 그렇게 되면, 상담자가 내담자의 경험을 지지하고 이해하며 수용하면서 부드럽게 반응하는 것이 중요하다.

동맹 형성

경계선 과정을 가진 내담자들과 적절한 치료적 동맹을 형성하는 것은 매우 어렵다. 일반적으로, 내담자는 중요한 타인과 맺은 학대적이고 상처 받은 관계를 경험하였기 때문에 상담자와 같은 부모를 연상시킬 법한 광범위한 대상들에 대해 고도로 일반화된 부적절한 분노와 두려움을 느낀다. 예를 들어, 어떤 내담자는 성적으로나 신체적으로 학대하기 전에는 지지적이고 잘 이해해 주었던 중요한 대상에게 학대를 당했던 경우도 있다. 이러한 경우, 상담자의 공감적 이해와 관심은 강한 의심을 불러일으키고, 심지어 분노를 자아내어 앞으로의 동맹 형성을 어렵게 하기도 한다. 따라서 내담자의 경험을 타당화시켜 주는 것이 매우 중요하다(Linehan, 1993 참고). 이런 경우를 포함하여 치료적 동맹을 맺는 데 있어서의 문제는 외상이나 감정과 관련된 치료적 작업에 대한 동의를 구하는 것 조차 어렵게 만들지도 모르겠다. 왜냐하면 극도의 스트레스로 인한 문제나 경계선 과정에 있는 내담자는 일반적으로 스스로를 연약한 존재라고 여기기 때문에 그러한 주제가 위험하다고 느낄 수 있기 때문이다. 따라서 첫 회기에서 내담자와 상담자 모두의 상당한 노력이 요구되기도 한다. 이러한 작업은 공감적인 탐색 작업

이용하기와 경험적인 지지 반응뿐 아니라 공간 정리하기와 같은 것을 포함한다 (더 많은 관계 대화에 관해서는 7장을 보시오).

공간 정리하기

잠재적으로 나타날 수 있는 압도적인 느낌 또는 학대 기억을 직면했을 때의 치료적 안전성에 관한 문제는 공간 정리하기를 이용하여 치료 초기에 다룰 수 있다 (Gendlin, 1996; 이 책의 9장을 보라). 상담자는 치료의 첫 회기에서 안전성 문제 및 작동 거리 개념에 대한 설명을 통해 이 작업에 대한 단계를 순차적으로 진행할 수 있다. 일반적으로 공간 정리하기 작업은 2회기부터 주로 사용하며, 특히 내담자가 압도되었다는 느낌이나 공포를 느낄 때 사용한다. 하지만 이 작업은 감정적으로 조절되지 않을 때, 치료 중 언제라도 이용할 수 있고 심지어는 회기의 마지막에 내담자가 고통스러운 경험들을 다시 견뎌내는 것을 도울 때도 이용할 수 있다.

동맹 대화법

내담자와 상담자가 처음 몇 회기를 진행하여 별다른 어려움 없이 치료적 동맹을 적절하게 형성하였다 하더라도, 상담자는 치료 도중에 나타날 수 있는 관계적 어려움에 대해 예상하고, 이를 높은 비중을 두어 치료가 궤도를 이탈하지 않도록 해야 한다(7장 참고). 외현화되거나 내현화된, 특히 부정적인 관계 메시지에 세심하게 주의를 기울이고, 내담자의 관계 경험을 탐색하는 것이 좋은 방법이다. 우리의 경우에는 일상적으로 저항 질문지를 사용하여 내담자에게 부정적이거나 방해하는 치료 사건에 대해 묻는 것을 통해 동맹을 맺는 데 어려움으로 작용할 수 있는 점들을 부가적으로 확인하곤 한다.

공감적 탐색

기본적 작업인 공감적 탐색은 경계선 과정이나 극도의 스트레스로 인한 문제를 가진 내담자의 치료에 많은 부분(대략 3/4)을 차지하게 된다. 이러한 내담자들은 보통 부모나 다른 양육자가 공감을 제공하는 데 실패했던 발달력을 가지고 있기 때문에, 내담자로 하여금 지속적이고 깊숙하게 알려지는 경험은 내담자의 발달적 결함을 고치려는 목표에 가장 중요한 변화 과정이 된다. 게다가 공감적 탐색과 같은 덜 구조화된 작업들은 내담자로 하여금 의자 기법보다 상담자에게 통제되고 조종당한다는 느낌이 덜 들도록 한다.

체계적 기억회상 기법

체계적으로 기억회상을 불러일으키는 기법은 극단적인 스트레스를 겪고 있거나 경계선 과정의 어려움을 겪는 내담자를 위한 주요 치료방법 중 하나다. 엘리자베스의 예와 같이, 매우 감정적이면서도 혼란스러운 반응이 경계선 과정에 있는 내담자의 전형적인 예이며, 이들은 때로 자기 파괴적 행동을 하곤 한다. 이로써 해로운 경험은 더욱 가중되고, 정서적 회상은 보편적으로 3회기 이전에는 잘 진행되지 않는다. 그러나 이 방법은 의자 기법보다는 정서적으로 강렬하지 않으므로 초기에 할 수 있는 방법 중 하나다.

두 의자 대화 기법

경계선 과정을 가진 내담자는 매우 심각한 갈등적인 분열을 보이기 때문에 두 의자 대화 기법은 중요한 작업이지만, 내담자의 감정을 너무 극적으로 분출시키거나 불필요한 관계 문제를 일으키지 않도록 조심해서 적용해야 한다. 게다가 이러한 내담자는 종종 자기의 각 부분들이 다른 부분을 아예 없애 버리거나 둘 사이에 완전한 장벽을 치길 원하는, 극도로 깊고 해결하기 어려운 확고한 분열을 가지고 있다. 덜 심각한 수준의 내적 갈등과 대조적으로 경계선적 자기 비난의 측면은 때로 학대적 양육자에 대한 직접적인 내사를 포함하고, 보완적이거나 내재적이면서 타협을 위한 기초적인 형태로 이용될 수 있는 가치나 기준이 없다. 이러한 극단적인 자기-비판은 조심스럽게 다루어져야 한다. 자기-비판을 탐색하고, 내담자에게 미치는 영향을 측정하는 것이 필요하지만, 내담자를 직접 다루기보다는 학대적인 양육자를 반영하는 방법을 통해 매우 조심스럽게 다루어져야 한다. 경험하는 자의 측면은 쉽게 접근하기 힘들 수도 있는데, 왜냐하면 이것은 자신을 비판으로부터 보호하기 위해 '땅굴로 들어가는' 것이고, 종종 과도한 소비 행동이나 약물 사용과 같은 충동적이고 자기 파괴적인 행동으로만 나타나기 때문이다.

그럼에도, 주의를 기울이면 두 의자 대화 기법은 경계선 과정을 가진 내담자들에게 매우 유용하게 쓰일 수 있다. 처음에 상담자와 내담자는 분열을 명확히 하기 위한 공감적 탐색 작업을 사용할 수 있고, 보통 한 번에 하나씩만 작업하는 것이 좋다. 결국 동맹이 잘 발전되고, 안전성 문제가 다루어지고 난 후에, 내담자는 명확하게 두 의자 기법을 시작할 수 있다. 이 작업을 수행하면서 상담자는 지속적으로 내담자의 작동 거리를 점검하고, 내담자가 스스로 달래거나 견디는 작업을 할 때 도와줄 수 있도록 준비하는 것이 중요하다. 나의 경우, 경계선 과정에 있는 몇몇 내담자가, 두 의자 작업을 통해 고립되거나 강하게 갈등적인 자아 측면이 분리된 것에 긍정적으로 접촉하는 데 유용하였다.

경계선 과정에 있는 내담자의 경우, 종종 갈등에 초점을 맞추기보다는 자기 스스로 달래기와 같은 취약성을 다루는 데 두 의자 기법을 사용하기도 한다. 이런 종류의 대화는 여러 방법으로 시도할 수 있다. 예를 들어, 상담자는 내담자가 자아의 양육적 부분을 확인하도록 돕고 난 후, 취약하거나 약한 측면들에 대해 이야기를 시작할 수 있다. 한 내담자는 자신의 할머니가 암이 재발했다는 것을 들었던 것에 대해 심각한 취약성을 이야기한 후, 그녀는 자신의 심장이 몸 밖에 있는 것 같다고 시각화시켰다. 상담자는 내담자의 심장과 내담자가 이야기해서 심장을 달래주도록 노력하도록 제안했다. 얼마간의 노력 끝에 내담자는 심장에 조심스럽게 스웨터를 입혀서 그것을 보호하고 따뜻하게 지켜 주는 것을 통해 자신의 심장을 도와줄 수 있다는 것을 발견하였다.

내담자가 스스로를 안심시키는 데 문제가 있을 때, 스스로를 달래는 또 다른 방법을 사용할 수 있다. 상담자는 내담자에게 연약하고 취약한 아이를 대할 때 어떻게 하는지 질문함으로써 양육적인 면으로 주의를 환기시킴으로써 도움을 줄 수 있다. 그리고 상담자는 내담자로 하여금 이 가상의 작은 아이를 돌보고 달래도록 용기를 주고 격려한다. 이것이 달성되었을 때, 상담자는 내담자의 자아가 가진 연약한 면에 이를 적용하도록 요청한다(Korman & Bolger, 2000). 스스로를 달래는 형태의 두 의자 기법은 아직 완전히 설명되지는 않았지만, 경계선 과정을 가진 내담자와 작업할 때 고려할 가치가 충분히 있다.

다른 작업

이에 더해, 외상을 재진술하기 방법이 널리 쓰이고, 경험에 초점 맞추기나 빈 의자 기법 또한 경계선 과정이나 극도의 스트레스로 인한 문제를 치료하는 데 중요한 기여를 한다. 물론, 안전성 문제나 작동 거리 점검, 치료 관계상의 어려움이 나타났을 때도 이러한 작업들이 이용될 수 있다.

실제적 세부 사항

광범위한 경계선 과정을 가진 내담자는 전형적으로 우울이나 외상을 겪은 내담자들에 비해 더욱 장기간의 치료를 요구하는데, 적게는 40~50분을 1회기로 하는 1년 과정부터, 흔히 2~5년간의 치료가 필요하다(Eckert & Biermann-Ratjen, 1998). 내담자가 원하고 가능할 경우, 한 주에 2회를 진행하는 것도 가능하다. 다른 내담자와 비교했을 때, 치료의 훨씬 많은 부분이 다양한 관계 작업과 공감적 탐색 후의 공감적 확인이라는 기본적 작업에 할애된다. 외상이나 학대에 관련된 작업을 할 때, 상담자와 내담자는 우선 가능성 있는 위험과 이득에 대해 논의해야 한다. 내담자가 가진 지지적인 타인이나 스스로를 달래는 방법의 형태로서의 자원들을 탐색하고, 긴급 상황들을 대처하기 위한 전략들을 모색해 두어야 한다. 내담자의 작업 속도에 맞추어야 하고, 상담자는 내담자가 고통스럽거나 두려운 경험에 접촉한 후 회기 내에서 스스로를 달랠 수 있도록 도와주는 작업을 확실하게 해야 한다.

이에 덧붙여, Eckert와 Biermann-Ratjen(1998)은 경계선 과정을 가진 내담자가 그들이 원할 때는 한 개 이상의 치료에 동시에 참여할 수 있도록 허락되어야 한다고 제안한다(물론 이러한 치료는 서로 상반되는 목적을 가지지 않는다는 전제하에). 이렇게 되면 내담자는 약물을 처방받기 위해 정신과 의사를 만나고, 비슷한 문제를 가진 다른 사람들과 함께 집단 치료에 참여하며, 단주 모임에 참여하면서 상담을 위해 상담자를 개별적으로 만날 수 있게 된다. Eckert와 Biermann-Ratjen은 또한 내담자에게 치료 중 예정된 휴가 기간에 관해서도 조심스럽게 숙지시켜야 한다고 추천하는데, 예를 들어 여행의 목적을 밝히고 상담자가 어디로 갈 것인지를 말하는 등을 의미한다. 이것은 내담자를 안심시키고, 스스로를 비난하는 것에서 벗어나게 해 주고, 버려졌다는 느낌을 줄어들게 해 준다.

마지막으로, 상담자는 위기나 치료적 후퇴에 대해 정신적으로 준비해야 하고, 수퍼비전을 통해 어쩔 수 없이 당면하게 되는 난관을 대처하는 데 필요한 도움을 받아야 한다. 이는 치료가 잘 진행되고 있던 것 같던 내담자가 갑자기 위기를 겪고 이전의 자기 파괴적 행동들로 돌아가는 것을 당면하게 될 때 경험하게 되는 상담자의 좌절감과 절망감을 줄이는 데 도움을 준다. 위기를 다루는 것에 대하여, 특히 내담자의 자살 경향이나 적대감에 대한 좀 더 자세한 제언을 위해서는 13장을 보라.

15

과정-경험적 치료의 교육과 학습에 대한 추천

마지막 장은 심리치료 지도감독자를 대상으로 쓰여졌지만, 치료 훈련과 수퍼비전을 받고 있는 많은 교육생에게도 유용한 점이 있을 것이다. 우리는 이 책의 시작 지점인 과정-경험적 치료를 배우는 과정을 어떻게 촉진시킬 것인지에 대한 토의로 되돌아갈 것이다. 우리와 학생들의 경험에 기초해서, 어떤 일반적이고 자세한 제안들이 치료를 배우는 훈련 과정에 흥미롭고 도전적인 형태로 학습을 촉진시키는 데 도움을 줄 수 있는지 기술하고자 한다.

이 책의 집필을 위한 준비 및 과정-경험적 치료를 훈련하는 과정에서 더 깊은 통찰을 얻기 위해, 우리는 교육생 집단에 한동안 초점을 맞추어 살펴보기 시작했다. 교육생들은 관련 서적 읽기, 수업 발표, 과정-경험적 작업의 비디오테이프 및 실례, 연습 그리고 개인 수퍼비전과 집단 수퍼비전을 포함한 과정-경험적 치료의 훈련 과정 중 대부분 상당히 만족해하였다. 우리는 과정-경험적 치료를 배우는 과정에 대한 아주 훌륭한 비유를 듣게 되었다. 두 교육생들은 개별적으로 과정-경험적 치료를 배우는 과정을 피아노를 치는 과정에 비유하였다. 즉, 기본 과정-경험적 기술을 배우는 것은 손가락 연습을 하는 것과 같지만, 자신을 잊고 피아노 연주를 잘 하기 위해서는 리듬과 느낌을 추가할 수 있어야 한다고 말했다.

다른 어떤 교육생은 이 과정을 내담자와 함께 기회를 만들고, 때때로 자신이 무엇을 말하려고 하는지에 대해 인식하지 않고 '뛰어드는 것'을 배워 말하기 시작하는 가운데서 얻는 믿음의 실존적 도약과 같다고 설명하였다.

하지만 교육생들은 훈련이 때때로 스트레스와 압력을 가하고 불안을 자극시킨다고 보고하였다. 교육생들은 치료의 복잡한 요소들을 통합적으로 사용하기 위해 분투할 때 상실감, 압도됨, 산만함, 자기 의심과 같은 느낌을 받는다고 설명하였다. 또한 교육생들이 경계선 과정 혹은 물질 남용 문제를 겪고 있는 내담자와 같은 다루기 힘든 실제 내담자 집단에 더 집중할 필요가 있다고 느낀다고도 말하였다. 그리고 과정-경험적 상담자로서의 기술과 정체성을 발달시키기 위해 분투하고 있는 복잡한 주제 및 안전성에 신중하게 도달하기 위해 수퍼비전을 필요로 한다고 말했다.

이러한 언급은 과정-경험적 치료가 상담자에게 요구하는 의미 있는 기술적이고 개인적인 요구들에 대해 우리가 경험한 바와 일치한다. 지난 15년 동안의 심리치료 지도 감독자로서의 우리의 경험에 의한다면 교육생들이 이 치료를 배우기 위해 수련을 받는 과정에서 경험하는 복잡함에 대해서 충분히 공감할 수 있었다. 동시에 우리는 모델에 대한 이해를 교육생들이 어떻게 발전시키고, 그것을 실제에 어떻게 적용하는지를 배울 때 상당히 흥미를 느낀다는 것을 목격했다. 교육생들이 과정-경험적 치료를 배우는 것은 사람에 대해 새롭게 생각하는 방법 및 이야기를 듣기 위한 새로운 방법, 즉 내담자와 함께하는 새로운 방법을 학습하는 것과 유사하다고 할 수 있다.

교육생들이 이 치료를 배우도록 돕는 과정에서 우리는 치료를 더 효과적으로 배우고, 불필요한 스트레스를 줄이도록 돕기 위해 몇 가지 원칙과 절차들을 발전시키기 시작했다. 또한 우리는 상담자 훈련에 대한 최근의 학문적 토대에 영향을 받게 되었다(예, Binder & Strupp, 1997; Caspar; 1997). 일반적으로 기법 개발 및 개인적 성장이 초점을 둔 경험적 학습(연습과 워크숍 훈련), 다양한 문제를 다루기 위한 반영과 적용을 위해 과정-경험적 치료에서 요구하고 있는 인지 조직자로서 상담자의 특성(이 책과 같이)이 치료 훈련과정에 포함되어야 함이 명확해졌다. 이러한 이해의 일부는 이 책의 내용과 구성에 반영되었다. 나머지는 교육생들이 과정-경험적 치료를 더 철저하고 효과적으로 학습하도록 돕기 위한 권고로 이 장과 나머지에서 나타난다.

과정-경험적 치료 학습의 경험과 단계

수년에 걸쳐 많은 훈련생을 경험한 자료에 근거하여 고려했을 때, 우리는 과정-경험적 치료를 배우는 전형적인 과정이 중첩된 단계를 연속하면서 진전된다는 것에 대해 의구심을 가지게 되었다(비교. Skovholt & Ronnestad, 1992).

1. 적합함 훈련생들은 종종 과정-경험적 치료를 향한 초기의 흥미 혹은 학습으로 이끄는 생애 경험 혹은 선천적인 흥미와 자원이 어떠한지를 말했다.
2. 잃어버림 그러나 훈련이 시작되면서 훈련생들은 치료의 복잡함 때문에 압도당하기 시작했고, 종종 "안 돼."(예, "충고를 해 주거나 설명을 해서는 안 돼.")를 인식하게 되면서 무력감을 느끼게 된다고 말했다. 훈련의 이 단계는 여러 달 혹은 여러 해에 걸쳐 계속될 것이다.
3. 이해 많은 훈련생은 개인적으로 그리고 정서적으로 생동감 있는 방식에서 치료의 주요 측면을 이해하기 시작했을 때 자신들이 경험한 기쁨에 대해 말하였다. 이러한 순간은 정서 치료의 발표 내용, 수업 중의 살아 있는 설명, 역할 연기에서 내담자가 되어 보는 것 혹은 실제 내담자와의 작업 등을 포함한 다양한 맥락에서 일어난다.
4. 초보자 훈련생들이 내담자를 보기 시작하거나 워크숍에서 훈련할 때, 이론과 실제에 대한 이해를 간소화하는 작업을 시작한다. 때때로 이것은 내담자의 수동적인 태도를 수용하는 것을 의미한다.

5. **중급자** 훈련생들의 자신감이 증가하고 기법이 발전될 때, 좀 더 복잡한 접근법, 치료와 실행의 좀 더 다양한 이해, 그리고 자신들이 누구인지에 대한 정체성 등이 통합되면서 서서히 확립된다. 이와 동시에 훈련생들은 기본 원칙 및 작업 및 기법에 대한 관심이 줄어들게 된다.
6. **창조적 숙달** 최종적으로 훈련생들은 '진정성'과 같은 새로운 치료적 과제를 발전시키는 것과 같이 새로운 상황에 대한 치료 원칙 및 과제를 창조적으로 수용하는 지점에 도달할 수 있게 된다(14장 참고).

훈련생들이 경험하는 단계에 대한 설명에서 내포하고 있는 것은 훈련 과정에서 각기 다른 때에 매우 다양한 경험과 요구를 갖게 된다는 것이다. 따라서 지도 감독자들은 훈련생들의 학습 경험을 향상시키는 것을 돕기 위해 앞에서 기술한 단계를 유념하는 것이 중요하다.

과정-경험적 치료 훈련을 위한 일반적인 고려사항

이 부분에서 우리는 과정-경험적 치료에 대한 훈련생들의 배움을 촉진시키기 위한 몇 가지 일반적인 제의를 기술할 것이다.

상담자의 내적 태도

상담자의 내적 태도는 기법보다 훨씬 중요하다. 내담자의 경험은 과정-경험적 심리치료에 있어 변화 과정에 결정적인 요소다. 이 책의 5장과 그 밖의 부분에서 우리가 언급한 것과 같이, 상담자의 내적 경험은 치료를 습득하고 수행하는 것에서 중심이 된다. 과정-경험적 치료를 배우는 과정에서 제안한 것처럼, 초보 훈련생들은 일반적으로 세부적인 기법들을 활용하는 데 급급한 나머지 나중에서야 근본적인 원칙과 내적 과정을 습득하게 되는 경우가 많다. 5장에서 우리는 과정-경험적 치료를 수행하기 위한 기본적인 형식인 상담자의 내적 핵심 과정을 설명하였다. 이러한 상담자의 내적 과정은 상담자가 치료 원칙을 따르고 치료적 과제를 촉진시키는 것을 가능하게 해 준다. 그러므로 과정-경험적 치료를 습득하기 위해서는 훈련생들에게(개인적 성장 작업을 포함) 경험 훈련을 허용하는 것이 필수적이다. 이것은 훈련생들이 공감적 조율, 수용과 지지, 진실성, 협력하는 마음, 모델의 절차에 대한 지식을 위해 자신의 선천적인 경향성을 개발하도록 훈련 과정을 진행하는 것이 중요하다.

다양한 훈련 방법

훈련 방법의 다양성은 학습을 촉진시킨다. 교훈적이고, 경험적이며 반영적인 활동들이 포함된 과정-경험적 치료에서 훈련을 위한 다각적인 접근은 필수적이라 할 수 있다. 포괄적인 과정-경험적 치료 프로그램은 최소한 다섯 가지의 뚜렷한 학습 방법을 확립하고 있다. ① 과정-경험적 치료의 이론적이고 실제적인 개념과 행동 순서의 인지적 혹은 교훈적 학습, ② 예시 관찰을 통한 모델링, ③ 상담자 역할에 대한 수퍼비전, ④ 내담자 역할을 직접 경험함, ⑤ 자기 반영. 각각의 과정들은 다양한 방법으로 실행된다. 일관된 훈련 활동이 이러한 학습방법들을 강화시킬 수 있지만, 상담자로서 발전하도록 훈련생 각자에게 적합하게 각기 다른 단계와 다른 유형으로 훈련생을 지도하는 것 또한 상담자로서의 완성도를 높여 줄 수 있다. 훈련 요소의 다양성은 치료 원칙과 실제의 내면화된 표현을 풍부하게 발전시키도록 돕는다.

일반적이고 간략한 시작

과정-경험적 치료를 배움에 있어 훈련생들은 일반적이고 간략하게 시작해야 한다. 과정-경험적 치료는 복잡하고 도전적이다. 무력해지고 낙담하는 것을 피하기 위해 우리는 세부적인 과제와 미세한 표식보다는 1장에서 제시한 것과 같은 일반적인 치료 원칙들에 더 주의를 기울이는 것으로 시작하는 것이 최선이라는 것을 발견했다. 이러한 치료 원칙들은 더 간단하고, 이론적으로 '재구성'한 과제가 될 수 있으며, 새로운 것을 추가하면 할수록 상황적으로 적절한 과제가 될 수 있다. 예를 들어, 원칙에 초점을 맞춰 과제를 완성하는 것은 내담자가 어떤 치료적 과제를 명확히 알아 작업을 계속하는 것이 특정한 과제를 위한 해결책이 무엇인지를 상세하게 나열하는 것보다 중요하다는 것을 제안하는 것이다.

우리는 훈련생들이 복잡한 과제를 조금씩, 그리고 간단한 것에서부터 시작하여 전체적으로 통합하여 이해하도록 연속적인 단계를 통해 각기 자신에게 적합하게 이해하도록 지도 감독자가 훈련생을 돕기를 제안한다. 물론, 치료 원칙에 대한 지도 감독자의 공감이 있어야 훈련생들이 과제를 배우도록 돕기 위해 6장에서 제시된 것을 지도할 수 있을 것이다. 이것은 과제 표식의 주요 형태를 배우는 것으로 시작되고, 과제를 조정한 다음 어떤 것이 해결책이 될지를 살펴볼 수 있게 된다. 이러한 기본을 습득한 후에 훈련생들은 표식의 대안적 형식에 대해, 그다음에는 어떻게 내담자가 그 과제의 주요 단계를 완성하도록 도울 수 있을지, 그리고 최종적으로 다양한 단계의 세부적인 것에 대해 배울 준비가 될 것이다.

시간과 에너지의 투자

과정-경험적 치료를 배우는 과정은 시간을 필요로 한다. 우리는 일반적으로 과정-경험적 치료의 훈련과정이 상당한 시간과 에너지 요구한다는 결론을 얻게 되었다. 우리는 어떤 경우는 전문지식을 습득하기 위해 10년 정도 소요된다는 Kintsch의 (연구에서) 논쟁에 동의한다. 분명히 치료에 대한 숙련도를 논함에 있어 다양한 경우가 있겠지만, 과정-경험적 치료를 효과적으로 진행하기 위해 요구되는 것들은 박사 전후 단계에서 다양한 노력을 포함하여 대규모의 훈련을 요구하는 것 같다.

모두를 위한 것은 아님

과정-경험적 치료가 모두를 위한 것은 아니다. 우리가 1장의 말미에 언급했던 것과 같이 과정-경험적 치료는 모든 내담자를 위한 것이 아니고 모든 상담자를 위한 것도 아니다. 많은 상담자는 내용-지시적 자세와 같은 더욱 전문적인 것을 좋아한다. 그들의 성향(가치와 타고난 기술)은 행동 혹은 이유의 방향, 외적 혹은 심리적 요인 및 요소를 구분하는 것, 전문가적인 전문 지식, 그리고 사무적 관계 쪽으로 기운다. 저자들은 신인도주의적 관점에 대해 온전하게 편안함을 느끼지 못하는 상담자들은 과정-경험적 치료와 이 계통의 다른 치료들에 반드시 노출되어야 하고, 최소한 그것들의 일반 원리들을 이해하고 실행할 수 있어야 한다고 주장하고 싶다. 왜냐하면 그렇게 하는 것이 더욱 효과적인 인지-행동적 · 정신역동 · 해결중심적 · 정신약리학적 접근을 하는 상담자들이 되는 데 도움을 주기 때문이다. 그러나 이러한 상담자들을 과정-경험적 치료의 틀에 끼어 맞추어서는 안 된다. 사람들을 틀에 끼어 맞추는 것은 비록 그 틀이 인도주의적인 것이라 할지라도 인본주의적 치료에 상반되는 것이기 때문이다.

훈련생의 선택

상담자의 선택과 자기-평가는 중요하다. 그렇게 되면 훈련생들은 자신의 선택에 대한 집중이 높아질 수 있다. 저자들이 1970년대의 준전문직 운동의 재가입과 관련된 선택 및 토론에 무관심하긴 하지만 대학원 입학 성적 및 졸업 등급이 훌륭한 과정-경험적 상담자로서의 잠재적인 자원을 갖춘 개인을 구분할 수 있는 충분한 자료가 되지 않는다는 것은 명백하다. 훈련생 스스로의 세심한 자기-평가가 해답이라 할 수 있다. 훈련 중에 있는 상담자들이 과정-경험적 혹은 다른 인도주의적 치료의 방대한 훈련에 참여하기로 선택하기 전에 자신의 가치 그리고 개인적 재능을 세심하고 정직하게 평가해 보는 것은 중요하다.

덧붙여 지도 감독자는 훈련생들이 필수적인 가치와 전제조건인 대인관계적 기술이 있는지를 구별하기 위한 체계적인 방법의 시행에 대해 생각해 볼 필요가 있다. 저자들의 경험에 의하면, 상담자는 다음과 같은 측면을 고려하는 것이 필요하다.

- 기본적인 대인관계 기술
- 인간에 대한 진지한 호기심
- 자기-온정과 열정
- 개방 및 자기-자각
- 성숙함, 삶의 경험 그리고 흥미의 폭
- 인본주의적 가치 체계(예, 내담자가 성장과 변화의 주체자라는 믿음)
- 사회적 자각(다양성 및 권력을 포함한 주제에 대해)
- 애매함과 복잡함에 대한 높은 수용성
- 사고의 창조성, 자발성 혹은 유연성

훈련 동맹

훈련생의 취약점을 민감하게 알아차리는 것은 훈련의 질을 향상시키는 데 중요하다. 정서적 취약점과 지각된 위협은 훈련생이 내담자와 지도 감독자로부터 건설적인 피드백을 받을 때 회피하거나 숨게 함으로써 훈련 받는 데 어려움을 야기한다(Cartwright, 출판 중; Semmer, 출판 중). 지도 감독자는 훈련생의 경험의 취약점에 대해 신중하게 고려할 것이 필요하다. 이것은 훈련생의 중심에 깊게 자리 잡은 내가 유능해질 수 있을까' 와 같은 자기-의심이라는 뿌리 깊은 의혹에 대해 이해하는 것을 포함하기도 한다(Lawless, Rennie, & Toukmanian, 1997).

치료적 동맹과 유사한 훈련 동맹은 지도 감독자와 훈련생 간의 정서적 접촉의 질과 훈련의 목적과 방법에서 훈련생의 동의를 필요로 한다. 지도 감독자는 과정-경험적 치료를 가르치는 과정에서 훈련 동맹이 필요하다는 인식을 가져야 한다. 그러나 이런 일반적인 지각과 함께 지도 감독자가 훈련생이 훈련 기간 동안에 안전하고 덜 위협적이라고 느낄 수 있도록 돕기 위해 할 수 있는 몇 가지 것들이 있다. 이것들에 참여하는 것은 훈련 동맹을 증가시키고, 훈련받는 사람들이 더 효과적으로 배울 수 있도록 도와준다. 이러한 전략에 대한 〈예시 15-1〉 목록을 보라.

폭넓은 지적인 맥락

훈련생의 취약점을 알아차려 감소시키는 것과 긍정적인 치료 동맹의 발달을 촉진시키는 것은 훈련 과정상 중요한 측면이다. 그러나 훈련 과정상의 다른 측면도 진지하게 다루어질 필요가 있다. 특별히 폭넓고 지적이며 전문가적인 측면도 훈련의 중요한 부분이다. 특별히 경험적-인본주의 치료를 위해 필요한 지지적 환경이 부족한 점은 유념해 볼 부분이다.

〈예시 15-1〉 심리치료 훈련 동맹을 유지하고 발전시키기 위한 제언

1. 긍정적인 면을 강조하라: 수련생에게 그들이 해서는 안 될 일보다는, 해야 하는 일에 대해 강조하라. 수련생에게 해서는 안 되는 일을 이야기하거나 경직된 "하지 마." 식의 수사어나 금지된 ('규칙을 벗어난') 상담자의 반응 대신에, 지도 감독자는 수련생을 이해하고 그들의 경험에 대한 탐색을 돕기 위해 치료적 과제에 집중할 수 있도록 이야기해 주는 것이 낫다. 저자들은 지도 감독자가, 특히 수련 초기에 수련생의 어쩔 수 없는 내용 지향 반응들을 수용하고, 이것을 점진적으로 공감적 이해나 공감적 탐색, 과정 지향 반응들로 바꾸어 나가도록 돕는 것을 제안한다.
2. 과정-경험적 치료를 무조건적으로 사용하기보다는 하나의 자원으로 보는 관점을 전달하라. 수련생의 기술과 경험을 바탕으로 스스로에게 맞는 치료 모델을 개발하여 유연하고 창의적으로 쓸 수 있도록 격려하라(Bohart, O'Hara, & Leitner, 1998; Hoffart, 1997; Binder, 1999를 보라).
3. 과정-경험적 치료에 대해 수퍼비전을 받아라. 과정-경험적 치료 지도 감독자에게, 수련

생이 훈련 및 수퍼비전 경험이 전체, 의지, 다양성, 존재, 성장과 같은 신인본주의적 가치와 일치하는지 신경 써서 살펴보는 것은 중요하다. 일반적으로 인본주의 치료 지도 감독자들은 평가와 질적 통제 부분에서 전통적인 지도 감독자들과는 다르다. 대신 이들은 좀 더 성장 중심적이고, 각 수퍼비전 회기에서 수련생과 협의를 하는 특정 '수퍼비전 작업'에 대한 유연성을 제안한다. 따라서 각 회기에서 지도 감독자는 수련생과 함께 수퍼비전에서 다루어야 할 문제를 정한다. 예를 들어, 지도 감독자가 "오늘의 수퍼비전에서는 무엇을 하고 싶은가요? 어떤 문제에 대해 함께 생각해 보고 싶죠?"라고 묻는다. 이 질문에 대한 대답은 특정 기법 개발(예를 들어, 두 의자 기법)이라는 것 또는 좀 더 관계적인 측면("이 내담자와의 작업이 무엇인가 잘못되었다"), 내담자와의 상호작용에서 생긴 특정한 문제 또는 흥미로운 부분 등이 될 수 있다. 이런 방법으로, 지도 감독자는 과정-경험적 상담자들이 내담자와 맺기 위해 노력하는 평등하면서 작업에 초점을 맞춘 관계에 대한 모델을 제공할 수 있다.

4. 적어도 2명의 열정적이고 전문 지식이 있는 지도 감독자들과 훈련 워크숍을 가져라. 두 명의 지도 감독자를 만나는 것은, 훈련 집단에서 생기는 문제를 좀 더 빨리 감지하여 효과적으로 다루게 할 수 있고, 작업과 훈련의 관계적 측면 사이의 균형을 잘 잡아 준다. 두 명의 지도 감독자들은 비슷하게 경험이 많은 사람이거나, 그중 한 명은 중상급의 선임 수련생 또는 초임 지도 감독자일 수 있다.
5. 훈련 워크숍 회기의 초반에 기본 규칙, 피드백, 충돌과 같은 훈련 집단의 문제에 대한 구조화 시간을 가져라. 이러한 구조화된 시간은 수련생에게 훈련 동맹 및 훈련 환경에 문제가 생겼을 때 그것을 확실히 짚고 넘어갈 수 있도록 해 주면서, 문제를 해결할 수 있는 시간을 제공한다. 훈련 과정에 대해 논의하는 것이 귀중한 훈련 시간을 뺏는 것처럼 보이지만, 신뢰에 문제가 생기면 훈련 분위기를 망치고 수련생의 학습에도 심각한 방해가 된다.
6. 훈련 워크숍에 대한 명확한 기본 규칙을 제공하라. 이러한 규칙들은 개요, 철학, 약속, 구성원, 비밀 보장, 경계, 감정적 안전성에 대한 문제를 다룬다(〈예시 15-2〉를 보라).

북미의 대부분에서, 특히 임상 심리학에서는, 인지 치료라는 '단일 문화'가 지배하고 있다. 더 나아가, 단기간의 작업 중심적인 북미 지식인들과 전문가적 사조는 공감적 이해와 정서적 자기 인식보다는 해결책에 집중하고, 과정보다는 내용 자체에 초점을 맞춘 이성적이고 정신약물치료적 접근을 지지한다. 과정-경험적 치료가 이러한 문화에서는 여러 가지 면에서 이질적이기 때문에 많은 훈련생이 인본적 경험주의 치료에 대해 이미 익숙해져 있고, 치료에 대해서도 지향하는 바가 정해져 있거나, 이미 짜 놓은 각본이 반드시 있어야 하는 것으로 이해하고 있다. 이러한 가정들은 대학원이나 학부의 교과서와 수업을 통해 강화되기도 한다.

하지만 치료 훈련은 생동감 있을 때 그리고 진행 중인 연구나 이론의 발전을 통한 지적 전통에 대한 발전이라는 맥락에서 가장 잘 수행된다. 우리는 최근의 인본주의적 학문성과 및 연구에 대한 지표를 보면서 힘을 얻었다(Cabin & Seeman, 2002). 다시 말하면, 과정-경험적 훈련이 지적 진공 상태에서 진행될 수는 없으며, 다른 인본주의적인 지향을 가진 수업 과정이나 심포지움, 연구진과 학생들에 의해 현재 진행되고 있는 연구들의 지지를 얻을 때 더욱 잘 수행될 수 있다는 것이다.

과정-경험적 치료에서의 훈련을 위한 특정 방식

일반적인 고려 사항들과 함께 과정-경험적 치료 접근의 효과적 훈련을 위해 다음의 세 가지 상호보완적인 방식, 즉 과정-경험적 치료의 강의 과정, 워크숍, 그리고 지도 감독을 추천한다.

과정-경험적 치료의 강의 과정

훈련의 기본은 8~16주 동안 워크숍과 함께 진행되는 강의 과정이 정식 훈련 과정이다. 강의는 전형적으로 이론과 치료의 기본적 사항에 대한 설명으로 시작하는데, 이 책의 1~7장에 나와 있는 자료들이 포함되며, 훈련생들은 공감적 경청을 경험하고 연습한 후, 다양한 치료적 작업들로 나아간다. 만약 인간중심적 작업과 공감의 원칙이 다른 과정을 통해 다루어지지 않았다면, 이 점도 초반부에 설명되어야 한다. 이 과정에서 과정-경험적 접근은 인간 중심과 게슈탈트 치료의 통합으로 나타나며, 이 책의 부록에 포함된 과정-경험적 치료와 관련 있는 전통적 치료에 대한 자료를 참고하면 된다. 수업 시간(주당 3시간)은 이론에 대한 강의와 토론 뿐 아니라, 실제 내담자를 촬영한 비디오 예시를 활용한다(구입 가능하거나 연구 과제에서 얻은 것). 수업 과제는 학생들이 각기 다른 과정-경험적 작업들(예를 들어, 두 의자 대화)을 시도해 보고, 매회 짧은 보고서(대략 주당 1개)를 제출하는 것인데, 그 내용은 문헌을 통해 배운 이론적인 모델들과 각자의 경험을 비교하는 것이다.

〈예시 15-2〉 과정 경험적 훈련 워크숍을 위한 기본 규칙

1. 참가자는 각 훈련 회기에 대한 서약서를 작성하는 것과 과정-경험적 치료에 대한 강의를 수강하지 않았다면 사전에 관련 문헌을 읽어 올 것을 요청받는다.
2. 워크숍에 새로운 구성원이 들어올 때는 기존 구성원과 협의한다.
3. 수련생 또는 지도 감독자의 역할을 떠나서 워크숍 구성원들은 2가지 예외 사항을 제외하고, 논의된 내용에 대해 비밀을 유지할 것에 동의한다.
   - 비밀 유지의 일부로서 수련생에 대한 평가를 다른 임상 연구진과 논의할 때, 수련 학생의 과정이나 기술 수준을 묘사할 수 있지만 내용은 묘사할 수 없다.
   - 워크숍 진행자는 만약 비윤리적인 행동이 나타났을 때 다른 관련 담당자에게 알려야 하는 의무를 가진다(필요하다면 학생에게도 알린다).
4. 연구 프로그램에 참여하는 학생들의 경우, 출석은 진정 선택사항이며 참석하지 않는다고 해서 부정적인 결과는 없다.
5. 만약 개인적인 위기나 심리적 및 취약한 상황을 겪고 있다면, 참가자는 훈련에 참여하는 것에 주의해야 한다.
6. 내담자의 역할에서 참가자는 '무거운' 문제를 꺼내기보다는 실질적이지만 '다룰 수 있는' 문제를 꺼내는 것이 좋다.

7. 지도 감독자는 연습하는 동안 조언자의 역할을 한다. 하지만 수련생은 지도 감독자에게 자리를 비켜 달라고 언제든지 이야기할 수 있다.
8. 내담자(상담자가 아닌)는 능동적인 변화의 주체라고 하는 과정-경험적 치료의 이해와 일관되게, 수련생 참가자는 스스로를 '심리치료 훈련 보조'라고 여기며, 과정-경험적 치료 방법에 있어서 서로를 훈련시키는 과정에 참여해야 한다.

워크숍

훈련의 중점은 20~30주 간 진행되는 매주 2시간의 워크숍인데, 주로 다양하고 짧은 10~15주 시리즈로 진행된다. 안전한 학습 환경 조성을 위해 참가자들은 비밀 보장과 안전성에 대한 기본 법칙에 동의한다. 수련생들은 워크숍 동안에 내담자의 역할을 하는 것이 장려되지만 필수사항은 아니고, 안전성의 범위 안에서 개인적인 자료에 의지할 수 있다(워크숍의 세부적인 기본 규칙은 〈예시 15-2〉를 보라).

워크숍의 내용은 훈련생의 습득 수준이나 특정 요구에 따라 다양할 수 있다. 정식 과정-경험적 치료 과정이 강의되는 동안, 워크숍은 수업의 내용과 연관 있는 개관을 진행할 수 있다(예를 들어, 3~4주 동안은 공감, 1~2주 동안은 치료 작업). 좀 더 세분화하여 두 의자 기법이나 외현화 과정에 있는 내담자에 대한 것과 같은 치료적 작업의 중요 부분에 대해 자세히 훈련할 수 있다. 일반적으로 공감은 의자 작업과 같은 특정 치료적 작업에 앞서 배우게 된다. 전형적으로 각기 다른 수준의 훈련을 받은 5~15명의 수련생들이 1~2명의 지도 감독자들과 함께하는 방식이다.

훈련 회기 동안 다음과 같은 방식으로 다양한 활동이 일어나고 대략 다음과 같은 순서로 진행된다. 집단 문제 다루기 소강의(1~2장의 유인물을 이용), 비디오를 통한 설명을 주로 하게 되는 가능성 있는 치료적 표식에 대한 확인, 내담자와 상담자 역할을 통한 실제 연습 순이다. 훈련 일기를 쓰는 것은 선택사항이 되거나 필수사항이 될 수 있는데, 이는 수련생들이 무엇을 배우고 있는지에 대한 반영을 돕는다. 저자의 경험으로는 수련생이 적어도 두 번, 심지어 세네 번의 워크숍을 통해 많은 도움을 얻는다는 것을 알게 되었다.

지도 감독하의 실습

지도 감독하에서 진행되는 내담자에 대한 연습이 중요하고, 강의나 워크숍과 병행하여 진행된다. 훈련생들은 전 회기를 비디오로 녹화하고, 개인적으로 그리고 집단적으로 수퍼비전을 받는다. 훈련생들은 스스로를 평가하는 형식을 통해 치료적 모델을 적용할 회기를 연결하는 데 도움을 받는다(Elliott, 2002a). 녹화된 회기의 일부 짧은 부분에 대해 자세하게 분석하는 과정을 포함한 과정 중심적 수퍼비전은 과정-경험적 치료의 기본인데, 수련생들은 수퍼비전을 받으면서 관련 있는 부분이 나올 때마다 자신의 경험을 탐색하도록 격려받게 된다. 강의와 워크숍을 참석한 후 좀 더 관심이 있는 학생은 아마도 연구 과제들과 연결되어 있는 접근을 통해서 추가적인 수퍼비전을 받을 수 있다. 중급 초반 과정에서는 적어도 두 명의 훈련을 위한 내담자를 성공적으로 치료하는 것이 필요한데, 이것은 최소한의 내용 중심적 반응과 치료의 원칙과 작업의 실행에 대한 일반적 능력을 가지고 적어도 총 30회기를 진행하는 것을 의미한다.

지금-여기에서 어디로 갈 것인가: 추후 훈련을 위한 제언과 자료

각 장의 마지막에 제안된 책들을 읽는 것에 덧붙여, 더 심화된 과정-경험적 치료 훈련을 위한 자료들을 이용할 수 있다.

양식과 평가척도

우리는 훈련을 목적으로 사용하기에 유용한 두 개의 척도를 찾았다. 첫 번째 상담자의 경험적 회기 양식(Therapist Experiential Session Form; Elliott, 2002a)으로, 추후 질문지로 상담자나 지도 감독자가 과정-경험적 치료의 한 회기에 대해 평가하는 데 유용하다. 과정 기록지를 위한 개방형 부분과 더불어, 이 양식은 다음과 같은 치료의 중요 요소에 대한 설문도 포함하고 있다.

- 치료 원칙
- 작업 완료 정도
- 경험적 반응 방식
- 내용 지향 반응

따라서 이 측정도구는 스스로를 감독하는 유용한 형식을 제공하는데, 상담자로 하여금 자신의 치료에 대한 법칙을 반영할 수 있도록 돕는다. 게다가 지도 감독자 또는 다른 참관인들은 이러한 설문지를 통해 상담자가 과정-경험적 치료에 관여하고 있는 정도를 평가할 수 있고, 수퍼비전이나 주의가 필요한 부분이 어디인지 확인할 수 있다.

또 다른 평가척도로는 과정-경험적 상담자 평가 양식(the Process-Experiential Therapist Evaluation Form: Elliott, 2002b)이다. 이것은 지도 감독자가 상담자의 상담 작업을 좀 더 전체적으로 평가하는 데 사용될 수 있는데, 아마도 강의나 워크숍이 끝난 다음에 사용할 수 있겠다. 이 양식은 특정 과정-경험적 작업에 대한 경험과 더불어 전반적인 경험에 대해 기록할 수 있는 칸이 포함된다. 또한 작업 표식을 지각하고, 작업을 적절하게 시작하며, 정서 도식에 대한 깊은 탐색, 해결책을 모색하는 것과 같은 일반적인 작업 기술의 측정을 통한 과정-경험적 상담자의 강점과 약점에 대한 훌륭한 질문들도 포함되어 있다. 결국 과정-경험적 치료 원칙을 적용하는 기술이 평가된다. 양식은 주로 훈련생들과의 협의를 통해 지도 감독자에 의해 채워지지만, 독립적으로 평가할 수도 있다.

사용 가능한 비디오 자료

과정-경험적 치료에 대한 책들이 유용하지만, 실제 사례를 보는 것 만한 것은 없다. 현재는 두 예시가 일반적으로 사용되고 있다(Psychological & Education Film, 1989). Dawn의 통합적 치료 시리즈와 미국심리학회심리치료 시리즈(APA, 1994)다. 이에 더해 포커스 협회는 포커스에 대한 여러 예시를 담은 비디오를 발매했다(Lou, n.d.a, n.d.b).

인터넷 자료

다음은 과정-경험적 치료에 대해 인터넷으로 열람 가능한 자료들이다.

- www.Process-Experiential.org(이 책의 부록 자료들을 포함함, Robert Elliott이 관리함)
- www.emotionfocusedtherapy.org(Les Greenberg의 웹사이트)
- www.pce-world.org/idxmain.htm(세계 인간 중심과 경험적 심리 치료와 상담 기구가 운영)
- www.focusing.org(포커스 협회의 웹사이트)

더 읽을거리

우리는 이 책의 각 장의 마지막에 특정 주제에 대한 독자들의 이해를 심화시키는 데 도움을 주는 추가적인 저서들을 소개했다. 이에 더해 다음과 같은 저서는 과정-경험적 치료나 이와 관련된 장들을 포함하여 독자들에게 과정-경험적 치료와 그 적용에 대한 이해를 넓혀 준다. Cain과 Seeman(2002); Esser, Pabst, & Speierer(1996); Greenberg, Rice, & Elliott(1993); Greenberg, Watson, & Lietaer(1998), Hart & Tomlinson(1970); Hutterer, Pawlowsky, Schmid, Stipsits(1996); Levant & Shlien(1984); Lietaer, Rombauts, & Van Balen(1990); Rice & Greenberg(1984); Watson, Goldman, Warner(2002); Wexler와 Rice(1974).

개인적 성장 경험

과정-경험적 치료는 개인과 전체적으로 함께하는 것이기 때문에 인간으로서 수련생이 발전시킬 수 있는 모든 것은 그들을 더 나은 상담자로 만든다. 과정-경험적 수련생들은 민감한 부분과 취약점과 같은 자신의 문제에 대한 인식과 인간 경험의 범위들을 수용하고 이해하는 것을 증가시키는 활동들에 관여해야 한다. 이러한 활동들은 개인 치료를 포함해서 관계에 대한 작업, 일기 쓰기, 문헌 읽기, 예술이나 도예, 장애인들이나 차상위 계층의 힘을 기르거나 사회적 정의를 실현하기 위한 정치적인 활동이 포함될 수 있다.

참고문헌

Agnew, R. M., Harper, H., Shapiro, D. A., & Barkham, M. (1994). Resolving a challenge to the therapeutic relationship: A single-case study. *British Journal of Medical Psychology, 67,* 155-170.

Al-Darmaki, F., & Kivlighan, D. M. (1993). Congruence in client-counselor expectations for relationship and the working alliance. *Journal of Counselling Psychology, 40,* 379-384.

American Heritage Electronic Dictionary. (1992). Boston: Houghton Mifflin.

American Psychiatric Association. (1994). *Diagnostic and statistical manual of mental disorders* (4th ed.). Washington, DC: Author.

American Psychological Association (Producer). (1994). *Process experiential psychotherapy (Psychotherapy Series I: Systems of Psychotherapy)* [Video]. Washington, DC: Author.

Barkham, M., Rees, A., Stiles, W. B., Shapiro, D. A., Hardy, G. E., & Reynolds, S. (1996). Dose-effect relations in time-limited psychotherapy for depression. *Journal of Consulting and Clinical Psychology, 64,* 927-935.

Barrett-Lennard, G. T. (1962). Dimensions of therapist response as causal factors in therapeutic change. *Psychological Monographs, 76*(43, Whole No. 562).

Barrett-Lennard, G. T. (1981). The empathy cycle: Refinement of a nuclear concept. *Journal of Counseling Psychology, 28,* 91-100.

Barrett-Lennard, G. T. (1997). The recovery of empathy toward self and others. In A. Bohart & L. S. Greenberg (Eds.), *Empathy reconsidered* (pp. 103-121). Washington, DC: American Psychological Association.

Barrett-Lennard, G. T. (1998). *Carl Rogers' helping system: Journey and substance.* London: Sage.

Benjamin, L. S. (1993). *Interpersonal diagnosis and treatment of personality disorders*. New York: Guilford Press.

Benjamin, L. S. (1996). Introduction to the special section on structural analysis of social behavior. *Journal of Consulting and Clinical Psychology, 64,* 1203-1212.

Binder, J. L. (1993). Observations on the training of therapists in time-limited dynamic psychotherapy. *Psychotherapy, 30,* 592-598.

Binder, J. L. (1999). Issues in teaching and learning time-limited psychodynamic psychotherapy. *Clinical Psychology Review, 19,* 705-719.

Binder, J., & Strupp, H. H. (1997). "Negative process": A recurrently discovered and underestimated facet of therapeutic process and outcome in the individual psychotherapy of adults. *Clinical Psychology: Science and Practice, 4,* 121-139.

Bischoff, M. M., & Tracey, T. J. G. (1995). Client resistance as predicted by therapist behavior: A study of sequential dependence. *Journal of Counselling Psychology, 42,* 487-495.

Bohart, A. C. (1990). A cognitive client-centered perspective on borderline personality development. In G. Lietaer, J. Rombauts, & R. Van Balen (Eds.), *Clinet-centered and experiential psychotherapy in the nineties* (pp. 599-622). Leuven, Belgium: Leuven University Press.

Bohart, A. C. (1997, May). *Therapist empathy*. Workshop presented at the Process-Experiential Therapy Institute Meeting, Toronto, CA.

Bohart, A. C., Elliott, R., Greenberg, L. S., & Watson, J. C. (2002). Empathy. In J. Norcross (Ed.), *Psychotherapy relationships that work* (pp. 89-108). New York: Oxford University Press.

Bohart, A. C., & Greenberg, L. S. (1997a). Empathy and psychotherapy: An introductory overview. In A. Bohart & L. S. Greenberg (Eds.), *Empathy reconsidered: New directions in psychotherapy* (pp. 3-31). Washington, DC: American Psychological Association.

Bohart, A. C., & Greenberg, L. S. (1997b). *Empathy reconsidered: New directions in psychotherapy* (pp. 3-31). Washington, DC: American Psychological Association.

Bohart, A. C., O'Hara, M., & Leitner, L. M. (1998). Empirically violated treatments: Disenfranchisement of humanistic and other psychotherapies. *Psychotherapy Research, 8,* 141-157.

Bohart, A. C., & Tallman, K. (1999). *How clients make therapy work: The process of active self-healing*. Washington, DC: American Psychological Association.

Bolger, E. A. (1999). Grounded theory analysis of emotional pain. *Psychotherapy Research, 9,* 342-362.

Bordin, E. S. (1979). The generalizability of the psychoanalytic concept of working alliance. *Psychotherapy: Theory, Research, and Practice, 16,* 252-260.

Bower, G. H. (1981). Mood and memory. *American Psychologist, 36,* 129-148.

Bozarth, J. D. (1997). Empathy from the framework of client-centered theory and the Rogerian hypothesis. In A. Bohart & L. S. Greenberg (Eds.), *Empathy reconsidered* (pp. 81-102). Washington, DC: American Psychological Association.

Briere, J. N. (1989). *Therapy for adults molested as children: Beyond survival.* New York: Springer.

Buber, M. (1958). *I and thou* (2nd ed.). New York: Charles Scribner's Sons.

Bucci, W. (1997). *Psychoanalysis and cognitive science: A multiple code theory.* New York: Guilford Press.

Cain, D., & Seeman, J. (Eds.). (2002). *Humanistic psychotherapies: Handbook of research and practice.* Washington, DC: American Psychological Association.

Cartwright, A. (in press). Key concepts in the training of psychotherapies. In F. Caspar (Ed.), *The inner processes of psychotherapies: Innovations in clinical training.* Stanford, CA: Oxford University Press.

Caspar, F. (1997). What goes on in a psychotherapist's mind? *Psychotherapy Research, 7,* 105-125.

Cassidy, J., & Shaver, P. R. (Eds.). (1999). *Handbook of attachment: Theory, research and clinical applications.* New York: Guilford Press.

Chambless, D. L., & Hollon, S. D. (1998). Defining empirically supported therapies. *Journal of Consulting and Clinical Psychology, 66,* 7-18.

Clarke, K. M. (1989). Creation of meaning: An emotional processing task in psychotherapy. *Psychotherapy, 26,* 139-148.

Clarke, K. M. (1991). A performance model of the creation of meaning event. *Psychotherapy, 28,* 395-401.

Clarke, K. M. (1993). Creation of meaning in incest survivors. *Journal of Cognitive Psychotherapy, 7,* 195-203.

Clarke, K. M. (1996). Change processes in a creation of meaning event. *Journal of Consulting and Clinical Psychology, 64,* 465-470.

Clarke, K. M., & Greenberg, L. S. (1986). Differential effects of the gestalt two-chair intervention and problem solving in resolving decisional conflict. *Journal of Counselling Psychology, 33,* 11-15.

Coates, W. H., White, H. V., & Schapiro, J. S. (1966). *The emergence of liberal humanism: An intellectual history of Western Europe.* New York: McGraw-Hill.

Cornell, A. W. (1993). *The focusing student's manual.* Berkeley, CA: Focusing Resources.

Cornell, A. W. (1994). *The focusing guide's manual.* Berkeley, CA: Focusing Resources.

Cornell, A. W. (1996). *The power of focusing.* Oakland, CA: New Harbinger.

Courtois, C. A. (1988). *Healing the incest wound.* New York: Norton.

Davis, K. L. (1995). The role of therapist actions in process-experiential therapy. (Doctoral dissertation, University of Toledo, 1994). *Dissertation Abstracts International, 56,* 519B.

Derogatis, L. R., Rickels, K., & Roch, A. F. (1976). The SCL-90 and the MMPI: A step in the validation of a new self-report scale. *British Journal of Psychiatry, 128,* 280-289.

Eckert, J., & Biermann-Ratjen, E.-M. (1998). The treatment of borderline personality disorder. In L. Greenberg, G. Lietaer, & J. Watson (Eds.). *Handbook of experiential psychotherapy* (pp. 349-367). New York: Guilford Press.

Eckert, J., & Wuchner, M. (1996). Long-term development of borderline personality disorder. In R. Hutterer, G. Pawlowsky, P. E., Schmid, & R. Stipsets (Eds.), *Client-centered and experiential psychotherapy* (pp. 213-233). Frankfurt, Germany: Peter Lang.

Eco, U. (1998, May). *Text and translation.* Lecture given at the University of Toronto, Toronto, Ontario, Canada.

Egendorf, A. (1995). Hearing people through their pain. *Journal of Traumatic Stress, 8,* 5-28.

Elliott, R. (1983). "That in your hands...": A comprehensive process analysis of significant event in psychotherapy. *Psychiatry, 46,* 113-129.

Elliott, R. (1985). Helpful and nonhelpful events in brief counseling interviews: An empirical taxonomy. *Journal of Counselling Psychology, 32,* 307-322

Elliott, R. (2002a). *CSEP-II experiential therapy session form.* Toledo, OH: Department of Psychology, University of Toledo.

Elliott, R. (2002b). *Process-experiential therapist evaluation form.* Toledo, OH: Department of Psychology, University of Toledo.

Elliott, R., Clark, C., Wexler, M., Kemeny, V., Brinkerhoff, J., & Mack, C. (1990). The impact of experiential therapy of depression: Initial results. In G. Lietaer, J. Rombauts, & R. Van Balen (Eds.), *Client-centered and experiential psychotherapy in the nineties* (pp. 549-577). Leuven, Belgium: Leuven University Press.

Elliott, R., & Davis, K. (in press). Therapist experiential processing in process experiential therapy. In F. Caspar (Ed.), *The inner process of psychotherapist: Innovations in clinical training.* Stanford, CA: Oxford University Press.

Elliott, R., Davis, K., & Slatick, E. (1998). Process-experiential therapy for post-traumatic stress difficulties. In L. Greenberg, G. Lietaer, & J. Watson (Eds.), *Handbook of experiential psychotherapy* (pp. 249-271). New York: Guilford Press.

Elliott, R., & Greenberg, L. S. (1997). Multiple voices in process-experiential therapy: Dialogues between aspects of the self. *Journal of Psychotherapy Integration, 7,* 225-239.

Elliott, R., & Greenberg, L. S. (2002). Process-experiential psychotherapy. In Cain & J. Seeman (Eds.), *Humanistic psychotherapies: Handbook of research a practice* (pp. 279-306). Washington, DC: American Psychological Association.

Elliott, R., Greenberg, L. S., & Lietaer, G. (2003). Research on experiential psychotherapies. In M. J. Lambert, A. E. Bergin, & S. L. Garfield (Eds.), *Handbook of psychotherapy and behavior change* (5th ed., pp. 493-539). New York: Wiley.

Elliott, R., Hill, C. E., Stiles, W. B., Friedlander, M. L., Mahrer, A., & Margison, F. (1987). Primary therapist response modes: A comparison of six rating systems. *Journal of Consulting and Clinical Psychology, 55,* 218-223.

Elliott, R., Mack, C., & Shapiro, D. A. (1999). *Simplified personal questionnaire procedure.* Available form the Network for Research on Experiential Psychotherapies Web site at http://experiential-researchers.org/instruments/elliott/pqprocedure.html

Elliott, R., Slatick, E., & Urman, M. (2001). Qualitative change process research on psychotherapy: Alternative strategies. In J. Frommer & D. L. Rennie (Eds.), *Qualitative psychotherapy research: Methods and methodology* (pp. 69-111). Lengerich, Germany: Pabst Science Publishers.

Esser, U., Pabst, H., & Speierer, G.-W. (Eds.). (1996). *The power of the person-centered approach: New challenges-perspectives-answers.* Köln, Germany: GwG Verlag.

Feldman Barrett, L., & Salovey, P. (Eds.). (2002). *The wisdom in feeling: Psychological processes in emotional intelligence.* New York: Guilford Press.

Fiedler, F. E. (1950). The concept of an ideal relationship. *Journal of Consulting Psychology, 14,* 239-245.

Fischer, C. T., & Wertz, F. J. (1979). Empirical phenomenological analyses of being criminally victimized. In A. Giorgi, R. Knowles, & D. L. Smith (Eds.), *Duquesne studies in phenomenological psychology* (Vol. 3, pp. 135-158). Pittsburgh, PA: Duquesne University Press.

Ford, J. D. (1999). Disorders of extreme stress following war-zone military trauma: Associated features of posttraumatic stress disorder or comorbid but distinct syndromes? *Journal of Consulting and Clinical Psychology, 67,* 3-12.

Frijda, N. H. (1986). *The emotions.* Cambridge, UK: Cambridge University Press.

Fuendeling, J. M. (1998). Affect regulation as a stylistic process within adult attachment. *Journal of Social & Personal Relationships, 5,* 291-322.

Gardner, R., & Price, J. S. (1999). Sociophysiology and depression. In T. Joiner & J. C. Coyne (Eds.), *The interactional nature of depression: Advances in interpersonal approaches* (pp. 247-268). Washington, DC: American Psychological Association.

Geller, S. M. (2001). *Therapists' presence: The development of a model and a measure.* Unpublished doctoral dissertation, York University, Toronto, Canada.

Geller, S. M., & Greenberg, L. S. (2002). Therapeutic presence: Therapists' experience of presence in the psychotherapy encounter. *Person-Centered and Experiential Psychotherapies, 1,* 71-86.

Gelso, C. J., & Carter, J. A. (1985). The relationship in counseling and psychotherapy: Components, consequences, and theoretical antecedents. *Counseling Psychologist, 13,* 155-243.

Gendlin, E. T. (1962). *Experiencing and the creation of meaning.* New York: Free Press of Glencoe.

Gendlin, E. T. (1981). *Focusing* (2nd ed.). New York: Bantam Books.

Gendlin, E. T. (1996). *Focusing-oriented psychotherapy: A manual of the experiential method.* New York: Guilford Press.

Gendlin, E. T., & Beebe, J. (1968). Experiential groups. In G. M. Gazda (Ed.), *Innovations to group psychotherapy* (pp. 190-206). Springfield, IL: Charles C. Thomas.

Gibson, C. (1998). *Feminist experiential therapy of depression: Outcome and helpful factors.* Ph.D. Dissertation, Department of Psychology, University of Toledo.

Gilberg, P. (1992). *Depression: The evolution of powerlessness.* Hove, UK: Erlbaum.

Goldman, R. (1991). *The validation of the experiential therapy adherence measure.* Unpublished master's thesis, York University, Toronto.

Goldman, R. (1998). Change in thematic depth of experience and outcome in experimental psychotherapy. *Dissertation Abstracts International, 58*(10), 5643B. (Ann Arbor, MI: ProQuest Digital Dissertations No. AAT NQ22908)

Goldman, R., Bierman, R., & Wolfus, B. (1996, June). *Relationing without violence (RWV): A treatment program for incarcerated male batterers.* Poster session presented at the Society for Psychotherapy Research, Amelia Island, FL.

Goldman, R., & Greenberg, L. S. (1995). A process-experiential approach to case formulation. *In Session: Psychotherapy in Practice, 1,* 35-51.

Goldman, R., & Greenberg, L. S. (1997). Case formulation in process-experiential therapy. In T. D. Eells (Ed.), *Handbook of psychotherapy case formulation* (pp. 402-429). New York: Guilford Press.

Goleman, D. (1996). *Emotional intelligence.* New York: Bantam Books.

Goodman, G., & Dooley, D. (1976). A framework for help-intended communication. *Psychotherapy: Theory, Research and Practice, 13,* 106-117.

Gottman, J. (1997). *The heart of parenting: How to raise an emotionally intelligent child.* New York: Simon & Schuster.

Greenberg, L. S. (1977). A task analytic approach to the events of psychotherapy. (Dissertation, York University.) *Dissertation Abstracts International, 37B,* 4647. (Abailable from National Library of Canada, Ottawa K1A 0N4; order no. 26,630.)

Greenberg, L. S. (1979). Resolving splits: The two-chair technique. *Psychotherapy: Theory, Research & Practice, 16,* 310-318.

Greenberg, L. S. (1980). An intensive analysis of recurring events from the practice of gestalt therapy. *Psychotherapy: Theory, Research and Practice, 17,* 143-152.

Greenberg, L. S. (1983). Toward a task analysis of conflict resolution in gestalt therapy. *Psychotherapy: Theory, Research and Practice, 20,* 190-201.

Greenberg, L. S. (1984a). A task analysis of intrapersonal conflict resolution. In L. Rice & L. Greenberg (Eds.), *Patterns of change* (pp. 67-123). New York: Guilford Press.

Greenberg, L. S. (1984b). Task analysis: The general approach. In L. Rice & L. Greenberg (Eds.), *Patterns of change* (pp. 124-148). New York: Guilford Press.

Greenberg, L. S. (2001). *Forgiveness in psychotherapy.* Campaign for Forgiveness Research.

Greenberg, L. S. (2002a). *Emotion-focused therapy: Coaching clients to work through their feelings.* Washington, DC:

American Psychological Association.

Greenberg, L. S. (2002b). Termination in experiential psychotherapy. *Journal of Psychotherapy Integration, 12,* 248-257.

Greenberg, L. S., & Bolger, L. (2001). An emotion focused approach to the over-regulation of emotion and emotional pain. *In Session, 57,* 197-212.

Greenberg, L. S., & Elliott, R. (1997). Varieties of empathic responding. In A. Bohart & L. S. Greenberg (Eds.), *Empathy reconsidered: New directions in psychotherapy* (pp. 167-186). Washington, DC: American Psychological Association.

Greenberg, L. S., Elliott, R., & Foerster, F. (1990). Experiential processes in the psychotherapeutic treatment of depression. In N. Endler & D. C. McCann (Eds.), *Contemporary perspectives on emotion* (pp. 157-185). Toronto, Ontario, Canada: Wall & Emerson.

Greenberg, L. S., Elliott, R., & Lietaer, G. (1994). Research on humanistic and experiential psychotherapies. In A. E. Bergin & S. L. Garfield (Eds.), *Handbook of psychotherapy and behavior change* (4th ed., pp. 509-539). New York: Wiley.

Greenberg, L. S., & Foerster, F. (1996). Resolving unfinished business: The process of change. *Journal of Consulting and Clinical Psychology, 64,* 439-446.

Greenberg, L. S., & Geller, S. (2002). Congruence and presence. In G. Wyatt & P. Saunders (Eds.), *Congruence* (pp. 131-149). Ross-on-Wye, UK: PCCS Books.

Greenberg, L. S., & Goldman, R. L. (1988). Training in experiential therapy. *Journal of Consulting and Clinical Psychology, 56,* 696-702.

Greenberg, L. S., Goldman, R., & Angus, L. (2001). *The York II psychotherapy study on experiential therapy of depression.* Unpublished manuscript, York University.

Greenberg, L. S., & Johnson, S. M. (1988). *Emotionally focused therapy for couples.* New York: Guilford Press.

Greenberg, L. S., & Malcolm, W. (2002). Resolving unfinished business: Relating process to outcome. *Journal of Consulting & Clinical Psychology, 70,* 406-416.

Greenberg, L. S., & Raivio, S. (1997). *Working with emotions in psychotherapy.* New York: Guilford Press.

Greenberg, L. S., & Pascual-Leone, J. (1995). A dialectical constructivist approach to experiential change. In R. Neimeyer & M. Mahoney (Eds.), *Constructivism in psychotherapy* (pp. 169-191). Washington, DC: American Psychological Association.

Greenberg, L. S., & Pascual-Leone, J. (1997). Emotion in the creation of personal meaning. In M. Power & C. Brewin, *The transformation of meaning in psychological therapies* (pp. 157-174). Chichester, UK: John Wiley & Sons.

Greenberg, L. S., & Pascual-Leone, J. (2001). A dialectical constructivist view of the creation of personal meaning. *Journal of Constructivist Psychology, 14,* 165-186.

Greenberg, L. S., & Pedersen, R. (2001, November). *Relating the degree of resolution of in-session self criticism and depend-*

ence to outcome and follow-up in the treatment of depression. Paper presented at conference of the North American Chapter of the Society for Psychotherapy Research, Puerto Vallarta, Mexico.

Greenberg, L. S., & Rice, L. N. (1997). Humanistic approaches to psychotherapy. In P. Wachtel & S. Messer (Eds.), *Theories of psychotherapy: Origins and evolution* (pp. 97-129). Washington, DC: American Psychological Association.

Greenberg, L. S., Rice, L. N., & Elliott, R. (1993). *Facilitating emotional change: The moment-by-moment process.* New York: Guilford Press.

Greenberg, L. S., & Rushanski-Rosenberg, R. (2002). Therapist's experience of empathy. In J. C. Watson, R. N. Goldman, & M. S. Warner (Eds.), *Client-centered and experiential psychotherapy in the 21st century: Advances in theory, research and practice* (pp. 204-220). Ross-on-Wye, UK: PCCS Books.

Greenberg, L. S., & Safran, J. D. (1987). *Emotion in psychotherapy.* New York: Guilford Press.

Greenberg, L. S., & Safran, J. D. (1989). Emotion in psychotherapy. *American Psychologist, 44,* 19-68.

Greenberg, L. S., & Van Balen, R. (1998). The theory of experience-centered therapies. In L. Greenberg, J. C. Watson, & G. Lietaer (Eds.), *Handbook of experiential psychotherapy* (pp. 28-57). New York: Guilford Press.

Greenberg, L. S., & Warwar, S. (in press). Homework in an emotion-focused approach to experiential therapy. *Journal of Psychotherapy Integration.*

Greenberg, L. S., & Watson, J. (1998). Experiential therapy of depression: Differential effects of client-centered relationship conditions and active experiential interventions. *Psychotherapy Research, 8,* 210-224.

Greenberg, L. S., & Watson, J. (2003). *Emotion-focused therapy of depression.* Manuscript in preparation.

Greenberg, L. S., Watson, J., & Lietaer, G. (Eds.). (1998). *Handbook of experiential psychotherapy.* New York: Guilford Press.

Greenberg, L. S., & Webster, M. (1982). Resolving decisional conflict by means of two-chair dialogue: Relating process to outcome. *Journal of Counseling Psychology, 29,* 468-477.

Grindler Katonah, D. (1999). Clearing a space with someone who has cancer. *Focusing Folio, 18,* 19-26.

Gross, J. J. (1999). Emotion and emotion regulation. In L. A. Pervin & O. P. John (Eds.), *Handbook of personality theory and research* (pp. 525-552). New York: Guilford Press.

Gross, J. J., & Muñoz, R. F. (1995). Emotion regulation and mental health. *Clinical Psychology: Science and Practice, 2,* 151-164.

Hardy, G. E., Stiles, W. B., Barkham, M., & Startup, M. (1998). Therapist responsiveness to client interpersonal styles during time-limited treatments for depression. *Journal of Consulting & Clinical Psychology, 66,* 304-312.

Harman, J. I. (1990). Unconditional confidence as a facilitative precondition. In G. Lietaer, J. Rombauts, & R. Van Balen (Eds.), *Client-centered and experiential psychotherapy towards the nineties* (pp. 251-268). Leuven, Belgium: Leuven

University Press.

Harper, H., & Shapiro, D. A. (1994, June). *How are client confrontation challenge resolved? Task analysis of significant change events in a psychodynamic/interpersonal therapy.* Paper presented at the meeting of the Society for Psychotherapy Research, York, UK.

Hart, J. T., & Tomlinson, T. M. (Eds.). (1970). *New directions in client-centered therapy.* Boston: Houghton Mifflin.

Henry, W. P., Schacht, T. E., & Strupp, H. H. (1990). Patient and therapist in troject, interpersonal process and differential psychotherapy outcome. *Journal of Consulting and Clinical Psychology, 58,* 768-774.

Henry, W. P., & Strupp, H. H. (1994). The therapeutic alliance as interpersonal process. In A. O. Horvath & L. S. Greenberg (Eds.), *The working alliance: Theory research, and practice* (pp. 51-84). New York: Wiley.

Herman, J. L. (1992). *Trauma and recovery: The aftermath of violence—from domestic abuse to political terror.* New York: Basic Books.

Hill, C. E. (1986). An overview of the Hill Counselor and Client Verbal Response Modes Category Systems. In L. S. Greenberg & W. M. Pinsof (Eds.), *The psychotherapeutic process* (pp. 131-159). New York: Guilford Press.

Hoffart, A. (1997). A schema model for examining the integrity of psychotherapy: A theoretical contribution. *Psychotherapy Research, 7,* 127-143.

Horowitz, M. J. (1986). *Stress response syndromes* (2nd ed.). Northvale, NJ: Jason Aronson.

Horowitz, M. J. (1987). *States of mind: Analysis of change in psychotherapy* (2nd ed.). New York: Plenum Press.

Horvath, A., & Greenberg, L. (Eds.). (1994). *The working alliance: Theory, research and practice.* New York: Wiley.

Horvath, A. O., & Luborsky, L. (1993). The role of the therapeutic alliance in psychotherapy. *Journal of Consulting & Clinical Psychology, 61,* 561-573.

Horvath, A. O., Marx, R. W., & Kamann, A. M. (1990). Thinking about thinking in therapy: An examination of clients' understanding of their therapists' intentions. *Journal of Consulting & Clinical Psychology, 58,* 614-621.

Howard, W. (2000). *Philosophy for counseling and psychotherapy: Pythagoras to postmodernism.* New York: Palgrave.

Howard, K. I., Kopta, M., Krause, M. S., & Orlinsky, D. E. (1986). The dose-effect relationship in psychotherapy. *American Psychologist, 41,* 159-164.

Howard, K. I., Lueger, R. J., Maling, M. S., & Martinovich, Z. (1993). A phase model of psychotherapy: Causal mediation of outcome. *Journal of Consulting and Clinical Psychology, 61,* 678-685.

Hutterer, R., Pawlowsky, G., Schmid, P. F., & Stipsits, R. (Eds.). (1996). *Client-centered and experiential psychotherapy: A paradigm in motion.* Frankfurt am Main, Germany: Peter Lang.

Ickes, W. (Ed.). (1997). *Empathic accuracy.* New York: Guilford Press.

Itoh, K. (1988, September). *The "experiencing" in "tsubo" image therapy.* Paper presented at the First International

Conference on Client-Centered and Experiential Psychotherapy, Leuven, Belgium.

Jackson, L., & Elliott, R. (1990, June). *Is experiential therapy effective in treating depression? Initial outcome data.* Paper presented at Society for Psychotherapy Research, Wintergreen, VA.

Janoff-Bulman, R. (1992). *Shattered assumptions.* New York: Free Press.

Johnson, R. A. (1991). *Owning your own shadow: Understanding the dark side of the psyche.* San Francisco, CA: HarperCollins.

Johnson, S. M. (1996). *The practice of emotionally focused marital therapy: Creating connection.* Florence, KY: Brunner-Routledge.

Johnson, S. M., & Greenberg, L. S. (1985). The differential effects of experiential and problem-solving interventions in resolving marital conflict. *Journal of Consulting and Clinical Psychology, 53,* 313-317.

Jourard, S. M. (1971). *The transparent self.* Princeton, NJ: Van Nostrand Reinhold.

Kalfas, N. S. (1974). Client perceived therapist empathy as a correlate of outcome. *Dissertation Abstracts International, 34,* 5633A.

Keil, W. (1996). Hermeneutic empathy in client-centered therapy. In U. Esser, H. Pabst, & G. Speirer (Eds.), *The power of the person-centered approach: New challenges, perspective, answers.* Köln: GwG.

Kennedy-Moore, E., & Watson, J. C. (1999). *Expressing emotion: Myths, realities, and therapeutic strategies.* New York: Guilford Press.

Kintsch, W. (in press). The psychology of expertise. In F. Caspar (Ed.), *The inner processes of psychotherapists: Innovations in clinical training.* Stanford, CA: Oxford University Press.

Klein, M. H., Mathieu, P. L., Gendlin, E. T., & Kiesler, D. J. (1969). *The Experiencing Scale: A research and training manual* (Vol. 1). Madison, WI: Wisconsin Psychiatric Institute.

Klein, M. H., Mathieu-Coughlan, P., & Kiesler, D. J. (1986). The Experiencing Scale. In L. Greenberg & W. Pinsof (Eds.), *The psychotherapeutic process* (pp. 21-77). New York: Guilford Press.

Knapp, M. L., & Hall, J. A. (1997). *Nonverbal communication in human interaction.* (4th ed.). Fort Worth, TX: Harcourt Brace.

Kohut, H. (1971). *The analysis of self.* New York: International Universities Press.

Kohut, H. (1977). *The restoration of self.* New York: International Universities Press.

Kolb, B. (1995). *Brain plasticity and behavior.* Mahwah, NJ: Erlbaum.

Korman, L. M., & Bolger, E. A. (2000, June). *The promotion of self-caring in highly distressed clients.* Poster presented at the meeting of Society for Psychotherapy Research, Chicago.

Korzybski, A. (1948). *Science and sanity: An introduction to non-Aristotelian system and general semantics.* Lakeville, CT:

International Non-Aristotelian Library.

Labott, S., Elliott, R., & Eason, P. (1992). "If you love someone, you don't hurt them": A comprehensive process analysis of a weeping event in psychotherapy. *Psychiatry, 55,* 49-62.

Labov, W., & Fanshel, D. (1977). *Therapeutic discourse.* New York: Academic Press.

Lawless, D. M., Rennie, D. L., & Toukmanian, S. G. (1997). *Learning psychotherapy: A matter of high risk.* Unpublished manuscript, Department of Psychology, York University.

Lazarus, R. S. (1991). *Emotion and adaptation.* New York: Oxford University Press.

Leijssen, M. (1990). On focusing and the necessary conditions of therapeutic personality change. In G. Lietaer, J. Rombauts, & R. Van Balen (Eds.), *Client-centered and experiential psychotherapy towards the nineties* (pp. 225-250). Leuven, Belgium: Leuven University Press.

Leijssen, M. (1996). Characteristics of a healing inner relationship. In R. Hutter, G. Pawlowsky, P. F. Schmid, & R. Stipsits (Eds.), *Client-centered and experiential psychotherapy: A paradigm in motion* (pp. 427-438). Frankfurt am Main, Germany: Peter Lang.

Leijssen, M. (1998). Focusing microprocesses. In L. Greenberg, G. Lietaer, & J. Watson (Eds.), *Handbook of experiential psychotherapy* (pp. 121-154). New York: Guilford Press.

Levant, R. F., & Shlien, J. M. (Eds.). (1984). *Client-centered therapy and the person-centered approach.* New York: Praeger.

Lietaer, G. (1984). Unconditional positive regard: A controversial basic attitude in client-centered therapy. In R. F. Levant & J. M. Shlien (Eds.), *Client-centered therapy and the person-centered approach: New directions in theory, research, and practice* (pp. 41-58). Westport, CT: Praeger Publishers.

Lietaer, G. (1993). Authenticity, congruence and transparency. In D. Brzier (Ed.), *Beyond Carl Rogers: Towards a psychotherapy for the 21st century* (pp. 17-46). London: Constable.

Lietaer, G. (1998). From non-directive to experiential: A paradigm unfolding. In B. Thorne & E. Lambers (Eds.), *Person-centered Therapy: European perspectives* (pp. 62-72). London: Sage.

Lietaer, G., Rombauts, J., & Van Balen, R. (Eds.). (1990). *Client-centered and experiential psychotherapy towards the nineties.* Leuven, Belgium: Leuven University Press.

Linehan, M. M. (1993). *Cognitive-behavioral treatment of borderline personality disroder.* New York: Guilford Press.

Lou, N. (Producer). (n.d.a). *Coming home through focusing. Part 2* [Videotape]. Canada: Nada Lou Productions Canada.

Lou, N. (Producer). (n.d.b). *Focusing with Eugene T. Gendlin* [Videotape]. Canada: Nada Lou Productions Canada.

Lowenstein [Watson], J. (1985). *A test of a performance model of problematic reactions and an examination of differential client performances in therapy.* Unpublished thesis, Department of Psychology, York University.

Mahoney, M. J. (1991). *Human change processes: The scientific foundations of psychotherapy.* New York: Basic Books.

Mahrer, A. R. (1983). *Experiential psychotherapy: Basic practices.* New York: Brunner/Mazel.

Mahrer, A. R. (1989). *How to do experiential psychotherapy: A manual for practitioners.* Ottawa, Ontario, Canada: University of Ottawa Press.

Mahrer, A. R. (1997). Empathy as therapist-client alignment. In A. Bohart & L. S. Greenberg (Eds.), *Empathy reconsidered: New directions in psychotherapy* (pp. 187-213). Washington, DC: American Psychological Association.

Margison, F., Guthrie, E., Barkham, M., Hardy, G., Shapiro, D., & Startup, M. (June, 1999). *Analysis of competencies required for effective delivery of PI therapy and development of measures.* Paper presented at meeting of Society for Psychotherapy Research, Braga, Portugal.

Mathieu-Coughlan, P., & Klein, M. H. (1984). Experiential psychotherapy: Key events in client-therapist interaction. In L. N. Rice & L. S. Greenberg (Eds.), *Patterns of change* (213-248). New York: Guilford Press.

May, R., & Yalom, I. (1989). Existential psychotherapy. In R. J. Corsini & D. Wedding (Eds.), *Current psychotherapies* (4th ed., pp. 363-402). Itasca, IL: Peacock.

McCann, I. L., & Pearlman, L. A. (1990). *Psychological trauma and the adult survivor: Theory, therapy and transformation.* New York: Brunner/Mazel.

McLeod, J. (1997). *Narrative and psychotherapy.* London: Sage.

McMain, S., Goldman, R., & Greenberg, L. (1996). Resolving unfinished business: A program of study. In W. Dryden (Ed.), *Research and practice in psychotherapy* (pp. 211-232). Thousand Oaks, CA: Sage.

Mestel, R., & Votsmeier-Röhr, A. (2000, June). *Long-term follow-up study of depressive patients receiving experiential psychotherapy in an inpatient setting.* Paper presented at the meeting of the Society for Psychotherapy Research, Chicago, IL.

Miller, W. R., & Rollnick, S. (2002). *Motivational interviewing: Preparing people for change* (2nd ed.). New York: Guilford Press.

Mongrain, M., & Zuroff, D. (1994). Ambivalence over emotional expression and negative life events: Mediators of depressive symptom in dependent and self-critical individuals. *Personality and Individual Differences, 16,* 447-458.

Morris, G. H., & Chenail, R. J. (Eds.). (1995). *The talk of the clinic: Explorations in the analysis of medical and therapeutic discourse.* Hillsdale, NJ: Erlbaum.

Newell, A., & Simon, H. (1972). *Human problem solving.* New York: Prentice Hall.

Nietzsche, F. (1980). Fourth part: Maxims and interludes, section 157. In G. Colli & M. Montinari (Eds.), *Sämtliche Werke: Kritische Studienausgabe: Vol. 5. Beyond good and evil.* Berlin: de Gruyter. (Original work published in 1886)

Norcross, J. (Ed.). (2002). *Psychotherapy relationships that work.* New York: Oxford University Press.

Orlinsky, D. E., Grawe, K., & Parks, B. K. (1994). Process and outcome in psychotherapy—*noch einmal.* In A. E. Bergin &

S. L. Garfield (Eds.), *Handbook of psychotherapy and behavior change* (4th ed., pp. 270-376). New York: Wiley.

Oxford English Dictionary. (Compact Edition). (1971). New York. Oxford University Press.

Paivio, S. C., & Greenberg, L. S. (1995). Resolving "unfinished business": Efficacy of experiential therapy using empty chair dialogue. *Journal of Consulting and Clinical Psychology, 63,* 419-425.

Paivio, S. C., & Greenberg, L. S. (2001). Introduction to special issue on treating emotion regulation problems in psychotherapy. *Journal of Clinical Psychology, 57,* 153-155.

Paivio, S. C., Hall, I. E., Holowaty, K. A. M., Jellis, J. B., & Tran, N. (2001). Imaginal confrontation for resolving child abuse issues. *Psychotherapy Research, 11,* 433-453.

Paivio, S. C., & Nieuwenhuis, J. A. (2001). Efficacy of emotion focused therapy for adult survivors of child abuse: A preliminary study. *Journal of Traumatic Stress, 14,* 115-134.

Pascual-Leone, J. (1980). Constructive problems for constructive theories: The current relevance of Piaget' s work and a critique of information-processing simulation psychology. In R. Kluwe and H. Spada (Eds.), *Developmental models of thinking* (pp. 263-296). New York: Academic Press.

Pascual-Leone, J. (1991). Emotions, development, and psychotherapy: A dialectical-constructivist perspective. In J. D. Safran & L. S. Greenberg (Eds.), *Emotion, psychotherapy, and change* (pp. 302-335). New York: Guilford Press.

Perls, F. S. (1969). *Gestalt therapy verbatim.* Moab, UT: Real People Press.

Perls, F. S., Hefferline, R. F., & Goodman, P. (1951). *Gestalt therapy.* New York: Julian Press.

Peschken, W. E., & Johnson, M. E. (1997). Therapist and client trust in the therapeutic relationship. *Psychotherapy Research, 7,* 439-447.

Piaget, J. (1969). *The mechanisms of perception.* London: Routledge & Kegan Paul.

Polster, E., & Polster, M. (1973). *Gestalt therapy integrated.* New York: Brunner/Mazel.

Prigogine, I., & Stengers, I. (1984). *Order out of chaos: Man' s new dialogue with nature.* New York: Bantam.

Prochaska, J. O., DiClemente, C. C., & Norcross, J. C. (1992). In search of how people change: Applications to addictive behaviors. *American Psychologist, 47,* 1102-1114.

Psychological & Education Films (Producer). (1965). *Carl Rogers (client centered Therapy)* (Three Approaches to Psychotherapy I, Part 1). [Video]. Corona Del Mar, CA: Psychological & Education Films.

Psychological & Education Films (Producer). (1989). *A demonstration with Dr. Leslie Greenberg* (Integrative Psychotherapy—A Six-Part Series, Part 5) [Video]. Corona Del Mar, CA: Psychological & Education Films.

Rennie, D. L. (1992). Qualitative analysis of the client' s experience of psychotherapy: The unfolding of reflexivity. In S. Toukmanian & D. L. Rennie (Eds.), *Psychotherapy process research: Paradigmatic and narrative approaches* (pp. 211-233). Newbury Park, CA: Sage.

Rennie, D. L. (1994a). Client' s deference in psychotherapy. *Journal of Counseling Psychology, 41,* 427-437.

Rennie, D. L. (1994b). Storytelling in psychotherapy: The client' s subjective experience. *Psychotherapy, 31,* 234-243.

Rennie, D. L. (2000). Grounded theory methodology as methodical hermeneutics: Reconciling realism and relativism. *Theory & Psychology, 10,* 481-502.

Rhodes, R. H., Hill, C. E., Thompson, B. J., & Elliott, R. (1994). Client retrospective recall of resolved and unresolved misunderstanding events. *Journal of Counseling Psychology, 41,* 473-483.

Rice, L. N. (1965). Therapist' s style of participation and case outcome. *Journal of Consulting Psychology, 29,* 155-160.

Rice, L. N. (1974). The evocative function of the therapist. In L. N. Rice & D. A. Wexler (Eds.), *Innovations in client-centered therapy* (pp. 289-311). New York: Wiley.

Rice, L. N. (1983). The relationship in client-centered therapy. In M. J. Lambert (Ed.), *Psychotherapy and patient relationships* (pp. 36-60). Homewood, IL: Dow-Jones Irwin.

Rice, L. N. (1984). *Manual for systematic evocative unfolding.* Unpublished manuscript. York University.

Rice, L. N., & Greenberg, L. S. (Eds.). (1984). *Patterns of change.* New York: Guilford Press.

Rice, L. N., & Greenberg, L. S. (1991). Two affective change events in client-centered therapy. In J. Safran & L. S. Greenberg (Eds.), *Affective change events in psychotherapy* (pp. 197-226). New York: Academic Press.

Rice, L. N., & Kerr, G. P. (1986). Measures of client and therapist vocal quality. In L. Greenberg & W. Pinsof (Eds.), *The psychotherapeutic process: A research handbook* (pp. 73-105). New York: Guilford Press.

Rice, L. N., Koke, C. J., Greenberg, L. S., & Wagstaff, A. K. (1979). *Manual for client vocal quality* (Vols. I & II). Toronto, Ontario, Canada: Counselling Development Centre, York University.

Rice, L. N., & Saperia, E. P. (1984). Task analysis and the resolution of problematic reactions. In L. N. Rice & L. S. Greenberg (Eds.), *Patterns of change* (pp. 29-66). New York: Guilford Press.

Rice, L. N., & Wagstaff, A. K. (1967). Client voice quality and expressive style as indexes of productive psychotherapy. *Journal of Consulting Psychology, 31,* 557-563.

Rice, L. N., Watson, J., & Greenberg, L. S. (1993). *A measure of clients' expressive stance.* Toronto, Ontario, Canada: York University.

Rogers, C. R. (1951). *Client centered therapy.* Boston: Houghton Mifflin.

Rogers, C. R. (1957). The necessary and sufficient conditions of therapeutic personality change. *Journal of Consulting Psychology, 21,* 95-103.

Rogers, C. R. (1959). A theory of therapy, personality, and interpersonal relationships as developed in the client-centered framework. In S. Koch (Ed.), *Psychology: The study of a science* (Vol. 3, pp. 184-256). New York: McGraw-Hill.

Rogers, C. R. (1961). *On becoming a person.* Boston: Houghton Mifflin.

Rogers, C. R. (1975). Empathic: An unappreciated way of being. *Counseling Psychologist, 5*(2), 2-10.

Rogers, C. R. (1983). *Miss Munn* (AAP Tape Library Catalog, Tape No. 5). Salt Lake City, UT: American Academy of Psychotherapists.

Rohn, R. (1994, February). *Clients' experiences of finishing unfinished business with empty chair work.* Paper presented at the meeting of the North American chapte the Society for Psychotherapy Research, Santa Fe, NM.

Sachse, R. (1992). Differential effects of processing proposals and content references on the explication process of clients with different starting conditions. *Psychotherapy Research, 2,* 235-251.

Sachse, R. (1993). The effects of intervention phrasing of therapist-client communication. *Psychotherapy Research, 3,* 260-277.

Sachse, R. (1995). Zielorientierte Gesprächspsychotherapie: Effektive psychotherapeutische Strategien bei Klienten und Klientinnen mit psychosomatischen Magen-Darm-Erkrankungen [Goal-oriented client-centered psychotherapy: Effective psychotherapeutic strategies with male and female clients with psychosomatic stomach and intestinal diseases]. In J. Eckert (Ed.), *Forschung zur Klientenzentrierten Psychotherapie* [*Investigation of client-centered psychotherapy*] (pp. 27-49). Köln, Germany: GwG-Verlag.

Sachse, R. (1998). Goal-oriented client-centered therapy of psychosomatic disorders. In L. S. Greenberg, J. C. Watson, & G. Lietaer (Eds.), *Handbook of experiential psychotherapy* (pp. 295-327). New York: Guilford Press.

Safran, J. D., & Muran, J. C. (2000). *Negotiating the therapeutic alliance: A relational treatment guide.* New York: Guilford Press.

Safran, J. D., Muran, J. C., & Samstag, L. W. (1994). Resolving therapeutic alliance ruptures: A task analytic investigation. In A. O. Horvath & L. S. Greenberg (Eds.), *The working alliance: Theroy, research, and practice* (pp. 225-255). New York: Wiley.

Salovey, P., & Mayer, J. D. (1990). Emotional intelligence. *Imagination, Cognition, and Personality, 9,* 185-211.

Santen, B. (1990). Beyond good and evil: Focusing with early traumatized children and adolescents. In G. Lietaer, J. Rombauts, & R. Van Balen (Eds.), *Client-centered and experiential psychotherapy in the nineties* (pp. 779-796). Leuven, Belgium: Leuven University Press.

Scheff, T. J. (1981). The distancing of emotion in psychotherapy. *Psychotherapy: Theory, Research & Practice, 18,* 46-53.

Schmid, P. F. (2002). Knowledge or acknowledgement? Psychotherapy as "The Art of Not-knowing"—Prospects on further developments of a radical paradigm. *Person-Centered and Experiential Psychotherapies, 1,* 56-70.

Schore, A. N. (1994). *Affect regulation and the origin of the self: The neurobiology of emotional development.* Hillsdale, NJ: Erlbaum.

Segal, Z. V., Williams, J. M. G., & Teasdale, J. D. (2001). *Mindfulness-based cognitive therapy for depression: A new approach to preventing relapse.* New York: Guilford Press.

Semmer, M. (in press). In F. Caspar (Ed.), *The inner processes of psychotherapists: Innovations in clinical training.* Stanford, CA: Oxford University Press.

Sexton, T. L., & Whiston, S. C. (1994). The status of the counseling relationship: An empirical review, theoretical implications, and research directions. *Counseling Psychologist, 22,* 6-78.

Skovholt, T. M., & Ronnestad, M. H. (1992). *The evolving professional self: Stages and themes in therapist and counselor development.* New York: Wiley.

Souliere, M. (1995). The differential effects of the empty chair dialogue and cognitive restructuring on the resolution of lingering angry feelings. (Doctoral dissertation, University of Ottawa, 1994). *Dissertation Abstracts International, 56,* 2342B. (University Microfilms No. AAT NN95979)

Speierer, G. W. (1990). Toward a specific illness concept of client-centered therapy. In G. Lietaer, J. Rombauts, & R. Van Balen (Eds.), *Client-centered and experiential psychotherapy in the nineties* (pp. 337-360). Leuven, Belgium: Leuven University Press.

Sroufe, L. A. (1996). *Emotional development: The organization of emotional life in the early years.* New York: Cambridge University Press.

Stiles, W. B. (1986). Development of a taxonomy of verbal response modes. In L. Greenberg & W. Pinsof (Eds.), *The psychotherapeutic process* (pp. 161-199). New York: Guilford Press.

Stiles, W. B. (1999). Signs and voices in psychotherapy. *Psychotherapy Research, 9,* 1-21.

Str pfel, U., & Goldman, R. (2002). Contacting gestalt therapy. In D. Cain & J. Seeman (Eds.), *Humanistic psychotherapies: Handbook of research and practice* (pp. 189-219). Washington, DC: American Psychological Association.

Swildens, J. C. A. G. (1990). Client-centered psychotherapy for patients with borderline symptoms. In G. Lietaer, J. Rombauts, & R. Van Balen (Eds.), *Client-centered and experiential psychotherapy in the nineties* (pp. 623-636). Leuven, Belgium: Leuven University Press.

Tageson, C. W. (1982). *Humanistic psychology: A synthesis.* Homewood, IL: Dorsey Press.

Task Force on Promotion and Dissemination of Psychological Procedures. (1995). Training in and dissemination of empirically-validated psychological treatments: Report and recommendation. *Clinical Psychologist, 48,* 3-23.

Timulak, L., & Elliott, R. (in press). Empowerment events in process-experiential psychotherapy of depression: A qualitative analysis. *Psychotherapy Research.*

Timulak, L., & Lietaer, G. (2001). Moments of empowerment: A qualitative analysis of positively experienced episodes in brief person-centered counselling. *Counselling and Psychotherapy Research, 1,* 62-73.

Tomkins, S. (1963). *Affect, imagery and consciousness: The negative affects* (Vol. 1). New York: Springer.

Toukmanian, S. G. (1992). Studying the client's perceptual process and their outcomes in psychotherapy. In S. G. Toukmanian & D. L. Rennie (Eds.), *Psychotherapy process research: Paradigmatic and narrative approaches* (pp. 77-107). Newbury Park, CA: Sage.

Toukmanian, S. G., & Grech, T. (1991). *Changes in cognitive complexity in the context of perceptual-processing experiential therapy* (Department of Psychology Report No. 194). Toronto, Ontario, Canada: York University.

Vanaerschot, G. (1990). The process of empathy: Holding and letting go. In G. Lietaer, J. Rombauts, & R. Van Balen (Eds.), *Client-centered and experiential psychotherapy in the nineties* (pp. 269-294). Leuven, Belgium: Leuven University Press.

Van der Kolk, B. A. (1995). The body keeps the score: Memory and the evolving psychobiology of posttraumatic stress. *Harvard Review of Psychiatry, 1,* 253-265.

Van der Kolk, B. A., McFarlane, A., & Weisath, L. (1996). *Traumatic stress.* New York: Guilford Press.

van Kessel, W., & Lietaer, G. (1998). Interpersonal processes. In L. Greenberg, G. Lietaer, & J. Watson (Eds.), *Handbook of experiential psychotherapy* (pp. 155-177). New York: Guilford Press.

Waldrop, M. M. (1992). *Complexity: The emerging science at the edge of order and chaos.* New York: Simon & Schuster.

Warner, M. S. (1998). A client-centered approach to therapeutic work with dissociated and fragile process. In L. S. Greenberg, J. C. Watson, & G. Lietaer (Eds.), *Handbook of experiential psychotherapy* (pp. 368-387). New York: Guilford Press.

Warwar, N., & Greenberg, L. S. (2000, June). *Catharsis is not enough: Changes in emotional processing related to psychotherapy outcome.* Paper presented at the International Society for Psychotherapy Research Annual Meeting, Chicago, IL.

Watson, J. C. (1996). An examination of clients' cognitive-affective processes during the exploration of problematic reactions. *Journal of Consulting and Clinical Psychology, 63,* 459-464.

Watson, J. C. (1999). *Measure of expressed emotion.* Unpublished manual, Department of Adult Education, Community Development and Counselling Psychology, University of Toronto, Toronto, Ontario, Canada.

Watson, J. C. (2002). Re-visioning empathy. In D. Cain & J. Seeman (Eds.), *Handbook of research in humanistic therapies* (pp. 445-471). Washington, DC: APA Books.

Watson, J. C., Goldman, R., & Vanaerschot, G. (1998). Empathic: A postmodern way of being. In L. S. Greenberg, J. C. Watson, & G. Lietaer (Eds.), *Handbook of experiential psychotherapy* (pp. 61-81). New York: Guilford Press.

Watson, J. C., Goldman, R. N., & Warner, M. S. (Eds.). (2002). *Client-centered and experiential psychotherapy in the 21st century: Advances in theory, research and practice.* Ross-on-Wye, UK: PCCS Books.

Watson, J. C., Gordon, L. B., Stermac, L., Steckley, P., & Kalogerakos, F. (2003). Comparing the effectiveness of both process-experiential with cognitive-behavioral psychotherapy in the treatment of depression. *Journal of Consulting and Clinical Psychology, 71,* 773-781.

Watson, J., & Greenberg, L. S. (1994). The therapeutic alliance in experiential therapy. In A. Horvath & L. Greenberg (Eds.), *The working alliance: Theory, research & practice* (pp. 153-172). New York: Wiley.

Watson, J. C.. & Greenberg, L. S. (1995). Alliance ruptures and repairs in experiential therapy. *In Session: Psychotherapy in Practice, 1,* 19-31.

Watson, J. C., & Greenberg, L. S. (1996a). Emotion and cognition in experiential therapy: A dialectical-constructivist position. In H. Rosen & K. Kuehlwein (Eds.), *Constructing realities: Meaning making perspectives for psychotherapists* (2nd ed., pp. 253-276). San Francisco: Jossey-Bass.

Watson, J. C.. & Greenberg, L. S. (1996b). Pathways to change in the psychotherapy of depression: Relating process to session change and outcome. *Psychotherapy, 33,* 262-274.

Watson, J. C., & Greenberg, L. S. (1998). The therapeutic alliance in short-term humanistic and experiential therapies. In J. D. Safran & J. C. Muran (Eds.), *The therapeutic alliance in brief psychotherapy* (pp. 123-145). Washington, DC: American Psychological Association.

Watson, J. C., Greenberg, L. S., & Lietaer, G. (1998). The experiential paradigm unfolding: Relationship and experiencing in therapy. In L. S. Greenberg, J. C. Watson, & G. Lietaer (Eds.), *Handbook of experiential psychotherapy* (pp. 3-27). New York: Guilford Press.

Watson, J. C., & Rennie, D. (1994). A qualitative analysis of clients' reports of the subjective experience while exploring problematic reactions in therapy. *Journal of Counseling Psychology, 41,* 500-509.

Weerasekera, P., Linder, B., Greenberg, L., & Watson, J. (2001). The development of the working alliance in the experiential therapy of depression. *Psychotherapy Research, 11,* 221-233.

Werner, H. (1948). *The comparative psychology of mental development.* New York: International Universities Press.

Wertz, F. J. (1983). From everyday to psychological description: Analyzing the moments of a qualitative data analysis. *Journal of Phenomenological Psychology, 14,* 197-241.

Wertz, F. J. (1985). Methods and findings in the study of a complex life event: Being criminally victimized. In A. Giorgi (Ed.), *Phenomenology and psychological research* (pp. 272-294). Pittsburgh: Duquesne University Press.

Wexler, D. A., & Rice, L. N. (Eds.). (1974). *Innovations in client-centered therapy.* New York: Wiley.

Whelton, W., & Greenberg, L. (2001a, November). *Content analysis of self-criticism and self-response.* Paper presented at the conference of the North American Chapter of the Society for Psychotherapy Research, Puerto Vallarta, Mexico.

Whelton, W., & Greenberg, L. (2001b). The self as a singular multiplicity: A process experiential perspective. In J. Muran (Ed.), *Self-relations in the psychotherapy process* (pp. 87-106). Washington, DC: American Psychological Association.

Whitman, W. (1892/1961). *Selections from leaves of grass.* New York: Crown. (Original work published in 1892)

Wigren, J. (1994). Narrative completion in the treatment of trauma. *Psychotherapy, 31,* 415-423.

Winn, L. (1994). *Post-traumatic stress disorder and drama therapy: Treatment and risk reduction.* London: Jessica Kingley.

Wiseman, H., & Rice, L. N. (1989). Sequential analyses of therapist-client interaction during change events: A task-focused approach. *Journal of Consulting and Clinical Psychology, 57,* 281-286.

Wolfe, B., & Sigl, P. (1998). Experiential psychotherapy of the anxiety disorders. In L. S. Greenberg, J. C. Watson, & G. Lietaer (Eds.), *Handbook of experiential psychotherapy* (pp. 272-294). New York: Guilford.

Wolfus, B., & Bierman, R. (1996). An evaluation of a group treatment program for incarcerated male batterers. *International Journal of Offender Therapy and Comparative Criminology, 40,* 318-333.

Yalom, I. D. (1980). *Existential psychotherapy.* New York: Basic Books.

Yontef, G. (1998). Dialogic gestalt therapy. In L. S. Greenberg, J. C. Watson, & G. Lietaer (Eds.), *Handbook of experiential psychotherapy* (pp. 82-102). New York: Guilford Press.

Zajonc, R. B. (1980). Feeling and thinking: Preferences need no inferences. *American Psychologist, 35,* 151-175.

Zeigarnik, B. (1927). Über das Behalten von erledigten und unerledigten handlungen. [On the retention of finished and unfinished actions]. *Psychologische Forschung, 9,* 1-85.

저자 소개

Robert Elliott

미국 털리도대학교 심리학과 교수이며, 경험적 심리상담연구 센터의 디렉터다. UCLA에서 임상심리 박사학위를 받은 후에 내담자-중심치료 훈련을 받았고, 내담자의 상담 경험에 대한 연구를 시작하였다. 1985년부터 그는 Laura Rice와 Leslie Greenberg와 함께 과정-경험 접근법에 대한 연구를 하며 *Facilitating Emotional Change*(1993)를 저술하였다. 현재 미국 털리도 대학에서 임상훈련 디렉터로 활동 중이며, 과정-경험적 치료 프로그램을 진행하고 있다.

Jeanne C. Watson

캐나다 토론토대학교의 성인 교육, 지역사회 개발 및 상담심리학부의 교수다. Laura Rice와 함께 캐나다 토론토의 요크 대학교에서 박사과정을 하면서 내담자 각 개인의 독특한 관점을 이해하기에 대해 수학하였다. 내담자-중심치료를 하며 Horney, Sullivan, Kelly, Satir와 같은 다양한 학자들에게 영향을 받았으며, Leslie Greenberg를 만난 후에는 게슈탈트 치료를 자신이 하고 있던 내담자-중심치료에 통합시키기 시작하였다. 현재는 내담자-중심치료와 경험적 상담기술들을 통합하여 사용하고 있다.

Rhonda N. Goldman

미국 일리노이대학교 심리학 전문대학원의 교수이며, 미국 노스웨스턴 대학교의 Family Institute에서 상담하고 있다. 대학원 시절 그녀의 멘토인 Leslie Greenberg로부터 과정-경험적 치료에 대한 영향을 받았으며, 과정-경험적 치료를 하면서 실존주의 철학과 내담자-중심치료, 선불교와 게슈탈트 치료를 통합시켰다. 현재 연구와 상담을 병행하고 있으며, 공감, 민감함, 우울함, 사례개념화를 포함한 정서중심치료의 변화과정에 대해 저술하고 있다. 그녀는 과정-경험적 치료 접근법을 다양한 사람을 상담하는 데 적용하는 것에 관심이 있다.

Leslie S. Greenberg

현재 캐나다 토론토의 요크대학교 교수다. 1970년도에 공학기술 분야에서 석사학위를 받은 후에 삶의 방향을 바꾸어 Laura Rice와 함께 내담자-중심치료 훈련을 받게 되었으며, 3년 동안 토론토의 Gestalt Institute에서 훈련 받았다. 1975년도 졸업 후 15년 동안 게슈탈트와 내담자-중심치료를 정서이론에 접목하고 통합하기 위한 긴 여정의 시간을 보냈다. 보다 지시적이고 체계적인 접근법의 훈련 후에 정서중심 접근법을 부부상담에 적용하고자 시도하였다. 과정 경험적 치료방식 중 통합하고, 이끌기도 하고, 따라가기도 하는 특징들은 바로 이러한 다양한 영향의 결과라 할 수 있다.

역자 소개

신성만

한동대학교 상담심리사회복지학부 상담심리전공 교수로 재직 중이다. 미국 보스턴대학교에서 재활상담학으로 박사학위를 받고 심리치료전문가로 일했으며, 특히 Harvard Medical School 정신과 병원에서 교수요원으로 일했다. 현재는 중독 관련 학회와 협회에서 활동하고 있으며, 한국상담학회, 한국심리학회, 한국가족상담협회 등에서 활동 중이다. 역서로는 『동기강화상담』(공역, 시그마프레스, 2007), 『중독상담과 재활』(공역, 학지사, 2010), 『정신재활』(공역, 학지사, 2013), 『중독상담』(공역, 박학사, 2013) 등 다수의 저서와 역서가 있다. 중독상담, 인터넷 중독, 정신재활, 동기와 정서, 실존치료, 호스피스 상담에 관심을 두고 연구하고 있다.

전명희

한동대학교 상담심리사회복지학부 사회복지전공 교수로 재직 중이다. 연세대학교에서 사회복지 박사학위를 받은 후 미국 메릴랜드대학교에서 박사후 연구원을 지냈으며, 임상사회복지사로 일하였다. 미국 사회복지사(LGSW) 자격과 한국가족상담협회 수련감독자 자격을 가지고 있으며, 현재는 가족관계와 치료에 관심을 가지고 있다. 저서 및 역서로는 『우리가 성에 관해 너무나 몰랐던 일들』(공저, 또하나의 문화, 2000), 『이혼상담 워크북』 (공역, 학지사, 2007), 『이혼 및 가족조정』 (공역, 신정출판사, 2011) 등이 있고, 가족 관련 다수의 논문이 있다.

황혜리

한동대학교 상담심리사회복지학부 상담심리전공 교수로 재직 중이다. 미국 위스콘신대학교에서 교육심리학으로 박사학위를 받았으며 한국중독심리학회, 한국건강심리학회, 한국다문화상담학회, 한국가족상담협회, 한국기독교심리치료학회, 한국상담대학원협의회, 한국드라마치료협회 등의 전문가 자격증을 가지고 있다. 저서 및 역서로는 『고통받는 아동 · 청소년을 위한 액션 메소드』 (공역, 시그마프레스, 2012), 『이혼자를 위한 힐링 메시지』(토기장이, 2012) 등이 있으며, 부부상담, 청소년상담, 기독교상담, 이혼자와 사별자를 위한 회복 프로그램, 표현예술치료 프로그램 관련 활동을 하고 있다.

김혜정

한동대학교 상담심리사회복지학부 상담심리전공 교수로 재직 중이다. 미국 바이올라대학교 로즈미드 심리대학원에서 임상심리학으로 박사학위를 받고 다양한 임상 경험이 있다. 미국 공인 심리학자(인디애나 주)이며, 한국가족상담협회 수련감독 자격과 기독교상담심리치료학회 전문가 자격이 있다. 현재 영성심리학, 문화와 자아발달, 청소년 · 부부 · 가족치료 상담에 관심이 있으며, 관련 논문을 발표하였다.

김현정

전 한동대학교 상담심리사회복지학부 상담심리전공 교수로 재직하였다. 뉴질랜드 오클랜드대학교에서 심리학과 생리학을 전공하고, 동 대학원에서 임상심리학으로 박사학위를 받았다. 뉴질랜드 임상심리사 자격증이 있으며, 정신건강 및 재활, 자폐증, 부부관계, 문화 적응 등에 대한 연구를 하였고, 관련 논문을 발표하였다.

이은경

한동대학교 상담심리사회복지학부 상담심리전공 외래교수로 재직 중이다. 성신여자대학교 대학원에서 임상심리학 전공으로 석사학위를 받았다. 임상심리전문가, 정신보건임상심리사 1급, 중독심리전문가 자격을 가지고 있으며, 심리평가, 중독 및 심리치료에 관심이 있다. 역서로는 『중독 상담과 재활』(공역, 학지사, 2010), 『관계중심 심리치료』(공역, 시그마프레스, 2011), 『중독 상담』(공역, 박학사, 2012) 등이 있고, 심리평가 및 중독에 관한 논문을 발표하였다.

정서중심치료의 이해

변화를 위한 과정-경험적 접근

Learning Emotion-focused Therapy:
The Process-experiential Approach to Change

2013년 5월 30일 1판 1쇄 발행
2023년 3월 20일 1판 5쇄 발행

지은이 • Robert Elliott · Jeanne C. Watson
Rhonda N. Goldman · Leslie S. Greenberg

옮긴이 • 신성만 · 전명희 · 황혜리 · 김혜정 · 김현정 · 이은경

펴낸이 • 김 진 환

펴낸곳 • (주) 학 지 사
04031 서울특별시 마포구 양화로 15길 20 마인드월드빌딩 5층

대표전화 • 02) 330-5114 팩스 • 02) 324-2345

등록번호 • 제313-2006-000265호

홈페이지 • http://www.hakjisa.co.kr
페이스북 • https://www.facebook.com/hakjisabook

ISBN 978-89-997-0044-6 93180

정가 **20,000**원

저자와의 협약으로 인지는 생략합니다.
파본은 구입처에서 교환하여 드립니다.